CU01004178

LES COMPACTS

LES COMPACTS

Pierre Bezbakh

L'histoire de France des origines à 1914

Bordas

Responsable d'édition : Olivier Juilliard
Édition : Gilbert Labrune
Préparation : Jean-Claude Auger
Correction : Michel Margotin - Laurence Giaume
Mise en pages : Jean-Claude Auger
Iconographie : Chantal Hanoteau
Cartographie : André Leroux

Achevé d'imprimer en juillet 1989
sur les presses de Berger Levrault, Nancy.
Dépôt légal : août 1989
© Bordas S.A., Paris, 1989
ISBN 2-04-018473-2
ISSN 0985-505X

Sommaire

Introduction

L'objet de ce livre est de présenter les grandes étapes de l'évolution de la société française dans toutes ses dimensions, de l'origine à la Première Guerre mondiale.

Il s'agit par-là de répondre à un double besoin : celui d'une synthèse des informations essentielles concernant les grands événements politiques, militaires, économiques et culturels au sens large du terme, dispersés dans de lourdes encyclopédies ou dans des ouvrages monodisciplinaires ; celui d'autre part d'une mise en relations de faits qui constituent des aspects complémentaires de la réalité sociale s'éclairant les uns les autres.

Ces deux préoccupations expliquent la structure du livre : un découpage par grandes périodes ayant chacune une cohérence interne par leur organisation économique spécifique, et par le système politique et l'idéologie qui leur sont associés ; une présentation à l'intérieur de chaque période des différents règnes, empires et républiques, du système économique et de sa transformation, de la vie littéraire, scientifique et artistique dans leurs traits essentiels.

Cette Histoire de France débute à la **fin du Ve siècle,** moment décisif de la formation de notre pays ; en effet, après la disparition du dernier Empereur romain d'Occident (476), l'ancienne Gaule romaine va devenir le territoire des Francs par les conquêtes de Clovis et de ses fils, dans des limites géographiques qui seront très grossièrement celles de la future France, ou des régions soumises à son influence. Ce comportement conquérant reposant à la fois sur le désir de s'approprier de nouveaux territoires et sur celui d'imposer aux populations soumises un prélèvement brutal de leurs richesses, se fera encore sentir après l'épisode de l'Empire carolingien. Il persistera tant que la cohésion sociale reposera exclusivement sur la capacité d'un chef de guerre à piller et à redistribuer à ses fidèles le produit de ses victoires. Ce sera le cas jusqu'à la fin du Xe siècle, période durant laquelle les mœurs politiques et économiques vont se modifier sensiblement.

Le règne de Hugues Capet, qui commence en 987, et qui inaugure une nouvelle dynastie assurant à la France environ trois siècles et demi de stabilité politique et de relative paix intérieure, symbolise l'entrée dans une ère nouvelle. Ce sera celle d'une Europe structurée par les hiérarchies féodales et où s'affirmera la montée du pouvoir central unificateur l'emportant à terme sur la mosaïque des forces régionales. Cette société féodale sera caractérisée par la pyramide des rapports entre suzerains et vassaux, et par la prédominance du servage dans les campagnes ; elle connaîtra une période d'essor économique et culturel, appuyé sur des améliorations techniques importantes, sur le dynamisme des foyers urbains et sur la force de la création artistique (Xe-XIIIe siècle).

Mais cette relative prospérité sera brutalement interrompue par la crise multiforme des XIVe-XVe siècles qui verra s'affronter la France et l'Angleterre, les riches et les pauvres et les grands seigneurs entre eux, dans le contexte d'un arrêt de la croissance économique et démographique, et du retour des famines et des épidémies.

A partir du milieu du XVe siècle s'ouvre une période originale où les traits dominants ne sont plus féodaux, mais ne sont pas encore capitalistes. Les trois siècles qui séparent le début de la « Renaissance » de la Révolution française sont en effet ceux où s'affrontent le pouvoir monarchique (s'efforçant de devenir absolu) et les résistances des grands allant jusqu'au soulèvement armé (Ligue du « Bien Public » sous Louis XI, « Sainte Ligue » sous Henri III, « Fronde » au début du règne de Louis XIV...). Ce problème politique majeur dont sortira l'État centralisé moderne s'inscrit dans une transformation des structures économiques et sociales dominées par la généralisation des échanges marchands à l'intérieur d'un système politique et d'une idéologie fortement marquée par l'héritage féodal.

Les contradictions de cette société féodo-marchande déboucheront sur la Révolution de 1789, préalable à la « Révolution Industrielle » qui mettra en place les techniques et les rapports de production capitaliste. De ce point de vue, la période révolutionnaire et le premier Empire constituent une transition décisive en détruisant le système économique de l'Ancien Régime (abolition des droits féodaux, abrogation des corporations, interdiction des coalitions...) et en mettant en place un nouvel ordre juridique fondé sur le concept de liberté individuelle et de propriété privée exclusive. Le développement du capitalisme industriel au détriment de la France rurale et artisanale, l'affirmation de l'idéal républicain et de « l'esprit bourgeois », le renouvellement de l'inspiration littéraire et artistique ne seront cependant pas immédiats. Il faudra environ un siècle pour que ceux-ci triomphent définitivement, à travers des secousses sociales brutales (soulèvements populaires de 1848 ou 1871...), et des retours en arrière réussis (Restauration de 1814-1815, victoire du Parti de l'Ordre en 1848...) ou avortés (échec de Charles X en 1830 et d'une nouvelle Restauration après 1871).

Cette évolution trouvera son aboutissement dans la France moderne du **début du XXe siècle,** celle des débuts de l'automobile, de l'aviation, du métro, du cinéma et de l'électricité, qui ne saura cependant pas résister à la tentation meurtrière de la revanche sur l'Allemagne.

Les Allemands ayant envahi la France, en 496,
Clovis les combattit à Tolbiac. Se voyant près
d'être anéanti par eux, il s'écria : « O Jésus
toi qu'adore Clotilde, donne-moi la victoire,
et je me ferai baptiser en ton nom. »
A peine eut-il parlé que l'armée
des Allemands fut
vaincue.

MDCCCXCVI   Malatesta

CLOVIS A LA BATAILLE DE TOLBIAC

Don seigneur saint remi fist
tout incontinent les fons apa=
reiller po¹ baptiser le roy clouis

« **Clovis à la bataille
de Tolbiac** ».
La victoire de Clovis à
Tolbiac, contre les
Alamans décida de
l'hégémonie des Francs
sur l'ancienne Gaule
romaine. (Gravure de
Malatesta, 1896.
Bibliothèque nationale,
Paris.)

« **Le baptême de
Clovis** », Vᵉ siècle.
Ayant — selon la
légende — juré de se
convertir à la foi
chrétienne, si Dieu lui
donnait la victoire
contre les Alamans,
Clovis tint sa promesse
et renforça ainsi la
christianisation.
(Miniature pour « Les
Chroniques de France »,
par Antoine Verard,
1493. Bibliothèque
nationale, Paris.)

Le temps des conquêtes et du pillage

(Vᵉ-Xᵉ siècle)

Chronologie

406 : Grande invasion germanique.
451 : Attila vaincu près de Troyes.
476 : Fin de l'Empire Romain d'Occident.
481 : Clovis roi des Francs Saliens.
486 : Clovis bat Syagrius à Soissons.
493 : Mariage de Clovis et de Clotilde.
493 : Clovis bat les Alamans à Tolbiac et se convertit au Christianisme.
507 : Clovis bat les Wisigoths à Vouillé.
511 : Mort de Clovis et partage du royaume.
550 : Fondation de Saint-Germain-des-Près.
558 : Clotaire seul roi des Francs.
561 : Mort de Clotaire et nouveau partage du royaume des Francs.
569 : Invasion lombarde en Gaule.
573 : Début de la guerre entre la Neustrie et l'Austrasie.
596 : Brunehaut battue par Frédégonde à Laffaux.
597 : Mort de Frédégonde.
613 : Supplice de Brunehaut. Clotaire II seul roi des Francs.
629 : Mort de Clotaire II. Dagobert roi.
635 : Fondation de la Foire de Saint-Denis.
639 : Mort de Dagobert. Le pouvoir revient aux Maires du Palais.
640 : Saint Éloi, Évêque de Noyon.
650 : Fondation de Saint-Wandrille.
654 : Fondation de Jumièges.
680 : Pépin d'Herstal (père de Charles Martel) maire du Palais d'Austrasie.
687 : Pépin de Herstal bat les Neustriens.
715 : Charles Martel maire du Palais.
716-730 : Charles Martel combat les Neustriens, les Saxons, les Alamans...
732 : Charles Martel arrête les Arabes.
741 : Mort de Charles Martel.
743 : Childéric III, dernier Mérovingien.
751 : Childéric III déposé. Pépin le Bref élu roi de France.
754 : Pépin le Bref sacré par le Pape.
756 : Pépin bat les Lombards en Italie.
758-768 : Pépin combat les Saxons, les Arabes, soumet le duc d'Aquitaine.
768 : Mort de Pépin. Partage du royaume entre Carloman et Charlemagne.
771 : Mort de Carloman. Charlemagne seul roi.
777-774 : Charlemagne bat les Saxons et les Lombards.

778 : Expédition en Espagne. Roncevaux.
783-785 : Annexion de la Saxe.
789 : Réglementation du prêt à intérêt. Création d'Écoles monastiques.
794 : Règlement du prix des denrées.
800 : Charlemagne est couronné empereur à Rome par le Pape Léon III.
806 : Interdiction de l'usure.
814 : Mort de Charlemagne. Louis le Pieux empereur.
821 : Mort de saint Benoît d'Aniane.
830 : Lutte entre Louis et ses fils.
840 : Mort de Louis le Pieux. Guerre entre ses fils.
841 : Défaite de Lothaire à Fontenoy.
843 : Traité de Verdun. Partage définitif de l'Empire entre Charles le Chauve, Lothaire et Louis.
845 : Les Normands prennent Paris.
858-859 : Guerre entre Charles le Chauve et Louis le Germanique.
858-862 : Nombreux raids vikings.
860 : Paix de Coblence.
863 : Attaques normandes dans le Sud.
875 : Charles le Chauve empereur.
877 : Mort de Charles le Chauve.
877-879 : Règne de Louis le Bègue.
880-897 : Rivalité successorale entre son fils Charles le Simple et Louis le Gros.
885 : Échec des Normands devant Paris.
910 : Fondation de Cluny.
911 : Charles le Simple concède Rouen et sa région aux Normands.
923 : Défaite de Charles contre Robert de France. Raoul de Bourgogne roi.
929 : Mort de Charles le Simple, captif.
936 : Mort de Raoul. Louis IV, fils de Charles, sacré roi.
940 : Othon 1ᵉʳ de Germanie s'empare de la Lorraine.
954 : Mort de Louis IV. Son fils Lothaire est élu roi.
962 : Othon 1ᵉʳ proclamé Empereur d'Allemagne.
978 : Hugues Capet défend Paris contre l'Empereur Othon II.
986 : Mort de Lothaire. Louis V roi.
987 : Mort de Louis V. Hugues Capet élu roi de France.

INTRODUCTION

Quand en 476 le dernier empereur romain d'Occident est chassé par ses propres soldats, composés de « barbares » germaniques, l'organisation impériale n'est déjà plus, en Gaule comme dans les régions voisines, qu'un lointain souvenir. L'unité impériale repose en effet sur une armée, une règle de Droit, une administration. Or, depuis deux siècles, les invasions des peuplades germaniques (poussées vers l'Ouest par l'attrait des richesses des pays romanisés, puis menacées par les Huns) ont progressivement sapé les fondements de l'Empire et transformé la société gallo-romaine.

L'armée romaine s'est germanisée et Rome a confié aux peuples « barbares » confédérés la garde des frontières de l'Europe du Nord-Est, en contre-partie du droit de vivre à l'intérieur de l'Empire. Ceci n'est d'ailleurs que la reconnaissance d'un état de fait : l'incapacité pour Rome de maintenir militairement ces nouveaux venus hors de l'Empire. L'Empire Romain d'Occident n'est plus, au cœur du Vᵉ siècle, qu'un cadre formel.

La preuve en est donnée quand Attila et ses Huns pénètrent en Gaule en 451. Seule une coalition de Germains (Francs, Wisigoths, Alains), certes commandée par le général romain Aetius, est capable de lui infliger la défaite (bataille des Champs Catalauniques, près de Troyes).

La fonction du roi

Sur le plan du droit, la tradition écrite, le respect de la propriété privée et des règles valables pour tous ceux qui vivent à l'intérieur de l'Empire sont battus en brèche par la diversité des lois coutumières des peuples germains. Leur sens de la propriété n'a que peu de rapport avec l'individualisme procédurier romain : il repose en fait sur la capacité à acquérir par la force et sur la solidarité collective. La notion même d'administration centrale n'a pas de raison d'être pour des peuples volontiers migrants où l'idée de pouvoir est étroitement liée à celle de chef guerrier, capable de défendre le groupe ou de lui permettre de conquérir de nouveaux espaces.

Le roi n'est donc accepté et reconnu que dans la mesure où il remplit efficacement cette fonction, tâche d'autant plus nécessaire que les règles successorales prévoient le partage du domaine entre les fils des grands. Le concept de « puissance publique » détachée de la personne qui la symbolise n'existe donc pas dans cette société qui identifie chef et territoire. La mort du roi s'accompagne donc du morcellement territorial et des rivalités entre héritiers, comme on le verra dès la mort de Clovis (511) et encore après celle de Charlemagne (814).

Conquête et partage

La raison principale de la faiblesse de ces échanges réside en effet dans le fondement même de la hiérarchie de ces sociétés germaniques conquérantes. C'est le système pillage-don, décrit par Georges Duby, c'est-à-dire prélèvement forcé et redistribution suivant un réseau de clientèle dont on achète ainsi la fidélité ou le dévouement.

Ce pillage est organisé sous la forme du paiement d'un tribut, ou réalisé à l'occasion de campagnes de grande envergure (comme durant l'expansion franque sous Clovis ou Charlemagne), ou d'opérations plus limitées destinées à mater des vélléités d'indépendance d'autres communautés théoriquement soumises, ou encore grâce à des coups de main ponctuels.

Cela permet de répondre à un triple besoin :
— fournir immédiatement un surplus, long à obtenir par des voies pacifiques, et qu'il est tentant de prendre là où il existe déjà ;

— permettre au roi, et aux autres grands, de s'assurer la fidélité de leurs hommes en leur accordant une partie des richesses pillées : soit en partageant le butin, soit en nourrissant une masse de serviteurs ou des pauvres invités aux festins des grands, soit en distribuant aux guerriers une partie des terres conquises dont ils organiseront ensuite eux-mêmes la défense ;

— maintenir le dynamisme du groupe, et défendre l'image du guerrier détenteur de la force et du pouvoir. Il s'agit là de l'idéologie dominante, où l'on identifie puissance et capacité physique : le chef devant prouver sa valeur sur le terrain (n'oublions pas que durant près de mille ans les rois seront à la tête de leurs armées et souvent au cœur de la mêlée).

Des temps difficiles

C'est durant ces siècles, mais durant ces siècles seulement, que s'observent à la fois la dureté de la vie quotidienne (due à l'insécurité et à l'insuffisance des biens de première nécessité), l'anarchie politique, la régression urbaine et culturelle, la faiblesse des échanges marchands, conduisant la plupart des unités économiques à l'autarcie et à l'autosubsistance.

L'image d'Epinal des serfs miséreux dont la maigre récolte est arrachée brutalement par les soudards du seigneur local exerçant son pouvoir tyrannique correspond à une partie de la réalité de ces temps difficiles : il en est de même pour celle des paysans en fuite devant l'approche des troupes ennemies, et allant chercher refuge au château voisin relevant à la hâte son pont-levis.

Mais ces aspects de la vie ne sont pas permanents, et tendront à s'estomper pour se faire exceptionnels durant les temps féodaux ; en revanche, de nombreux épisodes de la « guerre de Cent Ans » et des XVIᵉ et XVIIᵉ siècles leur donneront une seconde existence.

Les Grandes Invasions

L'effondrement de l'ordre romain

Déjà ébranlé au IIIᵉ siècle par les premières invasions germaniques, l'Empire romain d'Occident ne saura pas résister à leur nouvelle offensive du Vᵉ siècle et s'effondrera en 476.

Les « Barbares », c'est-à-dire les étrangers au monde romain, attirés par la prospérité régnant au sein de l'Empire, ou poussés par le manque de ressources, vont mener une succession d'incursions de plus en plus mal contenues par les légions romaines.

Elles commencent dès le IIᵉ siècle, quand les Guades et les Marcomans franchissent le Danube en 166. Puis au milieu du IIIᵉ siècle les Alamans et les Francs ravagent la Gaule, puis l'Espagne et l'Italie.

Face à cette menace, Maximien et Dioclétien réorganisent l'armée romaine et la défense des frontières. Au début du IVᵉ siècle Constantin poursuit la réforme de l'armée et de l'administration. Seuls les Francs s'installent dans l'Empire. Ils garderont la frontière du Rhin en tant que fédérés de Rome.

A la fin du IVᵉ siècle l'arrivée des Huns pousse les Goths d'Europe centrale vers l'Empire : les Wisigoths passent le Danube en 376, pillent la Grèce et battent l'Empereur Valens à Andrinople (378). En 382, ils sont installés en Thrace par Théodose.

En 406 se produit l'invasion massive des peuples germaniques : Vandales, Silinges, Hasdinges, Suèves, Alains franchissent le Rhin entre Mayence et Worms. Ils dévastent la Gaule, puis vont en Espagne sans rencontrer d'opposition sérieuse. Cela provoque le réveil des Francs et l'arrivée des Burgondes en Savoie.

Bien que battus en 406 par le Vandale Stilicon, allié des Romains, les Wisigoths d'Alaric s'emparent de Rome en 410. Alaric meurt en allant vers l'Espagne, mais son successeur Athaulf épouse la sœur de l'Empereur et reçoit la Narbonnaise à titre de fédéré (413). Il combattra les Suèves et les Vandales, qui passeront en Afrique (429) et prendront Carthage (439). Pendant ce temps, les Angles et les Saxons occupent la Bretagne et les Francs s'étendent vers l'Ile-de-France.

■ La fin de l'Empire

Après l'incursion des Huns (451-452), les Ostrogoths s'installent en Italie. Odoacre, roi des Hérules, dépose le dernier Empereur romain d'Occident, Romulus Augustule, en 476. D'abord soumis à l'empereur d'Orient Zénon, il sera battu par Théodoric, roi des Ostrogoths, envoyé par Zénon, inquiet de sa puissance (490-493).

En cette fin de Vᵉ siècle, l'intégralité de l'ancien Empire d'Occident est désormais constituée d'une mosaïque de royaumes « barbares ». Certains restent cependant alliés à l'Empereur d'Orient, et la majorité d'entre eux laisse subsister l'ancien mode de vie. On peut ainsi parler d'une véritable fusion du monde romain et du monde germanique, surtout en Italie et dans le Sud de la France.

Les Huns dans l'Empire Romain

Incapable de résister militairement à la poussée « barbare » Rome paie un tribut aux Huns, installés depuis la fin du IVᵉ siècle dans les plaines du Danube. Elle achète ainsi leur maintien hors de l'Empire. Mais en 451, Attila quitte son territoire *(ring),* traverse le Rhin, pille Strasbourg, Metz, Toul, Reims, évite Paris dont Sainte-Geneviève avait organisé la défense, pour attaquer Orléans, avant d'être battu par Aetius aux Champs Catalauniques.

Attila se replie avec les restes de son armée, mais ravage le nord de l'Italie en 452, et menace Rome elle-même, qui ne doit son salut qu'à la révolte des peuples soumis au joug des Huns, et aux épidémies qui déciment les troupes d'Attila. Celui-ci se retire alors dans son *ring,* et y meurt *l'année suivante* (453).

Clovis et ses fils

Des Francs conquérants

Devenu roi des Francs en 481, Clovis entreprend la conquête d'un vaste territoire que ses descendants se partageront au mépris de l'unité du royaume.

La conquête franque menée par Clovis à partir de la fin du Vᵉ siècle va constituer une étape décisive de la formation de la France en tant qu'espace géographique et social aux traditions tendant à s'unifier.

Devenu roi des Francs Saliens en 481, Clovis soumet à son autorité les Francs Ripuaires et engage une dynamique de conquête des terres situées au sud de celles que les uns et les autres occupaient jusqu'alors (Rhénanie, Belgique, Nord et nord-est de la France actuelle).

■ La conversion

Il bat le romain Syagrius à Soissons en 486, étend ainsi sa domination jusqu'à la Loire, puis combat les Alamans, qu'il vainc à Tolbiac, en 496. C'est durant cette campagne que la légende dit qu'il accepte, sur l'insistance de sa femme Clotilde, de se convertir au christianisme, si le sort de la bataille lui est favorable. Il aurait, alors, ainsi que son armée, été baptisé par saint Rémi, à Reims.

L'adoption de la foi chrétienne est en tout cas un geste politique décisif, car il lui permet de rallier plus facilement la Gaule romanisée et de faire ensuite des Francs les champions de l'Église romaine. Mais Clovis et ses Francs n'en poursuivent pas moins leur expansion : vers le sud-est, ils défont les Burgondes près de Dijon en 500, sans que cette victoire soit toutefois déci-

sive. Clovis ménage d'ailleurs le roi des Burgondes, Gondébaud, qui est l'oncle de Clotilde, se contentant de demander un tribut annuel. Il peut ainsi obtenir son soutien lors de la conquête de l'Aquitaine, où la présence des Wisigoths ariens était mal acceptée ; les Francs remportent ainsi la victoire décisive de Vouillé, près de Poitiers, en 507. Le roi Alaric II est tué, Bordeaux et Toulouse sont prises, et les Wisigoths passent en Espagne.

■ Le premier partage

Reconnu par l'Empereur d'Orient dont il reçoit des insignes honorifiques, Clovis meurt en 511 à Paris, ville dont le choix indique le déplacement du centre de gravité du royaume franc. Ses quatre fils (Clotaire, Thierry, Childebert et Clodomir) se partagent alors ce territoire, puis l'étendent en conquérant le royaume burgonde (534) et en prenant la Provence aux Ostrogoths d'Italie (537). En 558, grâce à la mort de ses frères, Clotaire, d'abord simple roi de Soissons, devient seul roi des Francs, sur un territoire qui comprend en plus de la France actuelle (moins le Languedoc) une partie de la Suisse, l'Allemagne rhénane, la Belgique et la Hollande.

Le temps de l'expansion et de l'unification franque est désormais terminé. Ce sera maintenant celui de l'émiettement et des conflits internes qui durèrent plusieurs siècles.

Francs et Romains

Après que Mérovée eut combattu aux côtés des autres peuples germains contre les Huns en 451, Childéric 1ᵉʳ, père de Clovis, se bat sous les ordres du général romain Aegidius contre les Wisigoths qui veulent s'étendre au Nord, et contre les Saxons qui menaçent à l'est.

Il s'agit de défendre ce qui reste de Gaule proprement « romaine », se limitant maintenant aux régions comprises entre la Seine, la Loire et la côte normande. C'est sur ces territoires que s'étendit le royaume de Syagrius, fils d'Aegidius, qui constituait le dernier héritage du pouvoir romain, après la chute de l'empire en 476.

L'Austrasie et la Neustrie

Le règne du meurtre et de l'agression

Après les partages du royaume de Clovis, la Neustrie et l'Austrasie vont se livrer une lutte meurtrière et incessante pour s'assurer l'hégémonie sur le territoire des Francs.

Dès la mort de Clotaire (561), le royaume franc est à nouveau partagé entre ses quatre fils : Sigebert (roi d'Austrasie, au nord-ouest), Chilpéric (roi de Neustrie, à l'ouest et au sud-ouest), Gontran (roi de Bourgogne) et Caribert (roi de Tournai). Bien plus, l'Austrasie et la Neustrie vont se livrer une guerre de quarante ans, en partie fomentée par l'impitoyable Frédégonde.

L'assassinat devient un moyen habituel de politique, entre des rois pourtant proches par leurs liens familiaux, et dont l'autorité décline face aux grands (riches propriétaires, officiers...) qui cherchent à s'émanciper de la tutelle royale. Cela est d'autant plus vrai que, pour récompenser leurs loyaux serviteurs (les chefs militaires qui les portent au pouvoir et les aident à y rester), les rois doivent distribuer une partie de leur domaine. Au VIIᵉ siècle, ils n'ont guère plus de terres à offrir, et trouvent donc moins de fidèles alors que les mieux lotis sont devenus aussi puissants que les rois.

Si, à l'issue de la guerre entre

Les rois fainéants

Les descendants de Clotaire II (Dagobert 1ᵉʳ, Sigebert II...) ne seront que des rois sans influence : oisifs, débauchés, ils meurent tôt et leurs enfants arrivent trop jeunes au pouvoir. Ces derniers Mérovingiens sans envergure sont les fameux « rois fainéants ».

Royaumes
- de Sigebert Iᵉʳ
- de Chilpéric Iᵉʳ
- de Gontran
- de Caribert

THURINGE

Tournai

AUSTRASIE

Soissons
Reims   Metz

Paris

BRETAGNE

Strasbourg
ALAMANS

NEUSTRIE   Orléans

BOURGOGNE

Poitiers   Bourges   Chalon

Lyon

Clermont-Ferrand

Bordeaux

AQUITAINE   AUVERGNE   Avignon

Toulouse   PROVENCE

SEPTIMANIE   Marseille

Régions dépendant des Francs

0   100   200 km

Le royaume Franc en 561

A la mort de Clotaire, il est à nouveau divisé en 4 parties dont les principales sont la Neustrie et l'Australe.

Le partage du royaume à la **mort de Clotaire** va entraîner deux siècles de conflits entre ses descendants.

Brunehaut et Frédégonde, le fils de celle-ci, Clotaire II, roi de Neustrie, devient seul roi théorique en 613, son autorité est faible, face aux pouvoirs locaux.

■ **Les maires du palais**

La réalité du pouvoir va revenir à ceux qui sauront le prendre par les armes. C'est ce que tenteront de faire les « maires du palais » terme impropre pour rendre compte des fonctions du « major domus » (premier de la maison du roi), sortes d'intendants généraux qui font revivre les rivalités royales. En battant les Neustriens à Tertry en 687, Pépin de Herstal, maire du Palais d'Austrasie, s'impose comme protecteur de Thierry III, roi unique. Le fils de Pépin de Herstal ne sera autre que Charles Martel.

La succession de Clotaire

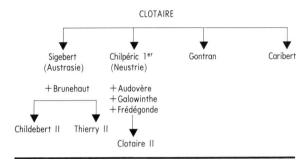

CLOTAIRE

Sigebert (Austrasie)   Chilpéric 1ᵉʳ (Neustrie)   Gontran   Caribert

+ Brunehaut   + Audovère
    + Galowinthe
    + Frédégonde

Childebert II   Thierry II

Clotaire II

Brunehaut et Frédégonde

Les mœurs sanguinaires de ces siècles cruels.

Brunehaut (534-613) épouse Sigebert, roi d'Austrasie. Brunehaut a une sœur, Galowinthe, qui est la femme de Chilpéric 1ᵉʳ, roi de Neustrie. Frédégonde (545-597), maîtresse de Chilpéric, après l'avoir poussé à répudier sa première épouse, Audovère), fait assassiner Galowinthe, afin de devenir reine de Neustrie.

Pour venger la sœur de Brunehaut, Sigebert oblige Chilpéric à lui remettre le domaine de sa belle-sœur : Bordeaux, Cahors, Limoges, le Béarn et la Bigorre. Il s'ensuit une guerre entre la Neustrie et l'Austrasie ; Sigebert est assassiné (575) et Brunehaut, prisonnière, exilée à Rouen où elle épouse Mérovée, fils de Chilpéric.

Peut-être inquiète du risque de cette nouvelle alliance, Frédégonde fait assassiner Mérovée et tous les proches gênants. Curieusement, Brunehaut est relâchée, et exerce en Austrasie la régence pour son fils Childebert II. Elle se rapproche du roi de Bourgogne Gontran (frère de Chilpéric) et le traité d'Andelot (587) doit assurer à Childebert l'héritage de la Bourgogne. A la mort de Gontran (592) elle règne en fait sur l'Austrasie et la Bourgogne.

Mais elle doit à nouveau faire face à Frédégonde (et à son fils Clotaire II) qui règne sur la Neustrie (après l'assassinat de Chilpéric à Chelles en 584).

Après la mort de Frédégonde (597), Brunehaut est chassée par les Leudes (grands seigneurs d'Austrasie) ; elle se réfugie en Bourgogne et pousse son petit-fils Thierry II à combattre Clotaire II. Thierry est vaincu et Brunehaut tombe entre les mains de Clotaire II qui la fait supplicier pendant trois jours et la met à mort en l'attachant à la queue d'un cheval sauvage (613).

De Charles Martel à Charlemagne

L'alliance du glaive et de la mître

Charles Martel arrête les Arabes à Poitiers, Pépin le Bref et Charlemagne sauvent la papauté du danger lombard et sont reconnus roi et Empereur par le Pape.

Charles Martel (715-751)

Charles Martel succède à son père Pépin de Herstal, en tant que Maire du Palais d'Austrasie, en 715. Sa vie sera une suite ininterrompue d'opérations armées : d'abord en Austrasie même, puis contre les Neustriens, les Saxons, les Frisons, la Bourgogne, le duc d'Aquitaine, la Provence, les Arabes, les villes du Rhône et du Languedoc, parfois alliées aux Arabes. Mais il suffira que son armée se retire pour que ceux qu'il a soumis remettent en cause leur sujétion. Cela provoquera de nouvelles campagnes, qui seront l'occasion de piller et de revenir chargé de butin et de gloire.

Auréolé de son prestige militaire, et de sa victoire sur les Arabes, Charles Martel fait office de souverain, à la place du roi Thierry IV (721-737). Il organise même le partage du royaume entre ses propres fils Pépin le Bref et Carloman. Mais ceux-ci doivent mater une révolte presque générale qui éclate après la mort de Charles Martel (741). Ils sont amenés à susciter un nouveau et dernier roi mérovingien, Childéric III (743-751).

Pépin le Bref (751-768)

Mais Pépin le Bref, seul Maire du Palais après le retrait dans un couvent de son frère Carloman, obtient la permission du pape Zaccharie de déposer Childéric, qui sera enfermé dans un monastère (751). La même année, il se fait élire roi des Francs par une assemblée de grands du royaume réunis à Soissons et se fait oindre d'huile sainte par saint Boniface puis par le Pape. Ce geste nouveau devait permettre d'établir de meilleures relations entre le roi et l'Église après que Charles Martel eut confisqué les revenus du clergé, afin de financer ses campagnes militaires : mais n'était-ce pas pour combattre les ennemis de la chrétienté ? Avant lui d'ailleurs, les rois mérovingiens étaient allés beaucoup plus loin, en confisquant des terres de l'Église pour les distribuer à leurs soldats.

Pépin continue la politique d'unification et d'extension du royaume franc : de 752 à 759, il conquiert le Languedoc ; de 760 à 768 il combat en Aquitaine qu'il finit par soumettre à son autorité.

Poitiers (732)

Après la conquête de l'Espagne par les musulmans (Tarik, 511), les troupes d'Abd el Rahman passent en Aquitaine en 732 (ou 733) et le Duc Eudes fait appel à Charles Martel (qui convoitait cette région). Il bat les Arabes près de Poitiers, mais les survivants occupent le Languedoc. Charles Martel, après avoir obtenu la soumission d'Eudes, mène une autre expédition sans succès (échec du siège de Narbonne tenue par les Arabes).

La bataille de Poitiers a cependant donné un coup d'arrêt à l'expansion musulmane vers le Nord. Elle a pour l'Occident chrétien une importance considérable, bien qu'elle ne représente qu'un épisode de la vie guerrière de Charles Martel.

Charlemagne (771-814)

La mort de Pépin le Bref, en 768, provoque une nouvelle difficulté, ses deux fils Charlemagne et Carloman se partageant le royaume. La mort de Carloman et la fuite de ses fils, en 771, permettent à Charlemagne d'occuper les territoires de son frère et

Les comtes

Personnes de confiance, grands aristocrates ou guerriers confirmés, Austrasiens pour la plupart, ils sont placés à la tête d'un territoire respectant les solidarités historiques qui le rendent relativement homogène.

Le comte est le représentant du roi, qui vit sur place ; il dispose de terres lui appartenant en propre et dont il tire ses revenus, de pouvoirs étendus, en matière de justice et de police. Révocable par le roi, il doit veiller à faire respecter l'autorité et les décrets royaux et pour cela doit lui-même s'adjoindre le soutien d'un réseau de fidélités parmi les notables locaux.

de rester seul roi des Francs. Charlemagne affermit d'abord son pouvoir en Aquitaine, et pour ce faire, contrôle l'autre côté des Pyrénées, avec les difficultés que l'on connaît face aux Arabes et aux Vasques qui tuent son « neveu » Roland à Roncevaux (778). Charlemagne établit son fils Louis en Aquitaine, où il place des hommes sûrs à des postes de responsabilité.

Par ailleurs, il combat victorieusement au Nord et à l'Est les Frisons et les Saxons, « évangélisés » d'une façon pour le moins brutale (les vaincus ayant le choix entre avoir la tête coupée ou adopter le christianisme, opérations effectuées parfois conjointement, après avoir séparé les insoumis des nouveaux convertis). Vers le Sud-Est, la victoire contre les Lombards permet de porter les frontières des territoires contrôlés par les Francs, loin derrière les Alpes.

Quand le Pape sacre Charlemagne Empereur d'Occident, à Rome, le jour de Noël de l'an 800, celui-ci règne sur un vaste territoire limité par le Danemark, la Bavière, l'Italie centrale et l'Espagne pyrénéenne. Les problèmes qui vont alors se poser seront ceux de l'organisation et du maintien de l'unité de ce vaste ensemble.

■ **L'organisation de l'Empire**

L'un des aspects principaux du système de gouvernement mis en œuvre par Charlemagne, et qui devait se retourner par la suite contre l'objectif initial, est l'installation de comtes dans toutes les régions de l'Empire. Mais l'éloignement de la personne du roi leur donne une autonomie qui les pousse à penser d'abord à leur intérêt propre. Aussi Char-

lemagne imagine-t-il d'avoir recours aux fameux « missi dominici » (messagers du maître), allant en général par deux (un clerc et un laïc), qui sillonnent le royaume pour informer des décisions royales et veiller à leur application. Ils sont porteurs de « capitulaires » où sont transcrits les règlements édictés par Charlemagne et qui témoignent de l'ampleur de l'action législative entreprise par l'Empereur.

Un troisième élément de la centralisation du pouvoir est constitué par une assemblée annuelle des grands du royaume, qui se réunit au lieu de résidence du roi, lieu changeant suivant les pérégrinations du souverain. Les avis de ces assemblées conduisent souvent à la rédaction d'un capitulaire. Mais les limites de cette organisation sont vite apparues. Elles sont liées à la nature même d'un système reposant sur la fidélité personnelle à un chef conquérant, et au maintien de la tradition qui fait du roi le propriétaire du royaume, et de ses enfants « légitimes » les héritiers d'une partie de celui-ci.

On peut d'ailleurs se demander si l'idée impériale n'est pas essentiellement une invention de l'Église, cherchant à reconstituer un cadre unificateur pour le monde chrétien. On peut citer à ce propos le rôle d'Alcuin, religieux anglais, qui fut en partie à l'origine du couronnement de l'empereur, comme de la politique plus pacifique de Charlemagne après 800 et du développement des écoles (il dirigea lui-même celles d'Aix-la-Chapelle et de Tours).

En fait Charlemagne lui-même a, de son vivant, préparé la dislocation territoriale, en réservant à chacun de ses trois fils une partie de l'Empire.

Le destin de l'Empire

L'éclatement d'un ensemble fragile

Après la mort de Charlemagne, l'édifice impérial ne résistera pas aux rivalités successorales qui déboucheront sur le partage de 843.

Après la mort des deux fils aînés de Charlemagne en 810 et 811, Louis le Pieux reste seul roi à la mort de l'Empereur en 814. Il affirme, en 817, le principe de l'unité impériale, et désigne son fils Lothaire comme son seul successeur. Cela provoque hostilité et soulèvement, où se mêlent l'avidité des grands en quête d'indépendance, le ressentiment de l'Eglise, qui réclame de l'Empereur la restitution des terres données en récompense aux alliés fidèles, et surtout les rivalités entre les fils de Louis le Pieux : Lothaire, Charles (le Chauve), Louis (le Germanique), et Pépin. La guerre civile fait rage dès 830 ; Lothaire, aidé de Louis le Germanique et Pépin battent Charles le Chauve, révolté ; mais Lothaire prend le pouvoir et Louis le Pieux entre en conflit avec son fils : il réussit à l'éloigner, mais de ce fait le projet d'unité impériale est brisé.

■ Le traité de Verdun

A la mort de Louis le Pieux, en 840, ses trois fils survivants vont à nouveau se déchirer. Lothaire est battu à Fontenoy-en-Puisaye (841) et le Traité de Verdun (843) consacre la division de l'Empire : Charles le Chauve reçoit la partie occidentale, Louis le Germanique le nord-est, et Lothaire la longue bande intermédiaire, allant des Flandres à l'Italie du Nord.

Louis le Pieux reste seul roi à la paix ne va pas revenir pour autant : le fils de Pépin (mort en 838) réclame l'Aquitaine ; le partage de la Lotharingie, à la mort de Lothaire en 855, entre ses fils qui meurent sans héritiers, suscite de nouveaux conflits ; finalement Charles et Louis se répartissent ces territoires. Les royaumes de France et d'Allemagne, faibles et divisés, étaient nés ; mais ils connaîtront durant plus d'un siècle des rois sans pouvoirs réels, à la merci des grands et dont les noms sont bien oubliés (Louis II le Bègue, Louis III, Eudes, Charles le Simple, Robert 1er, Raoul, Louis IV d'Outremer).

■ L'émiettement territorial

La raison profonde de la décomposition de l'Empire tient à la nature des liens qui unissent le roi et ses sujets, surtout les plus grands d'entre eux : liens de fidélité personnelle, reposant en fait sur la capacité du premier à enrichir les seconds. Nous avons déjà insisté sur la fonction du roi chef victorieux permettant le pillage et l'expansion territoriale, auxquels Charles Martel, Pépin le Bref et Charlemagne avaient su donner une nouvelle dimension. Or, l'Empire constitué, les conquêtes s'arrêtent (il est difficile d'aller plus loin) et la paix intérieure tend à s'installer. Il faut donc à nouveau acheter la fidélité en distribuant des terres, qui seront la source des revenus permettant aux guerriers de maintenir leur rang et de se procurer les armes, cuirasses et chevaux qui sont les instruments nécessaires et onéreux du noble combattant.

Mais donner des terres aux uns signifie les prendre aux autres

Le pouvoir local
revient également
aux marquis défen-
dant les « marches »
et aux ducs (du latin
dux : chef).

dans un monde qui ne s'étend plus. Cela provoque des conflits internes entre ceux qui étaient liés par l'idéal de la conquête. Cela signifie aussi permettre aux plus grands de ne plus avoir besoin de l'ancienne fonction royale. Ils vont maintenant se tourner vers un autre objectif : mettre en valeur leur patrimoine, limiter les droits du souverain mais reproduire à leur profit les liens de fidélité et de soumission personnelle avec les plus petits qu'eux.

En fait l'aristocratie des grands officiers de la couronne, des anciens grands propriétaires et des chefs militaires ayant reçu des terres, va se fondre dans la classe seigneuriale possédant le sol.

Les Vikings (ou Normands)

Les successeurs de Charlemagne ont à faire face à un nouveau péril : les invasions des Vikings. Ceux-ci pillent leurs domaines, mais poussent aussi les populations sans défense à rechercher la protection des puissants, souvent en échange de leur liberté.

Si le premier tiers du IXe siècle est marqué par une série d'expéditions courtes et limitées, les choses deviennent plus sérieuses en 843 : une flotte normande remonte la Loire et s'empare de Nantes. La même année, une autre flotte remonte la Garonne jusqu'à Toulouse. En 845, c'est Paris qui est pris, puis Chartres et Beauvais en 858 et 859. De 859 à 862, une flotte considérable double l'Espagne, ravage le Roussillon, remonte le Rhône jusqu'à Valence, pille Nîmes et Arles et la Bretagne sur le chemin du retour.

Si le succès des Vikings s'explique par leur mobilité et leur maîtrise des techniques de navigation, il provient aussi des dissensions entre les rois francs, plus préoccupés de se combattre eux-mêmes que de s'allier durablement contre l'ennemi extérieur. Mais après le temps du pillage, des massacres et destructions, les Vikings finiront par s'intégrer pacifiquement dans le monde franc en raison à la fois du renforcement des moyens de défense des populations locales, du versement des sommes considérables destinées à acheter leur départ ou leur docilité, et de leur fixation sur le continent.

En 911, Charles le Simple reconnaît un état de fait en accordant aux Danois de Rollon le droit de s'installer à l'embouchure de la Seine. Rollon, baptisé, devient vassal du roi de France (Traité de Saint-Clair sur Epte). Désormais les derniers pillards seront plus facilement matés.

Ci-contre :
Du grand domaine à la seigneurie féodale
Le seigneur fortifie sa demeure, souvent entourée des maisons villageoises ; il se « réserve » une partie du fief, impose des redevances à ses paysans lotis mais leur laisse l'utilisation commune de certaines terres. Il fait payer le passage du pont et l'utilisation du moulin, considère comme siennes les ressources naturelles de son territoire.

L'économie domaniale

Le grand domaine et le servage

L'organisation économique des Vᵉ-Xᵉ siècles est caractérisée par la prépondérance des grandes exploitations mises en valeur par une population servile.

Pour définir les fondements de la vie économique et sociale de cette période, on peut retenir plusieurs éléments principaux.

■ Le grand domaine

Le premier est le *grand domaine*, qui est la cellule économique fondamentale. Il constitue l'héritage des derniers siècles de la domination romaine, durant lesquels on avait assisté à une décadence des villes, au profit d'un exode vers les campagnes. La grande propriété foncière s'était constituée à l'instigation des plus favorisés (aristocratie gauloise, nobles romains, militaires de rang élevé ou hauts fonctionnaires...) qui cherchaient d'abord une « résidence secondaire », puis un moyen d'enrichissement ou de subsistance. Des difficultés économiques étaient apparues dès le IIᵉ siècle et surtout au IIIᵉ siècle, causées par le tarissement de l'approvisionnement en esclaves, la raréfaction des espèces métalliques (servant à acheter hors de l'Empire), le déficit des finances publiques rendant le poids de la fiscalité plus lourd à supporter ; elles avaient poussé en effet ceux qui le pouvaient à se constituer

Vers le féodalisme
C'est du grand domaine et du pouvoir qu'exerce le seigneur sur tout le territoire avoisinant que sortira l'organisation économique et sociale du monde féodal.

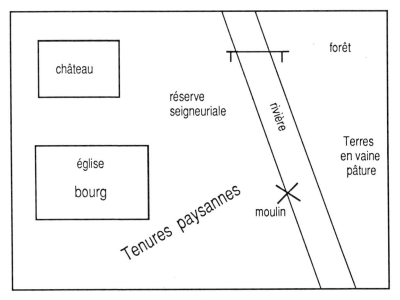

un refuge contre la dépression économique et la pression fiscale, et un domaine capable de vivre en auto-suffisance.

La première vague d'invasions germaniques (IIIᵉ siècle) et surtout la seconde (Vᵉ siècle) ont accentué la tendance, car il a fallu partager les terres, accepter de donner « l'hospitalité » aux nouveaux venus, et l'attrait pour la terre de peuples non urbanisés a conduit les « grands » à s'approprier des surfaces importantes.

Avec la dislocation du cadre impérial, la fin de la fonction administrative, judiciaire et militaire des villes, de l'entretien et de la surveillance des grandes voies de communication, la ville ne constitue plus un lieu d'attraction ni de valorisation sociale.

L'économie domaniale va donc prédominer avec comme centre du grand domaine l'ancienne « villa » gallo-romaine, constituée de différents corps de bâtiment remplissant des fonctions multiples, abritant plusieurs familles et logeant la main-d'œuvre le plus souvent constituée d'esclaves. Ceux-ci travaillent aux champs ou dans les ateliers de la villa, coupent le bois, entretiennent ou étendent les logis, servent les maîtres...

■ Le servage

Mais le deuxième trait marquant va être l'évolution vers le servage de la majeure partie des travailleurs manuels. Le grand domaine va en effet souvent s'étendre, soit par conquête, soit par appropriation de terres abandonnées, soit par rachat, soit par donation de petits propriétaires, en échange de la protection du grand voisin.

Dans ces conditions, il va vite apparaître plus rentable, ou tout simplement comme la seule solution concrète de mise en valeur de ce vaste territoire, d'installer une partie des esclaves sur un lopin de terre, dont ils auront la

jouissance, quitte pour eux à y trouver de quoi subsister, en contre partie de redevances en argent (cens), en nature (champart) ou en travail (corvées).

Ainsi la condition de vie réelle des travailleurs des champs va s'uniformiser, qu'ils soient à l'origine libres (propriétaires de leurs terres ou « colons », nouveaux arrivants), ou descendants d'esclaves auxquels une « tenure » avait été cédée. Des différences vont certes subsister, tenant à la dimension des parcelles, au poids des prélèvements (nombre de pièces d'or et d'argent, de kilos de blé, de poulets ou de cochons, de jours de travail gratuit à la villa) dus périodiquement aux propriétaires fonciers. Ces différences peuvent être sensibles suivant les régions, les rapports de forces locaux, la personnalité ou l'origine des détenteurs du sol et des exploitants. Elles conduisent bien sûr à des inégalités dans les conditions de vie immédiates et seront lourdes de conséquences quand le temps de la croissance viendra. Mais en attendant, ce qui est le plus marquant est la fusion dans un même statut social de la grande masse des non-possédants du sol.

Cela ne signifie pas, bien sûr, qu'il ne subsiste plus aucun paysan ou artisan libre, mais que le rapport social de production dominant devient le servage, et que l'on est d'autant plus riche, respecté, capable de se défendre que l'on a plus de terre et plus de serfs versant tribut.

Cela conduit donc à des unités économiques recherchant l'auto-subsistance, par la diversification de la production, et parfois la dispersion géographique de la propriété permettant de disposer à la fois de terres cultivables, de vignobles, de bois, de lieux d'élevage ou de pêche...

Esclavage : un résidu

L'esclavage ne disparaîtra pas complètement avant le Xᵉ siècle. Utilisés principalement comme domestiques, y compris chez des paysans riches et en ville, les esclaves constitueront aussi une main-d'œuvre d'appoint pour l'exploitation de la « réserve » seigneuriale, partie de sa propriété non concédée et mise en valeur directement par le seigneur.

L'échange marchand

Une activité marginale

Durant cette période dominée par les guerres et le pillage, l'économie est largement autarcique. Mais il subsiste toutefois des spécialistes du commerce lointain.

Tout échange marchand hors du domaine n'a cependant pas disparu durant ces temps de repli domanial : les seigneurs, comme les communautés religieuses, écoulent leur éventuel surplus à la foire, au village ou à la ville.

Les premiers, surtout, ont besoin de se procurer des espèces métalliques qui assurent la fidélité et permettent d'acquérir les biens de luxe (non produits par eux-mêmes) ou les esclaves importés des régions lointaines. Mais l'échange marchand ne porte pas uniquement sur les biens de luxe, car tout le monde ne peut vivre en autarcie : à côté des denrées alimentaires comme le sel, l'huile, le vin, le poisson... on peut citer le fer, le bois et autres matériaux de construction, les tissus, fourrures et vêtements, les armes, et divers produits, tels que vases, verres, objets de cuir, les objets religieux ou funéraires.

■ **Les marchands**

C'est ici qu'interviennent les « intermédiaires spécialisés » que sont les marchands, dont on n'utilise les services que de façon exceptionnelle, quand il s'agit de transporter loin les produits à vendre ou de chercher à l'étranger des produits rares.

Ces marchands (« mercatores » ou « négociantes ») constituent une catégorie sociale encore marginale et composée en grande partie d'aventuriers prêts à prendre le risque de déplacements difficiles et dangereux. On peut toutefois distinguer trois types de marchands : ceux qui approvisionnent les villes et qui y vivent ; ceux qui sont spécialisés dans le commerce lointain ; ceux qui sont directement employés par les seigneurs.

Cette fonction marchande est souvent exercée par des peuples spécialisés dans la vente de certains produits ou le commerce entre certaines régions : ainsi des marchands francs vendent des armes aux Slaves et aux Avars, les marins frisons qui tiennent la mer du Nord vendent en Allemagne du blé, du vin, des tissus ou des esclaves, les Grecs et les Syriens apportent les épices et de la soie. Mais on trouve également des marchands allemands en Méditerranée et des marchands juifs importateurs de produits « orientaux », bien introduits auprès des grands (de Charlemagne en particulier).

D'une façon générale, les marchands du roi jouissent de privilèges personnels (exemption de taxes, de service armé, immunité de leurs matériels de transport, droit de revendiquer la justice royale...).

■ **Les routes**

Si les anciennes voies romaines sont souvent entretenues et permettent le déplacement, les voyages restent toujours dangereux et lents (on fait environ 30 km par jour).

L'essentiel des grands échanges se fait donc par voie d'eau, dont les axes principaux se situent en dehors du monde

Les marchands juifs
Les colonies juives sont importantes dans des villes commerçantes comme Lyon, Châlon ou Arles. Les marchands bénéficient d'exemptions fiscales et de la protection des grands, qui apprécient leurs services, leur compétence et leur réseau de correspondants établis partout dans le monde méditerranéen. Cela leur permet également de fournir des esclaves à l'Europe chrétienne où l'Église interdit de réduire un chrétien en esclavage, mais tolère l'esclavage des non-chrétiens !

Les lieux d'échange

Les échanges se font le plus souvent à l'occasion de marchés hebdomadaires, ou de foires annuelles, mais il existe aussi quelques boutiques permanentes dans les villes, et des entrepôts.

Le marché relève de la décision du pouvoir royal (ou seigneurial), et donne lieu à perception de droits fiscaux. Le développement des diplômes de concession, au Xᵉ siècle, sera l'indice de la création de nouveaux marchés et de l'intensification des échanges.

franc, ou n'atteint que ses frontières. En Méditerranée, tant que la flotte byzantine assure une sécurité relative, la Grèce, l'Égypte, l'Italie, l'Espagne, Narbonne, Marseille et Arles restent en contact étroit : on échange des épices (poivre, cumin, cannelle, clous de girofle), des fruits (dattes, figues, amandes, pistaches), de l'huile, des peaux et des cuirs, du papyrus, de la soie, des pierres précieuses, des parfums, de la vaisselle, de la verrerie fine, des objets d'ivoire, des reliques... contre des esclaves, des tissus, des fourrures, des armes, des métaux (argent, étain), du bois...

Mais l'expansion arabe du VIIIᵉ siècle puis la défaite byzantine en Crète, en 829, donneront le contrôle de la Méditerranée à la flotte musulmane.

Sur l'Atlantique, Nantes et Bordeaux sont en contact avec le Sud de l'Angleterre et l'Irlande et les marins bretons restent actifs. L'Angleterre vend de l'étain, du cuivre, du plomb, achète du vin, du blé, du sel. La mer du Nord est aussi le siège d'échanges importants, à partir de Rouen, Quantovic et Amiens, vers l'Angleterre, le Danemark et la Baltique (Londres, Tiel, Maestricht, Utrecht...) : vins, blé, sel, verreries, poteries, armes, fourrures, tissus, esclaves...

Enfin, des contacts marchands existent aussi avec l'Est, vers Mayence, Ratisbonne, Cracovie et Prague, qui joue le rôle d'un grand marché d'esclaves. Ce sont précisément des esclaves, ou des chevaux, que les Francs viennent chercher, contre des armes ou des métaux.

Mais en définitive, s'il subsiste donc des courants d'échanges proches ou lointains, et des professionnels du commerce, ils ne jouent qu'un rôle secondaire dans la société occidentale d'alors, essentiellement rurale et guerrière.

Tiers de sou en or, à l'effigie de Dagobert 1ᵉʳ, roi d'Austrasie (622-638) et roi des Francs (628-639). Bien que les Vᵉ-Xᵉ siècles soient surtout ceux d'une économie d'autosubsistance et de troc, l'usage de la monnaie n'a pas disparu, mais sa frappe dépend de la puissance des princes. (Bibliothèque nationale, Paris.)

Le rôle du christianisme

Grâce à l'action des Francs évangélisant les peuples germaniques et défendant l'Europe chrétienne, l'Église romaine va développer son emprise sur l'ensemble de la vie sociale.

■ L'installation définitive du christianisme

Sur le plan de la vie culturelle, le fait dominant est bien sûr l'installation définitive du christianisme « romain » en Europe. Elle est le fruit d'un travail en profondeur de tous les croyants, où les femmes occupent une place importante (rôle de sainte Geneviève à Paris, de Clotilde dans la conversion de Clovis...).

Mais c'est aussi le résultat d'une action organisée de l'Église qui sait maintenir un quadrillage de l'espace au-delà des « frontières » territoriales et des vicissitudes politiques : l'Église constituant la seule société unifiée, permanente dans sa structure, pacifique et conservatrice du savoir et de la mémoire collective de ces temps troublés et instables.

L'Église et les femmes

Contrairement à une idée reçue, la femme n'est pas, durant ces siècles, un « être sans âme » nécessairement impur. Les femmes au contraire jouent un rôle essentiel dans le développement du christianisme : elles rejettent la religion et le patriarcat romains, puis poussent à la conversion des Germains athées, polythéistes ou adeptes de l'arianisme. Leur rôle est attesté par le nombre de saintes et de martyres reconnues par l'Église et trouvant leur place dans le calendrier chrétien.

Enfin, et peut-être avant tout, son succès provient d'un « contrat » aux effets gigantesques pour l'histoire de l'Occident, passé entre les Francs et le pouvoir pontifical : les premiers se font les champions du christianisme,

le bras armé de l'Église, « évangélisant » les peuples païens, défendant les vies et les biens des représentants de l'Église, et le Pape lui-même, menacé à plusieurs reprises dans son existence par le danger lombard. En échange, les Francs peuvent conquérir et soumettre à leur volonté les nouveaux « Barbares » sans entrer en contradiction avec la morale prêchée par l'Église, et les rois se trouvent investis d'une légitimité divine symbolisée par la cérémonie du sacre.

■ Un Empire chrétien

Le sacre de Charlemagne, à Noël de l'an 800, en fournit le plus brillant exemple : après que son grand-père eut sauvé le monde chrétien de la menace arabe, que son père eut reçu l'onction pontificale et après avoir lui-même sauvé le pape des Lombards, encore païens et désireux de s'étendre vers le Sud de l'Italie, Charlemagne est sacré Empereur à Rome par le pape reconnaissant. Il tente par là-même de faire renaître un Empire chrétien bicéphale, ayant pour centre spirituel Rome et pour centre temporel le roi des Francs.

■ Le sentiment religieux

Mais l'affermissement du christianisme, c'est aussi le développement de la vie religieuse, pour hommes et femmes (même si l'extraordinaire explosion des grands ordres bénédictins ne se fera que durant la période suivante) : c'est en effet au VIIᵉ siècle qu'est fondé le monastère de Saint Wandrille, et en 780 que Saint Benoît d'Aniane crée son Abbaye en Languedoc (voir p. 61). C'est la généralisation de la construction d'églises, souvent point de départ des futures cathédrales, églises qui pour le moment restent modestes dans leurs dimensions.

Pouvoir temporel et pouvoir spirituel

Le grand « compromis historique » entre le pouvoir royal et le pouvoir religieux renforcé par les premiers Carolingiens, allait durer de longs siècles et résister aux querelles de préséance qui opposeront à de multiples reprises papes et souverains : les rois continueront à être les défenseurs de l'Église, du moins jusqu'aux guerres de Religion. Ils recevront toujours la bénédiction, sinon l'investiture de l'Église : un roi non « sacré » ne sera pas un vrai roi, et un roi « excommunié » ne pourra résister longtemps à la pression des fidèles vivant dans un royaume sur lequel est jeté l'interdit de la vie religieuse (plus de messes, de baptêmes, d'enterrements, églises fermées...).

■ Le poids de l'Église dans la société

Sur le plan économique, l'Église joue un rôle important dans la non-destruction de richesses : les coutumes germaniques voulaient en effet que l'on fût enterré avec des biens précieux ayant appartenu au défunt. Cela contribuait à faire disparaître des pièces d'or ou d'argent, des armes, des bijoux, ou des objets plus ordinaires. En condamnant ces pratiques et en encourageant au contraire les dons à l'Église, le clergé va certes entretenir la thésaurisation, puisque ces richesses ne circuleront toujours pas ; mais l'Église accumulera une gigantesque fortune (en objets de culte, trésors ou terres) qui alimentera ultérieurement, par ses dépenses, le stock de moyens de paiement.

Par ailleurs, l'Église interviendra pour réglementer la pratique du prêt personnel : l'idée générale est que l'argent est en soi improductif, et que l'on ne saurait s'enrichir en prêtant à autrui. Il s'agit par là de protéger les plus pauvres qui, s'ils sont obligés de s'endetter, doivent faire face à des taux d'intérêt exorbitants, les condamnant à tomber sous la coupe de leurs créanciers ; cela peut les mener à vendre leur propre personne, et avait d'ailleurs contribué à développer l'esclavage aux premiers siècles de Rome.

Cette interdiction est cependant contournée par divers moyens : on peut inscrire sur la reconnaissance de dette une somme supérieure à celle effectivement prêtée, payer des intérêts en nature ou en travail gratuit, ou encore jouer sur le cours des différentes monnaies ; mais cela ne se fera couramment que plus tard, quand les échanges et les places financières seront plus actifs.

■ L'Église et l'écriture

L'écriture est essentiellement l'œuvre du clergé : ce sont les moines ou les prêtres qui écrivent, le plus souvent en latin, soit en tant que scribes des grands, plus à l'aise une épée qu'une plume à la main, et qui leur dictent leurs missives, édits ou sentences ; soit pour leur propre compte, quand ils consignent par écrit les règles de leur communauté, communiquent entre les différents niveaux de la hiérarchie, ou relatent la vie de tel roi ou de tel saint homme ; c'est surtout grâce à leur témoignage que l'on peut aujourd'hui connaître le peu que l'on sait de cette période.

La tradition orale

La tradition orale allait encore dominer durant les temps féodaux ; elle est en effet quasi exclusive, en dehors de l'Église, durant ces siècles. Les seules exceptions d'importance sont les capitulaires carolingiens déjà évoqués ; il faut également signaler les « polyptyques », énorme travail de recensement des biens et propriétés du royaume entrepris par Charlemagne, et qui constituent pratiquement la seule source d'information dont on dispose sur les patrimoines de l'époque.

Les arts

Peu spectaculaire en ces temps dominés par le souci de la survie, l'art se limite principalement à l'orfèvrerie, stimulée plus particulièrement à l'époque de Charlemagne.

La production artistique est bien faible depuis la décadence romaine, et limitée à ce que l'on a pu appeler la « Renaissance carolingienne ».

Elle se manifeste principalement dans la construction ou l'embellissement d'églises, souvent sans grande originalité, parfois avec certaines innovations qui les rapprochent de l'art roman.

L'orfèvrerie semble être le lieu privilégié de l'expression artistique : couronnes, bijoux, crucifix, reliquaires, autels, châsses, miroirs, armes décoratives, ciboires... sont finement ciselés et richement parés d'or, de pierreries de beaux émaux ou de perles rares.

L'enluminure connaît également un certain développement mais ne décore que les manuscrits destinés au roi ou à quelques grands personnages.

Mis à part un cercle très étroit, la production artistique ne peut connaître un essor important, quand la préoccupation principale des hommes est la guerre... ou la survie.

On comprend aisément que les découvertes « scientifiques » ou les innovations techniques soient inexistantes en ces siècles meurtriers.

Évangéliaire de Saint Gauzlin, IXᵉ siècle.
Sous le règne de Charlemagne, les arts connaissent une « renaissance » marquée en particulier par un essor remarquable de l'orfèvrerie et de la joaillerie. (Cathédrale de Nancy.)

Départ pour la chasse au faucon au château d'Étampes.
La société féodale est marquée par le servage permettant à la classe
seigneuriale de s'adonner aux plaisirs de la chasse, de la table, des
tournois... « **Le mois d'Août** » (Enluminure pour *Les Très Riches Heures
du Duc de Berry,* par Paul, Herman et Jean de Limbourg, début XVe siècle.
Musée Condé, Chantilly.)

La société féodale

(Xe-XVe siècle)

Chronologie

987-996 :   **Règne de Hugues Capet.**
996-1031 :   **Règne de Robert le Pieux.**
1002-1005 :   Grande famine.
1002-1016 :   Conquête de la Bourgogne.
1031-1060 :   **Règne de Henri 1ᵉʳ.**
1054 et   Henri battu à Mortemer et
1058 :   Varaville par Guillaume le Conquérant.
1060-1108 :   **Règne de Philippe 1ᵉʳ.**
1066 :   Bataille de Hastings permettant à Guillaume de conquérir l'Angleterre.
1096-1099 :   1ʳᵉ croisade.
1108-1137 :   **Règne de Louis VI.**
1137 :   Louis VII épouse Aliénor d'Aquitaine.
1137-1180 :   **Règne de Louis VII.**
1147-1149 :   Louis participe à la 2ᵉ croisade. Suger régent du royaume.
1152 :   Séparation de Louis et d'Aliénor.
1180-1223 :   **Règne de Philippe Auguste.**
1189-1191 :   Philippe participe à la 3ᵉ croisade.
1192 :   Philippe envahit la Normandie.
1194-1199 :   Guerre entre Philippe Auguste et Richard Cœur de Lion.
1199 :   Mort de Richard.
1202 :   Guerre avec Jean Sans Terre.
1209-1229 :   Croisade des Albigeois.
1214 :   Victoire de Philippe à Bouvines.
1223-1226 :   **Règne de Louis VIII.**
1226-1270 :   **Règne de Saint-Louis.**
1226-1234 :   Régence de Blanche de Castille.
1242-1243 :   Victoire de Saint-Louis à Taillebourg et à Saintes.
1244 :   Prise de Montségur.
1248-1254 :   Participation de Saint-Louis à la 7ᵉ croisade.
1251 :   « Croisade des Pastoureaux ».
1270 :   Mort de Saint-Louis devant Tunis.
1270-1285 :   **Règne de Philippe III.**
1279 :   Paix d'Amiens avec l'Angleterre.

1285-1314 :   **Règne de Philippe le Bel.**
1297 :   Occupation de la Flandre.
1302 :   Défaite française à Bruges.
1304 :   Victoire de Mons-en-Pévèle sur les Flamands.
1307 :   Arrestation des Templiers.
1314 :   Exécution des Maîtres du Temple et mort de Philippe le Bel.
1314-1316 :   **Règne de Louis X le Hutin.**
1316-1322 :   **Règne de Philippe V le Long.**
1322-1328 :   **Règne de Charles IV le Bel.**
1324 :   Annexion de l'Aquitaine.
1328-1350 :   **Règne de Philippe VI.**
1329 :   Hommage d'Amiens, rendu par Edouard III d'Angleterre à Philippe VI.
1337 :   Rupture de l'Hommage d'Amiens.
1346 :   Défaite de Philippe VI à Crécy.
1347 :   Perte de Calais.
1347-1348 :   Épidémie de Peste Noire.
1350-1364 :   **Règne de Jean II le Bon.**
1356 :   Défaite de Jean II à Poitiers.
1358 :   Révolte parisienne d'Étienne Marcel et grande jacquerie paysanne.
1360 :   Désastreux traité de Brétigny.
1364-1380 :   **Règne de Charles V.** Reconquête progressive du royaume.
1380-1422 :   **Règne de Charles VI.**
1392 :   Début de la folie du roi.
1411-1414 :   Guerre entre Armagnacs et Bourguignons.
1415 :   Les Français écrasés à Azincourt.
1419 :   Assassinat de Jean Sans Peur.
1420 :   « Honteux » traité de Troyes. Le roi d'Angleterre héritier du trône de France.
1422-1461 :   **Règne de Charles VII.**
1429-1431 :   Intervention de Jeanne d'Arc.
1435 :   Réconciliation franco-bourguignonne.
1450 :   Victoire de Formigny.
1453 :   Victoire de Castillon.

INTRODUCTION

Après l'installation et la pacification définitives des Normands au début du Xᵉ siècle, et les incursions hongroises du milieu du siècle, un paysage nouveau va se composer en Europe occidentale avec le retour d'une paix intérieure relative et la fin du danger extérieur.

L'essor féodal (Xᵉ-XIIIᵉ siècle)

Le monde féodal va en effet être caractérisé par environ trois cents ans d'essor économique, démographique, culturel et artistique, trop souvent oubliés au profit de l'idée simplificatrice d'un « moyen âge » où se confondent les pillages antérieurs et les combats de la « guerre de Cent Ans ».

Pourtant, dans nos régions, le quotidien de la presque totalité de la population française n'est plus celui de l'insécurité permanente et de l'oppression affamante et infamante.

Si des conflits locaux mettant aux prises des seigneurs voisins, ou des affrontements d'une plus grande importance (opposant par exemple le roi de France au duc de Normandie ou à l'Empereur d'Allemagne) ne manquent pas de se produire, ils tendront à s'espacer dans le temps et à perdre de leur intensité, jusqu'au début du XIVᵉ siècle.

Mis à part les guerres entre Philippe Auguste (1180-1223) et les rois d'Angleterre, on pourrait presque parler de « paix féodale » pour définir les trois siècles et demi qui séparent l'avènement de Hugues Capet (987) du début de la guerre de Cent Ans (1340).

Cela peut paraître surprenant quand on ne retient de cette période que l'image du seigneur féodal, homme de guerre brutal et peu cultivé, vivant du travail de ses serfs faméliques.

En fait, les occasions d'en découdre physiquement tendront à se déplacer à l'extérieur de l'Europe du nord-ouest : les croisades joueront de ce point de vue un rôle essentiel, en canalisant les pulsions agressives de la classe seigneuriale au-delà des frontières du monde chrétien.

De fait, les occasions de mort violente, les destructions de récoltes et les ravages de cités seront peu de chose si on les compare aux effets dévastateurs des invasions et des luttes pour le contrôle du sol des siècles précédents, aux méfaits de la guerre de Cent Ans ou de la grande peste, à ceux des guerres entre États aux XVIᵉ ou XVIIᵉ siècles, ou des deux guerres mondiales de notre XXᵉ siècle !

Ce n'est pas cultiver le paradoxe que d'insister sur les aspects pacifiques et progressistes de cette société, bien qu'elle reste, par certains côtés, brutale et intolérante, et une société où les forces de la nature sont toujours mal maîtrisées (mais le seront-elles davantage avant le XIXᵉ siècle ?).

Une société consensuelle

Parallèlement à la disparition des périls extérieurs, un fait majeur va marquer cette période : il s'agit du grand consensus social concernant l'appropriation de l'espace à tous les échelons de la société. Une fois les problèmes liés au partage de l'Empire de Charlemagne définitivement réglés, et les paysans installés, il ne sera plus question de conquête territoriale, si ce n'est qu'exceptionnellement. Le morcellement géographique acquis et les droits fixés, il ne s'agira plus que de les défendre ; cela n'exclura pas, cependant, des conflits liés à l'héritage de certains fiefs, au non respect du droit féodal, aux exigences seigneuriales, ou aux revendications paysannes ou citadines.

Mais, d'une façon générale, chaque seigneur tendra à jouer le jeu, à respecter la parole donnée et la place que l'histoire lui a attribuée dans la hiérarchie féodale, conscient à la fois des moyens limités dont il dispose, et du fait qu'il ne peut remettre en cause le système sans se remettre en cause lui-même.

Cette stabilité du rapport féodo-vassalique constituera l'une des explications de l'essor féodal, qui repose également sur l'évolution du servage vers un rapport social moins contraignant, laissant plus de place à la propriété et à la liberté individuelles.

La crise des XIVᵉ et XVᵉ siècles

En fait, tout ira à peu près bien tant que la production se développera suffisamment pour atténuer les conflits, pour assurer aux principales catégories sociales l'essentiel de ce qu'elles pouvaient attendre. Mais l'équilibre précaire sera remis en cause au XIVᵉ siècle, et la société féodale connaîtra des difficultés économiques, sociales, politiques dont elle ne se remettra pas : disettes au début du siècle, problèmes de succession, début de la guerre de Cent Ans, épidémies de peste, soulèvements populaires et guerre civile entre Armagnacs et Bourguignons...

L'affermissement du pouvoir royal.

Cette crise du monde féodal, aux XIVᵉ et XVᵉ siècles, verra en effet s'effondrer le prestige militaire de la noblesse, s'affirmer le rôle politique de la bourgeoisie, se révéler les contradictions économiques du féodalisme, et s'organiser définitivement le pouvoir royal. A la fin de la guerre de Cent Ans en effet, Charles VII n'est plus le premier des seigneurs féodaux mais le souverain direct de tous les habitants du royaume. Il court-circuite ainsi les anciennes prérogatives seigneuriales et exige à ce titre le paiement de l'impôt au roi, s'ajoutant aux vieilles redevances féodales. Son règne constitue un moment décisif de l'unification du pays et de l'instauration d'une monarchie centralisatrice.

Le rapport féodo-vassalique

Le fondement de la pyramide féodale

Symbolisée par la cérémonie de l'hommage par laquelle un suzerain confie un fief à son vassal, le rapport féodo-vassalique organise le nouvel ordre féodal.

A l'époque franque, la fidélité à un grand n'est pas toujours liée à l'obtention d'une terre. Mais sa possession deviendra de plus en plus recherchée, car elle permet d'obtenir des revenus permanents.

A partir du 8ᵉ siècle, la soumission à un suzerain tend donc à s'accompagner de la concession d'un territoire, d'abord appelé « bénéfice », puis « fief ».

Cette dotation est consentie au profit d'un individu bien déterminé, à l'occasion de la cérémonie publique de l'« hommage » : dans le château du suzerain, le vassal, à genoux, tête nue, met ses mains dans celles du seigneur et lui jure fidélité en se reconnaissant son homme ; le seigneur lui promet en retour sa protection et l'investit d'un fief.

La jouissance du fief devient vite héréditaire, et n'est retirée qu'en cas de rebellion du vassal ; mais la cérémonie de l'hommage doit être renouvelée à chaque transmission du fief. Ne pas rendre hommage à un nouveau suzerain revient à nier que l'on tient son territoire de lui, et expose à la confiscation (commise) du fief.

■ La hiérarchie féodale

Mais chaque vassal est lui-même le seigneur de ceux à qui il a laissé le bénéfice d'une partie de son fief. Il se crée ainsi une gigantesque pyramide à l'échelle du pays, avec le roi au sommet et une multitude de ramifications à la base, où chacun doit indirec-tement fidélité au souverain du royaume. On comprend ainsi les raisons de la solidité de l'édifice : le respect et le prestige dont jouit chaque seigneur ne proviennent pas uniquement de sa propre richesse et de la force de ses troupes ; c'est aussi parce qu'il tient du roi ou d'un très haut personnage ses terres et son autorité. Renier l'origine de celles-ci ou abuser de ses pouvoirs l'expose au soulèvement de ses vassaux et à l'intervention du roi trouvant bien vite l'aide d'autres grands, prêts à profiter de l'occasion pour se partager le fief du félon.

Les moyens d'action du roi sont souvent limités, en raison de la puissance de certains vassaux ; pourtant l'équilibre relatif des forces entre les grands conduit en fait à un ordre socio-politique le plus souvent respecté. L'absence d'un appareil d'État fort et d'une administration centralisée n'est pas synonyme d'anarchie. Il s'agit plutôt d'un pouvoir décentralisé, où les droits du souverain sont limités par la coutume, et les conflits de compétences souvent réglés par la négociation avec des autorités locales (seigneurs, évêques, Parlement des villes…).

Il existe cependant une prérogative royale constituée par le droit de justice d'appel dont useront Saint Louis et Philippe le Bel, permettant au souverain d'affirmer son autorité suprême, de court-circuiter les droits seigneuriaux et d'étendre à l'ensemble du pays les dispositions de la justice royale.

Les obligations du vassal

En dehors du devoir de fidélité, les obligations du vassal consistent à fournir un contingent armé à son suzerain, à payer sa rançon s'il est fait prisonnier et à se joindre à l'armée du roi quand celui-ci lève « l'ost ». Il doit aussi participer aux dépenses des cérémonies du mariage du fils aîné du roi. C'est la seule contribution financière demandée aux vassaux.

Ainsi les revenus du roi se réduisent à ceux de son domaine propre : il n'existe pas d'impôt royal avant le XIVᵉ siècle. Encore ne sera-t-il qu'exceptionnel, et devra-t-il être accepté par les contribuables (Parlements, États généraux, clergé…) ; il ne devient fréquent que durant la guerre de Cent Ans.

De Hugues Capet
à Philippe Auguste

La construction d'un royaume (987-1223)

En 987, le pouvoir réel de Hugues Capet se limite aux frontières de son domaine : l'Ile-de-France. En 1214, Philippe Auguste sera un roi triomphant à l'autorité étendue sur un royaume agrandi.

Les premiers Capétiens (987-1180)

■ **Hugues Capet (987-996)**

Force et faiblesse des premiers Capétiens
On a coutume d'insister sur la faiblesse des rois de France aux XIe et XIIe siècles, faiblesse qui explique pourquoi les grands laissent la dynastie capétienne se maintenir au pouvoir, alors qu'ils ont contesté celui des Carolingiens au Xe siècle. Ce pouvoir est-il pourtant beaucoup plus faible que celui d'un Louis XI menacé par la « Ligue du Bien public », d'un Henri III contesté par les Guise, ou d'un Louis XIV enfant devant fuir Paris ? Toujours est-il que Hugues Capet sait s'opposer victorieusement à son rival malheureux, le prétendant carolingien Charles de Lorraine, après avoir défendu Paris contre l'Empereur d'Allemagne Otton II (978).

Duc des Francs, il est élu roi de France en 987 (pour succéder à Louis V, le dernier Carolingien), grâce à l'appui de l'archevêque de Reims, Aldabéron. Ses contemporains et ceux qui l'ont amené au pouvoir ne se doutent sûrement pas de l'importance de ce choix. Il s'agit, surtout pour les grands du royaume favorables à Hugues Capet, de faire reconnaître leurs droits dans la désignation du souverain. Le peuple du royaume, quant à lui, est partagé entre l'inquiétude à l'approche de l'an mille et la satisfaction de commencer à vivre dans des conditions plus satisfaisantes, grâce à la raréfaction des conflits armés et à l'affermissement des bases du renouveau économique.

Cet événement peut paraître d'autant plus banal que le nouveau souverain descend de deux anciens rois, Eudes et Robert le Fort, qui ont su faire leurs preuves. Pourtant, et ce fut peut-être le seul geste important de son règne, Hugues Capet imite son prédécesseur Louis V en faisant élire et sacrer de son vivant son fils aîné, associé ainsi à l'exercice de son pouvoir. Il en sera désormais ainsi jusqu'à Philippe Auguste qui mettra fin à cette pratique.

■ **Robert le Pieux (996-1031)**

Tout en conquérant la Bourgogne, il consolide la paix au sein du royaume en luttant contre les « seigneurs pillards », et en favorisant l'application des principes de la « Paix de Dieu » que l'Église s'efforce de faire reconnaître.

■ **Henri Ier (1031-1060)**

Il est moins heureux dans sa rivalité avec le duc de Normandie, Guillaume le Conquérant, qui le bat à Mortemer (1054) et à Varaville (1058). Mais le regard de Guillaume se porte avant tout sur l'Angleterre et non sur le Royaume de France. Ces défaites sont donc sans conséquences pour le pouvoir capétien.

■ **Philippe Ier (1060-1108)**

Philippe Ier entreprend une politique d'extension du domaine royal, en s'emparant du Gâtinais, du Vermandois, d'une partie du Vexin, de Bourges. Il est par contre battu en Flandre (à Cassel en 1071), puis son fils, le futur Louis VI, mène contre Guillaume le Conquérant, qui a envahi le Vexin, une nouvelle guerre dans cette province (1097-1098). C'est durant le règne de Philippe Ier qu'a lieu la première croisade (1095-1099).

■ Louis VI (1108-1137) Louis VII (1137-1180)

Durant les deux règnes suivants, les conflits armés restent rares : Louis VI continue à pacifier l'Ile de France, parfois troublée par les exactions de seigneurs en mal de pillage, et obtient l'aide des grands vassaux pour forcer l'Empereur d'Allemagne Henri V à se retirer de la Champagne qu'il avait envahie en 1124 ; Louis VII poursuit la politique d'expansion vers l'Est, en occupant à son tour la Champagne (1142) et brûle Vitry au passage ; il participe à la deuxième croisade. Le fait majeur du règne de Louis VII, lourd de conséquences pour les siècles à venir, est la répudiation de la reine, Aliénor d'Aquitaine, qui a apporté ce fief au royaume. Le plus grave est qu'elle se remarie aussitôt avec Henri Plantagenêt (1152), qui deviendra roi d'Angleterre deux ans plus tard : l'Aquitaine devient ainsi fief anglais et les souverains britanniques vassaux des rois de France pour ces territoires.

■ Le rôle du roi

Avec l'arrivée des Capétiens en France, comme avec la restauration du principe impérial en Allemagne (Otton Iᵉʳ se proclamant Empereur en 962), prennent fin les rivalités liées à l'héritage carolingien. Ce n'est sans doute pas un hasard si ces rois et les grands sans lesquels ils ne peuvent rien, se préoccupent surtout désormais de consolider leurs propres pouvoirs plutôt que de s'engager dans des conquêtes aléatoires. L'ébauche d'une croissance économique en est à la fois la cause et la conséquence : si l'on peut trouver des revenus croissants dans son fief, à quoi bon se risquer à guerroyer chez de puissants voisins ?

De ce fait, la fonction royale s'est en grande partie détachée de celle qui en fait un pourvoyeur de territoire, et un propriétaire du royaume. Le fait de réserver le titre royal à l'aîné des fils montre bien que le royaume ne peut plus être divisé comme un bien privé ; si le roi possède des territoires qui lui rapportent des revenus comme tout seigneur, il est aussi le garant de l'ordre politique et social, le bras séculier de l'Église, une sorte de représentant laïc de Dieu sur terre. Il se situe donc au-dessus des grands seigneurs, qui ont besoin du symbole royal dont ils tiennent leur légitimité, comme le peuple a besoin de son image protectrice.

Philippe Auguste (1180-1223)

Toutefois l'autorité royale est d'autant plus respectée que le souverain, par son rayonnement propre, son aptitude à défendre le royaume, à maintenir la paix, à faire entendre raison aux récalcitrants, sait être à la hauteur de sa mission. C'est précisément le cas avec Philippe II Auguste, dont le long règne (1180-1223) est riche en événements importants, et fait franchir une étape décisive au rôle de la fonction royale.

■ Un roi conquérant

Marié à Isabelle de Hainaut, qui lui apporte l'Artois (1180), il mate une révolte féodale et annexe les comtés d'Amiens et de Montdidier (1185). Mais sa préoccupation principale est de lutter contre la puissance inquiétante des rois d'Angleterre, désormais dotés de fiefs continentaux. C'est ainsi qu'il soutient la révolte des fils de Henri II contre leur père, l'oblige à lui céder une partie du Verman-

Règnes longs et stabilité du pouvoir
Durant presque deux siècles, de la mort de Hugues Capet (987) à l'avènement de Philippe Auguste (1180), la France n'a connu que cinq rois, chacun régnant au moins trente ans (et même quarante-huit ans pour Philippe Iᵉʳ !). Cela constitue un puissant facteur de stabilité politique, d'autant qu'ils laissent tous un héritier mâle en mesure de leur succéder (il en sera d'ailleurs ainsi jusqu'à Philippe le Bel). Les grands vassaux perdent donc l'habitude de se poser des questions à propos de l'héritage royal et de se déchirer pour l'accession au pouvoir ou le partage des territoires.

La « croisade des Albigeois »

C'est durant le règne de Philippe Auguste que débute en 1209 la triste « Croisade des Albigeois », marquée par le sac de Béziers, la prise de Narbonne, le siège de Carcassonne, puis la bataille de Muret (1213), près de Toulouse, où Simon de Montfort bat le comte de Toulouse et son allié le roi d'Aragon. Le pouvoir royal ne voit pas d'un mauvais œil la fin d'une indépendance de fait du comté de Toulouse, où l'autorité royale sera désormais affirmée. C'est aussi l'occasion de se réconcilier avec le pape, après ses démêlés conjugaux qui lui ont valu d'être excommunié en 1200.
Mais « l'hérésie et la résistance cathares se poursuivront jusqu'à la prise de Montségur en 1244, sous le règne de Saint Louis.

dois et marie sa fille à Jean Sans Terre, un des fils d'Henri II. Philippe Auguste participe aux côtés de Richard Cœur de Lion, devenu roi d'Angleterre, à la troisième croisade, en 1190. Mais il rentre le premier (1191) et profite de l'absence de Richard pour occuper le Vexin normand et les comtés d'Aumale et d'Eu. Revenu en Angleterre, après sa captivité en Allemagne (1192-1194), Richard entre en guerre contre la France. Il bat Philippe Auguste à Fréteval (1194) et à Courcelles (1198), mais il est tué en Limousin (1199). Cette mort sauve Philippe, qui reprend les hostilités contre Jean Sans Terre, nouveau roi d'Angleterre. Philippe Auguste le reconnaît roi en échange du Vexin normand, d'Évreux et du Berry (1200, paix du Goulet). Mais Jean Sans Terre ne s'étant pas présenté pour rendre hommage au roi de France, Philippe Auguste lui confisque ses fiefs, et entreprend la conquête de la Normandie (prise de Château Gaillard et de Rouen en 1204), de la Touraine, du Maine, de l'Anjou et du Poitou.

■ Bouvines

Philippe doit alors faire face à une redoutable coalition, entre Jean sans Terre, l'Empereur d'Allemagne Otton IV et les Comtes de Flandre et de Boulogne. Victorieux, ils se seraient partagés le royaume de France. Mais Philippe Auguste écrase les Germano-Flamands au Nord, à Bouvines, alors qu'au Sud son fils, le futur Louis VIII bat Jean Sans Terre à La Roche-aux-Moines (1214). S'il échoue dans une tentative de main mise sur

l'Angleterre (expédition de Louis VIII en 1216), ses victoires continentales ont permis une extension considérable des territoires royaux, Philippe Auguste conservant ses conquêtes, auxquelles s'ajoutent l'Auvergne et la Champagne.

■ Un administrateur

Son règne de quarante-trois ans n'est pourtant pas celui du conflit permanent. Philippe Auguste n'est pas simplement combattant ; c'est aussi un administrateur qui met en place les officiers du roi, baillis et sénéchaux, veille à la mise en valeur de ses domaines, confie aux Templiers la gestion du Trésor Royal, aide au développement urbain et le mouvement communal en accordant des Chartes de franchise et des privilèges aux marchands (comme à Paris) ; il renforce aussi la défense du royaume en construisant ou développant les enceintes de protection ou les places fortes. En définitive, son pouvoir est tel qu'il ne juge pas bon de faire couronner son fils Louis VIII de son vivant, rompant avec cette précaution qui durait depuis deux siècles.

■ Louis VIII (1223-1226)

Si Philippe Auguste, préoccupé par le problème anglais, ne participe pas à la « croisade des Albigeois », il n'en est pas de même pour son fils. Le règne de Louis VIII voit en effet se poursuivre la rébellion des seigneurs du Languedoc contre l'autorité du représentant du roi. Amaury, fils de Simon de Montfort. Louis VIII intervient personnellement et prend Avignon, fief du comté de Toulouse, en 1226.

De Saint-Louis à Philippe le Bel

Un pouvoir royal affermi (1226-1314)

Les règnes de saint Louis et de Philippe le Bel, à l'apogée de la société féodale, sont ceux de la paix intérieure et du développement de l'administration centrale.

Saint-Louis (1226-1270)

Lorsqu'en 1226 Louis IX, le futur Saint Louis, hérite du trône de France, il n'a que 12 ans. La régence est exercée par sa mère, Blanche de Castille, qui doit faire face à une révolte féodale, mâtée en 1230. Elle pousse Raimond VII de Toulouse à signer un traité prévoyant la poursuite de la lutte contre les cathares, le mariage de la fille du comte de Toulouse avec le frère du roi de France, et qui entérine la mainmise royale sur le Languedoc. Après 1240, Saint Louis exerce véritablement le pouvoir : il vainc à nouveau une révolte de barons du Midi en 1241, puis celle de barons Poitevins (soutenus par Henri III d'Angleterre), en les battant à Taillebourg et à Saintes (1242). Mais le désir de Saint Louis est de rétablir la paix, et de longues négociations débouchent sur le Traité de Paris (1259) : Henri III renonce à la Normandie, à la Touraine, à l'Anjou, au Maine et au Poitou, et doit l'hommage au roi de France pour l'Aquitaine ; en revanche, Saint Louis lui rend ses possessions en Limousin, Périgord et Quercy.

Un an auparavant (1258), Saint Louis a également signé avec le roi d'Aragon le traité de Corbeil, par lequel la France renonce au Roussillon et à Barcelone, et l'Aragon à la Provence et au Languedoc (sauf Narbonne).

Ce désir de paix intérieure tranche avec la politique expansionniste de son grand-père Philippe Auguste. Mais elle est relayée par son activité militaire à l'extérieur : en 1248 il s'embarque à Aigues-Mortes, à la tête de la croisade qui va attaquer l'Egypte.

Saint Louis en Terre Sainte

Après le débarquement de Damiette (1249), les croisés sont battus et le roi fait prisonnier ; il ne doit sa libération qu'au paiement d'une énorme rançon, grâce au trésor des Templiers. Il reste encore deux ans en Palestine où il cherche à organiser les territoires tenus par les croisés. Durant son absence se produit la « Croisade des Pastoureaux » (1251), durant laquelle des bandes d'enfants pauvres prennent la croix pour finalement se livrer au pillage sur leur chemin. Cette première « jacquerie », est écrasée par Blanche de Castille. La mort de celle-ci rappelle Saint Louis en France (1252).

■ **Le réformateur**

Revenu en France en 1252, Saint Louis entreprend de réformer le royaume : il enquête sur le

---

Saint Louis, le justicier

Son désir de faire jouer pleinement à l'institution royale son rôle en matière de justice est tel qu'il laisse de lui le souvenir du roi sage et équitable rendant jugement sous son chêne du Bois de Vincennes. Si les préoccupations éthiques ne sont pas absentes, il s'agit aussi d'affirmer le pouvoir royal en utilisant, chaque fois que l'occasion s'en présente, son droit de justice d'appel en multipliant les « cas royaux » qui ne peuvent être jugés que par le roi. Cela affaiblit le pouvoir judiciaire des grands du royaume et renforce le prestige du roi de France à l'extérieur (arbitrage dans la succession des Flandres en 1246 ou dans les affaires anglaises en 1264).

comportement des officiers royaux (baillis et sénéchaux), les ordonnances de 1254 et 1256 réglementant l'exercice de leur pouvoir. Il interdit le duel judiciaire (1261), lutte contre les guerres privées, l'usure, les jeux et la prostitution. D'autres ordonnances imposent le cours forcé de la monnaie royale (1263 et 1265). Il transforme le fonctionnement de l'ancienne cour féodale pour l'amener à légiférer, et à contrôler la gestion financière des officiers royaux ; c'est l'origine du Parlement et de la Cour des comptes.

Mais son mysticisme l'amène à provoquer la huitième croisade, qui part à nouveau d'Aigues-Mortes le 1ᵉʳ août 1270. Les croisés débarquent à Carthage mais sont décimés par une épidémie de peste. Saint Louis en meurt le 25 août 1270, devant Tunis. Il est canonisé en 1297.

■ Philippe III le Hardi (1270-1285)

Le règne de son fils est de bien moindre importance. Il rend à l'Angleterre l'Agenais et le sud de la Saintonge, contre l'hommage-lige du roi d'Angleterre au roi de France pour le fief d'Aquitaine (l'hommage-lige étant un serment de fidélité sans réserve, prêté au seigneur principal, et qui se distingue de l'hommage simple, que l'on peut prêter à plusieurs seigneurs dont on tient des fiefs). Par ce traité d'Amiens (1279), Philippe III continue la politique pacifiste de Saint Louis. En revanche, en soutenant son oncle Charles d'Anjou, roi de Sicile, contre le roi Pierre III d'Aragon, il tente d'étendre la présence française vers les Pyrénées. Après le massacre des Angevins par les Siciliens, lors des « Vêpres siciliennes », et le débarquement des troupes de Pierre III, Philippe III conduit l'expédition dite de la « croisade d'Aragon » ; mais sa flotte est détruite à la bataille de Las Hormigas (1285) et la même année Philippe meurt à Perpignan d'une épidémie qui ravage son armée.

Philippe le Bel (1285-1314)
Le « roi de fer »

Le règne de Philippe IV le Bel, fils de Philippe III, va constituer une période charnière dans l'histoire de la société féodale. Il se situe au terme d'une ère de croissance économique, d'affermissement du pouvoir royal et de paix intérieure et extérieure. Rien pourtant ne laisse prévoir en 1285 les catastrophes qui marqueront le milieu et la fin du XIVᵉ siècle.

■ L'Angleterre et la Flandre

Philippe le Bel, en effet, règle pacifiquement les conflits avec l'Aragon (1291), et avec l'Angleterre à propos de la Guyenne (1300). Mais en Flandre, il est confronté à une révolte de son vassal le comte Guy de Dampierre : Philippe occupe alors les principales villes en 1297 et installe à la place de Dampierre, Jacques de Châtillon qui se rend impopulaire et provoque le soulèvement des villes drapières. Après la défaite de Courtrai en 1303, Philippe le Bel prend en 1304 la tête de l'Ost Royal, et écrase à son tour les Flamands à Mons-en-Pévèle ; ils doivent signer le traité d'Athis-sur-Orge (1305) qui prévoit le retour du comté au fils du comte de Flandre, le démantèlement des remparts des principales villes et le paiement de très fortes amendes. En fait, il s'agit là d'une politique de répression typiquement féodale, face aux revendications d'indépendance de cités industrielles et marchandes, qui supportent mal la sujétion économique et politique du seigneur local ou de son suzerain français.

■ Le roi et l'Église

A l'intérieur du royaume, Philippe le Bel cherche à étendre les prérogatives royales vis-à-vis de l'Église comme des grands féodaux. Un conflit l'oppose en effet au Pape Boniface VIII, qui interdit au clergé de verser des contributions financières aux laïcs sans son autorisation (1296). Le clergé a en effet protesté contre les demandes incessantes du roi. En réponse, Philippe le Bel interdit les sorties d'or et d'argent du royaume, pour empêcher Rome de toucher les impôts pontificaux. Le différend semble dans un premier temps s'apaiser avec le recul de Boniface VIII (qui canonise Louis IX en 1297) ; mais il rebondit en 1301 quand Philippe le Bel fait arrêter l'évêque de Pamiers, Bernard Saisset, l'accusant d'avoir comploté contre la couronne. Le Pape convoque un concile auquel Philippe le Bel interdit aux évêques de se rendre. Boniface VIII veut alors excommunier le roi de France, mais il est insulté et arrêté à Anagni (septembre 1303) par l'envoyé de Philippe le Bel, Guillaume de Nogaret, et les Colonna, ennemis du Pape Boniface ; libéré par la population locale, il mourra à Rome le mois suivant. Ses successeurs sont favorables au roi de France, Clément V venant même s'installer à Avignon en 1309. Le pouvoir temporel des Papes est dès lors considérablement restreint.

■ L'administrateur

Pour ce qui est des affaires internes du royaume, Philippe le Bel

sait développer une administration nombreuse et active : ses baillis et sénéchaux interviennent dans les affaires internes des fiefs et font remonter le plus possible les litiges devant la justice royale. D'autre part, le roi convoque régulièrement des assemblées où sont représentés la noblesse, le clergé et les villes. Le travail du Parlement est précisé, et le conseil du roi étendu, Philippe le Bel s'entourant de conseillers aux origines souvent modestes : Pierre Flote (garde des Sceaux), Guillaume de Nogaret, Enguerrant de Marigny...

Les problèmes financiers l'obligent à gérer avec rigueur les ressources royales, mais le manque d'argent l'amène à taxer lourdement les Juifs (qui sont bannis du royaume et dont les biens sont confisqués en 1308) et les Lombards ; il en vient aussi à faire arrêter les Templiers (1307), qu'il fait accuser de tous les maux, et leur grand maître, Jacques de Molay, et plusieurs autres grands dignitaires sont brûlés en 1314. Mais leur prétendu trésor est resté introuvable. Philippe le Bel essaie même d'instituer un impôt foncier, le fouage, mais sans grand succès. Enguerrand de Marigny propose également une réforme du Trésor (1314), un nouvel impôt de dix deniers sur les rentes et une réforme monétaire.

La mort de Philippe le Bel (29 novembre 1314) interrompt cette politique, qui laisse de son règne l'image d'un roi confronté au problème de l'insuffisance des rentrées d'argent, et accusé de manipulation monétaire.

Si à sa mort sa descendance semble assurée, la mort prématurée de ses trois fils pose un problème de succession qui est en partie à l'origine de la crise politique du XIVᵉ siècle (voir p. 68).

Les problèmes financiers

Sous le règne de Philippe le Bel, les problèmes financiers prennent une importance nouvelle pour une royauté qui étend son administration, entretient une armée moins féodale, achète ses alliances, alors que le système fiscal reste hérité du passé : il n'existe toujours pas d'impôt permanent sur le revenu ; les ressources principales proviennent de la fiscalité indirecte pesant sur les transactions et la circulation des marchandises (péages pour franchir un pont, emprunter une voie d'eau, accéder à une foire...) ; de plus, les aides exceptionnelles demandées aux provinces ou aux cités doivent être justifiées et acceptées par les contribuables.

Le servage et son évolution

Un statut général mais différencié

Anciens esclaves ou anciens hommes libres, les serfs constituent la majorité de la paysannerie, mais bénéficient de conditions de vie qui tendent à s'améliorer.

Les droits féodaux

Suivant l'origine des travailleurs du sol et les traditions locales, on doit ainsi : la taille (rémunérant le service de protection assuré par le seigneur), le chevage (impôt par tête, frappant les serfs et les affranchis), le cens (somme fixe versée annuellement au seigneur), des corvées (jours de travail gratuit), le champart (redevance constituée d'une partie des récoltes), la dîme (prélèvement de l'Église), la mainmorte (permettant au seigneur d'hériter des biens de ses serfs, transformé en taxe d'héritage)...

Au sein du monde profond des campagnes, un rapport social spécifique caractérise le monde féodal : le servage. Ce sont le développement de la grande propriété et la régression de l'esclavage qui ont provoqué la généralisation de ce nouveau système de mise en valeur du patrimoine foncier.

Ayant conquis un territoire, ou le recevant du roi ou d'un prince, le seigneur concède à son tour la jouissance d'une terre à un paysan-exploitant, tout en conservant la propriété. Le bénéficiaire tient donc la terre (« tenure ») du seigneur, dans un premier temps à titre précaire, c'est-à-dire avec un bail à durée déterminée, puis, dès le VIIᵉ siècle, à titre viager. Mais, de même que les fiefs se transmettent de père en fils, la concession des « précaires » devient héréditaire. Suivant la nature de la concession, et donc l'importance des redevances et incapacités personnelles qui pèsent sur l'exploitant, on distingue les tenures « féodales » (fiefs nobles), les tenures « serviles », celles « en censive », « en hostile » ou « en franc alleu »...

La tenure est de dimension variable, mais peut se réduire à une « manse », qui désigne l'unité d'exploitation agricole avec habitation et jardin, d'une superficie de l'ordre de 10 à 15 hectares, et correspond au travail d'un attelage et à la subsistance d'une famille. Ces « manses » peuvent être « ingénuiles », c'est-à-dire être attribuées à des colons

libres, « serviles » (à des serfs) ou « lidiles » (à des affranchis).

La filiation entre l'esclavage et le servage est bien marquée par l'étymologie du terme « serf », qui vient du latin *servus*, désignant l'esclave, et la généralisation du rapport servile est attestée par l'oubli progressif des autres termes par la mémoire collective.

■ Le poids des redevances

Le rapprochement des statuts réels de la grande masse des travailleurs de la terre s'explique par l'extension de la seigneurie dite « banale », c'est-à-dire assortie des droits liés au ban : droits de donner des ordres et de contraindre les individus vivant sur le territoire où s'exerce le pouvoir seigneurial. Cette extension, liée à la dégradation de l'autorité publique, a pour effet de renforcer les moyens de domination des propriétaires fonciers sur la paysannerie non libre.

Ils s'efforcent de s'appuyer sur les « coutumes » pour justifier les redevances, et les appliquer à tous ceux qui vivent sur le territoire du château, y compris ceux qui sont libres « alleutiers », et à qui les seigneurs demandent de fournir la preuve de leur origine non servile ! De même, s'étendent au XIᵉ siècle de nouvelles « banalités » : obligation d'utiliser moyennant finances le moulin, le four, la forge, le taureau, le pressoir du seigneur, interdiction de vendre du vin avant que le seigneur n'ait écoulé le sien...

Ces obligations s'ajoutent aux nombreux « droits serviles » qui pèsent sur les anciens esclaves qui ont obtenu la jouissance d'une terre, ou sur les hommes libres qui ont abandonné leur propriété et une partie de leur liberté contre la « protection » du grand propriétaire ou de l'Église.

De plus, la gabelle (taxe royale sur le sel, instituée en 1341), la taille royale (impôt direct constituant pour les roturiers, l'équivalent pécuniaire du service militaire), les tonlieux (impôt affectant le transport des marchandises) touchent aussi ceux qui ne sont pas de condition servile.

■ L'évolution du servage

Mais il convient de souligner le fait que la condition générale de la paysannerie tend à s'améliorer sur une longue période ; c'est ce qui permet de comprendre le dynamisme économique des Xᵉ-XIIIᵉ siècles.

En effet, la réglementation « juridique » par la seigneurie foncière du statut des travailleurs s'inscrit dans la logique d'une recherche de rentabilisation de leur propriété. Il s'agit, en fait, maintenant que la conquête et le pillage ne sont plus des sources ordinaires de richesse, de tirer le maximum de revenu de ce que les rapports de force locaux et l'héritage du passé permettent. Or cela ne signifie pas aggravation du poids des prélèvements : ceux-ci étaient généralement plus lourds au temps de l'installation sur les tenures, surtout pour les anciens esclaves, et quand les pillages et les destructions anéantissaient une partie de la production. Maintenant que la paix tend à s'installer, que le souvenir de l'esclavage s'estompe, que le prélèvement prend le plus souvent la forme d'un impôt et de moins en moins celle d'un temps de travail gratuit, les producteurs gagnent en autonomie, et sont incités à accroître leur productivité et la production : on défriche de nouvelles terres, on développe l'élevage, qui améliore l'alimentation et fournit des engrais, on peut avoir et garder plus d'enfants.

Au cœur de ce mouvement se trouve le besoin de liquidités monétaires des seigneurs qui les conduit à substituer dans une large mesure le paiement en argent au prélèvement en nature, alors que l'augmentation du nombre de bras réduit le poids des corvées (en temps de travail). Mais si cette part des redevances monétaires s'élève, leur valeur est fixée une fois pour toutes par la coutume, ce qui a pour conséquence que toute hausse des prix des produits agricoles, ou chaque progrès de la production, bénéficie avant tout aux paysans.

Cela ne met pas bien sûr l'ensemble des individus à l'abri du besoin ou de la famine (les années de mauvaise récolte pouvant être dramatiques). Cela ne permet pas non plus un enrichissement uniforme et permanent de tous les plus défavorisés de cette société très hiérarchisée et inégalitaire. Mais ce mouvement permet aux plus pauvres de vivre mieux que durant les temps passés et les durs moments des siècles à venir. Bien plus, au-delà de l'amélioration immédiate, la hausse des revenus permet à un grand nombre d'individus d'échapper partiellement ou totalement à la condition servile en rachetant tout ou partie des droits qui pèsent sur eux.

D'une façon générale, ces franchises portent sur l'ensemble des droits féodaux, accordent la faculté de s'établir et de se marier librement, et parfois des privilèges administratifs, judiciaires, militaires (exemption de service

Servage et liberté
Si l'on peut peut-être parler de la formation d'un « nouveau servage » aux Xᵉ-XIᵉ siècles, par opposition à la diversité des statuts sociaux des VIᵉ-IXᵉ siècles, ce servage ne touche pas l'intégralité de la population paysanne : la paysannerie totalement libre régresse sans doute, mais n'en disparaît pas pour autant, qu'elle soit individuelle ou organisée en communautés villageoises ; ceux qui le peuvent ne manquent d'ailleurs pas de faire valoir leur condition non servile, en recourant si besoin est à la protection de l'Église et aux tribunaux ecclésiastiques.

Les franchises royales

L'achat de « franchises » fut surtout important aux XIIᵉ et XIIIᵉ siècles, les rois de France, donnant l'exemple sur leurs propres domaines ; ainsi, vers 1155, Louis VI a-t-il accordé à la ville de Lorris, dans le Gâtinais, sa fameuse Charte d'affranchissement qui servira de modèle à de nombreuses « villes-franches ». Elle donne un prévôt à la ville, réduit les corvées et les péages, supprime la taille et la mainmorte pour les bourgeois.

militaire ou possibilité d'avoir des milices) ou économiques (liberté de commerce, possibilité de vendre des terres, droits d'usage des forêts ou pacages...). Elles sont accordées à des individus ou à des collectivités (communes, villes), qui payent alors solidairement ce qui reste dû au seigneur local.

Les raisons qui poussent les seigneurs à accepter cet affranchissement sont multiples et ne se limitent pas à l'attrait du gain immédiat. Ils y sont parfois poussés par des soulèvements populaires ; mais le plus souvent cela se produit sans violence : il s'agit de récompenser des services rendus, de retenir des habitants prêts à quitter la terre et que le contexte social ne permet plus de retenir par la force, de réduire la misère des plus pauvres, à laquelle certains seigneurs très chrétiens sont sensibles, ou de

favoriser l'essor de lieux de production ou d'échange. Les seigneurs se rendent compte du rôle dynamisant pour leur propre fief des marchés et de l'artisanat urbain, apportant ou produisant des biens nouveaux et sources d'impôts. Parfois aussi cela peut provenir d'un désaccord entre seigneurs à l'occasion d'un litige sur l'héritage d'un fief : ils se livrent à une surenchère destinée à se faire accepter comme suzerain, ou règlent un contentieux en fixant par écrit le sort des habitants dans des conditions qui tiennent compte du nouveau contexte de l'époque.

Il est permis de penser, dans ces conditions, que l'ouverture permise par la perspective d'un changement dans le statut social a été un aiguillon puissant au dynamisme individuel et par suite aux transformations économiques.

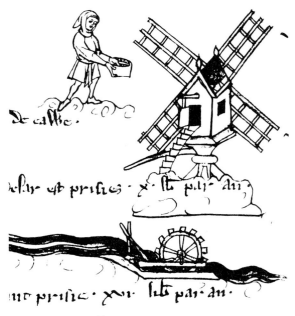

Moulin à vent et moulin à eau

Ils utilisent un arbre de transmission et symbolisent l'amélioration des techniques aux temps féodaux. (Extrait de « Vieil rentier d'Audenarde », vers 1275. Bibliothèque Royale Albert 1ᵉʳ, Bruxelles.)

Les transformations techniques

Une « révolution industrielle » aux temps féodaux ?

Les progrès de la productivité réalisés aux XIIe-XIIIe siècles permettent de nourrir une population plus nombreuse et de diversifier les produits et les activités.

Le développement de la production et des échanges, l'essor démographique et urbain s'expliquent en partie par l'évolution des rapports sociaux au sein de la classe seigneuriale et entre celle-ci et la paysannerie. Mais tout cela est étroitement lié à la transformation des techniques de production, qui touche un grand nombre d'activités et qui a pu conduire à parler de « révolution industrielle du Moyen Âge ».

■ La révolution agricole

Ainsi, dans le domaine agricole, l'utilisation du cheval comme force de trait, permis par l'emploi d'un collier rigide ne gênant pas sa respiration, par l'usage des fers cloutés et par l'attelage des chevaux à la file, se développe à partir du XIe siècle. Or le remplacement de substituer un cheval à un bœuf permet d'augmenter la puissance motrice de 50%, et le cheval peut travailler environ deux heures de plus par jour. Mais le développement de l'usage du cheval sera lent, car conditionné par les possibilités financières des agriculteurs, par leur connaissance de l'élevage et des soins des bêtes de trait. Cela demande aussi de surmonter l'obstacle constitué par l'image du cheval-instrument de combat réservé aux nobles. Cela implique enfin le développement de la culture de l'avoine (donc que les hommes soient déjà nourris) et que l'on pratique plus fréquemment la rotation triennale qui apparaît vers le IXe siècle, mais

qui sera longue à s'imposer.

Parallèlement, une réflexion importante sur les méthodes de culture, la sélection des espèces et l'usage des engrais, se produit, comme en témoignent au XIIIe siècle le *Traité d'agronomie* de Walter de Henley, ou d'autres textes consacrés à ces questions, comme celui de Robert Grossetête (1240).

D'autre part, le développement de l'élevage, et en particulier du mouton, permet d'accroître la production de viande, de laine, de lait, de cuir et de fumier, y compris sur des terres ingrates. Cela permet donc de mieux nourrir les populations, et de procurer des matières premières à l'artisanat textile.

Ces phénomènes correspondent en fait à une période où l'on a le temps de penser à mieux produire, et où l'on n'est pas sans cesse menacé par tel ou tel envahisseur ou destructeur. D'ailleurs, le temps des guerres revenu, l'agriculture cesse à nouveau d'innover, jusqu'au XVIIIe ou XIXe siècle.

■ La mécanisation

A côté des activités agricoles proprement dites, celles qui dérivent de l'agriculture (meunerie, fabrication des huiles, de la bière, travail de la laine ou des peaux...) comme celles qui concernent l'industrie des métaux connaissent des progrès décisifs grâce à la maîtrise de l'énergie et de la mécanisation. Celle-ci est due au développement de l'usage des

La nouvelle charrue
Le fait majeur pour le développement de la production agricole est peut-être la mise au point de la charrue lourde à versoir dont l'utilisation se répand rapidement à partir du XIe siècle. Cet instrument, équipé d'un soc métallique qui creuse plus profondément le sol, rejette la terre sur les côtés, alors que la herse recouvre de terre les semences. Associé à plusieurs bœufs ou chevaux, il permet l'extension des surfaces cultivables, le défrichement des forêts après l'essartage, et un meilleur rendement des cultures. Il conduit aussi à modifier l'organisation de la production, en poussant les paysans à adapter les parcelles à l'utilisation d'un tel équipage difficile à manœuvrer, et à se grouper pour faire face au coût élevé de son acquisition et de son entretien.

Une révolution industrielle féodale ?

Les progrès techniques de cette période montrent l'existence d'un esprit créatif préoccupé par l'amélioration de la productivité et de la production. Cela nous oblige à rompre avec une vision sommaire de cette époque qui en faisait celle de l'obscurantisme intellectuel et de la grossièreté des mœurs. Mais il s'agit plus d'une mobilisation des connaissances existantes, d'une utilisation plus rationnelle des moyens de production courants, parfois améliorés avec ingéniosité, que d'un « saut qualitatif » dans des techniques radicalement nouvelles amorçant un processus cumulatif d'innovations complémentaires, comme au XIXᵉ siècle. C'est d'ailleurs en partie pour cela que la croissance économique plafonnera à la fin du XIIIᵉ siècle.

moulins à vent et surtout à eau, déjà connus à l'époque romaine, mais qui se multiplient et se perfectionnent du XIᵉ au XIIIᵉ siècle, en particulier grâce à la mise au point de l'arbre à cames. Cela permet de mécaniser des travaux qui se faisaient jusque-là au pied ou à la main pour moudre des grains, fouler les draps, préparer la bière, la moutarde, mais aussi le papier (en écrasant du lin et du coton), piler les olives, aiguiser les instruments ; la force humaine est décuplée : dans un moulin à foulon mécanisé, un seul homme peut en remplacer quarante.

Mais si la construction d'un moulin est onéreuse, son rapport est élevé car tout le monde (de gré ou de force) est amené à louer son utilisation. D'autre part, les hommes s'unissent pour financer l'opération, tels les Toulousains qui constituent au XIIᵉ siècle la « Société du Bazacle », société par actions qui gérait les moulins de la Garonne, et dont les cours varient avec le rendement annuel de ces moulins. Elle existera encore au XXᵉ siècle et sera nationalisée avec E.D.F. !

■ Le travail des métaux

Pour ce qui est de la sidérurgie, on sait que les besoins en fer sont considérables, aussi bien à des fins militaires (armes à main, cottes de mailles, armures, casques, pièces d'arbalète...) que civiles (socs de charrues, fers à cheval, clous, serrures, chaînes, ustensiles de construction...). La réponse à cette demande énorme de produits extrêmement diver-

sifiés est possible grâce à la force hydraulique permettant d'équiper les forges de marteaux pesant plusieurs centaines de kilos, et de soufflets élevant la température des fours. Les abbayes cisterciennes jouent ici, comme dans le domaine agricole, un rôle important dans l'élaboration et la propagation de ces nouvelles techniques. En dehors du travail du fer, on exploite également sur une grande échelle les mines d'argent, de plomb, de cuivre et de zinc, qui constituent d'ailleurs des produits d'exportation.

■ Les bâtisseurs de cathédrales

Il convient aussi d'évoquer la grande maîtrise architecturale des bâtisseurs de ces temps : ils nous ont laissé tant de chefs-d'œuvre qui ont plus souffert de l'agression des hommes que de celle des siècles. Les cathédrales abbayes ou les simples églises, les châteaux et les remparts que l'on rencontre partout en France comme en Europe témoignent de leur aptitude à travailler la pierre et à joindre l'esthétique à la solidité. Les constructeurs (de l'architecte au simple maçon) bénéficient de plus du statut privilégié de spécialistes recherchés, allant de chantier en chantier apporter leur savoir-faire.

D'autre part, on construit des barrages, on cherche à utiliser l'énergie des marées, on met au point une boussole (au XIIIᵉ siècle) ; l'horloge mécanique en provenance de l'Italie se répand en France au XIVᵉ siècle.

L'essor urbain

La ville, foyer d'un dynamisme nouveau

Protectrice aux époques dangereuses, la ville devient durant les temps féodaux un lieu de production, d'échange et de rencontres, un nouvel espace de liberté et d'essor artistique.

L'un des principaux facteurs de dynamisme de cette période est constitué par le puissant essor urbain qui s'affirme dès le XIe, et surtout aux XIIe et XIIIe siècles. Les villes n'ont bien sûr pas disparu depuis la décadence romaine, et celles qui deviendront les grandes métropoles régionales ont su conserver un certain rôle durant les siècles de régression urbaine : c'est par exemple le cas de Paris, Reims, Châlon, Lyon, Toulouse, Bordeaux, Rouen, Strasbourg, Avignon, Bourges, Beauvais, Nantes, Orléans... Le plus souvent bien fortifiées, situées sur une grande voie de passage ou de communication fluviale, siège d'un évêché ou de la résidence d'un grand, elles ont maintenu un mode de vie et de relations sociales différent de celui qui se généralise alors.

■ Les villes forteresses

Elles constituent le seul cadre accueillant et sécurisant pour ceux qui restent libres, marchands ou artisans, et représentent un lieu privilégié d'accumulation de richesses, laïques ou religieuses. C'est bien pour cela qu'elles sont particulièrement visées par les divers envahisseurs, même si certaines savent résister avec succès (comme Paris face aux Vikings en 885). Cela réduit provisoirement l'attrait qu'elles peuvent exercer sur les populations non citadines, mais aussi pousse certains à les quitter, quand elles ne sont plus assez sûres ; on peut alors bénéficier dans les campagnes de la protection seigneuriale, mais au prix d'une perte de liberté.

Mais inversement, ce danger va avoir deux conséquences positives pour l'avenir de l'expansion urbaine. La première est le renforcement des fortifications, qui contribue à rendre à la ville son rôle protecteur. Au temps du pillage viking, c'est le cas de Saint-Omer en 846, Angers en 851, Dijon, Le Mans, Tours en 869, Autun en 874, Beauvais en 876, Reims en 883, Paris en 885, Angoulême en 886, Troyes en 892... La seconde conséquence est le fait que nombreux sont ceux qui, dans les régions menacées, échappent à leur ancienne condition servile en s'enfuyant devant la menace et en allant bien loin de là trouver refuge dans une ville éloignée du danger ; même ceux qui retrouvent un travail dans la campagne le font avec un statut plus favorable et deviennent par-là même vendeurs ou acheteurs potentiels à la ville.

■ La ville attrait

La paix revenue, la production, la population et les revenus augmentent, les relations villes-campagnes vont s'intensifier : le surplus de la population paysanne va se diriger vers la bourgade ou la ville, parce qu'il n'y a plus assez de travail à la campagne, ou parce qu'elle s'est suffisamment enrichie pour pouvoir louer, acheter ou se faire construire un

Les villes, lieux d'innovation économique
Les cités qui se développent le plus ne s'identifient pas nécessairement aux grands lieux saisonniers que sont les villes de foires (Troyes, Châlons...). Mais elles constituent le lien privilégié du développement des échanges de marchandises de toute sorte, car la demande y est permanente. Elles sont aussi l'endroit où s'élaborent de nouvelles formes de vie, de nouveaux rapports sociaux (maîtres-apprentis, salariat), de nouvelles organisations de la production (manufactures, grands marchands et sous-traitants), de nouvelles spécialisations (architectes, maçons, orfèvres, financiers, juristes, grands administrateurs du royaume...).

logement. Cela est favorisé par le fait que le retour à la sécurité permet l'installation à la périphérie des cités (dans les « faubourgs »).

La ville d'alors conserve des dimensions modestes relativement au gigantisme actuel (la fameuse enceinte de Philippe Auguste au début du XIIIᵉ siècle suit l'emplacement des « grands boulevards » actuels, pour finir près du Louvre ; Saint-Germain-des-Prés reste à la campagne, alors que Paris est déjà la première ville du royaume).

■ Des villes-chantiers

Les villes vont de plus devenir un immense chantier, surtout du XIᵉ au XIIIᵉ siècle, animées par la construction des églises et des cathédrales, qui vont mobiliser un nombre considérable de travailleurs et d'énormes ressources financières. Elles attestent la rivalité entre cités, chacune cherchant à surpasser les autres par la dimension et le raffinement architectural de « sa » cathédrale. On ne finit jamais de l'agrandir et de l'embellir.

Mais l'on ne se contente pas de bâtir des édifices religieux : si le formidable mouvement de construction des châteaux fortifiés sur l'ensemble du royaume concurrence les villes, et fait d'un petit bourg un lieu de sécurité et d'activité, les seigneurs d'une certaine importance se mettent à résider aussi, d'une façon permanente ou saisonnière, dans la métropole de leur domaine, et participent à ce grand élan bâtisseur.

■ Paris

C'est le cas, en premier lieu, de Paris, au cœur des terres royales, et déjà très active au XIᵉ siècle, grâce en particulier aux « marchands d'eau » qui lui donnent son emblème. Au début du XIIᵉ siècle, Louis VI aménage le mar-

ché, réglemente le commerce de la viande, et fixe l'emplacement du change. Sous Louis VII commence la construction de Notre-Dame (1163) ; puis Philippe Auguste crée les Halles (1183), commence la construction du château du Louvre (qui remplacera le palais de l'île de la Cité comme lieu de résidence royale), fait paver les grandes rues (Saint-Jacques, Saint-Antoine, Saint-Martin...), installer quelques égouts et construire un mur de protection sur les deux rives de la Seine (1210). Saint Louis entreprend la construction de la Sainte Chapelle et de l'Hôpital des Quinze-Vingts, fait rédiger un « Livre des Métiers » codifiant les activités artisanales (1268), crée une administration municipale et un prévôt des marchands. Il permet à son confesseur Robert de Sorbon de fonder un collège (1253) qui attirera des étudiants de toute l'Europe (la Sorbonne), après que le pape Innocent III aura autorisé les étudiants à créer leur corporation, l'Université (1215), établie sur la montagne Sainte-Geneviève. Alors que la construction de Notre-Dame est pratiquement terminée à la fin du XIIIᵉ siècle, Philippe le Bel (1285-1314) étend le palais de la Cité (tour de l'Horloge, salle de la Conciergerie). Les vies économique, administrative, religieuse et culturelle sont donc étroitement associées à l'essor de la première ville du royaume, qui a compté près de 200 000 habitants au début du XIVᵉ siècle.

■ Les grandes cités

Mais un phénomène du même type va se produire dans les principales cités françaises. C'est le cas d'Angers, véritable capitale des Plantagenêts, qui voit s'édifier le palais épiscopal et l'hôpital Saint-Jean à partir du XIIᵉ siècle, et dont l'imposant château

De Lutèce à Paris

Paris est née de l'installation d'une tribu celte, les Parisii dans l'île appelée Lutèce par les Romains. Ville gallo-romaine avec son amphithéâtre, ses thermes, ses arènes, elle s'étend ensuite sur les deux rives de la Seine avec ses églises et abbayes (St-Gervais, St-Merri, St-Germain-des-Prés...) ; mais elle résiste aux deux sièges des Normands en 885-886. Par la suite elle se peuple sur sa rive droite de mariniers, marchands et artisans, et sur sa rive gauche d'écoles s'établissant sur les pentes de la montagne St-Geneviève, alors que son cœur s'identifie au XIIᵉ siècle à celui du domaine royal.

48

fort est reconstruit par Saint Louis au milieu du XIIIᵉ siècle.

Bordeaux connaît durant sa période anglaise (1154-1453) trois siècles de prospérité liée à son commerce maritime (vins), à ses fortifications (dont il reste encore de cette époque la porte de la Grosse Cloche, XIIᵉ) et à sa fonction résidentielle (en particulier du fameux « Prince Noir », fils d'Édouard III d'Angleterre). Elle voit se construire et s'embellir durant ces temps de nombreux édifices religieux (Louis VII, au XIIᵉ siècle, comme plus tard Louis XIII s'y mariant dans la cathédrale Saint-André).

Rouen, centre de l'industrie du drap, est très liée à l'Angleterre, et possède dès le XIᵉ siècle sa commune, constituée par les marchands de la hanse de cette ville. Elle a bénéficié du dynamisme des Vikings, installés en basse Seine en 911 et restera un grand port commercial puis aussi militaire. Dès le XIIIᵉ siècle, une cour des aides y est établie (1370), puis une chambre des comptes (1380). Si la Normandie conteste longtemps l'autorité du roi de France (Louis X dut même concéder en 1315 une « Charte aux Normands »), l'importance de la ville est telle que son contrôle symbolise la mainmise sur le duché. C'est

---

Églises et Cathédrales

Avant l'an 1000, les constructions d'églises de grande dimension sont rares (Aix-la-Chapelle, Germigny).

Au XIᵉ siècle, les exemples sont plus nombreux, mais les édifices restent de taille modeste : c'est le cas de Cahors, Cluny, Le Puy, Vézelay, Caen, Conques, Tournus, Toulouse (Saint-Sernin).

Au XIIᵉ siècle, par contre, les mises en chantier de cathédrales (qui ne seront souvent terminées qu'au siècle suivant et modifiées par la suite) se multiplient : citons Angers (St-Maurice), Angoulême (St-Pierre), Autun (St-Lazare), Bordeaux (St-André), Chartres (Notre-Dame), Laon (Notre-Dame), Le Puy (Notre-Dame), Lisieux (St-Pierre), Lyon (St-Jean), Noyon (Notre-Dame), Paris (Notre-Dame, à partir de 1163), Saintes (St-Pierre), Senlis (Notre-Dame), Sens (St-Étienne), Soissons (St-Gervais), Strasbourg (Notre-Dame), Toulouse (Saint-Étienne).

Au XIIIᵉ siècle, le mouvement de construction ne se ralentit pas. Les cathédrales commencées au siècle précédent s'achèvent, alors que de nouvelles commencent à s'ériger à Albi (Ste-Cécile), Amiens (Notre-Dame), Bayeux (Notre-Dame), Bayonne (Ste-Marie), Beauvais (St-Pierre), Bourges (St-Étienne), Calais (Notre-Dame), Clermont-Ferrand (Notre-Dame), Narbonne (St-Just), Orléans (St-Croix), Reims (Notre-Dame), Tours (St-Gatien)…

Les autres villes d'Europe connaissent le même phénomène : au XIᵉ siècle, c'est le cas de Venise (St-Marc), Spire et Mayence ; au XIIᵉ siècle, c'est celui de Canterbury, Lincoln et Salisbury, Ferrare, Parme et Pise, Avila, Salamanque, Worms et Brunswick ; au XIIIᵉ siècle, ce sont Exeter, Wells, Florence, Bruges, Burgos, Fribourg, Magdeburg et Bamberg, pour ne citer que les plus importants.

La densité urbaine
Pour la mesurer citons les villes d'une certaine importance au cœur du XIVᵉ siècle.
Au nord du royaume on trouve Lille, Valenciennes, Calais, Bruges…
Entre Flandre et Loire, c'est le cas de Mantes, Le Mans, Évreux, Meulan, Vendôme, Meaux, Reims, Verneuil, Vernon, Breteuil, Conches, Beaumont, Pont-Audemer, Cherbourg, Caen…
Au sud de la Loire et à l'ouest du Massif Central, on peut mentionner Limoges, Montauban, Millau, La Roche-sur-Yon, Moissac, Agen, Poitiers, Angoulême, Cognac, Sarlat, Ussel, Saintes, Tulle, Brive…
Pour la Bretagne, citons Saint-Malo, Rennes, Fougères, Dinan, Vannes, Quimper, Concarneau, Brest, Nantes, Saint-Brieuc, Morlaix…

Le Palais et la Sainte Chapelle de Paris. Durant les temps féodaux, la prospérité urbaine se matérialise par un essor architectural spectaculaire (remparts, palais seigneuriaux, chapelles et cathédrales...). Mais cet essor des villes est indissociable de celui des campagnes avec lesquelles elles vivent en étroite symbiose. (« **Le mois de Juin** ». Enluminure pour *Les Très Riches Heures du Duc de Berry*, Musée Condé, Chantilly).

ainsi que la victoire sur les Anglais en 1450 fait suite à une entrée solennelle dans la ville.

Toulouse, déjà capitale du royaume des Wisigoths, connaît aussi son essor au XIIᵉ siècle, et une administration de « capitouls ». Les comtes de Toulouse, qui ont dès le XIᵉ siècle élargi leurs possessions vers le Languedoc et le littoral méditerranéen, restent attachés à leur ville (résidence du Château narbonnais), qui sera un des enjeux de la « croisade des Albigeois » (à partir de 1209). L'installation de l'Inquisition, la création d'une Université (1229) puis de l'administration royale (1271) font de la cité un centre à partir duquel s'affirme le pouvoir central, mais

aussi un lieu de grande activité intellectuelle.

De nombreux autres exemples nous montrent le rôle des villes dans la vie seigneuriale, attestée par la présence d'un château en leur cœur. On peut mentionner parmi bien d'autres : Bourges, Caen, Tours, Avignon, Nantes, Rennes, Dijon, Narbonne, Béziers, Montpellier, Carcassonne... pour ne citer que les plus grandes.

Elles vont en définitive attirer tous ceux qui ne sont pas prisonniers de l'héritage servile, et ceux qui cherchent à créer ou à amplifier des activités économiques non féodales, et à trouver de nouvelles formes d'enrichissement.

Villes d'hier et d'aujourd'hui

A l'époque féodale la plupart des villes sont d'importance comparable, alors qu'aujourd'hui certaines sont devenues de grandes cités quand d'autres ne sont que des agglomérations modestes. Mais bien rares sont les villes du XXᵉ siècle qui n'existent pas à cette époque.

Le commerce féodal

L'échange marchand au cœur du féodalisme

L'intense réseau de villes modestes atteste le dynamisme de l'économie urbaine et la fréquence des échanges villes-campagnes, s'élargissant au grand commerce lointain.

L'économie locale

Si les grands princes participent à l'essor des grandes cités, la multitude des petits seigneurs reste intégrée à l'économie locale qui joue le même rôle que les grands centres urbains.

■ **L'économie agro-villageoise**

Les petites villes ou les gros bourgs sont des lieux d'animation de l'activité régionale : ils ont leur église, leurs remparts, et leur milice, souvent un château fortifié au cœur de l'agglomération, leurs maisons bourgeoises et leurs échoppes d'artisans.

C'est sur ce dynamisme de l'économie agro-villageoise que repose en grande partie le développement de la société dans son ensemble. Ce que nous avons dit de l'évolution du servage et de l'essor urbain laisse déjà entendre que le monde féodal ne vit pas replié sur une organisation économique autarcique, constituée d'une juxtaposition d'unités économiques indépendantes.

Certes le seigneur d'un fief d'une importance moyenne peut à la limite se nourrir du produit du travail de ses paysans, et faire entretenir sa maison par ses serfs corvéables. Mais la quantité des denrées alimentaires versées par les paysans au propriétaire foncier excède généralement ce qui est nécessaire pour nourrir le seigneur et son entourage ; ce surplus n'est donc intéressant que s'il peut s'échanger contre des

liquidités monétaires ; à côté de la vente des franchises individuelles ou collectives, la source principale du revenu seigneurial est donc tout simplement la vente du surplus agricole, essentiellement aux habitants des agglomérations ayant abandonné la culture de la terre, et accessoirement à ceux qui ne produisent pas telle ou telle denrée particulière.

■ **L'échange monétaire**

Le développement de l'économie non-agricole est donc le débouché et le complément nécessaire de l'économie seigneuriale, à partir du moment où les besoins de la classe possédante du sol se diversifient et ne peuvent se réaliser par l'intermédiaire de transactions monétaires. Cela devient en effet le cas de la plus grande partie des éléments courants du train de vie seigneurial : achat, construction, agrandissement ou embellissement des demeures (la pierre est de plus en plus utilisée à partir des XI-XIIᵉ siècles, et les châteaux sont de plus en plus imposants : cela coûte cher) ; achat du matériel de guerre (armes, armures, équipement du cheval, qui sont travaux de spécialistes) ; achat de vêtements, fourrures, draps, couvertures, soieries..., de bijoux et produits divers d'orfèvrerie, et de tout le nécessaire à la vie domestique (mobilier, instrument de cuisine, épices...) que l'on cher-

Le bourg féodal
Les bourgs petits ou grands ne constituent pas de simples enclaves au sein du monde seigneurial ; ils ne sont pas seulement tolérés par une aristocratie foncière incapable d'en limiter le nombre et l'expansion ; ils sont en réalité des éléments essentiels à la société féodale.

che à se procurer chez les meilleurs artisans, ou qui proviennent de provinces ou pays lointains.

Bien sûr, l'immense majorité de la population, libre ou non, reste agricole ; elle continue à payer une partie de ses redevances en nature, et à recourir au troc pour satisfaire un certain nombre de besoins. Mais aussi bien pour payer la partie monétaire grandissante de ses impôts, que pour acquérir les produits alimentaires de complément, ses vêtements et autres biens de consommation ordinaires, elle utilise la monnaie, qu'elle ne peut se procurer qu'en vendant son propre surplus, sur le marché du bourg voisin.

On assiste donc au développe-

ment, au sein même du monde des campagnes, de rapports d'échange marchands. C'est ce qui permet de parler de « Société féodo-marchande », pour définir cette organisation sociale où se combinent rapports féodaux et transactions commerciales. Certes, celles-ci sont encore pour l'instant secondaires, et le mode de vie aussi bien que le système de pouvoir et l'idéologie dominante sont toujours dominés par les principes de la féodalité. Mais l'évolution des siècles à venir ne peut se comprendre que dans la continuité de la structure économique et sociale qui se met en place au cours de cette période (et des tensions internes dont elle est déjà porteuse).

Le grand commerce international

La place prise par l'échange marchand apparaît encore plus clairement si l'on observe les liens qui se nouent entre le grand commerce international ou interrégional et le commerce local.

■ Au nord

Il est vrai que les régions les plus engagées dans ce grand commerce se situent hors des territoires d'obédience française ou à leur périphérie ; c'est surtout le cas de la Flandre et des pays germaniques, dont les marchands se regroupent en associations (guildes et hanses). A l'origine, elles ne constituent que des sortes de confréries, à but charitable ou religieux, puis regroupent des marchands exerçant une même profession (tel les transporteurs fluviaux d'une ville) ou fréquentant les mêmes marchés, afin de mieux supporter le risque commercial.

Elles se font accorder par les seigneurs ou les rois des privilèges en matière de monopole com-

mercial, de fixation des prix, de contrôle des poids et mesures, de juridiction propre, le tout codifié dans un statut reconnu officiellement. Elles participent à l'émancipation communale, en développant l'esprit de solidarité et de résistance aux seigneurs, d'autant plus que le phénomène prend la forme d'association de cités marchandes.

■ Vers le sud

Au sud de l'Europe, ce sont bien sûr les grands ports italiens, Gênes et Venise surtout, qui constituent les maillons principaux du commerce avec l'est de la Méditerranée. Gênes importe des rives de la mer Noire du blé, du bois , du sel, des fourrures, des poissons salés (mais aussi le bacille de la peste en 1347 !). Venise est plus tournée vers le Sud-Est, dont elle rapporte les épices (poivre, gingembre, cannelle, muscade...) et le coton égyptien. Avec la poussée turque de la fin du XIVᵉ siècle, Gênes se

La Hanse de Londres

Au XIIᵉ siècle, Bruges réalise l'Union des guildes urbaines flamandes, avec la « Hanse de Londres ». Le statut de cette hanse réserve à une aristocratie de marchands le monopole de l'importation de la laine anglaise sur le continent.

La Hanse des 17 villes

Au début du XIIIᵉ siècle, les marchands drapiers des Pays-Bas et du Nord de la France forment la « Hanse des 17 villes » : elle organise le commerce avec l'Ile de France et la Champagne, dont les foires attirent les Italiens.

Mais les rivalités franco-anglaises vont remettre en cause l'activité de ces deux hanses au début du XIVᵉ siècle.

La Hanse Teutonique

La plus célèbre et la plus prospère des organisations marchandes allait être la « Hanse teutonique », qui se crée au milieu du XIIIᵉ siècle, à la suite de la fondation par des marchands de Germanie de villes nouvelles au bord de la Baltique. En 1241, Lübeck et Hambourg s'associent. Au XIVᵉ siècle, 77 villes sont liguées contre le roi du Danemark Valdemar IV et le combattent victorieusement (1370). Cette hanse se fait reconnaître le monopole du commerce dans la Baltique, et obtient des exemptions de droits de douane ; ses colonies de marchands sont installées dans toutes les villes importantes du Nord et sont représentées dans les conseils. Elle possède des comptoirs à Londres et à Bruges, et son centre, situé à Lübeck édicte les règlements et négocie les traités et alliances. Les villes hanséatiques transportent des draps et des vins, du sel, des poissons, des grains, du bois, des métaux, des fourrures, des épices et des soieries. Les ports sont approvisionnés en produits de l'Europe Centrale par la Vistule, l'Elbe et l'Oder, alors que Riga et Novgorod constituent le lien avec la Russie. La richesse de la Hanse décline à la fin du XVᵉ siècle, en raison de la menace danoise, de la prise de Novgorod par les Russes, et de l'ouverture de nouvelles voies commerciales à l'Ouest.

replie vers les îles de la méditerranée orientale, Chio en particulier, sorte d'avant port de l'Orient ; on y trouve du blé, du bois, des colorants, des fruits, du coton, concurrençant le coton égyptien ou syrien importé par Venise.

Il n'est pas utile d'insister sur la grande richesse de ces villes italiennes, qui avec Florence et Sienne, Rome et Naples, Pise ou Milan n'ont rien à envier aux grandes cités allemandes ou flamandes. Elles ont même joué un rôle particulièrement actif (et Venise en particulier) dans le maintien de relations commerciales avec l'Orient, et d'une activité marchande tout simplement, durant les siècles de régression économique où l'Europe du Nord était ravagée par les guerres. Les « Lombards » (souvent d'ailleurs toscans, siennois ou florentins) sont encore en France au XIIIᵉ et au XIVᵉ siècles, les financiers-marchands les mieux organisés et les plus recherchés.

Mais à l'inverse des villes alle-

Fluctuat nec mergitur

Dès la fin du XIᵉ siècle, la guilde parisienne des « marchands de l'eau » obtient le monopole du commerce sur la Seine. Elle contrôle ainsi une bonne partie de l'approvisionnement de Paris, et s'affirme au XIIᵉ siècle comme une véritable puissance économique et politique. Elle laissera à Paris son emblème et sa devise.

mandes, qui cherchent la force dans l'union (ce qui n'est pas toujours le cas des cités flamandes), les métropoles italiennes sont rivales ou ennemies ; elles forgent une autonomie favorisée par la faiblesse du pouvoir seigneurial qui permet à chacune de mener sa propre politique, n'ayant pas à chercher des alliances pour conquérir des droits qu'elle possède déjà de fait.

■ Les foires

Si les villes et marchands français n'ont pas l'activité ni le rayonnement de ces grandes villes tournées vers les contrées lointaines et s'ils ne s'intègrent pas pleinement à ce commerce international, la France ne reste pas pour autant à l'écart de ces grands courants d'échange. C'est ainsi que les grandes foires périodiques (Troyes, Lagny, Provins, Bar-sur-Aube, Châlons-sur-Saône,...) attestent la vitalité économique et commerciale des provinces françaises.

D'autre part, des marchandises françaises, telles que les blés, le vin, les draps, le pastel ou les produits de l'artisanat, sont exportées à partir de Calais, Rouen, Nantes, La Rochelle, Bordeaux, Bayonne ou Montpellier..., ou vendues à l'occasion des grandes foires.

Inversement, les produits d'Orient et les soieries arrivent par l'Italie et les quelques ports méditerranéens, ceux du Nord pénètrent par mer ou sont importés par l'intermédiaire des marchands de Bruges, Gand, Liège, Anvers, puis d'Amsterdam et Rotterdam, alors que les villes allemandes (Leipzig, Francfort, Nuremberg, Augsbourg, Ravens-

burg...), liées ou non à la Hanse, constituent un réseau de centres commerciaux en relation avec les villes de l'Est de la France et de la Suisse.

■ Les merciers

Mais si les foires et les villes françaises accueillent les produits étrangers achetés sur place par les bourgeois et seigneurs, ces marchandises, au même titre que les produits français, circulent à travers le pays, par l'intermédiaire des marchands ambulants que sont les merciers ; ils vendent des tissus, des toiles, du fil et des rubans, des ceintures, des chapeaux, des coffres... et vont de foires en foires et de châteaux en châteaux. Même ceux qui tiennent boutique en ville se déplacent aussi dans les campagnes et contribuent également à faire connaître les spécialités de telle région ou de tel pays.

■ Les drapiers

C'est en particulier le cas des drapiers, et des marchands de produits textiles en général, dont la production se diversifie : on apprécie les diverses qualités de draps, de toiles en lin et en chanvre, de cotonnades, de sous-vêtements. L'industrie textile s'oriente vers la production de masse, tournée vers l'échange international, et s'oppose par-là même au trafic des siècles antérieurs, qui se composait essentiellement de produits onéreux et de peu de poids. La région de Bourges, de Rouen et les villes du Nord sont à la pointe de cet effort de spécialisation et bénéficient du développement de l'élevage du mouton.

Le commerce du sel
Seul élément permettant la conservation des aliments et donc produit de très grande consommation, sa production et sa commercialisation représentent un tel enjeu que l'État s'en réserve le monopole. Il perçoit un impôt spécifique sur cette denrée, la *gabelle* dont le montant dépend de l'importance de la production locale : on distingue ainsi les provinces de « petite » et de « grande gabelle ».

Le spirituel et le temporel

Dans sa lutte pour imposer la supériorité du spirituel sur le temporel, l'Église utilise contre les rois eux-mêmes l'arme absolue de l'excommunication.

Durant les temps féodaux l'Église mène une lutte multiforme pour imposer l'idée de la supériorité du spirituel sur le temporel. Il s'agit de faire admettre aux plus grands que si leur légitimité provient de la volonté divine, celle-ci les oblige en contre-partie à se mettre au service de Dieu et à suivre l'enseignement de l'Église.

L'Église veut en particulier faire respecter le principe de la nomination des clercs par elle-même, et imposer la conception nouvelle du mariage indissoluble, afin de contrôler les pulsions physiques, de protéger les épouses d'une répudiation de circonstances, mais aussi de stabiliser les alliances politiques accompagnant les mariages seigneuriaux.

■ L'excommunication

Le premier grand excommunié est en 1077 l'Empereur germanique Henri IV : il doit venir s'humilier à Canossa pour obtenir le pardon du Pape Grégoire VII, qui lui reproche d'investir lui-même ses évêques.

Puis, Philippe Iᵉʳ de France, qui a de plus saisi des biens appartenant au clergé, est excommunié par Urbain II en 1095 : il a répudié Berthe de Hollande et épousé Bertrade de Montfort, qu'il a enlevée à son mari, le comte d'Anjou, en 1092. Cette excommunication est prononcée durant le séjour du Pape en France, où il prêche la première croisade. On voit bien là le fil directeur qui relie les actions pontificales : soumettre les laïcs aux décisions de l'Église.

De même, Innocent II jette l'interdit sur les terres du roi de France Louis VII qui a refusé à Pierre de La Chatre l'archevêché de Bourges (1141). Louis VII doit finalement se soumettre et s'engage peu de temps après à participer à la deuxième croisade.

■ L'interdit

Philippe Auguste a lui aussi des démêlés sérieux avec le Saint Siège : s'étant remarié en 1193 avec Isambour de Danemark, après la mort de sa première femme, il répudie sa nouvelle épouse dès le lendemain de ses noces, puis épouse Agnès de Méran. La famille d'Isambour va trouver le pape Célestin III qui meurt avant de pouvoir sanctionner Philippe Auguste. Mais son successeur, Innocent III, jette l'interdit sur le royaume de France (1200). Devant la gravité de la sanction (qui suspend toute vie religieuse et sacramentelle, privant les fidèles de messes, de baptêmes, mariages et enterrements chrétiens, et impose la fermeture des églises), Philippe Auguste doit s'incliner, au moins en apparence : il fait semblant de se réconcilier avec Isambour, mais ne la reprend auprès de lui (comme reine et non comme épouse) qu'en 1213, après la mort d'Agnès de Méran.

Innocent III et l'excommunication

Innocent III jette également l'interdit sur le royaume d'Angleterre en 1208, puis excommunie Jean Sans Terre l'année suivante : celui-ci a répudié Isabelle de Goucester pour épouser Isabelle d'Angoulême, et s'est ensuite opposé à la nomination par le Pape du nouvel archevêque de Canterbury, Stephen Langton. Jean Sans Terre finit par se réconcilier avec le Pape en 1213, en inféodant son royaume au Saint Siège. Innocent III excommunie aussi en 1210 l'Empereur d'Allemagne Otton IV qu'il a pourtant couronné à Rome l'année précédente, mais qui vient d'envahir la Sicile. Otton IV doit alors faire face à une guerre civile en Allemagne, les Souabes ne reconnaissant plus l'empereur excommunié.

L'Église et la paix

En condamnant la guerre entre chrétiens, en inventant la croisade et en faisant du chevalier le protecteur des faibles, l'Église contribue fortement à pacifier le monde féodal.

Le rôle de l'Église va être considérable dans la façon de concevoir la vie en société, en développant une idéologie et en proposant des moyens tendant à faire régner la paix civile à l'intérieur du monde chrétien.

Si les moines offrent par leur mode de vie une image totalement contraire aux mœurs des classes dominantes aimant la guerre et le luxe, et si les constructions religieuses mobilisent pacifiquement une part importante des ressources matérielles et des énergies de la chrétienté, l'Église va aussi mener une action directe contre les velléités agressives de l'aristocratie guerrière occidentale. Elle va pour cela agir de trois manières : en condamnant la guerre entre chrétiens, en imposant le respect de l'ordre établi et en prêchant la guerre sainte, entraînant les guerriers loin de l'Europe combattre les ennemis du christianisme.

■ L'éthique de paix

La lutte contre la violence entre chrétiens va être une préoccupation permanente de l'Église qui développe à partir de la fin du Xᵉ siècle et, tout au long du XIᵉ siècle, une éthique de paix. Elle s'inscrit dans le contexte des efforts de l'Église pour faire reconnaître la primauté du pouvoir spirituel sur celui des seigneurs laïcs à qui l'Église attribue un rôle central dans la pacification, mais qui tiennent leur légitimité de la volonté divine.

Si l'interdiction des violences n'est pas toujours respectée, le caractère systématique des interventions de l'Église et des princes, surtout au XIᵉ siècle, ne reste pas sans effet : Concile de Charroux (989), Synode du Puy (990), serment de seigneurs à Anse-sur-Saône (1025), propagande pour la paix de l'abbé de Cluny (1040), constitution par l'archevêque de Bourges d'une armée populaire de paix

(1038), interdit pour un chrétien de tuer un autre chrétien, par les évêques de la province de Narbonne (1054), début du mouvement communal français au Mans (1070), trêve de Dieu proclamée par l'évêque de Liège (1082), confirmée par les barons du diocèse et par l'empereur Henri IV... Évoquons aussi l'évêque Garin qui fait prêter par les guerriers, dans son diocèse de Beauvais, un serment de paix, en 1024.

La même année, une « secte d'Arras », jugée « hérétique » car critiquant la fonction de l'Église, prêche l'égalité, l'abstinence et surtout le non-recours aux armes.

De même, dans l'Angleterre du XIᵉ siècle, qui semble pourtant moins pénétrée de cette nouvelle idéologie, une chronique raconte que la grande paix apportée par Guillaume le Conquérant permet que « désormais nul homme ne peut en mettre un autre à mort, quelque tort qu'il a reçu de lui ; chacun peut parcourir l'Angleterre, sa ceinture pleine d'or, sans danger ».

■ La « théorie » des trois ordres

L'importance de la nouvelle idéologie de la paix tend à s'élaborer en liaison étroite avec

---

La paix de Dieu

L'Église essaie de faire respecter la « paix de Dieu », qui interdit de pénétrer dans les églises par la force, d'enlever le bétail aux paysans, de frapper les clercs, les femmes, les enfants... Puis les protections s'étendent aux marchands, aux moulins, aux vignes... De même, la « trêve de Dieu » interdit de combattre du mercredi soir au dimanche, et durant les fêtes religieuses.

la « théorie » des trois ordres : guerriers, paysans et prêtres.

On assiste en effet, dans le nord de la France, et dans les mêmes années, au développement des deux phénomènes. C'est ainsi que le thème de la paix est développé par le comte-évêque Gérard de Cambrai, à la suite d'une entrevue entre Robert le Pieux et Henri II (1023), où se pose le problème de la « réforme du monde chrétien ». Il développe ainsi l'idée que seul le Roi a le droit de mener légitimement une action répressive, sans encourir les peines ecclésiastiques. Mais c'est le même Gérard de Cambrai qui défend l'idée « que le genre humain, depuis l'origine, est divisé en trois, les gens de prières, les cultivateurs et les gens de guerre ». Ainsi, « défendus par les guerriers, les cultivateurs doivent aux prières des prêtres de recevoir le pardon de Dieu. Quant aux gens de guerre, ils sont entretenus par les redevances des paysans, par les taxes que paient les marchands ; ils sont, par l'entremise des gens de prière, lavés des fautes qu'ils commettent en usant des armes ».

Cette représentation trifonctionnelle de la société conduit à légitimer l'ordre social, mais aussi à condamner l'action violente des seigneurs, car la fonction militaire est réservée à l'office royal, administrateur des châtiments (« pugnator »). Il revient aux prêtres de « ceindre les rois du glaive » pour punir les criminels. La théorie des trois ordres est donc conçue, au moins à l'origine, comme étroitement liée à la condamnation des guerres privées.

■ L'idéal de la croisade

Il va profondément marquer les mentalités des grands du monde chrétien.

On peut expliquer de différentes façons le succès extraordinaire de cette invitation à aller combattre les « infidèles » en Terre sainte : certains ont évoqué l'essor démographique qui tend à rétrécir l'espace dont chacun dispose en Occident, rétrécissement d'autant plus grave que le temps des conquêtes est terminé et que l'Église s'efforce depuis un siècle de faire triompher l'esprit de paix comme

---

La théorie d'Adalbéron

La vision trinaire de la société est celle de l'évêque de Laon, Adalbéron, au début du XIᵉ siècle : « les uns prient, les autres combattent, les autres encore travaillent ». L'objet d'Adalbéron semble double : défendre l'idée que les clercs sont les conseillers des rois et, comme Gérard de Cambrai, faire des rois les responsables de la paix, « projection sur notre monde imparfait de l'ordre qui règne en haut, de la loi : *rex, lex, pax.* Pour tenir son double rôle de législateur et de pacificateur, le roi doit mettre en œuvre ses deux natures, venger, punir, redresser, s'il le faut avec violence, mais en réfléchissant sagement... » C'est ce même Adalbéron qui favorise l'accession de Hugues Capet au trône de France.

---

nous venons de le voir. Ce problème peut être d'autant plus important, pour la classe possédant le sol, que le désir de ne pas morceler indéfiniment les fiefs rejette hors de la propriété foncière une partie de ses fils. Ils trouvent alors dans l'aventure lointaine un moyen de s'employer et la possibilité de conquérir de nouvelles terres. D'autres ont voulu voir dans les croisades le produit du développement économique de l'Europe, désireuse de trouver de nouvelles routes commerciales, de pousser plus loin les premières victoires remportées sur les Arabes (en Espagne et en Sicile) pour recréer des relations d'échanges plus intenses avec le monde méditerranéen. D'autres enfin ont simplement insisté sur le mysticisme conquérant des hommes de ce temps, prêts à s'enflammer pour une aventure religieuse, qui leur permette de mettre en accord leur foi avec leurs pulsions agressives et leur statut social de guerrier.

Quoi qu'il en soit, de 1095 à 1270 se succèdent une série d'expéditions témoignant d'une aptitude renouvelée à quitter son château et son confort pour aller guerroyer au loin et risquer de perdre sa vie, et éloignant d'Europe les éléments les plus belliqueux.

Les principales croisades

La première croisade, prêchée par le Pape Urbain II, au Concile de Clermont en 1095, suscite un enthousiasme considérable aussi bien parmi les princes qu'au sein du peuple. Le Pape promet l'indulgence plénière (rémission de tous les péchés) et l'expédition constitue à la fois l'occasion d'un pélerinage et le moyen de s'emparer de nouveaux territoires ; mais atteindre la « Jérusalem terrestre » est aussi le premier pas vers la « Jérusalem céleste ».

Alors que les grands seigneurs prennent le temps de s'organiser, une « croisade populaire » conduite par Pierre l'Ermite, Gautier-Sans-Avoir et des barons rhénans traverse l'Europe centrale, pille sur son passage pour se ravitailler et, arrivée en terre turque, se fait écraser. Pendant ce temps, la « croisade des seigneurs », conduite par Godefroy de Bouillon, le duc de Normandie, le comte Raymond de Toulouse, rejoint Constantinople. Un accord est passé avec les Byzantins qui ont perdu leurs possessions de l'autre côté du Bosphore, prévoyant qu'en échange de l'aide et du ravitaillement fournis aux croisés ceux-ci restitueront à l'empereur d'Orient les villes reconquises. En fait, après une longue et meurtrière campagne de deux années, marquée en particulier par la difficile prise d'Antioche, les croisés s'emparent de Jérusalem en juillet 1099 et se partagent les territoires conquis : ils fondent les comtés d'Edesse et de Tripoli, la principauté d'Antioche, et après la mort de Godefroy de Bouillon son frère Baudoin fonde en 1100 le royaume latin de Jérusalem.

La deuxième croisade (1147-1148), provoquée par la prise d'Edesse par les Turcs en 1144, est préchée par saint Bernard. Le roi de France, Louis VIII, et l'empereur d'Allemagne, Conrad III, prennent la route d'Europe centrale et échouent en Syrie.

La troisième croisade (1189-1192) est menée par Philippe Auguste, Richard Cœur de Lion et Frédéric Barberousse. Il s'agit de reprendre Jérusalem au Sultan Saladin, qui a battu l'armée du roi de Jérusalem Gui de Lusignan et s'est emparé du royaume. Mais Frédéric Barberousse se noie accidentellement, Philippe Auguste préfère rentrer en Occident, et Richard Cœur de Lion, malgré ses victoires, ne peut reconquérir Jérusalem et traite avec Saladin.

La quatrième croisade (1202-1204) prêchée en France par Foulque de Neuilly doit tenter de rétablir la situation au profit des chrétiens ; mais, armée par Venise, elle doit, pour prix de cette aide, prendre Constantinople en lutte contre les Vénitiens et se limite à cette conquête.

La cinquième croisade (1217-1221), décidée par le Concile de Latran, en 1215, doit reprendre l'objectif initial de la précédente expédition. Elle s'inscrit de plus dans le contexte de l'expansion chrétienne en Espagne, après la victoire décisive de Las Novas de Tolosa en 1212. La croisade tente de s'emparer de l'Égypte après la prise de Damiette (1221), mais l'expédition tourne court et Damiette elle-même est abandonnée.

La sixième croisade (1228-1229), menée par l'empereur d'Allemagne Frédéric II, se termine pacifiquement : un traité prévoit une paix de dix ans, et Jérusalem, Bethléem et Nazareth sont données aux chrétiens.

La septième croisade (1248-1254) est provoquée par la reprise de Jérusalem par des musulmans au service de l'Égypte et la défaite de l'armée latine à Gaza (1244). Saint Louis prend la tête de l'expédition contre l'Égypte, s'empare de Damiette (1249), mais est battu à Mansourah, puis fait prisonnier. Il est relaché contre une forte rançon et la restitution de Damiette.

La huitième croisade (1270) survient à la suite de nouvelles défaites et de la chute d'Antioche (1268). Saint Louis réembarque à Aigues-Mortes, mais veut prendre Tunis et meurt devant la ville. D'autres princes chrétiens gagnent cependant la Palestine et obtiennent l'arrêt des combats (1272).

En 1289, après la chute de Tripoli, une autre expédition a lieu ; mais elle ne mobilise que peu de chrétiens d'Occident. Saint-Jean-d'Acre et Tyr sont prises à leur tour par les musulmans en 1291.

Les ordres monastiques

Le développement considérable du monachisme touche aussi bien l'architecture que la vie intellectuelle et sociale.

Se retirer du monde pour se consacrer collectivement à une vie de prière ou de travail n'est pas chose nouvelle autour de l'an mille. Plusieurs siècles auparavant, Saint Benoît de Nurcie avait jeté les bases d'un monachisme nouveau en fondant vers 529 un monastère au Mont Cassin, et en rédigeant les principes de sa règle : elle vise, en s'inspirant de Saint Basile, à procurer la gloire de Dieu sur terre par la sanctification du moine, qui doit tendre à l'humilité par la discipline intérieure, l'abnégation et l'obéissance.

La vie monacale s'en est trouvée stimulée. On peut signaler en particulier la fondation des monastères de Normandie : Saint Wandrille (649), Jumièges, le Mont-Saint-Michel (709). Mais le grand essor se produit avec la fondation des grands ordres organisés par Cluny et Cîteaux en particulier, tous héritiers des principes bénédictins, et de la réforme entreprise par Saint Benoît d'Aniane (750-821).

La vie monacale

Le couvent forme une famille dont l'abbé est le père, communauté dont les membres ne possèdent rien en propre, isolée du monde par la clôture, conservant avec lui le lien de l'hospitalité. Les moines doivent prier à des heures déterminées du jour et de la nuit, et se livrer au travail manuel et intellectuel.

■ Cluny

L'origine de Cluny remonte à 910, quand le duc Guillaume d'Aquitaine donne aux moines bénédictins, de la réforme de Saint Benoît d'Aniane, sa villa de Cluny, ses dépendan-

ces (bois, champs, vignes, moulins,...) et ses serfs. Il demande que soit construit un monastère à la mémoire de Saint Pierre et de Saint Paul, sous la direction de l'abbé Bernon. Par le privilège d'exemption, Cluny ne dépend que du pape, et d'aucun seigneur féodal, ni d'évêque.

En 931 l'abbé Odon reçoit du Pape le droit de commander aux autres abbayes soumises à la réforme du nouvel ordre, qui réduit le travail manuel au maximum au profit de la prière, et qui prévoit la collation du sacerdoce au plus grand nombre de ses moines. Les monastères placés sous le contrôle de Cluny sont étroitement surveillés par son abbé, qui nomme leur prieur. Cluny participe activement à la réforme du clergé de France, à l'effort de restauration de la paix dans le monde féodal chrétien, au développement des pélerinages et à la préparation des croisades ; l'ordre cherche à défendre l'idée d'un monde chrétien avec à sa tête un pape et un empereur ; recrutant beaucoup dans la noblesse, l'ordre devient très riche et est le siège d'un grand mouvement artistique. A la fin du XIIᵉ siècle, Cluny compte plus de mille monastères, surtout en France, mais aussi en Allemagne, en Angleterre, en Lombardie, en Espagne...

■ Les cisterciens

La fondation de l'ordre cistercien, par Robert de Molesme en 1098, qui se retire dans la forêt de **Cîteaux**, en Bourgogne, s'explique par le désir de réaction contre l'enrichissement et le relâchement des mœurs des clunisiens. Il s'agit de revenir à l'austérité des principes bénédictins originels. En 1119, l'abbé Étienne écrivit la « Charte de Charité » qui impose la pauvreté complète, interdit les études profanes et recommande la soumission aux évêques. Mais le renom de l'ordre de Citeaux doit beaucoup à **Saint-Bernard,** fils du Seigneur de Fontaine qui entre en 1112 à Cîteaux, avec trente autres nobles.

En 1153, il devient le premier abbé de Clairvaux, qui compte vite 700 moines et s'agrègea 160 monastères. Il se mêle des affaires publiques, se heurte au roi Louis le Gros, aide à la création de l'Ordre du Temple, condamne les propositions d'Abélard, et prêche en 1146 la deuxième croisade (à Vezelay et Spire). Saint-Bernard est un grand conducteur d'hommes, très conservateur et attaché à la féodalité (il condamne la commune de Reims). Il voue un culte fervent à la Vierge, et développe l'idée de trois degrés pour s'élever vers Dieu : la vie pratique, la vie contemplative, la vie extatique.

Les cisterciens se signalent par leurs qualités de bâtisseurs et d'organisateurs de la production. Si leurs abbayes sont considérées aujourd'hui comme des chefs-d'œuvre architecturaux, par la pureté et la beauté simple de leurs formes, elles se veulent fonctionnelles. Ces constructions sont en effet destinées à n'être pas des simples lieux de prière, mais aussi le centre d'une intense activité économique. Suivant les régions où ils se trouvent, et les donations dont ils bénéficient, ils sont défricheurs, éleveurs de moutons et exportateur de laine, vignerons et promoteurs des techniques viticoles, métallurgistes et utilisateurs de l'énergie hydraulique : grâce à leurs forges ils produisent une quantité considérable de fer, dont ils vendent une partie hors du domaine.

Une simple visite des abbayes de Fontfroide (près de Narbonne), de Sénanque (dans le Lubéron), du Thoronet (en Provence), de Noirlac (près de Bourges) laisse une impression saisissante de leur rayonnement. L'ordre compta d'ailleurs près de 750 maisons.

■ Les autres ordres

En 1084, Saint-Bruno et six compagnons fondent dans le massif de la Grande Chartreuse, non loin de Grenoble, l'ordre des Chartreux. Cette règle est celle des Bénédictins, avec des coutumes propres : vie en cellules distinctes, mais offices en commun, abstinence et silence perpétuels, travaux des champs. Comme d'autres ordres, les Chartreux fabriquent une liqueur réputée.

On peut également citer la création de l'ordre des Antonins, à la fin du XIᵉ siècle, qui se consacre au soin des malades atteints du « feu de Saint-Antoine », ainsi que l'ordre des Feuillants et des Trappistes, cherchant toujours plus de pureté dans des règles très strictes. D'autre part, les Franciscains et les Dominicains refusant la vie conventuelle, se consacrent à la prédication pour les premiers et à la lutte contre l'hérésie pour les seconds, non sans excès.

L'attrait pour la vie monacale décline dès le XIVᵉ siècle, mais l'on compte encore plus de 200 maisons pendant la Renaissance, éparpillées en France, en Italie, en Angleterre et en Espagne.

Saint Benoît d'Aniane

Fils du comte de Maguelonne, il fonde l'abbaye d'Aniane, en Languedoc (780). S'inspirant de la règle bénédictine, de Saint-Benoît de Nurcie (480-547), qui fonda le monastère du Mont-Cassin, il insiste sur la séparation complète d'avec le monde. Il est ainsi le restaurateur de la discipline monastique dans l'Empire Carolingien.

Abbaye de Sénanque (Vaucluse), fondée en 1148.
Les abbayes cisterciennes illustrent l'essor monastique exceptionnel
des Xᵉ-XIII siècle ; lieux de prière et d'hébergement, elles disposent
aussi d'ateliers de production et mettent en valeur les terres que
leur cèdent les seigneurs avoisinants.

L'art féodal

Aux XIe-XIIIe siècles, la manifestation artistique la plus voyante est celle de l'architecture religieuse ; mais on ne doit pas oublier la vitalité de l'expression « théâtrale ».

La vie artistique est intense au cours de cette période. La construction des cathédrales constitue sans doute la partie la plus visible et la mieux conservée de cette explosion architecturale, qui permet de mesurer le degré de raffinement esthétique et de maîtrise technique qu'avaient atteint les hommes de ces siècles. Leur imagination les pousse d'ailleurs à renouveler les formes anciennes (le « roman ») pour des sophistications progressives qui triomphent après 1250 (le « gothique »).

■ L'art pour tous

Cet art est essentiellement collectif, dans sa réalisation comme dans sa destination. Plus tard au temps de la Renaissance, la production artistique tendra à se privatiser : les châteaux tendront à s'éloigner des lieux de vie populaire, les tableaux et les sculptures orneront l'intérieur des palais et seront réservés à quelques privilégiés. En revanche aux XIe-XIIIe siècles, les édifices religieux sont construits pour abriter l'ensemble des fidèles, les sculptures sont visibles de tous, à l'extérieur des églises, les vitraux flamboient en haut des édifices. Le chant aussi se développe dans le cadre des offices religieux. Ainsi l'ensemble des populations urbaines participe à ce mouvement ou en bénéficie, comme les communautés villageoises, où l'église paroissiale et la proche demeure du seigneur s'agrandissent et s'embellissent.

Les fabliaux

Les « fabliaux », souvent anonymes, sont des contes, des farces, ou des écrits moralisateurs. Ils expriment le bon sens paysan, l'esprit bourgeois ou les mœurs de la nouvelle classe moyenne. Certains inspireront plus tard Rabelais et La Fontaine.

■ Le théâtre et la musique

La ville est aussi le cadre d'une vie théâtrale qui a lieu dans la rue, où les pièces sont le plus souvent jouées par des acteurs occasionnels et mobilisent l'ensemble des populations. Il en est de même des « Mystères » et des « Miracles » qui sont joués sur le parvis des églises ou sur les places. Ils évoquent la vie du Christ, des Saints, des épisodes bibliques.

La plus célèbre de ces pièces est « le Mystère de la Passion », d'**Arnoul Gréban** (vers 1420-1471), jouée en quatre journées sur le parvis de Notre-Dame de Paris, vers 1450, et qui fait date dans l'histoire du théâtre français.

Certains s'éloignent cependant de l'inspiration religieuse dès le milieu du XIIIe siècle, pour composer des satires ou des comédies profanes : **Adam de la Halle** (vers 1240-1285), innove en ce domaine avec le « Jeu de la Feuillée » (vers 1276), et le « Jeu de Robin et Marion » (vers 1282), créant un nouveau genre burlesque et amoureux accompagné de thèmes musicaux originaux, première ébauche lointaine de l'opérette.

Ménestrels et troubadours

Les campagnes sont également touchées par ce dynamisme culturel, grâce aux chansons et récits des ménestrels, trouvères et troubadours. Ils s'adressent surtout aux cours seigneuriales mais fréquentent également les tavernes et les foires.

Sur le plan purement musical **Guillaume de Machaut** (vers 1300-1377) composa des rondeaux et ballades polyphoniques, et surtout une « Messe de Notre-Dame », à quatre voix (vers 1360), première messe intégrale d'un auteur identifié, dépassant le traditionnel chant grégorien.

Le roman et les « Gestes »

Avec la société féodale apparaissent deux phénomènes culturels nouveaux : les « chansons de geste », puis le genre romanesque.

■ Les chansons de geste

(de *« gesta »* : action). Elles ne peuvent être attribuées à des auteurs particuliers, car leurs origines sont mal connues, et elles firent l'objet de suites, de remaniements et de regroupements ultérieurs qui les ont sans cesse modifiées. Il s'agit de poèmes destinés à être récités devant la cour des châteaux, dans les rues ou sur les champs de foire ; ils racontent des épisodes déformés et présentés sous forme héroïque et légendaire de la vie de grands personnages ayant vécu le plus souvent à l'époque de Charlemagne ou au IXᵉ siècle. Composées plus de deux siècles après les événements relatés, leur trait principal n'est certes pas la rigueur historique, mais plutôt leur qualité épique.

On dénombre une centaine de chansons de geste dont il reste trace, les plus célèbres étant celles qui constituent la « Geste du roi », racontant la jeunesse de Charlemagne (« Berthe au Grand pied »...), sa vie de chrétien (« Le pèlerinage de Charlemagne »), son combat contre les Sarrasins (« La Chanson de Roland »...) ou contre les Saxons (« Les Saisnes »), et la fin de sa vie (« Le couronnement de Louis »...). D'autres gestes connaissent aussi un grand succès, telles la « Geste de Garin de Monglane », qui se déroule en Languedoc et en Provence, ou la « Geste de Doon de Mayence », racontant les luttes féodales entre grands ou contre le roi, et évoquant les guerres qui mirent aux prises, au Xᵉ siècle, les maisons de Cambrésis et de Vermandois.

■ Le roman courtois

Il apparaît et se développe rapidement au XIIᵉ siècle. Le premier grand « romancier » connu est **Chrétien de Troyes** qui vécut sans doute de 1135 à 1183). Il traduit d'abord l'« Art d'aimer » et les « Métamorphoses » d'Ovide, puis il se consacre à la rédaction de ses récits arthuriens, qui vont faire du roman courtois un genre nouveau alliant l'art d'aimer aux aventures chevaleresques. Il s'inspire des vieilles légendes celtes, mais aussi des écrits de Wace, chanoine de Bayeux, protégé d'Henri II Plantagenêt, qui écrit vers 1155 le « Roman de Brut » (inspiré par l'« *Historia Regum Britanniae* » de Geoffroi de Monmouth, où est évoqué le personnage du roi Arthur), et une suite, le « Roman de Rou », qui raconte l'histoire de la Normandie jusqu'au début du XIIᵉ siècle.

Chrétien de Troyes, a aussi dépeint des aspects de la société dans laquelle il vivait : c'est ainsi que dans « Yvain ou le Chevalier au lion », il évoque la situation de trois cents jeunes filles qui travaillent dans un atelier textile de Champagne pour le compte d'un « seigneur » s'enrichissant de leur labeur alors qu'elles ne parviennent qu'à survivre difficilement.

L'inspiration celtique

On la trouve à l'origine de « Tristan et Yseult », aux auteurs divers, et du « cycle arthurien » de Chrétien de Troyes : dans « Erec et Enide », « Lancelot ou le Chevalier à la Charette », « Perceval ou le Conte du Graal », l'action se situe à la Cour du légendaire roi celte Arthur (et de la reine Guenièvre), en guerre contre les Saxons au Vᵉ siècle ; mais le tout est transposé dans le contexte féodal des Chevaliers de la Table Ronde, et de la lutte plus récente entre Normands et Saxons.

■ Les lais

D'autres récits se situent dans l'Antiquité, comme le « Roman de Thèbes » rédigé vers 1155 par un auteur inconnu, et qui narre l'histoire d'Œdipe, ou le « Roman de Troie », écrit vers 1165 par Benoît de Saint-Maure. C'est aussi durant la deuxième partie du XIIe siècle, que **Marie de France**, qui vit à la cour de Henri II d'Angleterre et d'Aliénor d'Aquitaine, écrit ses « Isopets » (récits moralisateurs) et ses « Lais » ou « chansons ». Il s'agit en fait de brefs poèmes, inspirés des romans courtois et mêlant le merveilleux à l'évocation délicate de l'idéal amoureux. Aliénor d'Aquitaine et ses filles Aélis de Blois et Marie de Champagne (protectrice de Chrétien de Troyes), contribuent d'ailleurs fortement au développement de cette littérature « courtoise » : elles organisent des « tribunaux » et des « cours d'amour » où l'on définit un code de conduite amoureuse et où nobles raffinés et poètes jugent de la meilleure façon de courtiser les dames.

■ Le roman populaire

Mais à côté de cette littérature et de cette poésie seigneuriales, une production littéraire « populaire » va apparaître à la fin du siècle et s'épanouir au suivant.
« Le Roman de Renart » se compose de 27 poèmes, dont les personnages sont des animaux : Goupil (le renard), Isengrin (le loup), Noble (le lion), Brun (l'ours), Baudoin (l'âne), Tibert (le chat)... Les deux sources principales semblent être un poème latin du Xe et l'« Ysengrimus » de Nivard de Gand (1148), mais les auteurs des poèmes sont souvent inconnus, mis à part Pierre de Saint-Cloud. La satire se développe dans les suites, telles que « Renart le Nouveau » et « Le Couronnement de Renart » (fin XIIIe) ou « Renart le contre-fait » composé à Troyes entre 1319 et 1342. Il s'agit en fait de parodies des chansons de geste, manifestant la percée de l'esprit bourgeois contre l'esprit chevaleresque.

Le trouvère **Rutebeuf** qui meurt vers 1285 illustre la diversité des styles littéraires du XIIIe siècle. Il écrit un poème dramatique, « Le Miracle de Théophile », un roman « Renart le Bestourné », des dits « le Dit de l'Erberie », des fabliaux et des poèmes satiriques. Il se mêle aussi aux débats « politiques » de l'époque, se rangeant du côté de l'Université dans sa critique des ordres mendiants, et parmi les défenseurs de l'idée de croisade.

« Le Roman de la Rose » se compose de deux parties. **Guillaume de Lorris** écrit la première durant les années 1230. Elle raconte la conquête d'une rose dans un verger, par Amant, qui rencontre des alliés (Pitié, Franchise, Bel-Accueil...) mais se heurte à Jalousie, Honte, Refus...
Ce poème de 4058 vers conserve l'esprit du roman courtois, fait de délicatesse amoureuse et où est magnifiée la difficulté d'atteindre l'objet du désir. Mais l'on tend déjà à s'éloigner de l'idéal d'une classe particulière. **Jean de Meung,** de son vrai nom Jean Chopinel, écrit la seconde partie vers 1275-1280. Longue de 17 772 vers, elle diffère complètement de celle de Guillaume de Lorris : il s'agit d'une satire qui met aux prises les mêmes personnages mais qui dépeint et critique aussi bien les mœurs et les croyances de l'époque, le respect voué à la naissance, que le culte de la femme ou certains aspects de la vie religieuse, celle des moines en particulier.
Le style lui aussi change ; il devient réaliste, même parfois agressif et grivois.

Les « historiens »

Geoffroi de **Villehardouin** (1150-1211), maréchal de Champagne écrit une « Histoire de la conquête de Constantinople », à l'occasion de la quatrième croisade.
Jean de **Joinville** (1224-1317), Sénéchal de Champagne et confident du roi, participe à la VIIe croisade et écrit une « Histoire des faits de notre Saint roi Louis ».
Jean **Froissard** (1333-1400 ?) est clerc de la reine d'Angleterre puis du comte de Blois. Il parcourt les deux royaumes durant la guerre de Cent Ans, qu'il décrit dans ses « Chroniques ». Mais il peint aussi les fastes des cours féodales.

Suger et Saint Thomas d'Aquin

Le rôle de l'Église dans la société féodale se manifeste aussi par le rayonnement de certains de ses membres, comme Suger ou saint Thomas d'Aquin.

Suger (1081-1151). Moine d'origine modeste, il se fait remarquer par sa culture, sa probité et son sens de la gestion dans son abbaye de Saint-Denis. Il en devient l'abbé en 1122. Louis VI, son compagnon d'école, en fait son conseiller ecclésiastique et le fait participer à son gouvernement (1132-1137). Louis VII fait de même et lui confie même la régence quand il part en croisade (1147). Suger développe l'abbaye de Saint-Denis, y fait construire une église richement ornée, aide à la création de nouvelles villes (Vaucresson, 1146). Il sait réorganiser son abbaye tout en militant pour le renforcement de l'autorité royale, en faisant preuve d'une aptitude remarquable à comprendre son époque.

Saint Thomas d'Aquin (1225-1274). Originaire de la région de Naples, il étudie la théologie à Cologne et reçoit à Paris le titre de bachelier (1252), et celui de maître en théologie (1256). Il enseigne au couvent Saint-Jacques et à l'Université de Paris jusqu'en 1259. Appelé à la cour pontificale d'Anagni, il est nommé prédicateur général, puis est chargé par Urbain IV de la composition de l'office du Saint Sacrement.

Il approfondit aussi l'œuvre d'Aristote qui l'inspire dans la rédaction de sa célèbre « Somme théologique » (1266-1273).

L'importance de sa réflexion provient d'une tentative de conciliation entre la foi et la raison, pour montrer que la philosophie logique peut aider à comprendre le dogme théologique. Il essaie de montrer que, si l'enseignement de l'Église reste vrai, il existe une marge d'interprétation par l'esprit humain, qui permet de ne pas rejeter toutes les nouvelles mutations sociales et politiques au nom du purisme hérité de l'univers de pensée augustinien. Son « progressisme » est cependant limité. C'est ainsi qu'il juge immuable la séparation des hommes en trois catégories : les *oratores* (ceux qui prient), les *bellatores* (ceux qui combattent) et les *laboratores* (ceux qui travaillent).

S'il est le plus célèbre, saint Thomas n'est pas pour autant un écrivain isolé : de nombreuses autres « Sommes théologiques » voient le jour du milieu du XIIᵉ au milieu du XIIIᵉ siècle, comme celles de Robert de Melun (1152-1160), d'Étienne Langton (1185-1190), de Robert de Courçon (1204-1207), de saint Albert le Grand (1246-1274), d'Alexandre de Halès (1245)... Ce développement de la réflexion va de pair avec la création des Universités, dans le cours du XIIIᵉ siècle.

Paris et Chartres

Dès la fin du XIᵉ siècle une multitude de clercs, d'étudiants et de professeurs s'agglutinent à Paris, sur la rive gauche de la Seine, autour de Saint-Germain-des-Prés, Saint-Victor et l'Abbaye de la montagne Sainte-Geneviève. De même, à Chartres se crée une tradition de réflexion et de débats entre maîtres, animée par Bernard de Chartres, qui s'appuie sur la dimension de l'Histoire (« Nous sommes des nains juchés sur des épaules de géants »), par Yves de Chartres (qui étudie le droit canon), par Thierry de Chartres (qui enseigne les mathématiques et l'astronomie), et Abélard de Bath, (qui a appris l'arabe et fréquenté les hauts lieux de confrontation culturelle que sont Tolède et Cordoue au début du XIIᵉ siècle)...

Pierre Abélard

Le bouillonnement de la pensée est propice aux « débordements » de toutes sortes, dont Pierre Abélard (1079-1142) est l'un des cas les plus célèbres.

Né en 1079 près de Nantes, dans une famille de petite noblesse attirée par les lettres, Pierre Abélard fréquente les écoles de Nantes, d'Angers, de Loches, de Chartres, avant de venir à Paris.

■ **Le contestataire**

Il y suit les cours de Guillaume de Champeaux, au cloître Notre-Dame (près de l'emplacement de la future cathédrale), et conteste l'enseignement du vieux maître. Abélard fonde alors sa propre école à Melun, et attire de nombreux jeunes étudiants. Mais la rivalité entre Guillaume de Champeaux et Pierre Abélard, accueilli à Sainte-Geneviève, reprend de plus belle, la renommée d'Abélard privant bientôt Champeaux de public ! Il fait ensuite de même à Laon, au dépend du vieil Anselme. L'audience d'Abélard devient telle qu'on lui propose les chaires de

dialectique et d'Écriture Sacrée au Cloître Notre-Dame à Paris, et qu'il attire des auditeurs de province et de l'étranger, lui qui n'est même pas homme d'Église !

■ **Le théologien**

Après ses mésaventures amoureuses avec Héloïse, il rédige un traité de théologie sur la Sainte Trinité qui est condamné par une assemblée ecclésiastique tenue à Soissons en 1114. Abélard est emprisonné, et son livre brûlé. Libéré, il retourne à Saint-Denis, puis chez le comte de Champagne.

Il reprend ensuite son enseignement mais est à nouveau condamné par le Concile de Sens en 1140, à la demande de saint Bernard, et contraint d'errer de monastère en monastère. Accueilli à Cluny, il meurt dans l'anonymat en 1142.

■ **Le précurseur**

Philosophe et théologien, Pierre Abélard laisse une œuvre considérable, qui marque une étape importante dans le développement de la réflexion critique, de la foi en la raison et dans le renouveau de la pensée dialectique : sa « Dialectique », son « Sic et non » (où il relève les contradictions des Pères de l'Église), sa « Théologie chrétienne », son « Éthique »… font preuve d'un esprit rationaliste, qu'il utilise pour juger du bien fondé des principes théologiques, un siècle avant Saint-Thomas d'Aquin.

L'histoire d'Abélard est exemplaire à plus d'un titre : elle illustre l'importance de l'essor de l'instruction et de la pensée libre dès la fin du XIᵉ siècle, la difficulté d'une réflexion indépendante du dogmatisme religieux, et la relative tolérance de l'Église, qui condamne les écrits d'Abélard, mais le laisse libre de sa personne.

Abélard et Héloïse

En pleine gloire, à 35 ans, Pierre Abélard fait la connaissance de la jeune Héloïse, qui, à 16 ans, brille déjà par sa culture. Il s'éprend d'elle et la fait enlever de chez son oncle Fulbert pour l'épouser secrètement, avant de la rendre à son oncle qui la brutalise.

Abélard enlève alors à nouveau Héloïse mais Fulbert, pour se venger, soudoie des écorcheurs qui surprennent Abélard dans son sommeil et le châtrent. La nouvelle se répand dans Paris, et Abélard bénéficie d'un grand courant de sympathie. Les coupables sont arrêtés et mutilés, Fulbert expulsé de Paris. Mais Abélard ne résiste pas à la douleur et à la honte : il se fait moine à Saint-Denis, après avoir obligé Héloïse à prendre le voile à Argenteuil.

La crise des XIVe et XVe siècles

Un long siècle de souffrances

L'arrêt de la croissance, la guerre de Cent Ans, les ravages de la peste et la guerre civile sont le triste lot des années 1340-1440.

Si le XIIIe siècle est celui de l'apogée du monde féodal, le XIVe siècle sera celui du bouleversement de l'ordre social qui avait régi trois cents ans de notre histoire. Cette remise en cause des fondements de la société sera le produit d'une série de crises touchant tous les aspects de la vie : l'organisation économique, le système politique, la place des groupes sociaux, le comportement individuel, l'idéologie et la culture, les rapports avec l'extérieur, et même l'Église romaine (partagée entre plusieurs Papes de 1378 à 1417).

■ La guerre de Cent Ans

Cette crise multiforme coïncide approximativement avec ce que l'on a coutume d'appeler la « guerre de Cent Ans », qui oppose de 1337 à 1453 les partisans de la dynastie française des Valois aux rois d'Angleterre et à leurs alliés. Mais le conflit direct franco-anglais, presque oublié depuis le temps de Philippe-Auguste, de Richard-Cœur-de-Lion et de Jean-sans-Terre, ne constitue qu'un aspect des affrontements de toute sorte qui marquent cette période.

Certes, ce sont surtout les années de campagnes militaires nombreuses et meurtrières qui viennent d'abord à l'esprit. De plus, si elles sont espacées par de longues périodes de paix, ces trèves sont elles-mêmes souvent dramatiques, en raison des ravages commis par ceux que l'arrêt des combats laisse sans emplois : mercenaires et « routiers » de tous genres, qui, n'étant plus payés par les princes, vivent de pillage et terrorisent les populations civiles. Enfin, le besoin d'argent des rois pour financer la guerre pèse lourdement sur ceux qui subissent cette fiscalité exigeante ; c'est le cas en particulier des habitants des villes, contraints d'accepter ce prélèvement destiné théoriquement à les protéger du danger anglais, ou d'entreprendre eux-mêmes des travaux de fortifications, et aussi de constituer des milices urbaines de défense, de monnayer la levée du siège ou le départ des « écorcheurs ».

■ La crise économique et sociale

Ce siècle est aussi celui d'une tension sociale et politique nouvelle, prenant la forme d'émeutes urbaines, de revendications bourgeoises, de soulèvements paysans, ou de conflits intérieurs entre grands du royaume. Ces phénomènes sont parfois favorisés par les effets directs et indirects de la guerre, mais ont aussi leurs causes propres, tenant soit à l'ambiguïté des droits féodaux et aux problèmes de succession, soit aux nouveaux équilibres difficiles à trouver entre des classes sociales en évolution, ou entre régions politiques ou économiques aux intérêts divergents. Ils sont aussi liés aux conséquences démographiques de l'épidémie de peste de 1348.

La guerre et la peste

La « guerre de Cent Ans » n'éclate pas par hasard dans un monde serein et euphorique : les difficultés économiques apparues dès le début du siècle ne sont pas absentes des origines du conflit. De plus, un événement particulièrement dramatique va marquer les premières années de la guerre, sans qu'il puisse toutefois lui être directement attribué : il s'agit de l'épidémie de peste des années 1347-1348, qui décime environ un tiers de la population de l'Europe occidentale et remet en cause le mode d'occupation et d'exploitation du sol.

Les origines de la guerre de Cent Ans

Problème de succession et rivalité économique

La disparition précoce des fils de Philippe le Bel amène son petit-fils, roi d'Angleterre, à revendiquer la couronne de France, dans le contexte d'un crise économique et sociale.

L'affaire des brus du roi

La fin du règne de Philippe le Bel est marquée par un événement exceptionnel : Marguerite de Bourgogne et Blanche d'Artois, épouses des futurs Louis X et Charles IV, sont les maîtresses des frères d'Aunay, alors que la femme de Philippe V, Jeanne d'Artois, a couvert ces relations extra-conjugales. Mis au courant au printemps 1314, Philippe le Bel réagit brutalement : les trois femmes sont arrêtées, et si Jeanne est finalement acquittée, Marguerite meurt dans son cachot de Château-Gaillard l'année suivante, et Blanche reste dix ans en prison avant de mourir cloîtrée à Maubuisson. Quant aux frères d'Aunay, ils sont écorchés vifs, leur sexe est donné aux chiens, et le reste de leur cadavre pendu !

A la mort de Philippe le Bel, en novembre 1314, sa succession semble assurée, car il laisse trois fils en âge de régner. La paix extérieure a de plus été consolidée par le mariage de sa fille Isabelle avec Edouard II d'Angleterre.

■ La loi salique

Mais son fils aîné, Louis X le Hutin, ne règne que deux ans (1314-1316) et meurt sans héritier mâle ; il en est de même de Philippe V le Long (1316-1322) et de Charles IV le Bel (1322-1328). Leur cousin, Philippe de Valois, neveu de Philippe le Bel, se fait alors reconnaître roi, en « inventant » une vieille loi des Francs Saliens qui excluait les femmes de la succession royale : il s'agit en fait d'écarter de la couronne la fille de Louis X, celles de Philippe V, et Isabelle d'Angleterre, ainsi que le fils de celle-ci, Edouard III.

Pourtant, celui-ci se contente de rappeler ses droits, puis reconnaît la légitimité de Philippe VI, en se rendant à Amiens, en juin 1329, prêter hommage au nouveau roi de France pour son fief de Guyenne, comme le prescrit le droit féodal. Le problème semble donc réglé.

Le « coup de force » de Philippe VI n'est cependant pas oublié : Edouard III ne renonce pas à utiliser l'argument d'illégitimité pour renforcer sa position contre les Français. De même,

Charles « le Mauvais », qui est le fils de Jeanne de Navarre (fille de Louis X), se pose en prétendant à la couronne de France : il ne doit son exclusion qu'au fait d'être né trop tard (1332) pour que ses partisans puissent faire valoir ses droits à la mort de Charles IV.

En réalité, pour l'un et pour l'autre, il s'agit de trouver un prétexte leur permettant de se poser en victimes du Valois, justifier ainsi leur rebellion aux yeux du droit féodal et de trouver davantage de partisans. De fait, la « guerre de Cent Ans » débute comme un conflit féodal de plus, ayant de particulier le fait qu'il oppose deux souverains.

■ Roi de France et d'Angleterre

Le premier acte se joue en 1337, quand Edouard III refuse de répondre à une citation du roi de France à comparaître devant lui. La riposte de Philippe VI ne se fait pas attendre : il prononce la « commise » de son fief d'Aquitaine, c'est-à-dire la confiscation pour manquement aux devoirs d'un vassal envers son suzerain. Edouard réplique en envoyant à Paris l'évêque de Lincoln porter un message à « Philippe de Valois, qui se dit roi de France ». Edouard III prend de plus le titre de « roi de France et d'Angleterre ».

L'affront est clair : il constitue une rupture de l'hommage

d'Amiens, et signifie qu'Edouard est prêt à en découdre par les armes. En fait, depuis plus d'un an il s'est engagé dans cette voie. Il a fait voter par le Parlement une aide financière pour armer une flotte de guerre ; il a expédié des armes en Guyenne et soutenu puis accueilli Robert d'Artois révolté contre le roi de France ; il a mis sur pied une politique économique énergique et agressive destinée à créer une vraie industrie textile en Angleterre : interdiction d'exporter la laine anglaise vers les villes flamandes (Bruges, Gand, Ypres, Lille, Arras, Douai...) et d'importer du drap étranger, avantages accordés aux ouvriers venant s'installer en Angleterre. Dans le même temps, il pousse à l'exportation vers le Brabant (Malines et Bruxelles) et gagne le comte de Hainaut à sa cause en devenant son gendre.

Le blocus économique de la Flandre porte ses fruits : le Gantois Jacques Van Artevelde prend la tête de la révolte des villes flamandes durement touchées par le chômage, contre le comte français Louis de Nevers et pour l'alliance avec l'Angleterre ; marchands et artisans se retrouvent unis contre le pouvoir politique pro-français (les guerres contre la France ne sont pas oubliées) et pour le retour des laines anglaises. Un accord est signé en décembre 1339, par lequel les Flamands reconnaissent Edouard III comme roi de France, celui-ci déplaçant d'Anvers à Bruges « l'étape des laines » et s'engageant à restituer à la Flandre Lille, Douai et Orchies... quand il aurait reconquis ces territoires !

Mais de son côté, Philippe VI ne cherche pas la paix : avant même la saisie de la Guyenne, provocation qui ne peut rester sans réponse, il soutient la révolte écossaise contre Edouard III, et regroupe sa flotte de guerre en Normandie. Il s'allie à Jean l'Aveugle, comte de Luxembourg et roi de Bohême, aux comtes de Savoie et de Genève, passe un accord militaire avec Gênes, et surtout, fin 1336, avec le roi Alphonse de Castille. C'est l'amorce d'une double alliance franco-castillane et anglo-aragonaise que l'on verra à l'œuvre durant de longues années.

Conséquences de l'affaire des brus

Louis X se remarie avec Clémence de Hongrie, mais son fils posthume, Jean 1ᵉʳ meurt cinq jours après sa naissance. Jean 1ᵉʳ a une demi-sœur, Jeanne de Navarre, fille de Marguerite de Bourgogne, mais Philippe V, Régent, réussit à se faire reconnaître roi au détriment de sa nièce. A sa mort, Philippe laisse quatre filles. Son frère Charles IV en profite pour prendre à son tour la couronne. Mais six ans après, la question va se reposer, car il mourra sans fils. Ce qui n'aurait pu être qu'un scandale de cour se transforme en affaire d'Etat et en problème politique majeur.

La succession de Philippe le Bel

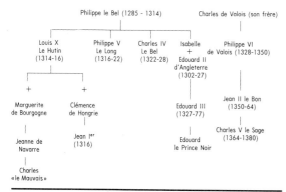

69

Philippe VI et Jean le Bon

Le temps des défaites françaises (1328-1364)

Le règne des deux premiers Valois est celui des désastres militaires sanctionnés par le traité de Brétigny (1360).

Philippe VI (1328-1350)

De 1337 à 1340 n'ont cependant lieu que des escarmouches : les marins français s'attaquent aux navires de laines anglais ou se livrent à des raids sur les ports anglais ; de son côté, Édouard III débarque au printemps 1339 à Anvers, attend en vain les renforts promis par son allié l'Empereur d'Allemagne et assiège Cambrai sans succès. Il provoque les Français en un « jour de bataille », mais ils ne se montrent pas.

La première vraie bataille n'a lieu que le 24 juin 1340, à l'Écluse, près de Bruges. La flotte française, voulant empêcher le débarquement de l'armée anglaise, est anéantie par la flotte ennemie, alors que les Flamands attaquent les Français par l'arrière : les amiraux français ont jugé bon d'enchaîner leurs navires pour constituer une barricade sur l'eau, qui est vite enfoncée et brûlée par les Anglais, portés par le vent et la marée. Les mercenaires génois alliés des Français, conscients de l'absurdité de cette stratégie, se sont vite éclipsés. Toute invasion de l'Angleterre est désormais inconcevable, alors qu'au contraire, Édouard III peut maintenant traverser la Manche à sa guise. Il n'en profite pas, cependant, pour améliorer ses positions continentales.

Les hostilités ne reprennent vraiment qu'en 1346, avec une offensive en Aquitaine du fils de Philippe VI, le futur Jean le Bon.

Mais son importante armée (d'environ dix mille hommes) est immobilisée devant Aiguillon, au confluent de la Garonne et du Lot, fortement défendue par les Anglais et les Gascons, que les abus de la fiscalité et de l'administration du roi de France ont poussés du côté anglais. C'est alors qu'Édouard III débarque le 12 juillet à Saint-Vaast-la-Hougue, dans le Cotentin, d'où il gagne la Normandie où certains seigneurs se sont révoltés contre le roi de France. Édouard se livre alors à une campagne de terrorisation à l'encontre des fidèles de Philippe VI : pillage pour nourrir l'armée, sac de Saint-Lô, prise de Caen et incendie de la ville, prise de Louviers, puis marche rapide vers Paris, en suivant la Seine, et raids meurtriers sur les villages des alentours de la capitale.

■ Crécy et Calais

Mais Édouard III ne veut pas d'un combat frontal avec l'armée du roi de France bien supérieure en nombre et qui se rassemble à Saint-Denis. Délaissant Paris, il se replie vers le Nord. Après avoir franchi la Somme, et laissé à nouveau une traînée de cendres, il est rattrapé à Crécy par l'armée française qui le suit à marche forcée, et qu'il écrase.

Le prestige de Philippe VI est sérieusement atteint par cette déroute, d'autant plus qu'en 1347 l'armée de secours qu'il commande renonce à attaquer les

Crécy (1346)

Arrivée épuisée par la course poursuite, derrière l'armée anglaise, la chevalerie française charge sans stratégie et sans discipline le camp retranché des Anglais reposés et organisés, bousculant au passage les « piétons » et mercenaires étrangers qui avancent trop lentement ! Les haies défensives, les pieux et les terribles archers anglais brisent l'élan suicidaire de la cavalerie de Philippe VI, incapable de reprendre en main ses troupes qui courent au désastre. Le roi de France se retire discrètement du champ de bataille, laissant les derniers irréductibles se faire massacrer par la « piétaille » anglaise.

Anglais assiégeant Calais. Après un an de siège, la ville se rend, et Édouard II n'accepte d'épargner ses habitants que sur les conseils de ses barons et la supplique de sa femme Philippa de Hainaut, qui, enceinte, se jette publiquement à ses pieds pour solliciter la clémence royale (c'est l'épisode des « Bourgeois de Calais »). Malgré ces succès, Édouard III ne tente pas de conquérir des territoires qu'il sait difficile à prendre et à garder. Il se contente de laisser une garnison à Calais, qui devient en 1363 la ville étape pour les laines anglaises.

Jean le Bon (1350-1364)

L'épidémie de peste de 1348 va se charger de pacifier les esprits pour plusieurs années. Le conflit ne reprend qu'à l'automne 1355, avec l'arrivée à Bordeaux du fils d'Édouard III, surnommé le « Prince Noir ». Désireux d'affermir son pouvoir, il sème la terreur dans les régions fidèles au roi de France : il prend villes et châteaux, pille, brûle, assassine en Armagnac, Comminges, Languedoc, évitant les longs sièges et les trop forts détachements français. La « chevauchée » ne dure que quelques semaines, mais elle suffit à laisser du Prince Noir une sinistre réputation. Dans le même temps, Édouard III attaque en Artois, mais se retire quand l'armée de Jean le Bon, qui a succédé à son père en 1350, arrive à Amiens. En juin 1356, une armée commandée par un autre fils d'Édouard III, le duc de Lancastre, débarque en Normandie alors que le Prince Noir entreprend une nouvelle chevauchée, à travers le Périgord, le Limousin et le Berry.

■ Poitiers

Après avoir vainement tenté d'établir tour à tour le contact avec les deux fils d'Édouard, Jean le Bon finit par rattraper les troupes du Prince Noir qui se repliait vers Bordeaux. La bataille a lieu le 19 septembre 1356, à Maupertuis, près de Poitiers, et, une nouvelle fois, les Français sont écrasés.

Ce nouveau désastre militaire contribue à provoquer les troubles sociaux des années à venir (soulèvement parisien d'Étienne Marcel en 1358), les contribuables renâclant à payer des impôts pour financer une guerre si mal menée, ou la rançon du roi vaincu. Celui-ci pousse le code de l'honneur féodal jusqu'à retourner dans la prison anglaise (d'ailleurs fort confortable) après avoir été libéré sur parole pour venir en France activer la signature d'une paix reconnaissant la victoire anglaise et collecter (sans succès) les fonds nécessaires à sa libération. Il meurt à Londres en 1364.

■ Les traités

Entre temps, de multiples accrochages ont pris le pas sur les batailles d'un jour, que le Dauphin Charles, le futur Charles V, évite délibérément. Les adversaires signent finalement les traités de Brétigny et de Calais (1ᵉʳ mai et 24 octobre 1360) : le roi d'Angleterre obtient en pleine souveraineté l'Aquitaine, le Ponthieu, Calais et une série de places fortes gageant les traités ; la rançon de Jean le Bon est fixée à trois millions d'écus, et des otages sont remis aux Anglais. Mais Édouard III abandonne sa prétention sur le reste du royaume de France.

Poitiers (1356)

Sûrs de la victoire, car au moins trois fois plus nombreux, les Français attaquent le camp anglais fortifié sur une hauteur en lançant une charge de cavalerie, et en faisant gravir la colline à pied, par le reste de l'armée ! Le résultat est aussi désastreux qu'à Crécy : les cavaliers français sont anéantis, et les chevaliers transformés en fantassins, handicapés par leurs lourdes armures et par l'absence d'un armement adéquat, sont massacrés par la cavalerie et les spécialistes du combat à pied de l'armée anglaise. Les Anglais n'épargnent que ceux dont on peut attendre une bonne rançon, tels le roi de France lui-même et son fils, le futur Philippe de Bourgogne, faits prisonniers. La noblesse française apparaît donc, aux yeux de beaucoup, définitivement incapable de défendre le royaume.

Charles V

Le temps du redressement

Surnommé à juste titre « Le Sage », Charles V (1364-1380) réorganise les finances et l'armée du royaume avant d'entreprendre la reconquête des territoires contrôlés par l'Angleterre.

Bertrand du Guesclin
(1320-1380)
Après avoir réglé la question bretonne et soumis Charles le Mauvais, Charles V envoit du Guesclin et les « grandes compagnies » de mercenaires sans emplois, et qui vivent de pillage et de rançons, combattre en Espagne Pierre le Cruel, roi de Castille, soutenu par l'armée du Prince Noir. Les troupes de du Guesclin sont écrasées à Najera (avril 1367), Du Guesclin lui-même est fait prisonnier, (mais les provinces françaises respirent plus librement). Du Guesclin est finalement libéré contre le paiement d'une forte rançon, et, devenu connétable, il participe à la reconquête de l'Aquitaine et de la Bretagne.

Charles V hérite donc en 1364 d'un royaume amputé, et de conflits internes non réglés : la guerre a repris en Bretagne, où s'opposent depuis 1341 les prétendants à l'héritage du duc Jean III : Jean IV, soutenu par les Anglais, et Charles de Blois, neveu de Philippe VI, candidat des Français ; dans le même temps Charles le Mauvais lève des troupes en Navarre, en Bretagne et en Normandie, s'allie aux Anglais et se prépare à la guerre. Charles V réussit à rétablir la situation : grâce à Bertrand du Guesclin, les Français l'emportent à Cocherel (mai 1364), et la paix est signée avec Charles le Mauvais qui perd Mantes et Meulan ; puis, par le Traité de Guérande (avril 1365), Jean IV est reconnu duc de Bretagne contre hommage au roi de France.

■ **La reconquête**

Charles V continue à faire état de ses qualités de réalisme et de fin politique à propos de la reconquête de l'Aquitaine, qui reste son objectif final : il sait attendre, élaborer une patiente stratégie, et profiter des difficultés que rencontrent les Anglais à prendre effectivement en main cette région.

Laissant les compagnies anglaises dévaster les campagnes en de longs raids destructeurs, il réor-

ganise les finances du royaume, met sur pied une véritable armée de professionnels de la guerre, et entreprend la reprise progressive, ville par ville, des provinces du Sud-Ouest. En 1369, le Rouergue, le Quercy et une partie du Périgord et de l'Agenais sont réoccupés ; en 1370, les armées françaises, que Du Guesclin, libéré, avait rejointes, progressent en Limousin et en Poitou, prennent Moissac, Agen, Aiguillon, Sarlat, malgré des contre attaques meurtrières des Anglais en Limousin et en Ile-de-France.

En 1372 l'offensive française reprend de plus belle : Poitiers, Saintes, Angoulème, La Rochelle sont prises, alors que la flotte de guerre anglaise est coulée au large de l'Aunis. L'année suivante les Anglais tentent une action en Bretagne, où Du Guesclin va se distinguer, et la guerre atteint également la Picardie, l'Artois et le Vermandois, alors que les Français continuent leur progression autour de Bordeaux. Les belligérants épuisés finissent par signer une trêve à Bruges le 1ᵉʳ juillet 1375. Cette trêve va être reconduite, d'autant plus facilement que les principaux protagonistes vont disparaître en peu de temps : le Prince Noir meurt en 1376, Édouard III en 1377, Charles V et du Guesclin en 1380. La guerre avec l'Angleterre ne reprendra qu'en 1413.

Le fol règne de Charles VI

Un roi fou et un royaume divisé (1380-1422)

Après le retour de la paix sociale, la folie du roi fait sombrer le royaume dans la guerre civile qui favorise la reprise de la guerre et l'occupation anglaise.

Dès la mort de Charles V (1380), l'agitation sociale va prendre le relais avec une révolte fiscale générale en France, l'insurrection des Flandres écrasée par l'armée française, à Roosebeke (1382), et la même année le soulèvement parisien des « Maillottins », puis l'extension des troubles en Languedoc et à Rouen.

Le gouvernement du jeune Charles VI ne va pas donner dans le sentimentalisme : il réprime durement tous ces mouvements. D'autre part, s'il prescrit la restitution aux Juifs des biens dérobés lors des agitations anti-fiscales de 1380, il publie en 1381 une ordonnance leur retirant le droit de propriété et limitant le taux d'intérêt (la persistance de l'antisémitisme amène l'expulsion des Juifs du royaume en 1394).

■ Un court répit

Pourtant, la paix sociale revenant, une ère plus prospère aurait pu voir le jour, d'autant plus qu'en 1388 Charles VI, jusque-là sous la tutelle de ses oncles (le duc de Berry et le duc de Bourgogne Philippe le Hardi, frères de Charles V), prend réellement le pouvoir (il a alors vingt ans). Il rappelle aussitôt les anciens et les sages conseillers de son père, qui ont contribué au redressement de la France (Jean Le Mercie, Bureau de la Rivière, Jean de Montagu...) et que les ducs évincés surnomment les « Marmousets ».

■ La folie du roi

Mais un événement imprévisible va rallumer les rivalités et provoquer une crise politique qui à nouveau incendie la France : en 1392, Charles VI connaît la première poussée d'une folie qui le rend de plus en plus incapable de gouverner. La vacance du pouvoir permet aux princes de se l'approprier, mais les rivalités d'ambitions personnelles qui opposent les oncles et le frère du roi (Louis d'Orléans) vont faire connaître au pays de nouvelles épreuves.

Face aux fêtes permanentes de la cour du roi, aux frivolités de Louis d'Orléans, et de la femme de Charles VI, Isabeau de Bavière, le poids du duc de Bourgogne s'en trouve augmenté. Il favorise le mariage de la jeune fille de Charles VI et d'Isabeau, Isabelle, avec le roi d'Angleterre, Richard II ; on le célèbre dans le faste en 1396. La paix, les fêtes et l'essor commercial prennent encore le pas sur la guerre.

■ Armagnacs et Bourguignons

Mais après l'assassinat de Louis d'Orléans par Jean sans Peur, fils de Philippe le Hardi, et plusieurs années d'incidents divers, la guerre éclate en 1411 entre les deux clans (Bourguignons et Armagnacs, du nom de Bernard d'Armagnac, allié du nouveau duc Charles d'Orléans et du vieux duc de Berry).

Chacun cherche une alliance

La révolte des Maillotins
L'annonce d'un nouvel impôt sur la vente des marchandises provoque en 1382 une révolte parisienne : la foule s'empare de maillets de plomb et pourchasse les collecteurs d'impôts avant de s'attaquer au Châtelet.

L'État Bourguignon

Alors que Louis d'Orléans se préoccupe surtout de bien vivre aux frais du Trésor, et d'acheter une clientèle en France et à l'étranger, Philippe le Hardi cherche à s'étendre vers le nord et mène une politique de conciliation avec l'Angleterre ; il a reçu de Jean le Bon, en 1363, le fief de Bourgogne, mais son duché comprend aussi la Franche-Comté et l'Artois, plus la Flandre dont il hérite en 1384. Malgré l'hostilité des Flamands, Philippe le Hardi s'impose par la force ; une paix est signée à Tournai en 1385, qui reconnaît aux Flamands la liberté du commerce, en échange de l'intégration des Flandres au nouvel Etat bourguignon. Dorénavant la Bourgogne et l'Angleterre se retrouvent économiquement liées.

avec l'Angleterre : cela ne conduit qu'au débarquement d'une armée anglaise dans le Cotentin, qui se contente de ravager la région, alors qu'Armagnacs et Bourguignons, incapables de remporter une victoire décisive, signent la paix d'Auxerre le 22 août 1412. Mais, l'année suivante, le conflit rebondit : la révolte des bouchers parisiens, Bourguignons extrémistes, menée par Simon Caboche, se produit à Paris. Trouvant le travail des États Généraux réunis en janvier trop lent et pas assez radical, ils suscitent un climat insurrectionnel qui conduit à des exécutions sommaires. Débordé, Jean sans Peur quitte Paris, qui est prise par les Armagnacs ; ils font à leur tour régner la terreur dans la capitale. On finit par signer une nouvelle paix en février 1415, alors que l'année précédente Jean sans Peur a conclu un accord de neutralité avec le roi d'Angleterre, pour le cas où il chercherait à reconquérir ses territoires français.

■ Azincourt

En Angleterre les choses ont en effet évolué : Richard II a été renversé en 1399 par son cousin Henri IV de Lancastre, dans un contexte de révoltes sociales et d'un conflit entre princes qui ressemble fort à celui que connaît la France. Si le règne d'Henri IV reste dominé par les problèmes internes, Henri V, qui lui succède en 1413, sera tenté par l'aventure extérieure. Contestant la légitimité des Valois et revendiquant la couronne de France, il stigmatise la rupture du traité de Brétigny par Charles V (qui a conquis des terres reconnues anglaises), et débarque en août 1415 en Normandie. Après avoir pris Harfleur, il tente de rejoindre Calais, mais est rattrapé par l'armée française à Azincourt. Cette armée ne comprend pas de

Bourguignons : Bernard d'Armagnac ayant refusé à Jean sans Peur le droit de se joindre en personne à l'armée royale, Jean sans Peur interdit alors à tout Bourguignon d'en faire partie. Cette fois, ce sont les Anglais qui chargent, alors que les Français ont passé la nuit à cheval, sous la pluie, et se retrouvent le matin fourbus, embourbés et incapables de réagir ! Le massacre est effroyable, les Anglais ne faisant pas de prisonniers (sauf le duc Charles d'Orléans, qui aura le temps d'écrire des poèmes en prison, et le duc de Bourbon).

■ La France anglaise

La guerre reprend autour de Paris entre Armagnacs et Bourguignons ; en 1417 la flotte française est détruite devant La Hougue, et une nouvelle armée anglaise prend Caen, Argentan, Alençon, puis Falaise, Evreux, Louviers en 1418. A Paris, l'agitation recommence et les Bourguignons reprennent le contrôle de la ville, les bouchers se livrant à de nouveaux massacres. Jean sans Peur rentre à Paris, mais laisse Cherbourg puis Rouen aux mains des Anglais. Pourtant, une tentative de réconciliation a lieu le 10 septembre 1419 à Montereau entre le duc de Bourgogne et le dauphin Charles (le futur Charles VII), le pauvre Charles VI étant totalement incapable de décision. Elle se transforme en rupture : Jean sans Peur est assassiné par les Armagnacs qui vengent (au bien mauvais moment) la mort de Louis d'Orléans.

Dès lors, les choses se précipitent : les Bourguignons du nouveau duc Philippe (le Bon) s'allient aux Anglais, et le 20 mai 1420 est conclu avec le roi d'Angleterre le Traité de Troyes, qui prévoit le mariage entre Catherine (fille de Charles VI et d'Isabeau de Bavière) et Henri V, et fait de celui-ci le régent de

France jusqu'à la mort de Charles VI. Le trône doit alors revenir à Henri V ou à ses héritiers. Ainsi le Dauphin Charles est exclu de la succession. Mais Henri V ne va pas ceindre la couronne : il meurt le 31 août 1422, trois mois avant Charles VI et la légitimité de son fils, Henri VI, né en 1421, et qui ne sera pas sacré à Reims, selon la tradition, sera aussitôt contestée.

Le grand schisme d'Occident

C'est durant le règne de Charles VI que se produit le « Grand Schisme » au sein de l'Eglise d'Occident (séparée de l'Eglise d'Orient depuis 1054). A la mort de Grégoire XI (1378), la population romaine terrorise le conclave (dont ne font pas partie certains cardinaux restés à Avignon) afin qu'il élise un pape italien résidant définitivement à Rome. L'économie et la société romaines ont en effet beaucoup souffert du transfert de la cour pontificale à Avignon en 1305.

L'archevêque de Bari est élu, et prend le nom d'Urbain VI. Mais il se signale par un autoritarisme, une brutalité et un désir de réforme immédiate de l'Eglise allant dans le sens du renforcement de l'autorité pontificale et du retour à plus d'austérité dans les mœurs du clergé. Les cardinaux du Sacré Collège décident de le déposer, en évoquant les conditions particulières de l'élection d'Urbain VI, et le remplacent par le cardinal de Genève, qui devient Clément VII et retourne à Avignon. Mais les rivalités européennes empêchent la résolution du conflit : l'Angleterre, l'Allemagne, la Flandre, une grande partie de l'Italie, la Hongrie, la Pologne soutiennent Urbain VI, alors que la France, les États espagnols, l'Ecosse, la Savoie reconnaissent Clément VII. Il y a alors deux lignées de Papes, et même une troisième

à partir de 1409, quand le Concile réuni à Pise pour mettre fin au schisme dépose les deux « hérétiques » et élit Alexandre V : les Italiens continuent en effet à soutenir le successeur d'Urbain VI, l'Espagne et l'Ecosse celui de Clément VII. Il faut attendre le Concile de Constance (1414-1418) pour qu'enfin l'unité soit rétablie, avec l'élection de Martin V en 1417, reconnu par tout l'Occident.

Ce schisme est un élément supplémentaire de la crise qui secoue l'Europe durant cette période. Il favorise de plus la montée du Gallicanisme. En France, c'est d'abord la « soustraction d'obédience » votée par l'Université de Paris en 1394, soutenant le gouvernement de Charles VI et le duc de Bourgogne dans leur désir d'évincer le Pape d'Avignon, Benoît XIII, et de se substituer à lui pour les nominations épiscopales et pour la levée de l'impôt. La montée du pouvoir royal s'affirme à nouveau, avec la « Pragmatique Sanction » de Bourges (1438) permettant au roi de France de s'immiscer dans les affaires de l'Eglise de France. Le discrédit de l'Eglise conduit aussi à des mouvements plus radicaux, comme en Angleterre celui de John Wyclif mort en 1384, et en Bohême celui de Jean Hus, brûlé vif en 1415.

Jean sans Peur et Louis d'Orléans

Après la mort de Philippe le Hardi (1404), Jean sans Peur, le nouveau duc de Bourgogne, auréolé de sa participation héroïque à la « croisade » de Nicopolis, n'est pas décidé à céder devant les tentatives de Louis d'Orléans pour l'évincer du conseil du roi. Cette lutte pour le pouvoir a aussi pour enjeu le contrôle des revenus fiscaux, que les différents princes utilisent sans vergogne pour leur propre compte. Jean sans Peur peut ainsi facilement apparaître comme le défenseur de la réforme fiscale, et devenir populaire aux yeux de ceux qui sont las de la légèreté de Louis d'Orléans.

L'irrémédiable se produit le 23 novembre 1407, quand le duc d'Orléans est assassiné par les hommes de Jean sans Peur, au sortir de l'hôtel Barbette résidence d'Isabeau de Bavière.

Charles VII

Simple « roi de Bourges », puis monarque triomphant

Le règne de Charles VII (1422-1461), après un début difficile, est celui de la libération totale du royaume de France.

Après la mort de Charles VI et de Henri V, son frère, le duc de Bedford exerce la régence au nom du fils de Henri V et de Catherine de France, âgé de 10 mois. Il va étendre progressivement l'influence anglaise vers le sud, jusqu'à la Loire, alors que le duc de Bourgogne, Philippe le Bon fait de même vers le nord.

■ Le « roi de Bourges »

Charles VII ne contrôle plus que le centre de la France, mal intégré économiquement aux régions du nord de la Loire, dont les habitants, eux, s'accommodent assez bien de la présence anglaise : ils souhaitent la paix, et ont tout à gagner d'une situation qui favorise le développement des échanges entre la Bourgogne, Paris, Rouen, l'Angleterre et les Flandres.

Mais le danger persiste pour les Anglais en raison de la résistance sporadique de fidèles à Charles VII et des restes de l'armée des Armagnacs, complétée de mercenaires. Elle serait encore plus efficace si l'entourage de Charles VII n'était constitué d'incapables ou de favoris peu soucieux de l'intérêt du royaume. Pour en finir, les Anglais décident en 1428 de prendre Orléans, pour attaquer le « roi de Bourges » sur son terrain.

■ Jeanne d'Arc

Orléans résiste, défendue par le « Bâtard d'Orléans » (demi-frère du duc Charles, et futur comte de Dunois) ; elle est finalement libérée par l'offensive de Jeanne d'Arc au printemps 1329. Premier véritable coup d'arrêt à l'expansion anglaise, cette victoire provoque le « choc psychologique » qui inverse la tendance, fait reprendre confiance aux partisans de Charles VII, et révèle la faiblesse d'une armée anglaise qui n'est pas prête à mener une longue guerre d'occupation. Les Français contre-attaquent : Meung et Beaugency sont reprises et les Anglais battus à Patay le 18 juin 1429. Jeanne d'Arc réussit à convaincre Charles VII d'entrer en campagne et d'aller se faire symboliquement sacrer à Reims le 16 juillet.

Soissons, Laon, Château-Thierry, Compiègne, Senlis, Beauvais se rendent au roi de France ou sont prises ; mais les Français échouent devant Paris, et l'année suivante, l'armée du duc de Bourgogne assiège Compiègne. Jeanne est faite prisonnière, et vendue aux Anglais. Charles VII ne fait rien pour la sauver, beaucoup dans son entourage n'étant pas mécontent de voir disparaître cette fille du peuple qui a pris leur place et réussi où ils avaient échoué. Elle est brûlée le 30 mai 1431, sur la place du Vieux-Marché de Rouen, après avoir été jugée par un tribunal qui représente à la fois les intérêts anglais et bourguignons, mais aussi les théologiens et universitaires dépositaires de la foi et seuls habilités à parler au nom de Dieu. Elle gêne aussi, objectivement, un rapprochement entre la Bourgogne et la France.

La « pragmatique sanction »

En juillet 1438, le roi promulguait la « Pragmatique sanction de Bourges » qui introduisait en France les actes du Concile de Bâle en conflit avec le Pape ; elle organisait d'une façon autonome la juridiction de l'Église de France, décrétait la supériorité du concile des évêques sur le Pape, et retirait à Rome la collation des bénéfices ecclésiastiques. Cette première grande affirmation du gallicanisme était pour Charles VII le moyen d'intervenir dans l'élection des évêques et des abbés, et d'affirmer encore plus le pouvoir royal, déliquescent dix ans plus tôt.

D'ailleurs, un an plus tard, des négociations s'ouvrent entre le roi de France et le Duc de Bourgogne, et aboutissent finalement à la paix d'Arras, en 1435. Fortes du ralliement bourguignon, les troupes de Charles VII entrent dans Paris en avril 1436. Après une année de combat, Montargis, Nemours et Montereau sont définitivement reprises, et Charles VII fait lui-même son entrée solennelle dans Paris en novembre 1437.

Un an après, les places encore tenues par les Anglais en Ile-de-France tombent à leur tour. Mais les Anglais restent en Normandie et l'insécurité règne dans le Sud Ouest, traversé par des bandes de « routiers » pillards.

■ Formigny et Castillon

Pourtant, Charles VII et ses conseillers savent mener à bien une reprise en main de l'administration, des finances et de l'armée qui permet, à partir de 1449, d'entreprendre les dernières campagnes (grâce en partie à l'argent fourni par Jacques Cœur, « grand argentier » et conseiller du roi). Au cours de l'été les grandes villes normandes sont prises, et Charles VII entre dans Rouen le 10 novembre 1449. Les Anglais contre-attaquent, mais sont battus à Formigny (en avril 1450). Caen, Falaise, Cherbourg sont reconquises. En Guyenne, l'offensive française a lieu dès 1451, mais les Anglais résistent jusqu'en 1453, date à laquelle la victoire française de Castillon ouvre le chemin de Bordeaux.

Fin 1453, seule Calais reste anglaise, et la « guerre de Cent Ans » est terminée, avec l'affermissement du pouvoir de Charles VII et de l'administration royale sur un territoire d'une dimension nouvelle. Charles VII meurt en 1461 ; Louis XI, le dauphin impatient, devient roi de France.

La « Praguerie »
L'affermissement du pouvoir royal n'est pas sans inquiéter les grands, tels les ducs d'Alençon et de Bourbon, qui fomentent en 1440 une conspiration, la « Praguerie » à laquelle ils mêlent le Dauphin Louis. L'armée de Charles VII les ramène vite à la raison.

La France en 1461
A la mort de Charles VII, le « petit domaine », dont Philippe Auguste avait hérité en 1180, est devenu un grand royaume soumis à l'autorité de son souverain.

La crise économique et sociale

La fin de l'essor féodal

Une crise agricole, urbaine et sociale touche au XIVe siècle l'ensemble du monde européen. Elle se traduit par des explosions violentes dans les villes et les campagnes.

La crise agricole

Durant les années 1315-1317, la France est touchée par la famine à la suite de conditions climatiques déplorables ; les Français réapprennent à connaître l'angoisse du manque périodique de nourriture, qui se reproduit en 1346, 1348, 1361, 1375, et qui est causé en profondeur par l'arrêt de la croissance de la production agricole.

■ L'arrêt de la croissance

Le palier que connaît le développement des forces productives s'explique principalement par les limites atteintes par l'extension des surfaces cultivables, et par le fait que les dernières terres défrichées étaient moins fertiles que les précédentes. Cela avait provoqué, au XIIIe siècle, une hausse des prix des céréales, parce que le coût de production devenait plus élevé (en l'absence de nouveaux progrès techniques après les améliorations des siècles passés) et en raison de l'augmentation de la demande émanant d'une population croissante et moins pauvre (celle des villes en particulier).

■ Le problème des prix

Mais cette hausse sera suivie au XIIIe siècle par une baisse du prix des céréales. Le renversement de cette tendance peut s'expliquer de plusieurs façons : si les farineux représentent sans doute plus de 50% de la nourriture de la plupart des Français, on mange plus souvent du pain d'orge ou de seigle que du pain blanc, et l'ordinaire se compose surtout de pois et de fèves, d'une soupe de légumes, avec parfois des œufs, de la volaille ou du fromage. Tous ces aliments qui n'exigent pas de grandes exploitations constituent ainsi une gamme de produits de substitution, à laquelle la population peu fortunée est habituée, et qui peut remplacer la consommation des céréales « nobles » quand leur prix devient excessif. De même, la pratique systématique de la pêche en rivière, le développement de la pêche en mer, l'approvisionnement en harengs ou maquereaux par les ports du Nord font du poisson un élément essentiel de la nourriture. Quant aux plus fortunés, l'extension de l'élevage du porc, du mouton et du bœuf élargit la gamme des produits consommables.

Cependant, l'équilibre entre les besoins et la production reste précaire ; il suffit d'une mauvaise récolte pour que la pénurie réapparaisse. Il se produit alors une flambée des prix qui pénalise les pauvres des villes comme ceux des campagnes, la hausse des prix agricoles ne compensant pas la baisse des quantités produites ; ils doivent aussi faire face à l'augmentation du prix des produits non agricoles qui suit celle des denrées alimentaires.

Hausse et baisse du prix du blé
La hausse du prix du blé est générale en Europe au XIIIe siècle : elle est de l'ordre de 50% en Angleterre et de 100% en France. Mais la tendance s'inverse au début du XIVe siècle : en France le prix du froment diminue de 50% entre 1300 et 1340 environ. L'épidémie de peste n'accentuera pas cette baisse, la diminution de l'offre étant aussi forte que celle de la demande ; elle la stoppera simplement en Angleterre, en Allemagne, en Italie comme en France. Mais au total, entre la fin du XIIIe et la fin du XIVe siècle la baisse reste sensible (de 40 points en France et de 20 en Angleterre).

La crise de la seigneurie foncière

La seigneurie foncière ne bénéficie pas non plus, et pour les mêmes raisons, des hausses ponctuelles des prix agricoles. Elle connaît au contraire une crise tendancielle de ses revenus.

■ Les besoins seigneuriaux

En effet, avant même que ne s'inverse le mouvement du prix des céréales, le pouvoir d'achat de la rente seigneuriale a commencé à baisser en raison de la hausse du prix des éléments du train de vie ordinaire de l'aristocratie foncière (habits, armes, produits artisanaux, ou services salariés...), alors que la coutume a fixé une fois pour toutes le montant des prélèvements en nature ou en argent, dûs aux propriétaires du sol. De plus, le montant considérable des dépenses de construction ou d'embellissement des demeures seigneuriales a provoqué un énorme besoin d'argent qui a poussé de nombreux seigneurs à affranchir leurs serfs, ce qui diminue d'autant les revenus futurs. De même, les dons de terres aux monastères ou à l'Église ont réduit l'importance de leurs possessions.

■ La crise des revenus

La crise des revenus seigneuriaux va donc s'aggraver quand se conjugueront la baisse de certains prix agricoles et la hausse des coûts et des autres prix : c'est le cas de celui du bétail qui progresse de 60 points entre 1351-1375 et 1376-1400, ou de celui du vin. C'est aussi et surtout le cas du prix des produits non agricoles (textile, matériaux de construction) et des salaires. Les conséquences en sont claires : l'élevage et la vigne s'étendent au détriment de la culture des céréales, la rente foncière des propriétaires de terre à blé, comme les revenus des paysans qui le cultivent, diminuent, et leur pouvoir d'achat en autres denrées baisse sensiblement. Inversement, ceux qui peuvent et qui veulent reconvertir leur exploitation ainsi que les artisans et les salariés voient leurs revenus et leur pouvoir d'achat augmenter, tout au moins en dehors des périodes de mauvaise récolte, de destruction ou de marasme des affaires provoqués par la guerre.

En effet, ceux qui ont survécu aux épidémies et aux guerres, peuvent, durant les périodes de paix, monnayer dans de bien meilleures conditions leur force de travail, ou obtenir une terre à cultiver contre un loyer réduit : ainsi, en réduisant d'environ un tiers la population européenne, et par la même les surfaces exploitées, l'épidémie de peste de 1348 aura bouleversé le monde féodal, en faisant de la terre un bien abondant, et de la main-d'œuvre un facteur de production recherché.

La crise urbaine

Le milieu urbain entre lui aussi en crise dès le début du XIVe siècle. Le premier signe en est l'arrêt de la croissance de la population urbaine, conséquence de la stagnation démographique de la fin du XIIIe siècle. Elle s'explique par l'élévation du niveau de vie moyen, et par les progrès de la productivité agricole qui réduisent le besoin de bras pour le travail de la terre ; mais elle provient aussi de l'apparition d'un comportement

Les nouvelles routes

Les nouveaux axes commerciaux vont pénaliser la France. Ainsi, l'ouverture des routes alpestres, par le Saint-Gothard, le Simplon et le Brenner permettent au début du XIVe siècle la liaison directe entre l'Italie et les villes suisses, bourguignonnes, allemandes et autrichiennes : la route du Rhône perdra de son importance, les grandes foires se déplaceront vers l'Est, au détriment de celles de Champagne. D'autre part, une route maritime entre les ports italiens, Bruges et Londres devient régulière vers 1320 (la mer est plus sûre et sans péages !). Bruges, ville de la Hanse, devient le grand carrefour commercial entre la Baltique et le Proche Orient, via l'Italie, alors que les laines anglaises peuvent fournir plus facilement les ateliers italiens.

Les troubles de 1358

Durant l'été éclate en France une double insurrection : le soulèvement parisien d'Étienne Marcel, et la « Grande Jacquerie » paysanne d'Ile-de-France et de Normandie. Les deux mouvements ont des causes distinctes : à Paris, il s'agit d'imposer un pouvoir municipal bourgeois et de participer à la réforme des institutions et des finances publiques en l'absence du roi, prisonnier des Anglais depuis la défaite de Poitiers ; dans les campagnes, il s'agit d'une révolte des victimes de la hausse des prix industriels, s'en prenant directement à l'aristocratie foncière, aux « gens des châteaux », qui ont perdu leur prestige dans les défaites militaires, mais qui s'accrochent à leurs privilèges économiques.

de citadin, moins pressé de se marier et conscient des difficultés d'élever en ville une nombreuse famille. Cela accentue la perte de dynamisme des villes qui ont joué un rôle décisif dans la croissance passée, et qui commencent à se dépeupler au début du XIVᵉ siècle.

■ Une nouvelle concurrence

D'autre part, les activités traditionnelles de certaines villes sont remises en cause par de nouvelles formes de concurrence : les villes drapières des Flandres, du Nord ou de Normandie (Bruges, Gand, Ypres, Douai, Arras, Saint-Omer, Rouen...) sont concurrencées par les textiles de haut de gamme provenant des villes italiennes (Florence, Sienne, Lucques, Arezzo...) qui renouvellent leurs produits et proposent des draps de soie et des broderies aux fils d'or ; pour ce qui est des étoffes plus grossières, destinées à la grande masse des consommateurs, le corporatisme rigide et l'esprit protectionniste de l'artisanat urbain incitent les grands marchands, pourvoyeurs de matières premières et maîtres d'œuvre du processus de production, à développer ailleurs, dans les petites villes ou les campagnes, de nouveaux lieux de production et de nouveaux modèles qui font évoluer la mode. Les vieilles cités textiles subissent alors la crise ; elles doivent se reconvertir, et de nombreux artisans quittent la ville pour s'installer là où ils échapperont aux interdits corporatistes et aux impôts municipaux.

De plus, le développement en Angleterre même d'une industrie textile prive le continent de la laine anglaise, et réduit la demande de ce pays en produits finis. L'élevage du mouton, en Normandie, en Languedoc, en Provence ou en Berry en est stimulé, et l'on importe également de la laine castillane. Mais la qualité des fibres s'en trouve modifiée, et donc aussi la nature de leur traitement, celle des procédés de fabrication et de la gamme des vêtements proposés aux consommateurs. La concurrence entre régions et entre producteurs se trouve donc encore accentuée.

■ La redistribution des cartes

Au total, ce qui apparaît clairement aux yeux de tous, c'est que l'on ne peut plus vivre comme avant, aussi bien à la ville qu'à la campagne, et cela même dans les régions qui ne sont pas touchées par la guerre. Partout en Europe se posent les mêmes problèmes : ralentissement de la croissance, évolution différenciée des prix, difficultés d'approvisionnement des villes, développement de la fiscalité municipale, exigences nouvelles des propriétaires fonciers cherchant à trouver de nouvelles sources de revenu, revendications de ceux qui s'étaient enrichis et qui n'acceptent pas de subir les contrecoups de la crise ou de la redistribution des cartes économiques, révolte des pauvres, paysans ou citadins, qui ne bénéficient pas tous du renchérissement du prix de la main d'œuvre...

Une crise sociale générale

Jusqu'à la fin du XIIIᵉ siècle, les tensions sociales qui existent au sein de la société féodale prennent le plus souvent la forme de mouvements isolés, dans le cadre du village ou d'une communauté urbaine spécifique ; ils visent à modifier la nature des relations entre le seigneur et un groupe de serfs, ou la réglementation fixant la place de chaque catégorie sociale dans la vie de la cité ; ils se règlent en général pacifiquement par la négociation, ou par procès, et non par l'insurrection armée ou des actes de violence désespérés.

■ Les soulèvements européens

Mais, à partir des premières années du XIVᵉ siècle, on assiste à des soulèvements violents, dans les villes et dans les campagnes, qui prennent même parfois l'aspect d'une guerre de classes. C'est le cas en Italie du Nord, où les forces « hérétiques » de Fra Dolcino sont écrasées en 1307 par une armée de « croisés » défendant les intérêts des propriétaires terriens ; une autre insurrection éclatera en 1318, à Castoprignano. Puis les grandes villes sont touchées par des troubles : soulèvements à Venise touchée par la famine (1343-54), à Bologne et à Florence (1343-47), à Rome et à Sienne (1347). C'est aussi le cas en Flandre, quand en 1323, les paysans s'allient aux milices urbaines de Bruges et d'Ypres, pour combattre le comte de Flandre soutenu par le roi de France ; cela conduit à la bataille de Cassel (1328) où l'armée féodale conduite par Philippe VI de Valois écrase celle du petit peuple flamand commandé par un propriétaire paysan, Nicolas Zannequin. Ces événements font suite aux batailles de Courtrai en 1302 (où l'armée du comte d'Artois a été écrasée par les milices de Bruges et de Gand, et a laissé sur le terrain « 4 000 éperons d'or ») et de Mons-en-Pévèle, où Philippe le Bel a pris sa revanche sur les Flamands (1304).

■ Les troubles en France

En France même, une nouvelle « croisade des Pastoureaux » a lieu en 1320 : elle jette sur les routes des bandes de jeunes pauvres, dont les motivations religieuses passeront vite au second plan ; les exactions qu'ils commettent pour survivre et l'absence de perspective à leur mouvement les transforment en bandits de grands chemins.

Peu de temps après les événements de 1358 se produisent en Auvergne et en Languedoc des soulèvements d'artisans, se révoltant contre les charges qui pèsent sur eux, alors qu'ils subissent les exactions des routiers anglais. Le mouvement prend, comme en Ile-de-France, une dimension anti-nobiliaire : des châteaux sont brûlés, des nobles et des riches massacrés. L'insurrection gagne le Limousin, le Poitou, la région de Toulouse, et des nobles prennent parfois le commandement des bataillons de paysans et artisans révoltés. En 1382 le duc de Berry écrase ceux qu'on avait surnommés les « Tuchins », et le Languedoc tout entier doit payer une forte amende.

Si les dernières années du siècle sont plus paisibles, la guerre civile entre Armagnacs et Bourguignons (1411) puis la reprise de la guerre franco-anglaise prennent le relais de la crise économique et sociale.

L'Europe bouge, les rapports sociaux se tendent ; quand la guerre extérieure est là, elle accroît les déséquilibres et attise les conflits internes qui prennent à leur tour une forme violente allant jusqu'à la guerre civile. Les crises économiques et politiques deviennent indissociables.

Une crise européenne

D'autres troubles, émeutes ou insurrections, se produisent d'une façon simultanée en Europe après la nouvelle épidémie de peste de 1375 : en 1378 à Nîmes et au Puy, à Dantzig et à Florence (révolte des Ciompi) ; en 1379, à Gand, à Montpellier, à Aubenas, à Alès ; en 1380, en Flandre (Bruges et Gand), à Paris, Saint-Quentin, Compiègne, Laon ; en 1381 à Gand, à Béziers, et surtout en Angleterre (grande insurrection des travailleurs en Essex, dans le Kent, à Canterbury et à Londres) ; en 1382, à Florence (défaite des Ciompi), à Amiens, en Normandie, à Paris (révolte antifiscale des Maillotins réprimée l'année suivante) ; en 1383 à Rouen et en Flandre.

Statue de Jacques Cœur.
Marchand international, armateur, banquier, propriétaire foncier, Grand Argentier et conseiller du roi Charles VII, il symbolise, au cœur du XVe siècle, l'enrichissement bourgeois au sein d'une société « féodo-marchande » en formation.

Louis XIV visitant la manufacture des Gobelins.
Durant le règne du Roi Soleil, le mercantilisme de Colbert se traduit par la création et l'aide aux manufactures (tapisseries, verre, céramique...), dont l'essor est associé au développement artistique. (« Tenture de l'Histoire du Roi », tapisserie des Gobelins, XVIIe siècle. Château de Versailles.)

La société féodo-marchande

(XVe-XVIIIe siècle)

Chronologie

1461-1483 : Règne de Louis XI.
1465 : Ligue du « Bien public ».
1468 : Louis XI prisonnier à Péronne.
1477 : Mort de Charles le Téméraire.
1483-1498 : Règne de Charles VIII.
1498-1515 : Règne de Louis XII.
1515-1547 : Règne de François Iᵉʳ.
1515 : Victoire de Marignan.
1519 : Charles Quint élu Empereur.
1520 : Camp du Drap d'Or.
1522-1526 : Guerre contre Charles Quint.
1525 : Défaite de Pavie.
1528-1529 : Reprise de la guerre.
1533 : Paix d'Augsbourg en Allemagne.
1534-1535 : Jacques Cartier au Canada.
1536-1537 et 1542-1544 : Nouvelles guerres contre Charles Quint et l'Angleterre.
1544 : Victoire de Cérisoles.
1547-1559 : Règne de Henri II.
1552-1559 : Reprise de la guerre contre l'Empire.
1556 : Abdication de Charles Quint.
1559 : Paix de Cateau-Cambrésis et Édit d'Écouen contre les hérétiques.
1559-1560 : Règne de François II.
1560 : Conjuration d'Amboise.
1560-1574 : Règne de Charles IX.
1562-1563 : Première guerre de religion.
1563 : Paix d'Amboise.
1567-1570 : 2ᵉ et 3ᵉ guerres de religion.
1570 : Paix de Saint-Germain.
1572 : Massacre de la Saint-Barthélemy.
1573 : Reprise de la guerre civile.
1574-1589 : Règne de Henri III.
1575-1577 : 5ᵉ et 6ᵉ guerres de religion.
1577 : Paix de Bergerac.
1579-1580 : 7ᵉ guerre de religion.
1585 : Création de la « Sainte Ligue ».
1585-1593 : 8ᵉ guerre de religion.
1588 : Assassinat du Duc de Guise.
1589 : Assassinat d'Henri III.
1589-1610 : Règne de Henri IV.
1589-1593 : Poursuite de la guerre civile.
1593 : Abjuration d'Henri IV.
1594 : Couronnement du roi.
1595 : Victoire sur les Espagnols.
1598 : Édit de Nantes et Paix de Vervins avec l'Espagne.
1610 : Assassinat d'Henri IV.
1610-1643 : Règne de Louis XIII.
1614 : Révolte de la noblesse.

1620 : Guerre entre le roi et sa mère.
1624 : Richelieu Premier ministre.
1627-1628 : Siège de La Rochelle.
1630 : Guerre contre l'Espagne.
1634-1637 : Soulèvement des « croquants ».
1636 : La France envahie par l'Espagne.
1639-1640 : Révolte des « va-nu-pieds ».
1640-1642 : Reconquêtes françaises.
1642 : Mort de Richelieu.
1643-1715 : Règne de Louis XIV.
1643-1661 : Régence d'Anne d'Autriche et gouvernement de Mazarin.
1643 : Victoire de Rocroi sur l'Espagne.
1645 : Victoire de Nordlingen.
1648-1653 : la Fronde.
1648 : Victoire de Condé à Lens.
1650 : Turenne, passé à l'Espagne, est battu à Rethel.
1652 : Trahison de Condé.
1653 : Retour de Mazarin à Paris.
1658 : Victoire de Turenne, rallié au roi, sur Condé et les Espagnols.
1659 : Paix des Pyrénées avec l'Espagne.
1661 : Mort de Mazarin. Louis XIV règne seul. Arrestation de Fouquet.
1665 : Colbert contrôleur des Finances.
1667-1668 : Guerre de Dévolution.
1672-1678 : Guerre de Hollande.
1678-1679 : Traités de Nimègue.
1682 : Le roi s'installe à Versailles.
1685 : Révocation de l'Édit de Nantes.
1689-1697 : Guerre de la Ligue d'Augsbourg.
1690 : Victoire de Fleurus.
1693 : Victoire de Neerwinden.
1697 : Traités de Ryswick.
1701-1714 : Guerre de succession d'Espagne.
1709-1710 : « Grand hyver ». Famine en France.
1713-1714 : Traités d'Utrecht et de Rastadt.
1715-1774 : Règne de Louis XV.
1715-1723 : Régence du duc d'Orléans.
1733-1735 : Guerre de succession de Pologne.
1741-1743 : Guerre de succession d'Autriche.
1756-1763 : Guerre de Sept Ans et perte des Indes et du Canada.
1774-1792 : Règne de Louis XVI.
1777 : La Fayette en Amérique.
1788 : Convocation des États Généraux.
1789 : Fin de l'Ancien Régime.

INTRODUCTION

La paix revenue au milieu du siècle, les mutations en profondeur de la société française qui s'étaient amplifiées avec l'essor économique du XIIIe siècle vont trouver un terrain favorable pour se faire jour à nouveau.

Mais elles vont maintenant s'exprimer dans un contexte différent : celui d'un monde où le pouvoir politique échappe davantage à la seigneurie traditionnelle, où le rapport de force militaire s'est modifié au profit de la monarchie, où le poids économique et stratégique des villes s'est trouvé grandi par leur rôle durant la Guerre de Cent Ans, où le servage enfin a reçu un coup fatal et tend de plus en plus à se transformer en fermage et métayage.

La « nouvelle donne » économique et politique

L'élément décisif de cette évolution est la généralisation de l'échange marchand, qui ne se réduit pas au recul de l'économie de troc. Cela signifie surtout que dorénavant tout se monnaye : l'achat des denrées de consommation courante, bien sûr, mais aussi maintenant la liberté personnelle, la fidélité, le service armé et la terre.

Si le roi veut s'assurer le soutien des grands, l'alliance de ses voisins et le service d'administrateurs compétents, il devra leur verser des subsides, des aides ou des pensions ; l'hommage vassalique et le désintéressement chevaleresque sont passés de mode comme l'esprit de croisade. De même, la force du souverain ne réside plus dans son droit de convoquer ses vassaux pour faire la guerre, mais dépend des rentrées financières nécessaires pour payer la solde de ses troupes, et l'armement coûteux dont les techniques ont évolué pendant la guerre.

Cette remise en cause des rapports féodo-vassaliques fut le produit de la complexité des alliances et des conflits qui se produisirent au siècle précédent. Ils bouleversèrent l'ancien ordre politique et, conduisant à la victoire finale du roi de France, ils firent de celui-ci le roi de tous ceux qui vivaient dans les territoires conquis aux Anglais et à leurs alliés, et non plus le simple suzerain lointain de leur seigneur local. La guerre avait bousculé les anciennes divisions territoriales. La précarité du duché autonome de Bourgogne est la preuve de l'impossibilité qu'il subsiste maintenant un État dans l'État.

Parallèlement, l'ancien système de mise en valeur des terres s'est trouvé ébranlé par la dépopulation due aux épidémies et aux guerres, et par l'augmentation des besoins d'argent des propriétaires du sol pour acquérir les biens non alimentaires de plus en plus chers.

La baisse de la population a en effet provoqué une insuffisance de la main-d'œuvre agricole et un recul des surfaces cultivées ; il faut donc recourir de plus en plus à un travail salarié sur la « réserve » seigneuriale ou louer la terre plutôt que de la laisser en friche ; mais l'abondance des terres entraîne une baisse du loyer du sol, qui profite donc aux nouveaux fermiers. De même, ceux qui étaient astreints aux anciennes redevances serviles voient leur sort s'améliorer et les prélèvements se monétariser.

Cette relative prospérité paysanne dure le temps de la reprise de la production et des gains de productivité, permise par le dynamisme des nouveaux producteurs et la mise au repos de certaines terres fertiles. Mais quand, à la fin du XVᵉ siècle, la population a de nouveau augmenté et que la productivité stagne, quand la pleine occupation des sols et l'accroissement de la demande de terre par la bourgeoisie urbaine entraînent une hausse de son loyer, le rapport de force redevient défavorable à la petite paysannerie.

De plus, la perte du pouvoir économique et politique de la seigneurie foncière ne se fait pas sans coût : elle est remplacée par la montée de l'administration monarchique qui demande à tous ceux qui n'appartiennent ni à la noblesse ni au clergé de payer l'impôt. Cette fiscalité royale, très exigeante en temps de guerre, vient s'ajouter à la rente versée au propriétaire du sol et sera à l'origine de bien des soulèvements et « doléances » à venir.

Ces phénomènes ne surviennent pas, bien sûr, au lendemain de la victoire de Castillon ! La croissance économique des Xᵉ-XIIIᵉ siècles s'était naturellement accompagnée d'un développement de l'échange marchand indissociable de l'essor féodal. Chacun était devenu un peu marchand en ces temps d'accroissement et de diversification de la production : c'est le cas de l'artisan installé en ville, mais aussi du grand seigneur comme du modeste paysan qui ont besoin de vendre le surplus non indispensable à la vie de tous les jours, sur le petit marché du village, à la foire régionale ou à la ville voisine. Les professionnels du grand commerce lointain jouent de plus le rôle d'agents de liaison permanents entre régions, de facteurs d'intégration économique de producteurs complémentaires ; ils favorisent la connaissance des nouveaux produits et la propagation de la mode.

L'héritage féodal

Ainsi, les traits constitutifs d'une société à la fois féodale et marchande existaient déjà aux XIᵉ-XIIᵉ et surtout XIIIᵉ siècles. Mais la composante féodale qui était dominante s'affaiblit maintenant au profit de la dimension marchande. Pourtant, jusqu'à la Révolution de 1789, la société française conserve un cadre économique, politique et idéologique hérité de la société féodale (monarchie héréditaire « de droit divin », privilèges de la noblesse et du clergé, stratification sociale liée à la possession du sol et aux anciens droits féodaux, organisation corporatiste du monde des métiers urbains...) ; de plus, le système productif reste composé d'unités indépendantes, essentiellement artisanales, même si certaines d'entre elles (dans le textile presque exclusivement) sont coordonnées par un maître d'œuvre fournissant la matière première aux divers corps de métier. Ainsi il n'apparaît pas encore, de façon significative, des rapports de production capitalistes au sens plein du mot, liant propriétaires du capital et ouvriers sans autres ressources que leur force de travail. Quand le salariat existe, il correspond soit à une main-d'œuvre d'appoint ou épisodique, soit à des activités non directement productives (administration, armée, domesticité, commerce...). Et s'il existe des capitalistes marchands, ils n'investissent pas directement dans le domaine de la production.

C'est pour cela que l'on peut parler, à propos de la France des XVe-XVIIIe siècles, de société féodo-marchande. Elle voit s'affronter ceux qui prônent l'égalité des droits et la liberté individuelle aux défenseurs des privilèges de la naissance, les adeptes de la tolérance religieuse aux catholiques intransigeants, les victimes des difficultés économiques aux nouveaux riches et aux agents du fisc : la crise sociale tendra à devenir permanente tout en prenant des formes diverses.

Renaissance et intolérance

Cette même période fut celle des « Renaissances » italienne, française, espagnole, de l'essor de la peinture flamande, du théâtre Shakespearien, du théâtre classique, de la construction de châteaux monumentaux comme Versailles, et du renouveau de la pensée philosophique au « siècle des Lumières » ; cela s'explique par le mécénat des princes, mais aussi par l'affirmation d'un esprit « bourgeois » qui dominera le XVIIIe siècle.

Gardons-nous bien, toutefois, de faire de cette période celle d'un progrès considérable et continu dans ces domaines : le XVIe siècle est surtout celui de l'intolérance religieuse et de l'Inquisition espagnole. Nos grands écrivains du temps de Louis XIV restent enfermés dans un genre littéraire très étroit, et ne s'intéressent qu'à des thèmes qui ne s'adressent qu'à une infime partie de la population ; le faste de la Cour de Versailles masque une grande misère culturelle dans l'ensemble du pays, et rares seront les grands penseurs du XVIIIe siècle qui s'intéresseront aux problèmes sociaux ou au progrès économique.

Louis XI

Un roi anti-féodal

Louis XI (1461-1483) mène une politique pacifique qui favorise l'essor économique, tout en matant les révoltes des derniers grands seigneurs féodaux.

Les débuts de l'imprimerie

Durant le règne de Louis XI, deux professeurs de la Sorbonne, Jean Heynlin et Guillaume Fichet ont fait venir trois ouvriers allemands qui mettent sur pied la première imprimerie parisienne (Gutenberg avait commencé ses expériences à Strasbourg vers 1436, puis à Mayence en 1450).

La fin du règne de Charles VII a été marqué par la victoire définitive sur les armées anglaises, et par l'affermissement du pouvoir royal, face à la noblesse et au clergé. Quand son fils Louis XI lui succède en 1461, les grands du royaume n'ont pourtant pas abdiqué toute prétention à maintenir leur autonomie territoriale et à contester l'autorité du roi de France. Après avoir été du côté des comploteurs, lors de la « Praguerie » fomentée par les grands féodaux, Louis XI doit maintenant leur faire face.

Bataille de Monthléry, 1465. Après la fin de la guerre de Cent Ans, la France connaîtra jusqu'à la Fronde du milieu du XVIIᵉ siècle, de nombreux soulèvements armés provenant des grands féodaux qui acceptent mal l'affermissement du pouvoir royal. (Miniature pour la « Chronique de Monstrelet ». Bibliothèque nationale, Paris.)

▪ La maison de Bourgogne

En 1465 se forme la « Ligue du Bien Public », qui réunit le duc Charles de Berry (frère du roi), le duc de Bourbon, le duc de Bretagne et le fils du duc de Bourgogne, Charles le Téméraire. La bataille de Monthléry (1465) ne fait ni vainqueur ni vaincu, et le danger persiste : Louis XI négocie et cède de nombreux avantages politiques et territoriaux. Il cherche aussitôt à les remettre en cause, en jouant habilement sur les divisions entre les grands et sur l'absence de solidarité objective entre eux.

En 1467, il négocie avec Charles le Téméraire, nouveau duc de Bourgogne ; en 1468, il bat le duc de Bretagne, mais se laisse retenir prisonnier à Péronne par Charles le Téméraire ; celui-ci ne libère le roi qu'après l'avoir humilié en l'emmenant en Flandre assister à l'écrasement de ses partisans et lui extorquant de nouveaux privilèges, que Louis XI conteste dès sa libération. Devant le désir d'expansion territoriale du duc de Bourgogne, qui cherche à reconstituer l'ancienne Lotharingie, en réunissant à la Bourgogne et à la Flandre la Picardie, l'Artois, la Lorraine, l'Alsace, la Champagne et une partie de la Suisse, Louis XI a l'habileté de ne pas l'affronter directement ; il lui fait la guerre par l'intermédiaire de ceux que la politique bourguignonne menace. Après des années de campagnes incertaines, de sièges meurtriers et de dures répressions contre ceux qui lui résistent, l'armée bourguignonne est harcelée de toutes parts, et écrasée par les Suisses en 1476, puis par le duc de Lorraine, près de Nancy, bataille où Charles le Téméraire trouve la mort (janvier 1477). Louis XI en profite pour annexer le duché de Bourgogne et la Picardie, mais doit laisser la Franche-Comté et l'Artois à la fille du Téméraire, Marie, mariée à Maximilien de Habsbourg (traité d'Arras, 1482).

▪ Enrichir le royaume

Louis XI a aussi compris que la prospérité d'une nation repose sur la paix et l'essor de son commerce : il améliore les voies de communication et l'infrastructure portuaire, cherche à réanimer les foires et à supprimer les péages intérieurs ; il s'efforce d'attirer les marchands étrangers, et d'ouvrir le marché anglais aux producteurs français en établissant un régime de libre échange entre les deux pays ; il tente de créer une industrie de la soie à Lyon, puis à Tours, et de développer la production minière.

Toutes ces tentatives ne sont pas couronnées de succès, et nécessitent des moyens financiers qui augmentent la pression fiscale, notamment sur les villes, à qui l'on demande des « aides extraordinaires », qui tendent vite à devenir ordinaires. C'est pourquoi la politique de Louis XI n'a pas toujours été populaire, et contribue à laisser de lui l'image déformée d'un roi autoritaire, fourbe, cynique et avare.

En réalité, Louis XI est l'un des rares souverains à avoir cherché systématiquement à éviter l'aventure militaire, en tentant de régler pacifiquement les conflits intérieurs et extérieurs, et à avoir mené une politique économique lucide et cohérente de développement de la production et des échanges. Il est vrai qu'il bénéficie d'une conjoncture favorable qui est celle de la phase de reprise que nous avons évoquée plus haut, et qui est aussi celle d'un essor intellectuel.

Louis XI semble bien avoir été en avance sur son temps, car à sa mort, en 1483, les difficultés politiques et le vieux démon de conquête vont réapparaître.

Charles VIII et Louis XII

Le coûteux rêve italien (1483-1515)

Moins avisés que leur prédécesseur, ils entraînent la France dans des guerres italiennes inutiles et ruineuses.

Charles VIII
(1483-1498)

A la mort de Louis XI, en 1483, son fils Charles VIII n'a que treize ans. La régence est exercée par sa sœur Anne de Beaujeu qui doit faire face à tous ceux qui ont dû subir l'ancienne autorité royale : les conseillers de Louis XI sont chassés, les États généraux de 1484 obtiennent des réductions d'impôts, et le duc Louis d'Orléans, cousin du roi, mène une révolte de grands princes, la « guerre folle », qu'Anne de Beaujeu réussit à maîtriser. Par la suite, l'essentiel du règne de Charles VIII est marqué par son attirance pour l'Italie et son désir de reconquérir le royaume de Naples pour la famille d'Anjou. A ces fins, il doit obtenir la neutralité de l'Espagne en cédant le Roussillon et la Cerdagne (1493), de l'Autriche en abandonnant l'Artois et la Franche-Comté (1493), et celle de l'Angleterre en s'engageant à lui verser 745 000 écus d'or ! C'était payer bien cher la possibilité d'entreprendre une campagne italienne, qui, après la prise de Naples (1495), tourne court. Charles VIII doit rentrer précipitamment, et les troupes françaises cèdent progressivement. En 1498, Charles VIII meurt alors que, décidément obstiné, il préparait une nouvelle expédi-

tion vers l'Italie. Comme il ne laisse pas de descendant mâle, la couronne revient à Louis d'Orléans, que l'on avait forcé à épouser la fille de Louis XI, Jeanne de Valois.

Louis XII
(1498-1515)

Il a participé aux soulèvements de la minorité de Charles VIII et après avoir été emprisonné, il suit Charles VIII durant sa campagne italienne de 1494. Cela lui donne le goût pour ce pays, puisqu'il envahit l'Italie dès 1499, prend Gênes et Milan, puis Naples. Il s'attaque ensuite à Venise (1508). Le pape Jules II entreprend alors de chasser les Français, avec l'aide des Anglais et des Suisses : les Français perdent leurs possessions italiennes et la France est même envahie en 1514. Louis XII meurt l'année suivante, en laissant des finances exsangues, sa politique extérieure l'ayant amené à endetter considérablement l'État. Le seul élément positif de son règne, pour l'unité du royaume, est son remariage avec Anne de Bretagne, veuve de Charles VIII, qui renforce l'intégration de la Bretagne à la France. De ce mariage ne naquirent que deux filles, dont l'une, Claude, épouse François d'Angoulême, duc de Valois, le futur François 1er.

Les effets des guerres italiennes

Les guerres italiennes des successeurs de Louis XI, Charles VIII et Louis XII, seront désastreuses sur le plan militaire et financier. Elles auront cependant pour conséquence d'importer en France la mode italienne, en matière architecturale, artistique, vestimentaire et littéraire. Princes et riches bourgeois voudront alors vivre comme leurs congénères transalpins et prolongeront en France le « quattrocento » italien.

François Iᵉʳ

La paix impossible

Le règne de François Iᵉʳ (1515-1547) est marqué par le conflit permanent avec Charles Quint, mais coïncide aussi avec l'apogée de la Renaissance en France.

La première année de son règne est celle de la victoire de Marignan, contre les Suisses alliés du Pape. Les Suisses doivent signer la « Paix perpétuelle » avec la France, et le Pape Léon X, le concordat de Bologne (1516) qui accroît le contrôle du roi de France sur son clergé. Par ailleurs, François Iᵉʳ traite avec Charles Quint qui vient d'accéder au trône d'Espagne.

■ La rivalité franco-espagnole

Mais l'hostilité entre les deux royaumes ne va pas tarder à se faire jour. En 1519, François Iᵉʳ échoue dans sa candidature contre Charles Quint à la succession de Maximilien d'Autriche sur le trône impérial. Charles Quint, nouvel empereur, petit-fils de Charles le Téméraire, rêve de récupérer l'héritage bourguignon et de faire revivre l'idée d'Empire chrétien universel à partir de ses immenses possessions (Espagne, Autriche des Habsbourg, Flandre, Franche-Comté, royaume de Naples et de Sicile, colonies sud-américaines...). François Iᵉʳ, de son côté, tente de s'allier avec Henri VIII d'Angleterre (entrevue du Camp du Drap d'Or, juin 1520), mais celui-ci choisit l'alliance espagnole (traité de Calais, juillet 1520).

Dès l'année suivante, Charles Quint attaque Mézières, bien défendue par Bayard. En 1524 il chasse les Français du Milanais, et le connétable de Bourbon, tra-

hissant le roi de France, assiège Marseille. François Iᵉʳ se lance alors dans une désastreuse nouvelle campagne d'Italie, où il est battu et fait prisonnier à Pavie (février 1525). Il doit alors signer le traité de Madrid (1526) par lequel il perd le Milanais et la Bourgogne. Aussitôt libéré, il reprend la guerre (1527), s'allie avec le Pape Clément VII et des princes protestants allemands (1531), et cherche la paix avec l'Empire : il renonce à l'Italie, contre la reconnaissance de ses droits sur la Bourgogne, et il épouse en secondes noces la sœur de Charles Quint, Éléonore d'Autriche.

Mais la paix est de courte durée ; à partir de 1526 vont se succéder guerres et trèves : invasion de la Provence par Charles Quint en 1536, puis paix d'Aigues-Mortes (1538) ; alliance anglo-impériale en 1542, et alliance franco-turque, dont la flotte prend Nice (1543), victoire française de Cérisoles en 1544. La paix va enfin revenir entre la France et l'Empire avec le traité de Crépy en Laonnais (1544), par lequel la France perd la Flandre, l'Artois et la Savoie, mais Charles Quint la Bourgogne.

François Iᵉʳ meurt en 1547. Son règne coïncida aussi avec le pallier atteint par la croissance économique, qui rendit plus lourdes les exigences fiscales de l'État, destinées à financer l'effort de guerre, les dépenses de la cour, et les fastes de la Renaissance (voir p. 96).

Un règne décevant
C'est durant le règne de François Iᵉʳ que furent créés le port du Havre, une industrie de la soie à Lyon, et qu'eurent lieu les expéditions de Verrazzano le long de la côte est des futurs États-Unis (1524) et de Jacques Cartier au Canada (1534). Mais tout cela est bien peu de chose face aux difficultés créées par la guerre extérieure, les mouvements sociaux liés aux difficultés économiques et les progrès des idées de la Réforme. D'abord tolérant, François Iᵉʳ change d'attitude après l'affaire des fameux « placards » anti-catholiques apposés sur ses appartements d'Amboise : il crée la « Chambre ardente », puis après l'amnistie de l'Édit de Coucy (1535), il recourt à nouveau à la répression et permet la persécution des Vaudois en 1545.

Henri II et ses fils

L'ombre des Guise (1547-1589)

A la poursuite de la guerre contre l'Empire espagnol se surajoutent la guerre civile religieuse et le complot du clan des Guise et des catholiques intransigeants.

Henri II (1547-1559)

**Catherine
de Médicis
(1519-1589)**
Fille de Laurent II de Médicis et nièce du Pape Clément VII, elle épouse Henri II en 1533. D'abord effacée derrière la maîtresse du roi, Diane de Poitiers, elle devient régente durant la minorité de Charles IX. Elle tente de concilier les partis catholique et protestant (Édit de tolérance d'Amboise, 1563) avant de choisir le parti catholique contre Coligny, et de cautionner le massacre de la Saint-Barthélémy.

**Ambroise Paré
(1509-1590)**
Chirurgien-barbier à l'Hôtel Dieu de Paris et aux armées, il devient chirurgien du roi en 1552, et publie plusieurs ouvrages sur les techniques chirurgicales, le soin des plaies, l'anatomie et la physiologie.

A la mort de François Iᵉʳ, en 1547, son fils Henri II doit lui aussi faire face au danger représenté par Charles Quint (puis par son fils Philippe II, en faveur duquel il abdique en 1556), et à l'expansion du protestantisme. Mais, de plus, l'activisme des Guise et les intrigues de la cour italienne de sa femme Catherine de Médicis compliquent encore les problèmes intérieurs.

Dès 1548 se produisent des troubles dans le royaume, en particulier à Bordeaux, à cause du poids de la fiscalité ; la même année François de Guise réalise un coup de main en Écosse pour enlever sa nièce Marie Stuart, qui épousera six ans plus tard le futur François II de France. En 1550 Boulogne est reprise aux Anglais, et si en 1551 l'édit de Chateaubriant interdit les écrits protestants, Henri II s'entend avec les princes réformés allemands (traité de Chambord 1552) et occupe les « Trois Évêchés » de Metz, Toul et Verdun.

■ La guerre

Charles Quint réagit en assiégeant Metz en 1553, bien défendu par François de Guise, lequel mène une expédition ruineuse vers Naples en 1556, qui n'a pour effet que de relancer la guerre avec l'Espagne : en 1557, Philippe II, devenu Empereur, l'emporte à Saint-Quentin contre les Français, mais échoue devant Paris. En 1558, le duc François de Guise, lieutenant général du royaume, repousse les Espagnols et reprend Calais aux Anglais. La paix est signée en 1559 (traité de Cateau-Cambrésis) ; cette même année est celle de la promulgation, en juin, de l'Édit d'Écouen (qui demande aux tribunaux de ne prononcer que la peine de mort contre les hérétiques), et en juillet du décès d'Henri II, mortellement blessé à l'œil durant un tournoi.

François II (juillet 1559-décembre 1560)

Son règne dure à peine un an et demi. Le roi fait d'abord preuve de tolérance, par l'Édit de Romorantin (mai 1560), qui autorise le culte protestant en privé et retire aux Parlements les dossiers d'hérésie (n'en faisant pas ainsi des affaires d'État). Mais la conjuration protestante d'Amboise, organisée par Antoine de Bourbon, Louis de Condé, les Coligny, La Renaudie..., et projetant de soustraire François II au pouvoir des Guise, se termine par le massacre des comploteurs ; elle coupe définitivement la France en deux et ouvre véritablement la période des guerres de Religion.

Charles IX (1560-1574)

Après le court règne de François II, son frère Charles IX lui succède en 1560, mais il n'est âgé que de dix ans, et le pouvoir est de fait exercé, jusqu'en 1570, par sa mère, Catherine de Médicis. Ces années sont celles de troubles intérieurs marqués par le massacre des protestants à Wassy, les victoires catholiques de Rouen et de Dreux (1562-1563) puis protestantes de Jarnac et Moncontour (1569) malgré l'action conciliatrice de la Régente. Le traité de Saint-Germain (août 1570) devait ramener la paix entre catholiques et protestants ; mais l'influence exercée par le huguenot Coligny et par le milieu réformé sur le jeune roi décide Catherine de Médicis et le parti catholique à obtenir de Charles IX le tristement célèbre massacre des protestants le jour de la Saint-Barthélémy (24 août 1572) : après l'échec de la tentative d'assassinat de Coligny, le 22 août, le tocsin de Saint Germain l'Auxerrois appelle à l'exécution sommaire d'environ 3 000 huguenots venus à Paris assister au mariage de Marguerite de Valois (fille de Henri II et de Henri de Navarre (le futur Henri IV).

Charles IX meurt deux ans après, sans héritier mâle légitime.

Henri III (1574-1589)

Cela permit à un autre fils de Catherine de Médicis, Henri III, de monter sur le trône à l'âge de 23 ans en 1574. Personnage instable et ambigü, mais intelligent et cultivé, s'entourant d'une cour de « mignons », il doit faire face à la guerre opposant Henri de Navarre et les catholiques conduits par les Guise. Après la victoire d'Henri de Guise (le Balafré) à Dormans (1575), Henri III préfère traiter, accorde la paix de Monsieur et l'édit de Beaulieu (1576) donnant la liberté de culte aux protestants partout en France, sauf à Paris, leur concédant huit places fortes et réhabilitant Coligny.

■ Les ligueurs

Le duc de Guise et les catholiques intransigeants réagissent en créant la Ligue, liée aux Espagnols, et poursuivent la lutte contre les protestants. La paix de Bergerac (1577) aggrave l'hostilité du parti des Guise, qui de plus complotent contre le roi. Henri III lui interdisant l'entrée de Paris, Henri de Guise y accède de force, et la « journée des Barricades », érigées par les Parisiens favorables au duc, populaire dans la capitale, oblige le roi à fuir en province (mai 1588). Henri III convoque les États généraux à Blois (septembre 1588), y attire le duc de Guise et le fait assassiner (décembre 1588).

A Paris on proclame alors la destitution du roi et un frère d'Henri de Guise, le duc de Mayenne est nommé, par le conseil des Seize, lieutenant général du royaume. Henri III s'allie alors à Henri de Navarre qui vient pourtant de remporter contre lui la bataille de Coutras (1587). Ensemble ils assiègent Paris, mais Henri III est assassiné à son tour par le moine Jacques Clément, à Saint-Cloud, le 1er août 1589. Le problème de sa succession ne peut bien sûr se régler facilement et pacifiquement, bien qu'Henri III ait fait d'Henri de Navarre son héritier de la couronne royale.

La « Sainte Ligue »
Fondée pour combattre l'« Union calviniste », elle est contrôlée par les Guise et lutte contre Henri III jugé trop tolérant, et contre Henri de Navarre, héritier de la couronne à la mort du duc d'Alençon frère du roi. Après l'assassinat du duc de Guise (1588), la ligue nomme son frère, le duc de Mayenne, lieutenant général du royaume, puis proclame roi le cardinal de Bourbon après l'assassinat d'Henri III. Mais la mort du cardinal (1590) et l'abjuration d'Henri IV (1593) amènent la soumission des ligueurs.

Henri IV

La réconciliation nationale

Henri IV (1589-1610), qui doit conquérir son trône, réussit à rassembler catholiques et protestants ; il mène une politique extérieure pacifique et favorise l'essor économique du royaume.

Henri IV, roi de Navarre et duc de Bourbon, pouvait légitimement prétendre à la succession d'Henri III. Mais le Navarrais est aussi le chef de l'Union protestante, l'allié des réformés anglais et allemands, et a combattu les Ligueurs. Ceux-ci ne peuvent accepter ce nouveau roi huguenot et lui opposent le cardinal de Bourbon, oncle d'Henri de Navarre, proclamé roi de France, sous le nom de Charles X, en 1589.

■ La conquête du trône

Le futur Henri IV doit se replier d'abord sur Dieppe, puis vers la Normandie, après avoir repoussé les attaques du duc de Mayenne allié aux Espagnols (batailles d'Arques et de Dreux), et avoir tenté à plusieurs reprises de prendre Paris (1589-1590). Mayenne tente alors vainement de faire accepter par les États généraux, après la mort du cardinal de Bourbon (1590), l'infante d'Espagne Isabelle comme reine de France. Mais après l'abjuration d'Henri de Navarre à Saint-Denis, en juillet 1593, les grands reconnaissent enfin sa légitimité. Ce rapprochement de la noblesse peut s'expliquer par l'épuisement du royaume, mais aussi par les mouvements paysans auxquels la classe seigneuriale doit faire face et où disparaissent les motivations religieuses pour faire place aux revendications anti-féodales. Ce sera en particulier le cas durant la révolte des « Cro-

quants », en 1594, écrasée par le nouveau roi.

■ L'Édit de Nantes

Henri IV est sacré à Chartres en février 1594, et entre en grande pompe dans Paris (mars 1594), acclamé par une population épuisée par la guerre civile. Absous par le Pape, vainqueur des Espagnols à Fontaine-Française (juin 1595), le nouveau roi finit par rallier les derniers ligueurs et signe la paix de Vervins avec les Espagnols (1598). Par l'édit de Nantes, promulgué la même année, il instaure la liberté du culte protestant partout où il était pratiqué depuis 1596 (sauf à Paris et dans les résidences royales), rend leurs droits civiques aux réformés et leur accorde pour huit ans une centaine de places de sûreté. Bien que mal acceptée par les catholiques, cette politique nouvelle et exceptionnelle en Europe permet de ramener la paix religieuse.

■ Le redressement

Les dernières années du XVIᵉ siècle permettront enfin l'amorce d'un redressement dans tous les domaines : réconciliation nationale grâce à l'appel aux affaires de personnalités des deux confessions, affirmation de l'autorité centrale et réorganisation de l'administration du royaume par la soumission des gouvernements de province, l'institution de lieutenants généraux et l'envoi de commissaires royaux, redressement des finances et du com-

---

La succession d'Henri III

Henri III n'avait pas d'enfant, et son dernier frère, François d'Alençon, duc d'Anjou, était mort avant lui. Henri de Navarre apparaît comme l'héritier le plus légitime : il descend de Saint Louis par son fils Robert de Clermont (marié à Béatrice de Bourbon), a épousé en 1572 Marguerite de Valois, fille d'Henri II et de Catherine de Médicis, et a été pressenti par Henri III pour lui succéder sur le trône de France.

merce, de l'industrie et de l'agriculture, grâce à l'action de conseillers dévoués et efficaces comme Sully, Barthélémy de Laffémas, ou Olivier de Serres.

■ Sully et les Finances

C'est ainsi que Maximilien de Béthune, duc de **Sully,** surintendant des Finances s'efforce de faire verser au Trésor les sommes perçues par les officiers royaux, établit un impôt nouveau, la « paulette », mais allège la taille frappant les paysans, qui bénéficient par ailleurs de la restitution de terrains communaux. Il annule les anoblissements accordés depuis 1578, et parvient à rétablir l'équilibre du budget de l'État. Sully entreprend également la rénovation et l'extension des voies de communication intérieures (routes, rivières, ponts et canaux), développe l'armement (il est aussi Grand Maître de l'artillerie royale) et les fortifications aux frontières (dont il est le surintendant).

■ Laffémas et le Commerce

Son action est étroitement liée à celle de Barthélémy de Laffémas, d'abord conseiller, puis contrôleur général du Commerce (1602). Laffémas préconise l'exportation de produits de luxe, l'appel aux artisans qualifiés étrangers, l'interdiction des exportations de matières premières utiles pour l'industrie, et la limitation des importations ; il inspire l'édit de 1597 qui impose la maîtrise aux marchands, crée un conseil du commerce, pousse à la culture des mûriers. Cette politique dirigiste et mercantiliste favorise l'essor de l'industrie textile (tapisserie des Gobelins, draperie à Provins, soierie à Dourdan, dentelle à

Senlis...), de la production des armes, du verre ou du cuir.

■ Olivier de Serres et l'Agriculture

L'agriculture bénéficie également d'un intérêt particulier, et de recherches spécifiques comme celles que mène Olivier de Serres : il expérimente dans son propre domaine de nouvelles méthodes d'assolement en supprimant la jachère, importe de Flandre la garance, d'Angleterre le houblon, d'Italie le maïs et le mûrier, et publie plusieurs traités sur l'agronomie et la culture des vers à soie. Il encourage l'élevage, source d'engrais, l'assèchement des marais (en Poitou et Saintonge en particulier), ainsi que le reboisement.

D'autre part plusieurs expéditions outre-mer sont entreprises, comme celles du sieur de Monts en Acadie ou de Champlain au Canada, où il fonde Québec en 1608 ; il est même envisagé de créer une compagnie des Indes orientales, en association avec les Hollandais qui tiennent les mers.

■ Une paix fragile

Cet essor économique et cette relative prospérité intérieure ne sont possibles que grâce à la paix civile et extérieure, à peine compromise par la révolte des Croquants en 1594, dans le Limousin et le Périgord, et par une action militaire en Savoie (1601). Mais en 1610 le danger d'une alliance offensive de l'Espagne et des Impériaux catholiques (qui prennent Clèves et Juliers) pousse Henri IV à s'allier aux protestants allemands et à préparer la guerre. C'est alors qu'il est assassiné par Ravaillac le 14 mai 1610, sans doute manipulé par les ultra-catholiques.

Henri IV et Marie de Médicis
Henri IV épouse en 1600 Marie de Médicis après avoir obtenu l'annulation de son premier mariage avec la nymphomane et comploteuse Marguerite de Valois. Notons qu'Henri IV n'était pas pour autant un modèle de fidélité conjugale, puisqu'il eut pour le moins quatre maîtresses « officielles » (dont Gabrielle d'Estrées) lui laissant huit bâtards reconnus, sans compter ses nombreuses aventures. Mais bien que Marie de Médicis ait eut six enfants d'Henri IV, elle ne lui est proche ni par le cœur ni par les convictions. Liée aux catholiques intransigeants, elle mène après la mort de son époux une politique contraire à la sienne, éloigne ses conseillers, appelle l'intrigant Concini, et se rapproche de l'Espagne.

La renaissance artistique

Importée d'Italie, la Renaissance française s'explique par le désir de luxe et le mécénat des rois et des grands financiers.

■ Ses origines et sa nature

Comme la « Renaissance » italienne du « quattrocento », elle se manifeste par un renouveau de l'inspiration artistique dans le domaine de l'architecture, de la sculpture et de la peinture. A la suite des guerres d'Italie, menées par Charles VIII, Louis XI et François Iᵉʳ, le style italien est imité ; des artistes de renom sont attirés en France (les plus célèbres étant Léonard de Vinci et le Primatice), et l'Antiquité gréco-romaine revient au goût du jour. Ces « renaissances » proviennent du mécénat des puissants, qui consacrent une partie importante de leur richesse à embellir leur cadre de vie et à acquérir des signes de différenciation sociale : la somptuosité des demeures force le respect et la considération. On assiste aussi, en Italie comme en France, à une transformation radicale de la place de l'art et de l'artiste dans la société : les talents se mettent au service de consommateurs privés, qui les stimulent certes, mais se les réservent afin de satisfaire leurs plaisirs individuels. Cette « privatisation » s'oppose à la forme collective de la production et de la consommation artistiques des temps féodaux qui s'étaient exprimées en outre dans la construction de cathédrales et dans la confection des vitraux, dont bénéficiait l'ensemble des populations. Maintenant, les riches palais florentins présentent des façades extérieures austères et se ferment au public, les sculptures et les peintures ne s'offrant qu'aux yeux de ceux qui fréquentent ces demeures.

■ Les grandes constructions

Chronologiquement, les premières manifestations en sont la construction ou la rénovation des résidences des rois et de quelques grands personnages : c'est le cas du palais de Jacques Cœur construit à Bourges durant les

---

Les Renaissances française et italienne : deux origines distinctes

En Italie, la Renaissance fut le produit d'un essor économique de plusieurs siècles des grandes cités marchandes et de Florence en particulier. C'est dans cette ville qu'aux XIVᵉ et XVᵉ siècles les grandes familles bourgeoises enrichies (les Médicis, les Strozzi, les Pitti...) se mirent à rivaliser dans les domaines des constructions somptuaires et du mécénat, suscitant un mouvement plus général.

En France, en revanche, la Renaissance fut essentiellement importée et provoquée par le désir des rois de vivre dans un luxe comparable à celui des grands d'Italie. Sans François Iᵉʳ, protecteur des arts et des lettres, aurait-elle eu lieu ? De plus, elle se produit fin XVᵉ-début XVIᵉ siècle, à un moment où la crise économique est déjà latente sinon ouverte. Cette « renaissance » est donc quelque peu plaquée sur une réalité sociale beaucoup moins réjouissante, et ne peut donc s'interpréter comme le signe de la prospérité économique. On peut même plutôt penser qu'elle accentue, au même titre que les guerres extérieures, les difficultés naissantes et rend intolérables, pour les plus pauvres, les difficultés grandissantes de la vie quotidienne.

---

années 1440-1450 par le Grand Argentier de Charles VII. C'est ensuite d'abord l'édification du château d'Amboise, par Charles VIII, de 1492 à 1498, dont il veut faire sa résidence principale, et un haut lieu de rayonnement artistique. A la fin du XVᵉ et au début du XVIᵉ siècle, les comtes d'Amboise font reconstruire le château de Chaumont-sur-Loire. Dans les années 1515-1522, le Receveur général des Finances Thomas Bohier fait bâtir le château de Chenonceaux ; l'influence italienne déjà

Le château d'Azay-Le-Rideau.
La Renaissance artistique française à la fin du XVe et au début du XVIe siècle est marquée en particulier par la construction des « Châteaux de la Loire », à l'initiative des rois ou des grands financiers.

présente, est accentuée par la suite, quand le château, acquis par le roi de France, sera donné à Diane de Poitiers qui y ajoutera le célèbre pont sur le Cher ; par la suite, Catherine de Médicis y fera monter plusieurs étages, donnant au château sa configuration actuelle. De 1518 à 1529, c'est le château d'Azay-le-Rideau, au bord de l'Indre, qui est bâti par le grand financier Gilles Berthelot, dans un style tout à fait représentatif de la nouvelle architecture. De même les châteaux de Saumur, Ussé, Langeais, Loches... sont reconstruits ou modifiés. Mais la réalisation la plus prestigieuse de cette période est sans doute la construction par François Ier du château de Chambord, avec ses célèbres chapiteaux, flèches, cheminées et terrasses, qui débute en 1519, et dont la plus grosse partie est achevée en 1537. François Ier fait également poursuivre l'agrandissement du château de Blois (1515-1524), déjà entrepris par Louis XII en 1498, et surtout entreprend, à partir de 1527, l'édification du château de Fontainebleau, qui sera poursuivie par Henri IV, à la fin du siècle.

■ L'École de Fontainebleau

En rapport étroit avec la construction de ce dernier château se développe le nouveau genre artistique autour de l'École dite « de

---

Les effets économiques de la Renaissance

Le mécénat des grands est économiquement improductif, car les sommes dépensées ne servent pas à accroître la production des biens de consommation courante et détourne les esprits de la recherche de nouvelles techniques de production. La Renaissance aggrave ainsi une crise économique qui en est aussi partiellement la cause : c'est bien, en partie, par manque de débouchés à la production que les riches marchands préfèrent la consommation somptueuse à l'investissement productif.

Fontainebleau ». Elle résulte de la présence de nombreux créateurs italiens appelés par François Ier (le Primatice, le Rosso, Pellegrini, Majorici, Nicolo Dell'Abate... eux-mêmes inspirés par les grands maîtres comme Michel-Ange et Raphaël) et qui influencent les architectes, peintres et sculpteurs français. Les plus célèbres sont : **Jean Goujon** (1510-1569), qui orne en particulier l'église Saint-Maclou de Rouen, celle de Saint-Germain l'Auxerrois, à Paris, puis devient l'architecte de Henri II, décore le Louvre, réalise une « Diane chasseresse » et construit

Diane appuyée sur un cerf.
Le mécénat des princes et l'exemple italien permettent le renouveau de la peinture et de la sculpture, dont Jean Goujon est l'un des plus illustres représentants. (Marbre qui ornait une des fontaines du château d'Anet, vers 1550. Musée du Louvre, Paris.)

la fontaine des Innocents à Paris ; **Antoine Caron** (1521-1599), qui devient le peintre de Catherine de Médicis, dessine une « Histoire des rois de France », et réalise de nombreux tableaux, tels « le Triomphe du printemps » ou « Le Massacre des triumvirs ») ; **Germain Pilon** (1537-1590), qui orne le tombeau de François Ier, sculpte les « Trois Grâces » portant le cœur de Henri II, travaille avec le Primatice, devient sculpteur du roi en 1568, exécute un grand nombre d'œuvres inspirées par la religion, et est nommé contrôleur général des monnaies en 1572 ; **Jean Cousin** (1490-1561), dit le Père, qui peint sur le verre et réalise des tapisseries ainsi que son célèbre « Eva Prima Pandora », et son fils également prénommé Jean (1522-1594), qui subit les mêmes influences et produit en particulier un « Jugement dernier ».

■ Les Clouet

Dans un style différent, **Jean Clouet** (1475-1541) s'illustre par ses talents de portraitiste, qu'il peut exercer en tant que peintre de François Ier : on lui doit, outre plusieurs peintures célèbres du roi et de son entourage, des portraits de Guillaume Budé, d'Erasme, et de nombreuses miniatures. Son fils **François** (1520-1572) reprend sa fonction, et réalise, en particulier, les portraits

d'Henri II, de Charles IX, de Marguerite de Valois.

■ Bernard Palissy (1510-1590)

Il est d'abord verrier, puis potier, et cherche à découvrir le procédé de fabrication des faïences émaillées. Emprisonné à Bordeaux pour ses opinions protestantes, il est libéré par Catherine de Médicis, puis doit s'enfuir au moment de la Saint-Barthélemy.

Deux grands musiciens :

Josquin des Près (vers 1440-1521 ou 1524), inspiré par ses séjours en Italie et en Flandre compose plus de 30 messes, dont sa « Pange Lingua » et un célèbre « Miserere », 70 motets, 90 chansons. Surnommé le « Prince de la musique », il est le maître de la musique polyphonique de la Renaissance et servira de modèle durant les siècles à venir.

Clément Janequin (vers 1485-1558), compositeur personnel de Henri II, est l'auteur de messes, motets et psaumes, mais aussi de très nombreuses chansons profanes, narratives, galantes, poétiques ou d'imitation de la nature (« La Bataille de Marignan », « Les Cris de Paris », « Le Chant des oiseaux »...).

Le renouveau littéraire

Parallèlement à la « Renaissance » artistique, on assiste en France à un renouveau littéraire, également influencé par l'Italie et l'Antiquité gréco-romaine.

Les noms les plus célèbres de l'essor des lettres françaises associés à la « Renaissance » sont chronologiquement ceux de Guillaume Budé, Clément Marot, François Rabelais, Joachim du Bellay, Pierre de Ronsard, Michel de Montaigne et Etienne de La Boétie.

Guillaume **Budé** (1467-1540). Il est le plus ancien des humanistes français de la « Renaissance ». Il naît à Paris, suit des cours de Droit, et étudie le Grec. Il devient en 1522 Maître des requêtes, tient la librairie royale de Fontainebleau, puis est prévôt des marchands, et pousse François Iᵉʳ à créer les « lecteurs royaux » (1529), ancêtre du Collège de France. Il publie des écrits sur le Droit, sur les Monnaies, sur la langue grecque, et après sa mort paraît l'« Institution du prince » (1547), faisant l'apologie du savoir et des progrès de la connaissance.

Clément **Marot** (1496-1544). Il naquit à Cahors, ville où son père était marchand, avant de devenir poète à la cour d'Anne de Bretagne, puis valet de chambre de François Iᵉʳ. A la mort de son père, il lui succède dans cette fonction auprès du roi (vers 1526), après avoir assisté à l'entrevue du « Camp du Drap d'Or », et avoir participé aux campagnes italiennes. Mais en 1530, il est suspecté d'hérésie, séjourne dans la prison du Châtelet, puis mêlé à l'« Affaire des Placards », en 1534, il doit s'enfuir, d'abord dans le Sud-Ouest, puis en Italie. Pardonné par le roi, il rentre en France ; mais ses écrits l'obligent à un nouvel exil en Suisse, puis à Turin, où il meurt en 1544. Ses œuvres poétiques sont d'abord inspirées par les écrits courtois, comme Le Roman de la Rose, par ceux de François Villon et par ceux des humanistes puisant aux sources antiques. Mais son style personnel s'épanouit dans ses « Épigrammes », ses « Épîtres », ses « Élégies » et aussi dans ses « Psaumes » où il sait allier l'esprit satirique, la sensibilité, l'émotion religieuse et le renouveau du style.

François **Rabelais** (1494-1553). Il fait d'abord un séjour au couvent, puis abandonne la robe en 1527 et suit des études de médecine à Montpellier, en 1530. Il se lance ensuite dans le genre littéraire, sous la protection de Guillaume du Bellay (dont il est le médecin) et de son frère, Jean du Bellay, évêque de Paris. Après avoir publié *Pantagruel* (1532), puis *Gargantua* (1534), il voyage en Italie avec Jean du Bellay, exerce la médecine, de 1536 à 1546. Une suite à *Pantagruel* lui vaut une condamnation de la Sorbonne, bien qu'il ait été nommé maître des requêtes et soit en Poitou. Il publie encore le Quatrième Livre de *Pantagruel* (à partir de 1548). Après sa mort paraîtront plusieurs parties d'un Cinquième Livre de *Pantagruel*.

Rabelais fait figure d'iconoclaste et d'auteur grivois, et son manque de respect vis-à-vis des valeurs traditionnelles et de l'Église, le font suspecter d'hérésie. Admirateur d'Érasme, il est en réalité un défenseur des idées humanistes, et l'un des premiers grands auteurs comiques français qui utilisent l'humour et le grotesque pour décrire leur temps mais peuvent aussi atteindre l'universel, avec en particulier son invite à tirer de son œuvre « la substantifique moelle ».

Jean **Dorat** (1508-1588). Il a pour élèves de Baïf, du Bellay et Ronsard qu'il retouve au sein de la Pléiade. Il assure également l'éducation des enfants d'Henri II en 1555 et est nommé l'année suivante lecteur de grec au Collège royal. Il joue un grand rôle dans la redécouverte des auteurs antiques et publie en 1586 un recueil de poésies latines intitulé « Poematia ».

Joachim **du Bellay** (1522-1560). C'est le cousin de Guillaume et de Jean du Bellay qui protégèrent Rabelais. Après une rencontre fortuite avec Ronsard, dans une hôtellerie, en 1547, il écrit sa « Défense et illustration de la Langue française » (1549). L'année suivante, il compose des sonnets amoureux (« L'Olive »), puis des « vers lyriques ». Malade il écrit la « Complainte du désespéré », et traduit une partie de l'« Énéïde » (1552). Puis il va à Rome retrouver Jean du Bellay (de 1553 à 1555), et est très influencé par cette ville, dans les « Antiquités de Rome », les « Regrets », les « Jeux rustiques », et les « Poematia » (1558).

Sans doute moins riche que l'œuvre de Ronsard, celle de Du Bellay reste importante comme illustration du courant humaniste, et de l'évolution vers un genre littéraire mettant l'accent sur l'émotion individuelle et l'exaltation des souffrances humaines. Il participe à la « Pléiade » de Ronsard.

Pierre **de Ronsard** (1524-1585). Il survécut un quart de siècle à du Bellay. Entré comme page à la cour de François Iᵉʳ, en 1536, il peut s'initier à la culture antique, cotoyer les milieux littéraires, et se trouve vite attiré par la poésie qu'il cherche à faire revivre avec les sonorités de notre langue : après avoir inspiré à Joachim du Bellay sa « Défense et illustration de la langue française », il écrit les « Odes » et les « Amours », puis les « Folastries », écrits au ton rabelaisien (1553). Il revient à l'inspiration grecque avec les « Mélanges » et le « Bocage » (1554) ; en 1555 et 1556, il affirme son style personnel avec la « Continuation des Amours » et les « Hymnes » et fonde la nouvelle École de la « Pléiade ».

Protégé de Michel de L'Hospital, il devient en 1559 poète de la Cour et aumônier du roi, et ses écrits prennent une dimension politique, avec les *Discours* » où il prêche la paix civile, et son « Institution pour l'adolescence du roi Charles IX » où il se mêle du problème de son éducation. Il est recompensé de son zèle au service du roi en recevant l'abbaye de Bellozane et le prieuré de Saint-Cosme en

l'Isle, puis est chargé en 1565 par Catherine de Médicis et Charles IX d'imaginer un poème épique : c'est « La Franciade », à la gloire des rois de France, considéré comme un échec en raison de son côté artificiel, et que Ronsard ne termine pas ; il n'en publie que le début en 1572. La mort de Charles IX (1574) marque le début de son déclin ; éloigné de la cour, sa dernière œuvre importante est « Les Amours d'Hélène » (1578). Il meurt à Saint-Cosme, en Touraine, en 1585.

> **La « Pléiade ».**
> Ronsard fut l'initiateur d'une « Brigade », devenue la « Pléiade », réunissant à ses côtés du Bellay, Jean Dorât, Antoine de Baïf, Remy Belleau, Etienne Jodelle et Pontus de Tyard. Ce groupe de sept poètes exprimait ainsi son attachement aux valeurs antiques (référence aux sept filles d'Atlas et aux sept poètes de l'époque de Ptolémée Philadelphe).

Michel **de Montaigne** (1533-1592). C'est le dernier des grands auteurs de cette période. Né dans une vieille famille de marchands d'origine espagnole, qui avait racheté en 1477 la seigneurie de Montaigne, il apprend le droit et le latin, et devient conseiller au Parlement de Périgueux, puis de Bordeaux (1557). Attiré par la vie de cour, il gagne l'entourage de Charles IX, en 1562. En 1571, il publie les écrits de La Boétie, et après un voyage à Paris, se retire sur ses terres où il entreprend la rédaction des « Essais », qu'il publie en 1580. Puis il effectue un voyage en Allemagne, en Autriche et en Italie (1580-1581) ; il rentre à Bordeaux, dont il est élu Maire (1581-1585), et où il doit faire face aux luttes entre catholiques et protestants. Puis après un voyage tourmenté à Paris, où il est retenu prisonnier durant l'épisode de la « Journée des Barricades », il prépare une troisième édition des Essais, qui paraîtra après sa mort, survenue en son château périgourdin, en 1592.

L'œuvre de Montaigne est avant tout celle d'un moraliste, déçu par la violence et l'intolérance de son époque. L'heure des poètes raffinés est bien terminée : le scepticisme de

Montaigne, illustré par son célèbre « *Que sais-je ?* », exprime la fin d'un élan littéraire « optimiste » et de l'inspiration humaniste du début du siècle. Certes Montaigne étudie l'homme, et a foi en la raison, mais plus à la manière d'un psychologue lucide et désabusé qu'à celle d'un critique réformateur.

La « morosité » qui se dégage de l'œuvre de Montaigne n'est pas sans rappeler la fin de la vie de Ronsard, pâle reflet de sa jeunesse : la poésie devient anachronique dans un monde marqué par les crises sociales, et l'élan artistique déjà décalé par rapport à celui de l'essor économique, n'est vraiment plus à l'ordre du jour. L'inspiration poétique tend

---

Montaigne et La Boétie

Etienne de La Boétie (1530-1563) né à Sarlat, rencontre Montaigne au Parlement de Bordeaux. Ce dernier éprouve pour lui une amitié profonde et fait connaître ses sonnets. Influencé par les anciens Grecs, La Boétie écrit un « Discours sur la servitude », où il s'élève contre le pouvoir autoritaire et fait l'éloge de la liberté. Dans son « Mémoire sur l'édit de janvier 1562 », il prêche la paix religieuse.

---

ainsi dans cette seconde partie de siècle, à s'éteindre au profit de la réflexion morale.

Deux précurseurs

Charles **d'Orléans** (1391-1465). Fils du duc Louis, assassiné par Jean sans Peur en 1407, prisonnier à Azincourt en 1415, il est retenu en Angleterre jusqu'en 1440. Il écrit en prison de nombreuses ballades et rondeaux qui expriment d'abord son insouciance, puis sa mélancolie et sa déception. De retour en France, il encourage la poésie et la vie littéraire à Blois, et contribue à faire de cette région le berceau de la future « Renaissance ».

François **Villon** (1431-1480). Il annonce les poètes à venir, bien qu'incarnant encore par sa vie itinérante les anciens troubadours des temps féodaux. D'origine très modeste, sa vie est particulièrement mouvementée :

après s'être acoquiné à plusieurs bandes de malandrins, il commet une série de vols et parcourt la campagne. Il est arrêté en 1461 à Meung sur Loire, puis condamné à être pendu. En 1463 sa peine est commuée en bannissement, et l'on ne sait ce qu'il devient.

On lui doit un certain nombre de lais et de ballades, dont le « Petit Testament », la « Ballade des pendus », la « Requête au Parlement », inspirés, pour l'essentiel, par ses captivités et ses demandes de grâce. Bien que socialement « marginal », il annonce l'évolution poétique « personnaliste » des années à venir, mais qui sera, elle, l'œuvre d'auteurs de naissance plus favorisée.

Louis XIII

Un règne (1610-1643) dominé par le ministère de Richelieu

Face au danger extérieur, aux prétentions de la noblesse, aux difficultés économiques, l'unité du royaume ne doit son salut qu'à l'action énergique du « Sphinx rouge ».

La minorité de Louis XIII

A la mort de Henri IV, son fils n'a que neuf ans. Sa mère, Marie de Médicis, est confrontée aux difficultés intérieures exprimées aux États généraux de 1614, à l'agitation des grands et à l'hostilité du duc de Luynes, conseiller du jeune Louis XIII. En 1617, celui-ci fait assassiner Concini et retient la reine prisonnière à Blois. Celle-ci s'évade et s'allie aux Princes pour combattre l'armée du roi, conduite par Luynes, qu'ils affrontent sans succès à la bataille des Ponts-de-Cé (1620). Puis, après la mort de Luynes (1621), Marie de Médicis se réconcilie avec son fils par l'entremise de Richelieu. Durant ces mêmes années, des soulèvements populaires éclatent dans les villes et les campagnes un peu partout en France, surtout en 1616-1618 et 1623-1624.

Le règne de Louis XIII est surtout marqué par la personnalité exceptionnelle du cardinal de Richelieu que l'on surnommera le « Sphinx rouge ».

■ Le roi et son ministre

Soutenu par Marie de Médicis, Richelieu a obtenu en 1616 le secrétariat d'État à la Guerre et est appelé au Conseil du roi en 1624. Louis XIII se méfie d'abord de lui, puis le soutient contre le parti catholique pro-espagnol de sa mère, avec lequel Richelieu a rompu. Personnalité neurasthénique, soupçonneuse, autoritaire mais aussi instable, Louis XIII mène une politique qui en est le reflet : il s'attaque à la fois à la puissance protestante (sièges de Montauban en 1621, puis de La Rochelle, en 1628-1629), aux Impériaux catholiques et aux Suisses soutenant le duc de Savoie (expédition du Pas-de-Suse en 1629) ; il donne l'impression de lâcher Richelieu sous la pression de sa mère (Journée des Dupes, 10 novembre 1630), au profit des partisans de la maison d'Autriche, mais accorde finalement sa confiance au cardinal et chassera Marie de Médicis et ses amis.

■ La politique de Richelieu

En fait, le projet de Richelieu transparaît derrière les initiatives prises par Louis XIII : assurer l'autorité du roi et éliminer les pouvoirs organisés dans l'État, maintenir l'unité du royaume et lutter contre les voisins extérieurs les plus dangereux (l'Espagne et les Habsbourg d'Autriche). C'est sans doute cette prise de conscience des risques provoqués par la division intérieure et le risque d'encerclement extérieur qui amène Richelieu à réconcilier Louis XIII et sa mère, à disperser à rapprocher catholiques et protestants, à soumettre la noblesse, et à s'éloigner du parti catholique de la reine mère, conscient que la puissance espagnole est encore plus dangereuse pour la France que celle de l'Angleterre.

Mais le goût pour l'intrigue et l'insoumission de la noblesse catholique, le désir d'autonomie des protestants et la force du clan pro-espagnol rendent cette politique difficile. Richelieu pratique alors une dure répression (destruction de forteresses, condamnation à mort de comploteurs, comme Montmorency ou Cinq-Mars, interdiction des duels) ; il brise la formation d'une base anglaise autour de La Rochelle (l'Angleterre ayant été appelée par les protestants inquiets de l'influence des catholiques intransigeants), poursuit l'armée de Rohan dans les Cévennes, mais, après le sac de Privas (mai 1629), il confirme les droits religieux et civils des réformés tout en abolissant leurs privilèges militaires (grâce d'Alès, juin 1629). Cela a été nécessaire pour s'allier aux pays protestants contre les Habsbourg, et lui permet d'aller combattre les Espagnols en Savoie, et de s'implanter en Lorraine (1632-1633).

■ Les difficultés économiques

La participation de la France à la guerre de Trente Ans aggrave la situation économique du pays. Il faut augmenter les impôts, pratiquer des emprunts forcés, développer la vente d'offices et l'aliénation de terres relevant du domaine royal, alors que le mécontentement gagne dans les campagnes comme dans les villes. De nombreuses jacqueries ont lieu, surtout à partir de 1632, dont les plus célèbres sont celles des « Croquants » dans le Périgord en 1635, celles du Limousin et du Poitou en 1636, des « va-nu-pieds » de Normandie en 1639. Mais toutes les régions et de très nombreuses villes du royaume sont touchées ; cela indique l'importance du malaise social et du désir permanent de réforme ou d'hostilité au pouvoir central, qui culmineront avec la Fronde de 1648-1652. Pourtant Richelieu a pris conscience de l'importance du développement économique : il tente de constituer des compagnies de navigation vers le Canada, l'Afrique et l'Orient, mais sans grand succès (malgré la fondation de Montréal en 1642), poursuit l'aide aux manufactures (tapisseries, soieries, imprimerie royale du Louvre), et s'efforce vainement d'attirer la noblesse vers ces nouvelles activités. On lui doit aussi la reconstruction de la Sorbonne, du Palais-Royal (ancien Palais-Cardinal), et la création de l'Académie Française (1635).

■ Le luxe et la misère

D'une façon plus générale, cette période voit se développer une production artistique importante et originale dans les domaines de l'ornement extérieur des constructions (comme celui du palais de l'Institut), dans celui des plafonds et murs intérieurs, du mobilier (meubles, tables et chaises), de la tapisserie, de la céramique, de l'émaillerie et de l'orfèvrerie. Mais la relative prospérité de cet artisanat de luxe, ne s'adressant qu'à une petite partie de la population, ne doit pas masquer la situation profonde du pays. Le règne de Louis XIII, qui s'achève en 1643, cinq mois après la mort de Richelieu, laisse une France rassurée sur le plan extérieur, surtout après la victoire de Condé à Rocroi, et bien que la paix ne soit pas encore signée. Mais le pays reste troublé par le marasme économique, la faiblesse de la production agricole et le mécontentement général.

■ La régence d'Anne d'Autriche

De plus, le peu d'empressement que Louis XIII manifeste à l'égard de sa femme Anne d'Autriche (fille de Philippe IV d'Espagne et de Marguerite d'Autriche) qu'il a épousée dès 1615, se traduit par la naissance tardive de Louis XIV, en 1638. Le jeune roi n'a donc que cinq ans à la mort de son père, et la régence est exercée par la reine Anne d'Autriche, opposée à la politique de Richelieu, et qui obtient du Parlement les pleins pouvoirs que lui conteste le testament de son mari.

La France et la « guerre de Trente Ans »
Alliée à la Suède, à la Hollande et à la Saxe, la France soutient « l'Union Évangélique » protestante, entrée depuis 1618 dans la « guerre de Trente Ans » contre la « Sainte Ligue allemande » catholique. Mais après les succès suédois (1631-32), qui menacent l'Empire lui-même, les Impériaux, alliés aux Espagnols, remportent une victoire décisive à Nördlingen (1634). Cette coalition menaçant directement la France, Richelieu déclare la guerre à l'Espagne (1635). Après des débuts difficiles (les Espagnols prenant Corbie et menaçant Paris en 1636), les Français occupent Brisach (1638) et entreprennent la conquête du Roussillon (1642). A la mort de Richelieu, la situation militaire est redevenue favorable.

Mazarin et la Fronde

Un Italien au service de la France

Régente du royaume en 1643 à la mort de son époux Louis XIII, Anne d'Autriche doit faire face aux prétentions des grands, et s'appuie aussitôt sur Mazarin.

Les débuts de Mazarin

Louis XIII avait tant apprécié les services de Mazarin qu'il fut nommé Cardinal, bien qu'Italien, roturier et laïc, et choisi comme parrain de Louis XIV. Il devient ministre du roi et chef du Conseil à la mort de Richelieu. Il semble que si la reine le garde auprès d'elle et lui confie la responsabilité des affaires du royaume, ce fut pour des raisons en grande partie sentimentales puisqu'il est possible qu'Anne d'Autriche ait épousé secrètement Mazarin.

Les responsabilités confiées à Mazarin ne peuvent que provoquer la haine des grands qui voient de plus leur échapper l'éducation du jeune Louis XIV, menée par la reine et son ministre. Dès 1643, Mazarin doit faire face à des insoumissions en province et à des intrigues parisiennes (celle en particulier du duc de Beaufort et de Madame de Chevreuse). Parallèlement, le besoin d'argent pour poursuivre la guerre extérieure (expédition de Condé et Turenne en Allemagne contre les Impériaux) le conduit à procéder à une aggravation de la pression fiscale évidemment très impopulaire : édit du toisé (sur les maisons illégalement élevées près des remparts de Paris), taxe sur les aisés (1644), réduction du montant des rentes (1645-1646), édits du tarif et du rachat (qui s'attaque au traitement des membres des diverses cours du royaume — sauf les parlements), augmentation des octrois (1646-1648).

■ **La Fronde**

Mazarin doit affronter le mécontentement du peuple, de la bourgeoisie et des Assemblées, s'ajoutant à celui des princes : la « Fronde » va durer quatre ans (1648-1652). Elle commence par le refus du Parlement de Paris d'enregistrer l'édit du rachat, suivi par celui de plusieurs parlements de province, qui veulent de plus la disparition des intendants royaux, et réclament que tout nouvel impôt soit d'abord soumis au Parlement. La reine doit céder (juillet 1648), et, malgré la victoire de Condé à Lens (août 1648), l'arrestation du conseiller Broussel (du Parlement de Paris) provoque la journée parisienne des Barricades du 25 août 1648.

La signature des traités de Westphalie (octobre 1648), (qui ramènent la paix aux frontières orientales, reconnaissent à la France la possession de Metz, Toul et Verdun et d'une partie de l'Alsace, mais ne règlent pas le conflit avec l'Espagne, ne restaure pas le prestige du cardinal : en janvier 1649, Louis XIV et la reine fuient Paris pour Saint Germain ; l'armée royale commandée par Condé assiège Paris, et les milices parisiennes sont vaincues à Longjumeau et à Charenton en février ; on signe la paix de Rueil en mars.

Cependant les grands auxquels Condé et Turenne se rallient ne désarment pas contre Mazarin, qui fait arrêter Condé, alors que Turenne allié aux Espagnols est battu à Rethel (1650). En 1651, le Parlement, soutenu par le peuple parisien, se rapproche des Princes, et Mazarin, contraint de libérer Condé, s'enfuit à Brühl. Les esprits se calmant, et Turenne se soumettant à Anne d'Autriche, Condé se retire à Bordeaux. Mais il s'allie aux Espagnols, bat Turenne à Bléneau (avril 1652) et malgré sa défaite au faubourg Saint Antoine (juillet 1652), peut entrer dans Paris grâce au parti de Gaston d'Orléans. Il doit toutefois rapidement se retirer, après s'y être rendu impopulaire. Louis XIV peut alors rentrer à Paris ou, il est acclamé. La Fronde est pratiquement terminée.

■ Le triomphe de Mazarin

En février 1653, il revient à la cour, et après la prise de Bordeaux par l'armée du roi (août 1653), Condé se réfugie en Espagne. L'autorité royale est alors renforcée, les intendants sont rétablis et le Parlement de Paris soumis. L'action de Mazarin peut alors se poursuivre avec l'aide de conseillers dévoués et efficaces, tels Colbert, Le Tellier,

de Lionne, Brienne, Servien. Mais Mazarin s'intéresse plus à la grande politique qu'à l'économie : il rêve pour Louis XIV et pour la France d'un prestige accru en Europe. Ainsi, après avoir occupé Stenay et Dunkerque et remporté la bataille des Dunes (1658), il négocie avec l'Espagne la Paix des Pyrénées (1659), prévoyant le mariage de Louis XIV avec l'infante Marie-Thérèse (1660) et mettant fin à une guerre qui durait depuis 1635. La France gagne des territoires en Roussillon, Cerdagne, Artois, Flandre et Lorraine, et l'infante peut conserver des droits sur la couronne d'Espagne, tant que sa dot de 500 000 écus d'or ne sera pas payée.

Saint Vincent de Paul (1581-1660)
Il fonda la Confrérie de la Charité, et fut aumônier général des galères en 1619 ; il consacra sa vie à aider les déshérités et à lutter contre la misère, ce qui lui valut une popularité considérable de son vivant.

Combat pour l'occupation de la porte Saint-Antoine livré par le **Prince de Condé** le 2 juillet 1652. (Dessin aquarellé anonyme, XVIIᵉ siècle. Bibliothèque nationale, Paris.)

Le règne de Louis XIV

Un « Roi-Soleil »... qui brûle ses sujets (1643-1715)

Le prestige du roi, les initiatives de Colbert et les fastes de Versailles ne peuvent faire oublier le coût des guerres incessantes et les difficultés d'un pays paralysé.

Dès le lendemain de la mort de Mazarin (9 mars 1661), Louis XIV affirme son autorité sur le Conseil et prend à vingt-deux ans les rênes du pouvoir. Travailleur, mais aimant les plaisirs, orgueilleux mais réfléchi, il exerce un pouvoir personnel qu'il pense tenir de Dieu, tout en s'entourant de collaborateurs et conseillers fidèles et efficaces comme Colbert, Louvois, Vauban... Il allie en fait la poursuite d'un grand dessein politique à une vie vouée au luxe et aux arts.

On peut distinguer trois grandes périodes dans le règne de Louis XIV : l'ascension (1661-1679), l'apogée (1679-1689), le déclin (1689-1715).

■ L'ascension (1661-1679)

Durant ces années, le roi consolide son pouvoir à l'intérieur et mène une politique de grandeur à l'extérieur, en s'appuyant sur les ministres de Mazarin (sauf Fouquet, arrêté dès 1661) : **Colbert** développe l'administration royale, stimule l'économie, tente de relancer le commerce extérieur, fonde la « Petite Académie » en 1663 (qui deviendra en 1716 l'Académie royale des inscriptions et belles-lettres) et l'Académie des sciences en 1666. Le Tellier puis son fils Louvois mènent une habile politique en Europe. Vauban fortifie les frontières. Turenne conduit contre la Hollande la guerre de Dévolution (1667-1668), terminée par la Paix d'Aix-la-Chapelle, qui

donne à la France une douzaine de villes flamandes ; entre-temps, l'aide apportée à l'Empereur a permis la victoire de Saint-Gothard sur les Turcs (1664).

Cette période est aussi celle où débute la construction de Versailles, où s'illustrent Molière et Lully, où la cour mène grand train, aux frais des contribuables. Mais les plaisirs ne sont pas tous innocents. C'est ainsi que certains grands de la cour se laissent entraîner dans des rites de sorcellerie et des empoisonnements, révélés par le procès de la Brinvilliers et celui de la Voisin, brûlée en place de Grève en 1680 : les noms de Madame de Montespan, de la Duchesse de Bouillon, de la comtesse de Soissons, du maréchal de Luxembourg et de Racine sont évoqués dans cette « Affaire des poisons ».

En plus du financement des plaisirs de la cour, les contribuables doivent aussi supporter l'effort de guerre redevenant exigeant en 1672 quand débute le nouveau conflit avec la Hollande. Il durera jusqu'en 1678, car après l'invasion bien inutile des Pays-Bas en 1672, Louis XIV doit faire face à une coalition européenne, l'entraînant dans une guerre longue et ruineuse où Turenne et Condé (réhabilité depuis la Paix des Pyrénées) sauvent la France par leurs succès en Alsace. Elle se termine par la Paix de Nimègue (1678) et le Traité de Saint-Germain (1679) permettant l'annexion de la Franche-Comté et d'une partie

L'Académie des sciences

L'Académie royale des sciences est fondée en 1666 par Colbert et installée au Louvre. Composée à l'origine des sections de géométrie, de mécanique, d'astronomie, de chimie, d'anatomie et de botanique, elle est élargie en 1785 à la physique et aux sciences naturelles. Partie de l'Institut créé en 1795, elle redevient Académie des Sciences en 1816. Elle comprend alors deux divisions : sciences mathématiques et physiques, sciences chimiques et naturelles.

de la Flandre, mais reconnaissant des avantages commerciaux à la Hollande. Cette guerre qui constitue un aveu d'impuissance, face à la réussite économique de la Hollande, ne fait en définitive que la renforcer, et sert de prélude aux vaines aventures militaires de la fin du siècle.

Durant ces années disparaissent de Lionne (1671), Molière (1674), Turenne (1675), et si l'on appelle le roi « Louis le Grand », le succès apparent de sa politique extérieure et son prestige en Europe masquent une situation qui reste précaire sur le plan économique et toujours menacée à l'extérieur.

■ **L'apogée**
ou le durcissement
(1679-1689)

Ces années ne connaissent pas de grand conflit, mais Louis XIV maintient l'armée sur le pied de guerre, qui se livre à des coups de mains sporadiques : prise de Strasbourg (1681), siège de Luxembourg (1682), sac des Flandres et du Brabant espagnols, prise de Courtrai et Luxembourg, bombardement d'Alger (1684). Mais il ne participe pas à la bataille de Kahlenberg, où les armées chrétiennes écrasent les Turcs (1683). Malgré les traités de Ratisbonne signés avec l'Espagne et l'Autriche, la flotte française de Duquesne bombarde Gênes (1684), menace Cadix pour protéger les intérêts des négociants français participant au commerce avec les colonies espagnols (1686) ; les occupations de Cologne, d'Avignon, du Palatinat (1688) achèvent de liguer toute l'Europe contre la France.

Cette agressivité et cette intransigeance face à ses ennemis extérieurs (réels ou supposés), ce mépris face à tout ce qui lui résiste sont aussi présents dans la politique intérieure de Louis

XIV : installé à Versailles depuis 1682, menant une vie fastueuse mais devenu dévôt, le roi est de plus en plus persuadé de sa grandeur et de sa fonction quasi-divine. Il ne supporte plus la moindre opposition : il s'attaque aux Jansénistes, au Pape Innocent VI (faisant voter par l'Assemblée du clergé de France la déclaration des « Quatre Articles » [1682], qui subordonnent les décisions papales au concile œcuménique), et aux protestants (révocation de l'Édit de Nantes, en 1685). Louis XIV s'instaure ainsi à sa façon défenseur de la foi et affirme ses prétentions gallicanes et absolutistes.

Son entourage aussi se transforme : Colbert meurt en 1683, Condé en 1686, Louvois à demi-disgracié en 1689, meurt en 1691. Après ses aventures amoureuses (en particulier avec Mademoiselle de La Vallière et la Marquise de Montespan qui lui laisseront de nombreux enfants), et après la mort de la reine Marie-Thérèse en 1683, Louis XIV épouse secrètement la veuve du poète Scarron, qu'il fait marquise de Maintenon et qui contribue à son évolution religieuse.

■ **Les épreuves et**
le déclin (1689-1715)

Après le sac du Palatinat et l'aide française à Jacques II qui débarque en Irlande (1689), l'Europe entre en guerre contre la France (seconde coalition, dite de la « Ligue d'Augsbourg »). Les Français l'emportent à Fleurus, et Tourville à Beachy Head contre les Hollandais, mais Jacques II et les Français sont battus à Brogheda, en Irlande (1690) ; en 1692 c'est la victoire de Steenkerque mais le désastre naval de La Hougue. Après la dure victoire de Neerwinden, et de La Marsaille (1693), qui ne changent pas véritablement le cours de la guerre, les adversai-

Colbert
et le mercantilisme

Colbert illustre le mercantilisme, par ses aides et incitations à l'essor industriel (création ou développement des manufactures de tapis, de soierie, de faïence et de porcelaine, des savonneries et fabriques d'armement...). Ce dirigisme et ce volontarisme étatique visent ainsi à organiser et réglementer une production nationale insuffisante et de qualité souvent médiocre.

Il s'agit, en développant les exportations (sauf celles de matières premières) et en limitant les importations, d'accroître la masse monétaire et les ressources de l'État. Cette politique repose sur une vision conflictuelle des relations entre États et sur une législation intérieure répressive (travail des enfants, bas salaires, emprisonnement des vagabonds).

L'architecture
François **Mansart** (1598-1666) construit l'hôtel de La Vrillère (Banque de France), l'hôtel Tubeuf (Bibliothèque Nationale), l'hôtel Carnavalet...
Jules **Hardouin-Mansart** (1646-1708). Premier architecte du roi en 1681, il achève l'hôtel des Invalides, édifie les ailes du nord et du midi du château de Versailles, et construit les Grandes et Petites Ecuries, ainsi que le Grand Trianon. Il conçoit ensuite la place des Victoires et la place Vendôme ainsi que l'ensemble de Marly.
André **Lenotre** (1613-1700) crée le parc de Vaux-Le-Vicomte, transforme les jardins de Versailles, des Tuileries, de Sceaux, de Chantilly, de Fontainebleau... Au siècle suivant Jacques **Gabriel** (1698-1782) édifie à Versailles l'Opéra et le Petit Trianon. Il conçoit les plans de la place Royale (Concorde) et de l'Ecole militaire.

res épuisés, se harcelant en Europe, sur mer et dans les colonies, cherchent à traiter. Ils signent en 1697 les traités de Ryswick, qui ne permettent à la France de ne conserver que Strasbourg, Longwy et Sarrelouis, toutes les autres conquêtes effectuées depuis 1679 étant rétrocédées (Flandres, Lorraine, Luxembourg, Trèves, le Palatinat, la rive droite du Rhin, la Savoie, la Catalogne...). Que de morts, de destructions, de gaspillages pour un tel résultat !

Mais à la mort du roi d'Espagne Charles II (novembre 1700), qui ne laisse pas d'enfant, l'Europe va à nouveau se déchirer à propos de sa succession, car les deux héritiers légitimes par les femmes ne sont autres que Louis XIV et l'empereur Léopold Iᵉʳ. Alors qu'un traité prévoit le partage des possessions espagnoles, un testament arraché au roi peu avant sa mort par un parti hostile au partage propose la couronne au duc d'Anjou, second petit-fils de Louis XIV, à condition qu'il renonce au trône de France. Louis XIV finit par accepter cette proposition ; son petit-fils devient roi d'Espagne sous le nom de Philippe V, et mène aussitôt une politique d'intimidation. En 1701, il affronte en Milanais l'armée impériale, viole le traité de Ryswick en occupant une partie des Pays-Bas, et maintient les droits du nouveau roi d'Espagne au trône de France. De même, il précipite une intégration politique, économique, militaire de la France et de l'Espagne, sous la domination de la première, le roi Philippe V devenant l'homme de paille de Louis XIV. D'abord conciliante, l'Angleterre et la Hollande s'allient à l'empereur, formant la troisième coalition (1702-1714), à laquelle se joignent en 1703 la Savoie et le Portugal.

Après les victoires de Friedlingen (1702) et Höchstaedt (1703), c'est le désastre de Blenheim et la prise de Gibraltar par les Anglais (1704), qui contrôlent la Méditerranée. En 1706 les Français sont chassés des Pays-Bas espagnols, et Marlborough, le vainqueur de Blenheim, menace le Nord de la France après avoir pris Courtrai et Menin ; dans le même temps, l'armée de Louis XIV est écrasée devant Turin et les Anglo-Portugais poussent jusqu'à Madrid (1706). En 1707 l'armée française commandée par Villar sauve la Provence ; mais en 1708 la situation s'aggrave encore, l'armée du Nord, divisée par les dissensions entre le duc de Bourgogne-petits-fils de Louis XIV, et Vendôme, est défaite, et Lille occupée. L'année suivante, la bataille sanglante et indécise de Malplaquet (1709) est à l'image de cette guerre éprouvante, alors que le « Grand Hyver » (1709-1710) plonge le pays dans la famine. Pourtant, un certain redressement apparaît à partir de 1711, tant sur le plan des récoltes, des rentrées d'impôts que sur celui de la défense du territoire (victoire de Denain en 1712). On se décide finalement à négocier et, après les préliminaires de Londres (1711), une série de traités met fin au conflit, les plus importants étant ceux d'Utrecht (1713) et de Rastadt (1714).

■ **Le bilan**
En définitive, cette nouvelle guerre, provoquée principalement par le rêve de Louis XIV de reconstituer au profit de la France une sorte d'Empire franco-espagnol englobant les colonies américaines, se termine encore plus mal que pour le rêve de Charles Quint et de Philippe II : ces années de guerre entraînent l'épuisement économique et financier du pays, l'alourdisse-

ment du fardeau fiscal, favorisent les disettes, les épidémies et la dépopulation, les révoltes et le brigandage ; cela est accentué par le recours aux « milices », constituées par tirage au sort parmi les célibataires, puis les jeunes mariés, qui doivent être entretenues par les paroisses rurales : on diminue ainsi le nombre de bras et l'on démoralise les campagnes.

Plus ou moins directement liés aux conflits extérieurs, un certain nombre d'événements marquent aussi cette dernière partie du règne de Louis XIV. On assiste ainsi à un essai de réforme fiscale, entrepris par Vauban et Pontchartrain, avec la création en 1695 de la première capitation, qui devait théoriquement toucher toutes les classes ; elle est supprimée en 1698, puis rétablie en 1701, l'impôt du dixième apparaissant en 1710. Mais les plus favorisés réussissent toujours à ne payer que fort peu. Vauban, qui dans son « Projet de dîme royale » (1707) proposait un impôt proportionnel sur les revenus, a été disgracié.

Dans le domaine religieux, le roi se rapproche de Rome, combat le quiétisme, qu'il fait condamner par le Pape (1699) et le Jansénisme (destruction de Port-Royal (1709-1710), alors que les persécutions contre les protestants reprennent (écrasement de la révolte des Camisards, 1702-1705), durcissement législatif (1711-1715).

Quand il meurt le 1ᵉʳ septembre 1715, à l'âge de soixante-dix-sept ans, Louis XIV laisse une France enfermée dans l'absolutisme et l'intolérance, dotée d'un système fiscal vétuste et inefficace, et d'un pouvoir politique où la cour et les grands se sont habitués à vivre dans l'hypocrisie en attendant sa fin.

Les traités d'Utrecht et de Rastadt (1713-1714)

Par ces traités qui mettent fin à l'épuisante guerre de Succession d'Espagne, la France perd Tournai, Ypres, Menin, Furnes, cédés à la Hollande, mais reprend Lille, Béthune ; elle rend Nice, la Savoie et l'est du Dauphiné au duc de Savoie, mais reçoit la vallée de Barcelonnette ; Philippe V, reconnu roi d'Espagne par les coalisés, cède la Gueldre espagnole à l'Électeur de Brandebourg (reconnu par la France roi de Prusse), Gibraltar et Minorque à l'Angleterre. Par ailleurs, la France reconnaît la légitimité des rois protestants anglais et cède à la Grande-Bretagne la baie d'Hudson, l'Acadie, Terre Neuve (contre le droit de pêche reconnu aux marins français). De plus la France et l'Angleterre reviennent à la législation douanière de 1664, favorable à la pénétration des produits anglais.

La France en 1715.
Ses frontières sont déjà approximativement celles du xxᵉ siècle.

Les grands auteurs classiques

Il faudra attendre le milieu du siècle, et la fin des troubles politiques et des affrontements intérieurs, pour voir éclore une nouvelle génération d'auteurs.

■ Les précurseurs

La « Farce de maître Pathelin » écrite vers 1465 annonce à la fois Molière et La Fontaine, montrant la rouerie des avocats et des marchands. Au siècle suivant, Étienne **Jodelle** (1532-1573) fait jouer sa tragédie « Cléopâtre captive » (1552) devant la cour, ce qui constitue la première rupture avec la tradition médiévale. Il crée aussi une comédie « Eugénie ». Robert **Garnier** (1544-1590) inspiré par Sénèque, annonce les tragédies bibliques de Racine avec « Les Juives » (1583). Pierre **Larivey** (1560-1611) écrit quelques comédies comme « les Esprits » qui ont influencé Molière.

■ Un nouveau genre : le théâtre

Pierre **Corneille** (1606-1684). Natif de Rouen, il étudie chez les Jésuites, puis devient avocat comme son père. Mais sa vocation n'est pas là : attiré par le théâtre, il fait jouer plusieurs de ses pièces au Théâtre du Marais (de 1630 à 1633), et bénéficie de la protection de Richelieu.

Il obtient un grand succès auprès du public avec « Le Cid » (1636-37), critiqué cependant par les milieux théâtraux.

Il produit alors à partir de 1640 ses grandes tragédies : « Horace » (1640), « Cinna » (1641), « Polyeucte » (1642), « Rodogune » (1644), « Andromède » (1650) et « Nicomède » (1651), ainsi que des comédies (« Le Menteur », 1643...). Après l'échec de Pertharite » (1651), Corneille, entré à l'Académie Française en 1647, observe un long silence dont il ne sort qu'en 1659, avec « Œdipe », suivi de « La Toison d'or » (1661).

Après ses succès des années 1640, et son déclin de la décennie suivante, Corneille doit

alors faire face à la concurrence du jeune Racine. Il l'affronte même sans succès en faisant jouer « Tite et Bérénice » pendant que Racine présente sa « Bérénice » (1670). Après avoir collaboré à la « Psyché » de Molière, ses dernières pièces (« Pulchérie », 1672, et « Suréna », 1674) passent inaperçues. Corneille s'arrête alors d'écrire.

Surtout attiré par la comédie héroïque, à l'intrigue complexe et aux rebondissements parfois imprévus, Corneille accepte mal les règles strictes de la tragédie classique, qu'il contribue pourtant à formaliser. Inspiré par Rome, il met en scène des personnages confrontés à un choix entre le devoir dicté par des motivations supérieures et l'amour finalement soumis à l'accomplissement d'actes héroïques.

Jean **Racine** (1639-1699). Fortement imprégné d'éducation religieuse dans son enfance, Racine va connaître un destin bien différent. Originaire de La Ferté-Milon, et orphelin à quatre ans, Racine est élevé par les religieuses de Port-Royal, puis étudie au collège janséniste de Beauvais. Bien que prêt à entrer dans l'Église il écrit plusieurs tragédies dès 1660, dont une seule, « Alexandre », est vraiment remarquée (1665). Côtoyant à Paris La Fontaine et Molière (auquel il s'oppose), Racine se lance alors pleinement dans la création théâtrale. De 1667 à 1677, il produit successivement « Andromaque », « Les Plaideurs », « Britannicus », « Bérénice », « Bajazet », « Mithridate », « Iphigénie » et « Phèdre ».

Durant cette période, il mène une vie agitée, combattant Port-Royal, se mêlant aux polémiques théâtrales et littéraires, ayant pour maîtresses les actrices Thérèse du Parc et la Champmeslé.

Protégé par Madame de Montespan,

Racine est bien accueilli par la Cour, et est même nommé par Louis XIV historiographe du roi. Mais après la cabale de Phèdre et son mariage bourgeois avec Catherine de Romanet (1677), il doit attendre plus de dix ans pour produire « Esther » en 1689, puis « Athalie » en 1691, qui n'est pas jouée en raison de la pression des milieux dévôts.

Réconcilié avec Port-Royal, et devenu dévôt à son tour, Racine perd la faveur du roi, abandonne définitivement le théâtre et meurt en avril 1699. Il laisse une œuvre dominée par la description des passions humaines rongeant les individus jusqu'à la mort et par l'idée du destin tragique imposé par les forces divines.

Molière (1622-1673). Jean-Baptiste Poquelin naît et meurt à Paris. Issu d'une famille de tapissiers, il étudie chez les Jésuites avant d'entreprendre des études de droit, qu'il abandonne pour le théâtre. Associé aux Béjart, il tente sans succès d'ouvrir un théâtre à Paris (1643-45), puis sillonne avec sa troupe les diverses régions de France pendant plus de dix ans. Pourtant, ayant obtenu le privilège de jouer devant le roi, on lui attribue une salle du Palais-Royal (1660), où il connaît un vif succès, tout en continuant à se produire devant la Cour.

D'abord influencé par les comédies italiennes, Molière affirme un style original dans une succession de comédies qui ironisent sur les mœurs de son époque : « Les Précieuses ridicules » (1659), « Sganarelle » (1660), « L'Ecole des maris » et « Les Fâcheux » (1661), puis « L'Ecole des femmes » (1662), qui choque les milieux bien pensants. Il s'essaie ensuite dans le genre des comédies-ballets ou musicales, tel « Le Mariage forcé » (1664), puis s'attaque à ses détracteurs avec « Tartuffe » (1664), joué devant le roi avant d'être interdit (jusqu'en 1669). Il continue pourtant à produire des œuvres satiriques comme « Le Misanthrope » et « Le Médecin malgré lui » (1666).

A l'occasion des fêtes organisées par le roi à Saint-Germain durant l'hiver 1666-67, il crée plusieurs pièces, l'éloignant de la comédie de mœurs, qu'il retrouve avec l'« Avare » (1668), puis « Le Bourgeois gentilhomme », comédie ballet (1670) et « Les Fourberies de Scapin » (1670). En 1672, « Les Femmes savantes » est un triomphe, mais l'année suivante Molière s'effondre en jouant « Le Malade imaginaire », le 17 février 1673. Il ne reçoit une inhumation chrétienne qu'en raison de l'intervention du roi.

Créateur, acteur et administrateur, Molière a su renouveler le théâtre moraliste et comique, en sachant inventer des personnages typiques dont il ridiculise la fausseté, la suffisance ou la bêtise.

La musique du XVIIᵉ siècle

Colbert fonde en 1669 une Académie de Musique et de poésie et fait construire un théâtre où le public est assis. Il crée également un privilège royal des spectacles, racheté par Jean-Baptiste **Lully** (1632-1687), compositeur, violoniste et chorégraphe. Auteur de ballets et de pastorales, de comédies-ballets en collaboration avec Molière (comme le Bourgeois gentilhomme, en 1670), il donne ensuite de nombreux opéras, dont les plus importants sont sans doute Alceste (1674), Atys (1676), Armide (1686).

Marc-Antoine **Charpentier** (1634-1704) est son rival malheureux. Fuyant les mondanités de la Cour, il se consacre à la musique religieuse jouant à la Sainte Chapelle ou dans des églises parisiennes.

La peinture au XVIIᵉ siècle

Jean de Boullongne, dit **Le Valentin** (1594-1632) et **Nicolas Poussin** (1594-1665) font leur carrière en Italie. On doit au Valentin « Le Jugement de Salomon », « La Diseuse de bonne aventure », « Les Quatre Évangélistes », et à Poussin « La Mort de Germanicus », la série des « Sacrements », « Les Quatre Saisons »...

Philosophes et moralistes

Le renouveau de la philosophie chrétienne s'accompagne de l'éclosion d'un genre littéraire nouveau : la peinture de mœurs.

■ La nouvelle philosophie chrétienne

La diversité de la pensée chrétienne s'exprime à travers des philosophes mathématiciens tels que Descartes et Pascal et plus avant dans le siècle avec Bossuet, Malebranche et Fénelon, prêtres tous les trois, mais développant des conceptions philosophiques bien différentes.

René **Descartes** (1596-1650). Philosophe et mathématicien, sa démarche relève à la fois de l'idéalisme métaphysique et du matérialiseme expérimental. C'est ainsi que dans son célèbre « Discours de la méthode » (1637), il développe le « doute méthodique », lui permettant de fonder la connaissance sur la certitude de la réalité divine mais aussi sur celle du principe de réalité ; **« Je pense, donc je suis »** constitue ainsi le point de départ de toute réflexion et affirme la puissance du raisonnement logique ; il permet à l'homme de connaître les lois de la nature et de décrire le fonctionnement du monde et du corps humain. Descartes écrira de nombreux ouvra-

La vie de Descartes

La vitalité de la pensée cartésienne est sans doute liée à son destin original : né dans une famille bourgeoise aisée, il entre au collège des Jésuites de La Flèche, où il séjourne de 1604 à 1612. Malgré cette éducation, il est tenté par le métier des armes, et parcourt l'Europe en servant dans diverses armées. Puis il passe près de vingt ans aux Pays-Bas (1629-1649), terre d'asile et d'ouverture d'esprit, avant d'être appelé à Stockholm par la Reine Christine de Suède ; il y meurt l'année suivante.

ges philosophiques (Les « Méditations », 1641, « Les Passions de l'âme », 1649...), et traités de mathématiques et de physique (« Les Dioptiques », « Les Météores », « La Géométrie », Le « Traité du Monde »), ce dernier, développant des idées proches de celles de Galilée, n'étant pas publié en raison de la condamnation de celui-ci (1633). En mathématiques, il développe l'écriture algébrique et fonde la géométrie analytique. Descartes influencera des courants philosophiques opposés, comme le mysticisme de Malebranche ou le rationalisme de Diderot.

Blaise **Pascal** (1623-1662). Il se rapproche de Descartes par son mélange d'inquiétude religieuse et de génie mathématique. Mais Pascal reste fidèle au catholicisme traditionnel et évolue vers un mysticisme chrétien.

Fils du Président de la Cour des Aides de Clermont-Ferrand, il rédige dès l'âge de seize ans un « Essai sur les coniques », puis à dix-neuf ans il met au point le principe de la machine à calculer, qui voit le jour en 1652. Il rencontre Descartes en 1647 et publie plusieurs récits des expériences sur le vide effectuées par Torricelli (1647-48). Après un début de vie mondaine, il se sent irrésistiblement attiré par le mysticisme et connaît une nuit d'extase (23 novembre 1654) dont il rend compte dans le « Mémorial ». Il fréquente alors assidûment l'abbaye janséniste de Port-Royal des Champs et attaque la Sorbonne et les Jésuites.

Il poursuit toutefois des recherches en mathématiques, ébauchant le calcul intégral, met sur pied une compagnie parisienne de transports en commun, et laisse libre cours à la passion religieuse, avec ses « Écrits sur la grâce » et ses « Pensées ». Il meurt après une éprouvante agonie causée par l'aggravation de sa maladie nerveuse.

Jacques **Bénigne Bossuet** (1627-1704). Il se fait remarquer par ses sermons. Nommé Évêque de Condom en 1669, précepteur du Dauphin en 1670, il entre à l'Académie Française en 1671 et devient évêque de Meaux en 1681.

Bossuet se rend célèbre par ses oraisons funèbres, comme celles d'Anne d'Autriche (1667) ou de Condé (1687), et surtout par ses dénonciations des ennemis de la foi catholique. D'abord admirateur de Descartes, il s'en éloigne par crainte que la logique soit employée contre la religion. Il attaque le quiétisme, doctrine mystique de son ami Fénelon, selon laquelle l'âme peut s'unir à Dieu dans la contemplation passive, dénonce le relâchement des mœurs et affirme la légitimité d'un pouvoir royal fort voulu par Dieu. Bossuet laisse l'image d'un fervent et éloquent traditionaliste, pourfendeur de l'originalité, de la nouveauté et de la liberté d'interprétation du dogme.

Nicolas **Malebranche** (1638-1715). Contrairement à Bossuet, il est ouvert aux interrogations scientifiques. Fils d'un secrétaire du roi il devient prêtre en 1664. Il connaît la célébrité en publiant à partir de 1674 plusieurs œuvres philosophiques inspirées de Descartes, dont sa « Recherche de la vérité ». Puis il polémique avec Bossuet et les jansénistes l'accusant de quiétisme, écrit de nombreux ouvrages sur la métaphysique, ainsi qu'un traité « De la communication des mouvements » (1692), attestant son intérêt pour les sciences.

Malebranche considère que toute connaissance dérive de l'appréhension de l'ordre divin et que l'homme ne peut comprendre l'univers qu'en se rapprochant de Dieu.

François **de La Mothe-Fénelon** (1651-1715). Contemporain lui aussi de la fin difficile du règne de Louis XIV, il s'oppose directement à Bossuet sur le terrain de la pensée métaphysique mais aussi pour dénoncer l'absolutisme royal. Né en Périgord, dans une vieille famille noble, prêtre en 1675, il devient en 1678 directeur des « Nouvelles Catholiques », s'occupant des jeunes protestantes converties. Précepteur du duc de Bourgogne (petit-fils de Louis XIV), il est nommé archevêque de Cambrai en 1695. Fénelon,

déjà attiré par le mysticisme, soutient le quiétisme combattu par Bossuet, mais il écrit aussi les « Aventures de Télémaque », ouvrage considéré comme une critique de la politique de Louis XIV et de son entourage. Fénelon est alors démis de ses charges ; mais il continue à écrire jusqu'à sa mort manifestant son hostilité au pouvoir absolu et son désir de réforme.

■ **Les « Moralistes »**

La peinture des mœurs se développa à travers des genres variés : Fables de La Fontaine, portraits de La Bruyère, Satires de Boileau, Maximes de La Rochefoucauld, Comédies de Scarron. Respectueuse des institutions, elle représente toutefois le lieu d'expression de la caricature sociale du siècle de Louis XIV.

Jean **de La Fontaine** (1621-1695). Né à Château-Thierry, il hérite en 1652 de la charge paternelle de maître des Eaux et Forêts. Entré au service de Fouquet en 1658, il le défend après son arrestation avec son « Élégie aux nymphes de Vaux » (1661). Bénéficiant de hautes protections, il écrit ensuite plusieurs séries de « Contes » et de « Fables » à partir de 1665, certaines destinées au Dauphin, et défend les « Anciens » contre les « Modernes ».

On peut situer son inspiration première chez Rabelais, Boccace, Machiavel ou Esope, et dans les « romans » du Moyen-Âge, mais son œuvre développe un style personnel qui en fait un fabuliste unique en son genre, par la légèreté de son style, la richesse de son répertoire poétique et la pertinence de ses « morales ».

Les Anciens et les Modernes

Cette querelle littéraire oppose à la fin du XVIIe siècle et au début du XVIIIe siècle les auteurs s'appuyant sur l'inspiration antique et le strict respect des règles d'écriture (tels Racine, La Fontaine, La Bruyère ou Boileau) à ceux qui défendent les genres nouveaux (dont Perrault et Fontenelle).

François **de La Rochefoucauld** (1613-1680). Sa vie est une bonne illustration de l'évolution de la noblesse au XVIIᵉ siècle. De haute naissance, et maître de camp du régiment d'Auvergne, il participe à la campagne d'Italie de 1630, puis intrigue contre Richelieu. Il séjourne à la Bastille, est exilé, puis commande l'armée des Frondeurs avant de rallier le parti du roi. Après 1660, il fréquente les salons parisiens de Madame de Sablé et de Madame de La Fayette, et il connaît un vif succès avec ses « Réflexions ou Sentences et Maximes morales » (1664).

Jean **de La Bruyère** (1645-1696). Il va s'illustrer dans la peinture de ses contemporains. Fils d'un officier des Finances, il achète une charge de Trésorier général, à Caen, en 1673, après avoir suivi des études de Droit. Entré au service des Condé, il peut observer tout à loisir le milieu de la Cour. Il publie ainsi à partir de 1688 plusieurs éditions des « Caractères ou les Mœurs de ce siècle », où il dresse des « portraits-types » caricaturant les attitudes des divers milieux de la société française. Il prend aussi parti pour les « Anciens », puis se range du côté de Bossuet contre le quiétisme.

Scarron (1610-1660)

Paralytique à 28 ans, il épouse la future marquise de Maintenon en 1652 pour lui éviter le couvent ! Il écrit un « Recueil de vers burlesques », le « Virgile travesti » pièce burlesque, des comédies, « Le Roman comique », et des satires qui inspireront Boileau.

Nicolas **Boileau** (1636-1711). Fils d'un commis au greffe du Parlement de Paris, il écrit d'abord des « Satires » qui sont publiées en 1666, et lui valent des ennemis. Puis viennent les « Épîtres » et « L'Art poétique ». Il publie ensuite une nouvelle satire, « Contre les femmes » et s'attaque aux Jésuites en

reprenant les idées de Bossuet. On a contesté l'originalité de Boileau qui aurait surtout prolongé des thèmes burlesques et une forme de versification déjà anciens.

■ Les contes de fées

Charles **Perrault** (1628-1703). Protégé de Colbert, Contrôleur général des Bâtiments, membre de l'Académie Française en 1671, il est l'auteur d'histoires aujourd'hui universelles, publiées en 1697 avec le sous-titre : « Contes de ma mère l'Oye » (« La Belle au bois dormant », le « Petit Chaperon rouge », « Barbe Bleue », le « Chat Botté », « Cendrillon », le « Petit Poucet »...). Le destin de ces récits montre à quel point il sait s'imprégner de l'inconscient collectif en s'inspirant souvent de vieux « Contes du temps passé ». Par ailleurs, dans « Le siècle de Louis le Grand » (1688) il prend parti pour les « Modernes » contre les « Anciens » et relance la querelle.

Des auteurs de Cour

La plupart des auteurs du Grand Siècle ne peuvent exercer leur talent que grâce à l'aide et à la protection des grands. C'est ainsi que La Fontaine est successivement le protégé de Fouquet, de la duchesse d'Orléans, de Madame de La Sablières, de Madame de Montespan ; La Bruyère enseigne l'histoire au petit-fils du prince de Condé ; Boileau, quant à lui, est nommé historiographe de Louis XIV en 1677, et entre en 1684 à l'Académie Française, où il est rejoint par La Fontaine et La Bruyère, admis tous deux en 1693. Cela explique que leur esprit impertinent se tourne vers la caricature et non vers une véritable critique sociale.

La Régence

Un vent de libéralisme (1715-1723)

Soulagés par la fin de l'absolutisme royal et de la guerre exté-rieure, les Français réapprennent à vivre, et certains d'une façon peu orthodoxe.

Le duc d'Orléans, s'entourant d'une cour de libertins menant grande vie et de conseillers comme Saint-Simon et l'abbé Dubois, prend le contrepied de la politique suivie par Louis XIV : les cours souveraines retrouvent le droit de remon-trance, les postes ministériels du gouvernement précédent sont remplacés par des Conseils cons-titués par des membres de la noblesse de robe et d'épée, des traités d'alliance sont signés avec la Hollande et l'Angleterre, (Tri-ple Alliance) puis l'Autriche (1716-1718). Face à l'incompé-tence des nouveaux Conseils, le Régent rétablit les secrétariats d'Etat (sauf pour les Finances et la Marine (1718). L'année sui-vante, la France, alliée à l'Angle-terre entre en guerre contre l'Espagne, qui doit se soumettre (1720).

■ La banqueroute de Law

Cette même année 1720 est celle de l'effondrement du « système de Law », qui constituait une tentative de création de monnaie de banque facilitant le crédit et les échanges, et gagée sur les entreprises publiques et colonia-les (Law avait lui-même fondé une banque en 1716, et la « Compagnie d'Occident » en 1717). Il s'agissait à la fois d'atti-rer les capitaux privés dans l'achat d'actions, pour financer l'extension des activités de la Compagnie et celle des grandes manufactures royales, de permet-tre, grâce aux nouveaux revenus, le remboursement de la dette de l'Etat, de généraliser l'emploi des nouveaux billets dans le paie-ment des impôts, et de débou-cher sur la création d'une vraie banque d'Etat stimulant l'écono-mie nationale. Mais l'annonce de dividendes élevés finit par pro-voquer une hausse du cours des actions et une spéculation effré-née qui se termine par un vent de panique poussant les action-naires à la vente. Malgré l'inter-diction de la détention d'or et l'établissement d'un cours forcé de la nouvelle monnaie, le système s'écroule, de nombreux souscripteurs sont ruinés, le papier-monnaie et la banque désormais rejetés par le public. Malgré tout, la situation éco-nomique tend à s'améliorer grâce à la paix extérieure, au rétablis-sement agricole et à l'essor du commerce extérieur quand meu-rent en 1723 le Régent et Dubois.

L'abbé Dubois

Guillaume Dubois (1656-1723) avait été le précepteur de Phi-lippe d'Orléans : celui-ci devenu Régent lui confie la responsa-bilité de la politique extérieure avant de le nommer Premier ministre en 1722. Il est égale-ment — bien que non prêtre — nommé cardinal en 1721. Son œuvre politique majeure fut de susciter la « Triple Alliance ».

La succession de Louis XIV

Louis XIV a survécu à ses fils et petit-fils. En 1715, son arrière-petit-fils, Louis XV n'a que cinq ans. Détestant son neveu d'Orléans, Louis XIV a alors prévu de con-fier la régence à un Conseil dirigé par l'un de ses bâtards légi-timé, le Duc du Maine. Mais la mort de Louis XIV va don-ner le pouvoir au Par-lement méprisé par le roi et à la grande noblesse écartée des responsabilités, et qui se regroupent autour de Philippe d'Orléans : dès le lendemain de sa mort, le testament politique de Louis XIV est cassé par le Par-lement, et le Duc d'Orléans exerce la régence.

Louis XV

Un roi sous influences

Le long règne de Louis XV (1715-1774) voit s'affirmer des oppositions internes et il se termine par la fin de la présence française en Amérique et aux Indes.

Fleury (1653-1743)
Aumônier de Louis XIV en 1683, évêque de Fréjus en 1698, André Hercule de Fleury devient précepteur de Louis XV en 1714. A la mort du Régent, en 1723, il devient ministre d'État, puis Cardinal en 1726. Il s'efforce de restaurer l'équilibre des finances publiques et de maintenir le rapprochement franco-anglais, mais engage la France dans les guerres de succession de Pologne et d'Autriche.

Le « photographe » du XVIIIe siècle : Maurice **Quentin de La Tour** (1704-1788) peintre de Louis XV en 1750, est aussi le portraitiste des écrivains et des artistes du milieu du XVIIIe siècle, utilisant la technique du pastel (« Louis XV », « La Marquise de Pompadour », « D'Alembert », « J.-J. Rousseau »...).

■ Les débuts du règne

Roi en 1715, et installé aux Tuileries en 1716, Louis XV gagne Versailles en 1722. Il devient majeur en 1723 l'année de la mort du duc d'Orléans, mais il abandonne longtemps la responsabilité des affaires au Cardinal Fleury. Celui-ci combat à l'intérieur le Parlement de Paris, les Jansénistes et les protestants, et mène une politique de paix à l'extérieur. Pourtant, il se laisse entraîner dans la guerre de succession de Pologne (1723-1738) pour soutenir le beau-père du roi Stanislas Leszczynski. Le traité de Vienne (1738) met fin au conflit et la Lorraine est léguée à la France à la mort de Stanislas.

Puis, en 1740, éclate la guerre de succession d'Autriche, qui est marquée par l'inutile victoire de Fontenoy (1745) et qui se termine en 1748 par la paix sans vainqueur d'Aix-la-Chapelle.

La mort de Fleury en 1743 amène Louis XV à s'intéresser davantage à la conduite du royaume ; mais, personnalité fragile et effacée, il subit l'influence de ses nombreuses favorites, en particulier celle de la duchesse de Chateauroux et de la marquise de Pompadour, d'origine bourgeoise.

La France connaît alors une période de divisions internes causée par l'opposition du Parlement à la politique fiscale du roi (qui veut faire payer les privilégiés pour procurer de nouveaux revenus à l'État) et à sa politique

religieuse. De plus, plusieurs de ses ministres veulent éloigner Madame de Pompadour et éviter à la France de s'engager trop loin aux côtés de l'Autriche dans une nouvelle guerre européenne. Le roi est même l'objet d'un attentat sans conséquence (1757).

■ La guerre de Sept Ans (1756-1763)

Mais les rivalités coloniales entre la France et l'Angleterre sont telles qu'en 1755 les Anglais arraisonnent plusieurs centaines de bateaux de commerce français et s'allient en 1756 à la Prusse de Frédéric II, alors que Louis XV signe la même année avec Marie-Thérèse d'Autriche le traité de Versailles. C'est le début de la guerre de Sept Ans (1756-1763), qui va se dérouler sur deux fronts : en Allemagne et outre-mer.

En Allemagne, après l'invasion de la Saxe par Frédéric II, et l'alliance de la France et de l'Autriche avec la Russie et la Suède, les Prussiens sont chassés de Bohême, battus à Kloster Zeven, puis victorieux à Rossbach et Leuthen (1757). Puis en 1759 les Russes écrasent l'armée prussienne à Kunersdorf et occupent Berlin en 1760. Mais l'avènement du Tsar Pierre III amène la signature en 1762 d'une paix séparée entre la Russie et la Prusse.

La France s'enlise alors dans un conflit qui se déroule fort mal, d'autant plus que, sur le deuxième théâtre d'opérations, les troupes françaises essuient défaite sur défaite : après avoir repris Minorque envahie par les Français, la flotte anglaise coupe la France de ses colonies. Au Canada, Montcalm, qui perd la vallée du Saint-Laurent, puis Québec, est tué à la bataille d'Abraham (1759) ; Montréal capitule (1760). Aux Indes, Dupleix, gouverneur de Chandernagor, a consolidé auparavant les positions françaises auprès des princes locaux en échangeant une protection militaire contre des privilèges commerciaux accordés à la Compagnie des Indes. Il combat d'abord efficacement les Anglais, la flotte de La Bourdonnais prenant Madras en 1746 ; mais Dupleix est rappelé en 1754, et les troupes françaises en difficulté capitulent à Pondichéry (1762). Enfin, alors que la France tente de s'appuyer sur l'Espagne, l'Angleterre occupe la Floride et Cuba.

Il faut se résigner à traiter. Par le traité de Paris (février 1763), la France laisse à l'Angleterre le Canada, une partie de la Louisiane et des Antilles, ses possessions au Sénégal, et dédommage l'Espagne en lui cédant le reste de la Louisiane. La France garde la Martinique, la Guadeloupe et Saint-Domingue, mais ne conserve aux Indes que cinq comptoirs sans défense (Pondichéry, Chandernagor, Karikal, Mahé et Yanaon). Les Anglais ont désormais les mains libres.

■ Une fin difficile

Après les morts successives de la marquise de Pompadour (1764), qui sera remplacée par la comtesse du Barry, du Dauphin (1765) et de la reine (1768), Louis XV, isolé, doit faire face à une double opposition : celle des classes privilégiées hostiles aux réformes fiscales, et celle des jansénistes luttant contre le parti romain et alliés aux parlementaires gallicans dénonçant l'absolutisme royal.

Le roi durcit sa position, appelant Maupéou, Terray et d'Aiguillon pour imposer une remise en état des finances, et mettre au pas les Parlements (suppression de celui de Paris en 1771) ; parallèlement, les idées libérales en matière économique conduisent à la liberté du commerce des blés (1763-1764), à l'abolition du monopole de la Compagnie des Indes (créé par Law), et aux édits de Triage et de Clôture (1767-1771), favorisant la propriété agricole individuelle.

Quand il meurt, le 10 mai 1774, Louis XV n'a pas réussi à réduire l'opposition intérieure, ni à réformer en profondeur les structures économiques se heurtant à trop de privilèges et de situations acquises.

Les favorites de Louis XV

Jeanne Antoinette Poisson (1721-1764), fille d'un financier et épouse du Fermier général Le Normant d'Étiolles, est devenue une femme du monde, habituée des salons parisiens. En 1745, elle devient la favorite du roi, qui la fait **Marquise de Pompadour** et l'installe officiellement à Versailles. Amie de Voltaire et des Encyclopédites, elle contribue à introduire l'esprit bourgeois parmi la haute noblesse éclairée.

Jeanne Bécu (1743-1793) mène une existence légère avant d'épouser le comte Guillaume **du Barry** en 1768, afin d'être introduite à la Cour. D'une grande beauté et cherchant à séduire, elle devient la maîtresse de Louis XV qui fait construire pour elle le château de Louveciennes. Émigrée en 1792, elle revient en France en 1793 et est guillotinée.

L'attentat de Damiens

Le 5 février 1757, le fils d'une famille de fermiers ruinés, Robert François Damiens, voulant rappeler au roi ses devoirs envers ses sujets, donne un coup de canif à Louis XV. Condamné comme régicide, il subit un dur supplice : la main brûlée au plomb fondu et écartelé place de Grève. Cet événement illustre le fonctionnement de l'appareil judiciaire de l'Ancien Régime, utilisant la torture, ne permettant pas la défense des accusés, et impitoyable envers les ennemis de la couronne ou de la religion. C'est contre la torture que s'élèveront Voltaire ou Condorcet, à l'occasion des condamnations de Calas et du Chevalier de La Barre.

Louis XVI

Un souverain dépassé par les événements

Face à la gravité du problème fiscal, aux désirs de réformes du peuple, et au conservatisme des privilégiés, le roi hésite entre l'autoritarisme et la démission (1774-1792).

Louis XVI, petit-fils de Louis XV lui succède en 1774, à l'âge de vingt ans.

■ Turgot et Necker

Peu porté, comme son grand-père, vers les choses de la politique, leur préférant les sciences ou les travaux manuels (tels que l'horlogerie, ou la serrurerie), d'une physionomie joviale, Louis XVI ne sera pas à la hauteur des difficultés à venir, et s'entoure de ministres inégalement compétents. Le plus audacieux est d'abord Turgot, qui veut défendre la libre circulation des grains et s'attaquer au système des corporations et qui supprime les corvées en 1776. Face à l'hostilité que ces mesures provoquent, le roi renvoie Turgot et appelle Necker (1777). Banquier genevois, il bénéficie d'un préjugé favorable dans l'opinion, et lance avec succès des emprunts permettant de renflouer les caisses de l'État. Mais les velléités de réforme de Necker, critiquant les gaspillages de la Cour, motivent son renvoi (1781).

■ Calonne et Brienne

La cour impose alors Calonne (1783) qui endette l'État d'une façon excessive pour mener une politique de grands travaux. Cela présente pourtant l'intérêt de soutenir l'activité et d'améliorer les voies de communication (construction de canaux...). Mais le traité commercial signé avec l'Angleterre en 1786 a pour effet d'introduire massivement les produits manufacturés anglais sans que pour autant les exportations de denrées alimentaires françaises profitent à l'ensemble de la paysannerie.

La France traverse en effet à cette époque une crise économique d'autant plus mal supportée qu'elle fait suite à une période de croissance qui s'est achevée autour de 1770. Après un palier de quelques années, des difficultés apparaissent aussi bien dans l'industrie textile, que dans le bâtiment, l'élevage ou la production céréalière. De même, la prépondérance anglaise et la guerre d'Indépendance des États-Unis d'Amérique (1778-1783) à laquelle la France participe réduisent les possibilités de profit par le grand commerce lointain, et aggravent les besoins d'argent de l'État.

La politique de Calonne n'améliore donc pas la situation, et ses projets de réformes fiscales mécontentent les privilégiés qui obtiennent son départ (1787). Il est aussitôt remplacé par Loménie de Brienne, qui reprend cependant les idées de Calonne, renvoie l'Assemblée des Notables, cherche à imposer des mesures fiscales que le Parlement de Paris refuse, en appelant aux États Généraux. Brienne exile le Parlement à Troyes, alors qu'éclatent des émeutes à Paris et en province. Brienne cherche alors un compromis, rappelle le Parlement, fait convoquer par le roi un lit de justice et propose la convocation des États Généraux

Louis XVI

Louis XVI est né en 1754 du mariage du Dauphin Louis avec Marie-Josephe de Saxe, et épouse en 1770 Marie-Antoinette d'Autriche, fille de l'empereur François Iᵉʳ et de Marie-Thérèse. On voyait là le prolongement de l'alliance autrichienne qui sera lourde de conséquences après 1789, quand sera évoqué le « complot » autrichien discréditant le roi.

pour 1792. Devant l'opposition persistante du Parlement, il fait arrêter les parlementaires d'Éprémesnil et Montrabert. Parallèlement, la haute noblesse, hostile aux réformes, rappelle « les lois fondamentales de la monarchie » (3 mai 1788). Face au refus du clergé de lui accorder des subsides, et face à l'hostilité générale des corps constitués, Brienne suspend les paiements de l'État et avance au 1ᵉʳ mai 1789 la convocation des États Généraux. Mais il est remplacé par Necker rappelé en août 1788.

■ Le rappel de Necker

Necker compte surtout sur la confiance dont il jouit auprès des privilégiés et cherche à rassurer : il convoque deux assemblées de notables, restaure la légitimité du Parlement, qui, bien que profondément conservateur, accepte la décision du roi de doubler la représentation du Tiers État (décembre 1788) ; mais l'on ne précise pas si l'on doit voter par ordre ou par tête !

Les premiers mois de 1789 se passeront dans l'agitation liée à la rédaction des Cahiers de Doléances et à la préparation de ces États Généraux. Ils s'ouvrent le 5 mai dans la contestation à propos de l'application du règlement électoral. Mais l'appel aux forces vives de la nation pour débloquer la situation dépasse ce que l'on pouvait en attendre et balaie la monarchie.

■ La condamnation du roi

A partir de cette date, l'histoire de la royauté s'efface derrière celle du mouvement révolutionnaire. Alors que la grande majorité des Français reste attachée au roi et semble décidée à opter pour une monarchie constitutionnelle, Louis XVI se discrédite progressivement : il mène une politique ambiguë apparaissant comme un sabotage de la révolution ; on lui reproche les intrigues de la reine avec l'étranger, et la fameuse « fuite à Varennes » (juin 1791). Devenu « roi des Français » et ne possédant plus qu'un droit de veto suspensif, il est lui-même suspendu après l'émeute des sans-culottes aux Tuileries (août 1792) et devient prisonnier de la Commune insurrectionnelle de Paris. Jugé par la Convention, il montera à l'échafaud le 21 janvier 1793 (voir dernière partie).

Son second fils, Louis XVII, dauphin à la mort de son frère aîné, en juin 1789, sera emprisonné au Temple où il succombera de maladie en 1795.

Le Parlement sous l'Ancien Régime

A l'origine le Parlement est issu des Cours générales, assemblées des grands du royaume. Au XIIIᵉ siècle, le Parlement sera décomposé en trois chambres : la Grand Chambre, où siège le roi (lits de justice), la Chambre des Requêtes et la Chambre des Enquêtes. Appelé à juger en appel, le Parlement devient un instrument du pouvoir royal au-dessus des justices seigneuriales. Doté d'une fonction d'enregistrement et d'un droit de remontrance, le Parlement de Paris joue un rôle politique dès le XVᵉ siècle et fait preuve au XVIIIᵉ siècle, comme les Parlements de province d'une grande intolérance et d'un corporatisme hostile aux réformes et aux idées nouvelles, même au début de la Révolution.

Le siècle des Lumières

La vie littéraire du XVIIIᵉ siècle est bien sûr étroitement liée aux tensions politiques et sociales qui marquent la fin de la société féodomarchande française.

Beaucoup de grands esprits de ce siècle sont issus de la bourgeoisie ou de l'artisanat (tels Voltaire, fils de notaire, Diderot, fils de coutelier, Rousseau et Beaumarchais, fils d'horloger...), mais d'autres appartiennent à la noblesse (tels que Montesquieu, Condorcet, Buffon ou Fontenelle...).

■ Les salons

Les uns et les autres bénéficient du soutien de grandes dames de haute noblesse, ouvrant leurs « salons » aux philosophes, poètes et écrivains : c'est le cas de la duchesse du Maine (recevant dans son château de Sceaux, Fontenelle et La Motte, les poètes Chaulieu et La Fare), de la marquise de Lambert (accueillant rue de Richelieu Fénelon, Montesquieu, Fontenelle, La Motte, Marivaux, d'Argenson...), de Madame de Tencin (tenant rue Saint-Honoré un « bureau de l'esprit », où se rencontrent les philosophes Helvétius, Duclos, Marmontel, de Madame du Deffand (favorable aux Encyclopédistes, et hôtesse dans son salon de la rue Saint-Dominique, de Montesquieu, Marivaux, Fontenelle...), de Mademoiselle de Lespinasse, demoiselle de compagnie de Madame du Deffand (recevant Condillac, d'Alembert, Condorcet, Turgot, Marmontel...), ou encore d'une riche bourgeoise, Madame Geoffrin, dont le salon de la rue Saint Honoré est fréquenté par des personnalités très variées, comme Marivaux, d'Alembert, d'Holbach, Helvétius, Grimm, ou le prince Stanislas Poniatowski...).

■ La pensée rationaliste

Sur le plan des idées, ce XVIIIᵉ siècle est marqué par un développement de la pensée rationaliste, l'esprit scientifique prenant le pas sur la réflexion métaphysique : il s'agit de découvrir les lois de fonctionnement de la matière

> ### Le théâtre au XVIIIᵉ siècle
>
> Pierre Carlet de Chamblain de **Marivaux** (1688-1763) introduit l'intrigue amoureuse légère et délicate dans l'expression théâtrale et la comédie de mœurs. Ses pièces principales, jouées à la Comédie Française et au Théâtre Italien sont : « La Surprise de l'amour » (1722), « La Double Inconstance » (1723), « Le Prince travesti » (1724), « Le Jeu de l'amour et du hasard » (1730), « Le Triomphe de l'amour » (1732), « Les Fausses Confidences » (1737)...
> Pierre Augustin Caron de **Beaumarchais** (1732-1799) est une personnalité débordante d'activité et quelque peu fantasque. Surtout connu pour ses comédies « Le Barbier de Séville » (1775) et « Le Mariage de Figaro » (1784), interdites par le roi, Beaumarchais mène une vie tourmentée et libertine. Fils d'horloger, il est tour à tour professeur de musique des filles de Louis XV, « contrôleur de la bouche » du roi, juge des délits de braconnage sur ses terres, (et anobli par l'achat de cette charge), commerçant et financier. Il a aussi à faire avec la justice, alourdit sa magistrature dans ses « Mémoires », qui sont condamnées à être brûlées, fait publier les œuvres de Voltaire et fournit des armes aux Américains pendant la guerre d'Indépendance.
> Libre penseur pamphlétaire, il fait cependant partie des « suspects » pendant la Révolution et s'exile jusqu'en 1796.

ou des sociétés humaines, par l'observation dégagée d'apriori dogmatiques.

Cette nouvelle philosophie affirme sa foi dans la raison et dans le progrès de l'humanité ; elle débouche sur le mouvement de l'Encyclopédie, animé par Diderot et d'Alembert, et à laquelle collaborent Voltaire, Rousseau, d'Holbach, Quesnay, Condorcet, Buffon, Turgot, Helvétius, Montesquieu...

Cette œuvre collective symbolise bien ce siècle dit « des Lumières », en raison de cette ouverture nouvelle de l'esprit voulant s'affranchir du poids de la religion et de l'académisme de pensée, comme de la censure du pouvoir politique conservateur. Elle illustre également la montée des nouvelles classes sociales dégagées économiquement et idéologiquement de l'aristocratie traditionnelle et de la monarchie.

■ Les limites de la critique

Ces penseurs ne sont cependant ni les annonciateurs de la société du XIXᵉ siècle, ni des « pré-révolutionnaires » : Voltaire passe sa vie à tenter de se faire accepter par la haute noblesse, ne rêve que de « despotisme éclairé » et fait preuve d'un antisémitisme et d'un racisme inquiétants ; Diderot et surtout Rousseau, par leur hymne à l'homme « naturel », non corrompu par la société moderne, s'inscrivent autant dans la sensibilité pré-romantique, exprimant le triomphe des forces instinctives, que dans le courant scientifique moderniste ; les physiocrates (comme Quesnay ou Turgot) sont surtout préoccupés par le développement de l'agriculture et du commerce, et n'accordent aucun intérêt aux nouvelles techniques productives, alors que la révolution industrielle couve en Grande-Bretagne ; nulle part (sauf chez Rousseau) n'apparaît non plus la réflexion sérieuse sur les inégalités sociales ou le souci du sort des plus pauvres. Seul Condorcet propose des réformes « progressistes » qui seront ultérieurement appliquées.

En définitive, ces auteurs expriment les limites du développement d'une pensée issue des milieux influencés par l'essor économique du siècle, mais aussi par les bouleversements sociaux qu'il entraîne. Mais pour l'heure, ce « XVIIIᵉ siècle des Lumières » n'est que l'aboutissement des transformations propres à la « société féodomarchande » ; c'est pourtant de ce bouillonnement d'idées et de ces réflexions sur les imperfections sociales qu'émergeront les modes de pensée qui domineront la période révolutionnaire.

Lecture dans le Salon de Madame Geoffrin, par Lemonnier. (Musée des Beaux-Arts, Rouen.)

Voltaire

Auteur de tragédies, de contes philosophiques, d'ouvrages historiques, Voltaire participe à l' Encyclopédie *et combat l'intolérance et l'injustice.*

■ De la Bastille à l'exil

François Marie Arouet, dit Voltaire (1694-1778), est fils de notaire et étudie d'abord chez les Jésuites. Parrainé par l'abbé de Chateauneuf, il séjourne aux Pays-Bas, avant d'être emprisonné à la Bastille pour des écrits contre le Régent (1717-1718). Après son « Œdipe » (1718) qui le fait connaître, une dispute avec le Chevalier de Rohan-Chabot lui vaut d'être bastonné et de retourner à la Bastille. Il passe ensuite trois ans d'exil en Angleterre, où la fréquentation des milieux libéraux le conduit à faire l'apologie de la liberté et de critiquer les mœurs de la société française, avec, entre autres, ses « Lettres philosophiques » (1734).

Devenu le protégé de la marquise du Châtelet, il vit sur ses terres de Lorraine où il poursuit son intense activité littéraire, écrivant des tragédies historiques (« La Mort de César », 1735), des satires (« Le Mondain », 1736), des comédies (« L'Enfant prodigue », 1736), ou encore les « Éléments de la philosophie de Newton » (1738), tout en voyageant en Allemagne et en Hollande.

Puis rentré en grâce auprès du pouvoir après le « Poème de Fontenoy » (1745), il devient historiographe du roi et entre à l'Académie Française (1746). Il écrit alors « Zadig » (1747), « Sémiramis » (1748), et « Oreste » (1750), mais reste suspect par sa collaboration à l'« Encyclopédie » avec ses articles « élégance », « éloquence », « esprit », « imagination ». Aussi, après la mort de la marquise du Châtelet (1749), part-il pour Potsdam, à l'appel du roi de Prusse Frédéric II (1750-1753). Il y écrit « Le Siècle de Louis XIV » (1751) et « Micromégas » (1752). Brouillé avec le roi et mal vu en France, il s'installe dans la région de Genève

(1755). Il s'attaque alors aux catholiques avec sa « Pucelle » (1755) comme avec l'« Essai sur les mœurs » (1756), puis publie « Candide » (1759).

■ L'ermite de Fernay

Il se retire ensuite à Fernay, dans le pays de Gex, où il demeure jusqu'en 1777, y tenant une « cour » internationale de l'esprit, et échangeant une correspondance considérable (avec en particulier Catherine II). Durant ces années, il écrit le « Traité sur la tolérance » et le « Dictionnaire philosophique », ainsi que des romans et pièces de théâtres, comme « Tancrède » ou « L'Ingénu ». Il obtient aussi la réhabilitation de Jean Calas, calviniste injustement exécuté.

Âgé de plus de quatre vingts ans, Voltaire connaît enfin la consécration parisienne en étant accueilli avec éclat à l'Académie Française, alors que sa pièce « Irène » est jouée à la Comédie Française. Mais il meurt peu de temps après, le 30 mai 1778.

L'esprit voltairien

Tout en se consacrant à des genres littéraires différents, Voltaire a toujours poursuivi un même objectif : lutter contre l'injustice, l'intolérance religieuse, l'absolutisme politique, la philosophie métaphysique ; il cherche à promouvoir le sens critique et une meilleure connaissance de soi et de son temps. Considéré comme précurseur de l'esprit révolutionnaire, il n'en demeure pas moins assez conservateur en espérant une « monarchie éclairée » plutôt qu'un changement radical de l'ordre social.

Rousseau

Il réhabilite les vertus de la nature, la générosité et la simplicité, face aux milieux mondains sophistiqués et aux déificateurs du progrès.

Personnalité d'une grande sensibilité et ne parvenant pas à concilier des aspirations contradictoires, Jean-Jacques Rousseau (1712-1778) laissa une œuvre capitale plus radicale et plus naïve que celle de Voltaire.

Il naît à Genève, dans une famille protestante d'origine française. Abandonné par son père, horloger, à l'âge de dix ans, il est confié à Madame de Warens, en 1728. Il noue avec elle des liens intimes et après une période d'errance en Suisse et à Paris, il regagne la Savoie pour retrouver sa bienfaitrice (1732) et y vivre plusieurs années heureuses.

▪ L'encyclopédiste

Après avoir exercé plusieurs emplois qu'il abandonne vite, il s'intéresse à la musique : il écrit un opéra, « Les Muses galantes » (1745), et collabore à celui de Voltaire et Rameau, « Les Fêtes de Ramise ». Fréquentant les salons parisiens, il rencontre Diderot, pour lequel il écrit sur la musique dans « L'Encyclopédie ».

En 1750, son « Discours sur les sciences et les arts » le fait connaître. Pourtant il choisit de vivre misérablement en recopiant des partitions musicales, tout en écrivant un nouvel opéra « Le Devin du village » (1752) et une comédie « Narcisse » (1753). Durant cette période, il fait la connaissance d'une servante, Thérèse Levasseur, avec qui il aura cinq enfants, qu'il abandonnera.

▪ Les grandes œuvres

En 1754, il redevient protestant et « citoyen genevois », et écrit l'année suivante le « Discours sur l'origine de l'inégalité ». Puis il est hébergé par Madame d'Epinay à l'Ermitage,

dans la forêt de Montmorency, jusqu'à ce que des intrigues amoureuses l'amènent à rompre avec elle (1757). L'année suivante, il attaque Voltaire dans sa « Lettre à d'Alembert sur les spectacles », puis rédige trois œuvres majeures, « Julie ou la Nouvelle Héloïse » (1761), « Du Contrat Social » et l'« Émile » (1762), où il exprime ses idées originales sur la nature humaine, la société et la religion, qui lui vaudront d'être condamné par le Parlement.

▪ L'isolement

Il s'enfuit alors en Suisse, où il attaque à la fois l'archevêque de Paris, Voltaire et le Grand Conseil de Genève (1663-1664). Il doit à nouveau s'exiler en 1665 et séjourne en Angleterre, où il se fâche avec David Hume (1666). Durant plusieurs années il continue sa vie de vagabond, et revient à Paris en 1770. Il y vit à nouveau pauvrement, rédigeant des projets de réformes politiques, et des œuvres témoignant de son isolement et de sa mélancolie : les « Confessions », « Rousseau juge de Jean-Jacques », et les « Rêveries d'un promeneur solitaire ». Accueilli par le marquis de Girardin, il meurt à Ermenonville en 1778.

Le « Rousseauisme »

Rousseau se fait le défenseur des idées démocratiques et égalitaristes qui animeront les rédacteurs de la « Déclaration des droits de l'homme », affirmant sa croyance dans la bonté de l'homme « naturel », corrompu par la société. Si l'on peut lui reprocher ce simplisme, il n'en reste pas moins que ses écrits sur l'inégalité et les conditions du bonheur sur terre influenceront les révolutionnaires à venir.

L'esprit « encyclopédiste »

Parallèlement à Voltaire et Rousseau, les encyclopédistes jouent un rôle important dans le développement de la pensée rationaliste et critique.

■ Un nouvel état d'esprit

Après la disparition de Louis XIV, un relâchement de l'autorité se produit et les difficultés militaires à l'extérieur du pays viennent altérer l'image de la monarchie : ainsi se crée l'espace politique qui permet l'expression d'auteurs critiques vis-à-vis de l'Ancien Régime, mais qui ne sont pas nécessairement révolutionnaires pour autant.

Bernard Le Bovier de **Fontenelle** (1657-1757). C'est l'un des précurseurs. Il se destine d'abord au barreau, avant d'écrire des comédies et des tragédies. Il polémique contre La Bruyère et les « Anciens » dans sa « Digression sur les Anciens et les Modernes » (1688), mais s'illustre surtout par son ouverture d'esprit, son intérêt pour les progrès de la science et de l'observation du monde qui lui valent de devenir secrétaire perpétuel de l'Académie des Sciences (1699-1740). Ses ouvrages principaux sont les « Entretiens sur la pluralité des mondes » (1686), l'« Histoire des Oracles » (1687) et sa « Préface » à l'Histoire de l'Académie.

Les cafés et les clubs

Les salons jouent un rôle majeur dans le mouvement des idées des deux premiers tiers du XVIIIᵉ siècle. Mais les philosophes et écrivains se rencontrent également au café Procope, au café Gradot ou au café Laurent : c'est en particulier le cas de Voltaire, Diderot, Fontenelle, Marmontel. De même, à l'imitation de l'Angleterre, les premiers clubs voient le jour (tel le Club de l'Entresol) ; mais c'est surtout au moment de la Révolution qu'ils connaissent une grande animation et jouent un rôle de premier plan.

Denis **Diderot** (1713-1784). C'est le maître d'œuvre de l'« Encyclopédie ». Né dans une famille de couteliers assez aisée, il étudie chez les Jésuites, puis à Paris ; c'est là que sa curiosité intellectuelle l'amène à s'intéresser à la philosophie et aux diverses disciplines scientifiques.

En 1746, il publie les « Pensées philosophiques » qui le font connaître tout en le rendant suspect. Il entre alors dans une période d'intense activité littéraire, menant de front la préparation de l'« Encyclopédie » et la publication de nombreux ouvrages empruntant à tous les genres : « Les Bijoux indiscrets » (1747), la « Lettre sur les aveugles » (1749), pour laquelle il séjourne plusieurs mois en prison, les « Pensées sur l'interprétation de la nature » (1754), « Le Fils naturel » (1757), « Le Père de famille » (1758).

Les 28 volumes de l'« Encyclopédie » paraissent, non sans mal, de 1751 à 1772. Commandé à Diderot en 1745, par le libraire Le Breton, ce « Dictionnaire raisonné des sciences, des arts et des métiers » bénéficie néanmoins d'une souscription de cinq mille adhérents, de l'appui de Madame de Pompadour, de Malesherbes, du marquis d'Argenson, et de la collaboration de d'Alembert, de Montesquieu, de Voltaire, de Condillac, de Turgot, de Quesnay, de Daubenton... De cette œuvre énorme et nouvelle se dégagent la croyance dans le progrès des sciences et de l'esprit humain et le rejet du dogmatisme et des interdits. Elle provoque bien sûr des attaques violentes, surtout de la part des milieux religieux conservateurs.

Après cette publication, Diderot répond à l'invitation de Catherine II de Russie (1773), puis, rentré en France il écrit encore « La Religieuse » (1775), « Jacques le Fataliste », « Le Neveu de Rameau », et « Le Rêve de d'Alembert ».

Diderot est à la fois l'illustration d'un esprit nouveau, avide de connaissance, critique et

La musique

Jean-Philippe **Rameau** (1683-1764) domine le XVIIIe siècle musical français. Il compose des tragédies lyriques, où la musique prend le pas sur le livret, des opéras-ballets, des opéras-bouffes, des pastorales héroïques. Nommé compositeur de la Chambre royale, il écrit aussi un ouvrage de théorie musicale (« Traité de l'harmonie réduite à ses principes naturels »).

Ses œuvres principales sont « Hippolyte et Aricie », (1733), « Les Indes galantes » (1735), Castor et Pollux (1737), Zoroastre (1749), où se mêlent une grande somptuosité orchestrale et une hardiesse de style.

impertinent, un promoteur de la diffusion du savoir, mais aussi un romancier et un auteur dramatique de qualité ; de plus, ses essais philosophiques en font, par certains côtés, un précurseur des idées révolutionnaires.

Charles de Secondat, baron de La Brède et de **Montesquieu** (1689-1755). Il étudie le droit à Bordeaux, où il devient avocat en 1708, puis conseiller au Parlement en 1714. Admis à l'Académie de Bordeaux en 1716, il écrit au cours des deux années suivantes une série d'opuscules relevant de la politique, de l'économie et des sciences.

Puis il publie 1721 les « Lettres Persanes » qui remportent un grand succès, lui permettant de s'introduire dans les milieux littéraires, et de se consacrer entièrement à l'écriture et aux voyages : il est élu en 1727 à l'Acadé-

mie Française, il séjourne en Autriche, en Italie, en Allemagne, en Hollande et en Angleterre (1728-1731), où il étudie le fonctionnement de ces sociétés. Il en résulte plusieurs ouvrages importants, sa « Considération sur les causes de la grandeur des Romains et de leur décadence » (1734) et surtout « De l'esprit des lois », publié anonymement à Genève en 1748. Ce livre connaît une grande audience, mais aussi de vives attaques, à tel point qu'il est condamné par la Sorbonne et par le pape.

Il continue d'écrire jusqu'à sa mort, rédigeant en particulier l'article « Le goût » de « l'Encyclopédie » et laisse de nombreuses œuvres qui ne seront publiées que longtemps après.

Montesquieu est considéré comme l'un des principaux inspirateurs des futures Constitutions françaises, séparant les pouvoirs législatif, exécutif et judiciaire, mais aussi comme l'un des fondateurs de la sociologie politique et même des sciences sociales en général.

Étienne Bonnot de **Condillac** (1715-1780). Il reste en marge du mouvement encyclopédiste. Mais il fait la connaissance de Rousseau et Diderot et écrit pour ce dernier avant d'entrer à l'Académie Française en 1768, et de se retirer ensuite à la campagne. Dans son « Essai sur l'origine des connaissances humaines » (1746), son « Traité des systèmes » (1749) et son « Traité des sensations » (1754), il évolue vers la philosophie sensualiste pour laquelle toute connaissance repose sur les sens, qui ne peuvent cependant expliquer la réalité des choses. Il s'intéresse également à l'Économie politique, et imagine une théorie subjective de la valeur dans « Le Com-

L'Encyclopédie

«L'Encyclopédie » ou « Dictionnaire raisonné des Sciences, des Arts et des Métiers » se compose de 35 volumes, parus entre 1751 et 1772. Elle est publiée par quatre libraires (Le Breton, Briasson, David, Durand) et bénéficie de 5 000 souscriptions. Environ 150 auteurs y collaborent. Elle nécessite le travail de 1 000 ouvriers pendant plus de 20 ans. Malgré les interdits du Parlement et l'hostilité de l'Église et de la Cour, elle connaît un grand succès en France et en Europe.

merce et le gouvernement considérés relativement l'un à l'autre » (1776).

Jean Antoine de Caritat, marquis de **Condorcet** (1743-1794). C'est une des personnalités les plus représentatives de ce siècle, car le seul des Encyclopédistes à vivre la fin de l'Ancien Régime. A la fois grand scientifique, acteur de la révolution et annonciateur des idées démocratiques, il a été le protégé et l'ami de d'Alembert, Voltaire et Turgot. Brillant mathématicien, il publie un « Essai sur le calcul intégral » (1765) et entre à l'académie des Sciences en 1769.

Proche de Turgot et partisan d'un impôt progressif, il écrit des articles économiques pour l'**Encyclopédie** dont il est l'un des derniers représentants. Il devient Inspecteur général des monnaies, et accède à l'Académie Française en 1782.

Anti-clérical, partisan résolu de l'égalité des droits, de l'émancipation féminine et de l'abolition de l'esclavage dans les colonies, il est élu en 1791 à l'Assemblée législative, puis à la Convention. Il élabore alors un grand

---

André de Chenier (1762-1794)

Attiré par les idées révolutionnaires, il s'oppose néanmoins — comme Condorcet — à la mort de Louis XVI et condamne la Terreur. Cela le conduira à l'échafaud. Il laissera de nombreux poèmes : « Elégies », « Bucoliques » et « Iambes », qui seront publiés après sa mort.

---

projet de réforme démocratique de l'instruction publique.

Hostile à la peine de mort, il refuse de voter celle du Roi. Ami des Girondins, il est décrété d'accusation en juillet 1793 ; il se cache et rédige un « Tableau historique des progrès de l'esprit humain », acte de foi dans l'avenir de l'humanité.

Mais il est découvert, arrêté et retrouvé mort quelques jours plus tard dans sa cellule.

Les « encyclopédistes »

Un certain nombre de philosophes moins connus participent à cette grande œuvre ou contribuent à propager l'esprit nouveau.

Il en est ainsi du chevalier Louis **de Jaucourt** (1704-1779) qui a publié une « Histoire de la vie et des œuvres de Leibnitz » (1734) ; de Claude Adrien **Helvétius** (1715-1771), qui annonce le matérialisme, et publie en particulier « De l'esprit » (1758) et « De l'homme, de ses facultés intellectuelles et

de son éducation » (1772); de Jean **de Prades** (1720-1771) condamné par le Pape pour une thèse mettant en doute la spiritualité de l'âme et la divinité de Jésus ; du baron Paul Henri **d'Holbach** (1723-1789) qui dans son « Système de la nature » (1770) développe une philosophie matérialiste et mécaniste faisant de la matière le déterminant de toute chose, et de la religion la cause du despotisme.

La pensée scientifique

La France n'est pas absente du développement des sciences exactes, qui s'est amorcé en Europe dès le XVIe siècle.

Les traits spécifiques de l'esprit scientifique français, peu tourné vers les techniques, explique en partie pourquoi la révolution industrielle y est plus tardive qu'en Angleterre.

■ Les mathématiques

Au XVIe siècle, François **Viète** (1540-1603) est un précurseur : conseiller d'Henri III et d'Henri IV, il est un génie dans les domaines de l'algèbre (extraction des racines), de la trigonométrie et de la géométrie.

Au siècle suivant, à côté de Descartes et de Pascal, évoqués par ailleurs, Pierre de **Fermat** (1601-1665) est le précurseur des découvertes sur le calcul différentiel, les probabilités et la mise en équation des fonctions mathématiques. Mais pris par sa fonction de conseiller au Parlement de Toulouse, il ne publie aucune de ses recherches, qui ne subsistent que sous forme d'écrits épars.

A l'aube du XVIIIe siècle, Antoine **Parent** (1666-1716) est l'un des fondateurs de la géométrie dans l'espace et publie en 1700 des « Éléments de physique et de mécanique ».

Jean le Rond **d'Alembert** (1717-1783), est le plus grand mathématicien français. Il fut élevé par la femme d'un modeste vitrier, après avoir été abandonné sur le parvis de Saint-Jean-le-Rond par sa mère naturelle Madame de Tencin. Il entre à vingt-trois ans à l'Académie des Sciences, publie en 1743 un « Traité de dynamique », puis les « Recherches sur la précession des équinoxes » (1749). Lié au mouvement philosophique et associé à Diderot, il est à l'origine de l'Encyclopédie, y propose une classification des sciences dans son « Discours préliminaire » (1751) et en écrit plusieurs articles.

En 1758, il abandonne l'équipe de l'Ency-

clopédie et se consacre à l'Académie Française, où il a été élu en 1754. Il protège Condorcet, qui est aussi un brillant mathématicien.

La réflexion philosophique de d'Alembert s'inscrit à la fois dans le courant idéaliste croyant en l'autonomie de l'esprit et en la toute-puissance de Dieu, et dans le mouvement de la pensée scientifique affirmant la réalité de la matière et la possibilité d'une connaissance objective.

■ Les sciences de la nature

Durant le XVIIIe siècle, l'esprit scientifique est souvent attiré en France par les phénomènes naturels, de préférence aux techniques appliquées.

Georges Louis Leclerc comte de **Buffon** (1707-1788). Il est le fils d'un conseiller du parlement de Bourgogne. Après avoir d'abord étudié le droit, il s'intéresse aux sciences naturelles, entre à l'Académie des Sciences en 1733 et est nommé intendant du Jardin du Roi en 1739.

Il se lance alors dans une « Histoire naturelle » dont les 36 volumes seront publiés de 1749 à 1789 grâce à la collaboration de minéralogistes, d'anatomistes et de zoologistes (tel Daubenton). Partisan de la méthode expérimentale, il est aussi attiré par l'étude des origines de notre monde et par l'idée de l'évolution des espèces.

Il écrit également un « Essai d'arithmétique morale », entre à l'Académie Française en 1753 et laisse une œuvre de synthèse et de vulgarisation scientifique de haut niveau.

Louis **Daubenton** (1716-1800). Il naît à Montbard, comme Buffon, dont il devient l'ami et le collaborateur. Naturaliste, il introduit en France les moutons mérinos, d'origine espagnole, à la laine fine et recherchée.

■ La Chimie

Louis-Bernard **Guyton de Morveau** (1737-1816) contribue à l'élaboration de la nomenclature chimique avec Lavoisier, Fourcroy, Berthollet (1787). Président du Comité de Salut Public en 1793, il mobilise les scientifiques au service de la production d'armement et est à l'origine, avec Monge, de la création de Polytechnique.

René Antoine Ferchault de **Reaumur** (1683-1757). Il construit vers 1730 le thermomètre à alcool, démontre les conditions de la transformation de la fonte en acier, fonde la métallographie, découvre le verre dévitrifié (« porcelaine de Réaumur »).

Antoine **de Lavoisier** (1743-1794). Né dans une famille de marchands aisés, il suit des études d'astronomie et de chimie et est admis en 1768 à l'Académie des Sciences, après avoir écrit plusieurs opuscules sur l'éclairage de Paris et sur la minéralogie.

On peut le considérer comme le fondateur de la Chimie moderne, par ses études sur la conservation de la matière (« rien ne se perd, rien ne se crée, tout se transforme »), sur

---

Le premier vol

Le premier voyage aérien libre fut effectué par François **Pilâtre de Rozier** (1754-1785) chimiste et physicien qui avait créé à Paris le premier musée des Sciences en 1781 et par le Marquis **d'Arlandes** le 21 novembre 1783, entre le château de la Muette (où se trouvaient Louis XVI et sa Cour) et les Gobelins. Ils avaient pris place à bord du ballon mis au point par les frères Joseph (1740-1810) et Étienne (1745-1799) **de Montgolfier.**

---

l'oxydation des métaux, sur la composition de l'air, de l'eau et du gaz carbonique (1781), et sur la chaleur (menées en collaboration avec Laplace). Il publie en particulier un « Traité sur la chaleur » (1780) et un « Traité élémentaire de chimie » (1789).

Mais Lavoisier est également inspecteur général des poudres, salpêtres et tabacs, ce qui l'amène à améliorer les méthodes de production. Député suppléant aux États Généraux de 1789, il fait partie d'une commission de réforme des poids et mesures en 1790.

Pourtant, pour avoir obtenu une charge de Fermier Général en 1779, il est guillotiné le 8 mai 1794.

Des inventeurs isolés

Le plus célèbre inventeur français de cette période est certainement Denis **Papin** (1647-1714). Il étudie d'abord la médecine, puis publie en 1675 les « Nouvelles expériences sur le vide », améliore les machines pneumatiques, et réalise le « digesteur », ou « marmite de Papin ». Mais protestant, il doit fuir la France après la révocation de l'Édit de Nantes, en 1685.

Il séjourne alors en Allemagne où il met au point diverses machines (ventilateur, souffleur...), et jette les bases du principe de la machine à vapeur ; il fabrique un bateau à vapeur, que détruisent des bateliers et meurt ruiné et dans l'anonymat à Londres, en 1714.

Près d'un siècle plus tard, Claude **Chappe** (1763-1805) crée la télégraphie aérienne, dont la première ligne Paris-Lille fut achevée en 1794 ; son inauguration permit d'annoncer la prise de Condé sur l'Escaut.

Les premiers « économistes »

Les problèmes fiscaux et les obstacles à la libre circulation des marchandises suscitent au XVIIIᵉ siècle le début d'une réflexion économique « libérale ».

Pierre Le Pesant, sieur de **Boisguillebert** (1646-1714). C'est l'un des premiers à avoir réfléchi sur les problèmes concernant l'organisation des échanges, le système fiscal et l'incitation à produire.

Riche marchand de produits agricoles, il est à la fois intendant et lieutenant général, du baillage de Rouen (1690). Il écrit plusieurs ouvrages sur la pauvreté et les difficultés économiques de la fin du règne de Louis XIV : « Le détail de la France » (1699), « Le factum de la France » (1707). Il propose une réforme fiscale plus égalitaire (réduction des impôts indirects, institution d'une taille universelle proportionnelle aux revenus, réforme du système de recouvrement), de façon à relancer la demande intérieure, ainsi qu'une libéralisation du commerce.

François **Quesnay** (1694-1774). La pensée économique en France est dominée au XVIIIᵉ siècle par la personnalité de Quesnay. Issu d'un milieu peu fortuné, il peut toutefois étudier la médecine, et devient chirurgien à Mantes. Il écrit plusieurs ouvrages médicaux dont un « Essai physique sur l'économie animale » (1736). Puis il entre à l'Académie de Chirurgie, enseigne l'usage des médicaments, avant de devenir médecin de madame de Pompadour en 1749 et celui du roi en 1752.

Installé à Versailles, Quesnay y rencontre les « économistes » de son époque et s'inté-

> ### Les physiocrates
>
> D'une façon générale les physiocrates font l'apologie de l'agriculture, des « lois naturelles », de l'économie et du libre échange. Inspirés par la philosophie individualiste et « libérale », ils fondent leur démarche sur l'idée selon laquelle il existe des lois économiques à respecter pour parvenir à l'harmonie sociale.

resse vivement à cette discipline. C'est ainsi qu'il écrit pour Diderot les articles « fermier » et « grains » de l'Encyclopédie (1756-1757). Il publie en 1758 le « Tableau économique », et devient le chef de file de l'école dite « physiocratique » regroupant Turgot, le marquis de Mirabeau, Lemercier de La Rivière, Dupont de Nemours, Le Trosne... Inspiré par ses connaissances sur le fonctionnement du corps humain, Quesnay fournit une description du circuit économique, reliant les trois classes de la société : les agriculteurs (seuls créateurs d'un « produit net »), les propriétaires fonciers (garants d'un ordre social naturel) et les artisans (constituant une classe « stérile »). On fait aujourd'hui de lui l'ancêtre des théories de l'équilibre général et de la comptabilité nationale, voire de la vision marxiste de la reproduction du capital.

> ### Mercantilistes et libéraux
>
> Le libéralisme physiocratique rompt au XVIIIᵉ siècle avec le mercantilisme qui préconise le protectionnisme et la réglementation. Selon les libéraux, l'économie comme la société se portent d'autant mieux que l'on supprime les entraves à la liberté du commerce, pour laisser jouer les « lois naturelles ». Dans le contexte de l'Ancien Régime, cela signifie l'abolition des droits pesant sur la circulation des marchandises, une autre répartition de la charge fiscale, et finalement l'abolition des privilèges liés à la naissance.

La production et les prix

On ne peut dégager pour l'ensemble de la période une tendance nette dans l'évolution économique de la France, car des phases d'essor, de stagnation et de déclin vont se succéder, et l'amélioration du sort des uns se fera le plus souvent au détriment de celui des autres.

Les cycles de la production

On peut distinguer quatre grandes périodes : la seconde partie du XVᵉ siècle marquée par un essor de l'activité ; un XVIᵉ siècle de « stagflation » ; le XVIIᵉ siècle sans croissance ni inflation ; le XVIIIᵉ siècle qui connaît une reprise de la production, accompagnée d'une légère hausse des prix.

▪ Croissance et stagnation

On observe tout d'abord une période de croissance des années 1430-1450 aux années 1500-1520, permise par le retour d'une paix relative à l'intérieur du royaume, par la reprise de la croissance démographique, le « rattrapage » de la productivité, et certaines améliorations techniques dans le domaine non agricole (textile, navigation, extraction et travail des métaux). Cet essor fait place à un palier dans les années 1520-1550 puis à un recul de l'activité. Vers 1560 la crise économique est amplifiée par la crise sociale qu'elle a provoquée : le temps des guerres civiles commence. Elles seront bien plus meurtrières pour les populations et paralysantes pour l'économie que celles des époques antérieures, car sans cesse et partout présentes. La guerre extérieure les accompagnera puis persistera (après le retour de la paix civile au milieu du XVIIᵉ siècle) jusqu'au début du XVIIIᵉ siècle.

On comprend, dans ces conditions, que les deux siècles qui vont des années 1520 aux années 1720 soient, globalement, ceux de la stagnation économique, malgré des périodes de redressement, comme sous Henri IV ou avec Colbert. Cela est d'autant plus lié au rythme des conflits armés que la France est déjà fortement intégrée aux courants d'échanges internationaux, et que ceux-ci souffrent des guerres européennes. Ainsi, on estime le revenu national de la France à environ 1 000 millions de livres tournois en 1600, 900 en 1625, 1 200 en 1650 et 1 100 en 1675 et 1700 : on ne peut à la fois s'entretuer et produire, financer la guerre et l'investissement industriel et agricole.

Pourtant, l'économie française aurait bien besoin d'un effort de modernisation. Dès la fin du XVIᵉ siècle, elle présente par certains côtés les traits d'une économie fragile : elle exporte surtout des blés, du vin et du sel, des draps et des toiles de qualité ordinaire, du pastel, c'est-à-dire essentiellement des produits traditionnels ou des produits primaires qui se vendent à bas prix ; dans le même temps, elle importe des épices (des condiments tels que le poivre, la girofle, le gingembre, la muscade, le sucre, des matières tinctoriales, des produits médicinaux), de l'alun pour fixer les teintures, des draps de laine, des toiles de lin de qualité et surtout des soieries, des matières premières pour l'industrie et la fabrication des armes (acier, étain, plomb, fer-blanc, cuivre, laiton...), de l'or et de l'argent ; il s'agit là de marchandises onéreuses, incorporant davantage de « valeur ajoutée » et de savoir-faire. Bien qu'à la fin du XVIᵉ siècle le solde commercial de la France soit positif, le développement des idées mercantilistes au XVIIᵉ siècle montre l'importance prise désormais par le commerce extérieur.

▪ L'enjeu du colbertisme

C'est ainsi que Colbert s'efforce de développer la production intérieure en créant les manufactures royales (fabriquant des tapisseries, des porcelaines et de la verrerie...), en aidant diverses entreprises (forges, arsenaux, compagnies commerciales), et cherche à développer la marine de guerre et la colonisation : il s'agit d'exporter le plus possible de produits finis, et de réduire les importations de façon à accroître le stock d'or et d'argent national. Mais si l'on assiste dans les années 1660-1672 à une relative amélioration de la situation économique, la reprise des guerres révèle à nouveau les faiblesses structurelles de l'économie française : budget déséquilibré, revenus publics consommés d'avance, production agricole et textile stagnante, déclin des entreprises qui cessent d'être aidées, faillite des compagnies commerciales, mauvaise qualité des produits métallurgiques (fers et aciers).

Ainsi, la fin du règne de Louis XIV est marquée par de grandes difficultés, liées à l'entrée de la France dans la guerre de Succession d'Espagne, et à des conditions climatiques désastreuses (1693-1694, « Grand Hyver » de 1709, 1713) provoquant famines et flambée des prix. Pourtant, avec le retour de la paix les années 1730-1770 sont celles de l'amorce d'une transformation structurelle appuyée sur un essor nouveau de l'agriculture.

▪ La reprise du XVIIIᵉ siècle

L'amélioration de la productivité dans ce secteur permet à la fois de mieux nourrir la population, d'éviter les brutales flambées des prix, et d'élever les revenus des paysans, qui constituent toujours l'écrasante majorité des Français. Les causes de ce renouveau sont mal connues ; il semble que plusieurs facteurs se soient conjugués : un climat qui devient plus chaud et moins humide, une remise en culture de terres abandonnées après la grande mortalité du début du siècle (entre 10 et 20% de la population avait disparu, à cause des guerres, des famines et de la peste), l'utilisation plus fréquente du fer dans l'outillage, un accroissement de la culture fourragère et de maïs (permettant de développer l'élevage et de disposer de plus d'engrais), un attrait plus grand pour l'agronomie, comme en témoigne l'épanouissement de la pensée physiocratique. La croissance des revenus agricoles permet ainsi d'élargir le marché intérieur pour les producteurs d'outils nécessaires au travail des champs, pour les fabricants du textile et pour l'ensemble des corps de métiers.

Toutefois, ce mouvement va être remis en cause par une succession de mauvaises récoltes dues aux conditions météorologiques qui redeviennent difficiles au début des années 1770. Si cela ne provoque pas de famines comparables à celles du début du siècle, il n'en reste pas moins que la baisse des revenus est sensible et rend à nouveau insupportable le poids de la fiscalité royale comme celui de la rente due aux propriétaires du sol ; de plus, ceux-ci, atteints également dans leurs revenus, cherchent à utiliser pleinement tous leurs droits, y compris ceux qui font référence au lointain passé. Cette « réaction seigneuriale », qui atteste la réalité de l'héritage féodal à la veille de la révolution, aggrave la tension sociale et tend à radicaliser la crise économique. Elle prend une ampleur nouvelle avec le traité commercial franco-anglais de 1786, qui réduit les droits de douane et qui favorise les importations de textiles anglais : le chômage se développe et constitue une cause supplémentaire du mécontentement à l'origine de la Révolution de 1789.

La révolution des prix

Le début de cette période est marqué par la « révolution des prix » qui se produit dès la fin du XVᵉ siècle. Nous avons vu qu'au XIVᵉ siècle déjà l'évolution divergente des prix des céréales et de ceux des autres produits, avait provoqué des bouleversements dans le monde de la production, et dans les conditions concrètes d'existence des divers groupes sociaux.

Ces phénomènes se reproduisent dans le

dernier quart du XVe siècle, et s'amplifient au XVIe siècle avec le choc considérable constitué par l'afflux massif d'or et d'argent provenant des colonies ibériques d'outre-Atlantique, choc qui provoque une forte hausse des prix qui ne cesse qu'au début du XVIIe siècle.

■ La grande inflation du XVIe siècle

Ainsi, l'indice du coût de la vie, établi à partir d'un budget alimentaire caractéristique du XVe siècle, et pour une base 100 en 1464, atteint 129 en 1499, 171 en 1519, 219 en 1533, 342 en 1547. Mais la hausse des prix touche inégalement les différents produits : ainsi le prix du mouton et du vin est multiplié par 1,4 entre 1510 et 1540, celui du charbon par 1,6 ; des œufs par 1,8, de la toile par 1,85, de l'huile par 1,9, des tuiles par 2, du blé par 2,2 et du bois par 2,4 ; de même, pour un indice 100 en 1540, on obtient en 1580 l'indice 182 pour le bois, 235 pour la toile, 248 pour le vin, 249 pour les œufs, 262 pour le mouton, 284 pour le blé, alors que les prix de certains produits industriels comme le charbon, les tuiles, le plâtre sont multipliés par près de 3.

L'augmentation de la masse monétaire (qui double en France de 1550 à 1600) ne rend compte que partiellement de cette inflation, puisque ses débuts lui sont antérieurs. De plus, si elle était seule en cause, les prix n'auraient pas autant augmenté, et cette hausse aurait dû être la même pour tous les produits.

En réalité, l'origine de l'inflation du XVIe siècle réside dans l'épuisement des facteurs de la croissance du second XVe siècle : la remise en culture des bonnes terres abandonnées est terminée, ce qui provoque un plafonnement de la production globale et une baisse de la productivité quand on cherche à produire davantage. Ce phénomène est aggravé par le déclin de l'élevage, le morcellement des exploitations, les ventes de terre à la bourgeoisie des villes, les restrictions que l'aristocratie foncière apporte aux anciens droits d'usage sur les surfaces non cultivées et qui limitent les ressources de la petite paysannerie parcellaire.

Mais d'autres éléments vont concourir à la hausse des prix agricoles : l'augmentation du loyer de la terre redevenant rare, relativement à une population croissante, la pénétration du capital marchand dans la commercialisation des produits alimentaires, l'alourdissement des coûts de transports, provoqués par l'essor de la demande urbaine souvent lointaine, la spéculation sur les cours des denrées (des gros producteurs préférant stocker en attendant la hausse ou vendre à l'étranger).

Ce phénomène est signalé à cette époque par Jean Bodin, dans sa « Réponse au paradoxe du Sieur de Malestroit », dans laquelle il explique la hausse des prix principalement par l'afflux de métal en provenance d'Amérique, mais aussi par le comportement inflationniste et spéculatif de ses contemporains.

Si les prix des denrées alimentaires augmentent, cela va entraîner la hausse (bien que beaucoup plus faible) des salaires industriels et, de proche en proche, celle de tous les produits. Elle va être de plus accentuée par le développement des échanges internationaux qui offrent sur le marché des produits nouveaux et chers, et qui captent la demande des milieux favorisés ; dans ces conditions l'artisanat traditionnel cherchera à se spécialiser dans les produits de luxe, d'autant plus que la hausse des prix agricoles réduit le pouvoir d'achat des classes moyennes en autres produits ; cela diminuera ainsi l'offre des biens de consommation courante et en augmentera le prix.

Dans ce contexte, l'augmentation de la circulation monétaire ne peut que conduire à une inflation galopante face à un appareil productif peu dynamique.

Que la guerre survienne, provoquée en grande partie par ces difficultés économiques, et la crise s'amplifie : la production agricole diminue, le poids de la fiscalité augmente, l'effort productif porte sur l'armement, la pénurie s'installe et les prix montent : on a là le tableau des périodes tragiques du second XVIe siècle, de la Fronde des Princes, et des aventures étrangères de Louis XIV.

■ Les fluctuations de prix aux XVIIᵉ et XVIIIᵉ siècles

Si les prix cessent d'augmenter fortement et régulièrement aux XVIIᵉ et XVIIIᵉ siècles, l'afflux de métal se ralentissant après 1600, ils n'en connaissent pas moins des oscillations parfois très amples, fonction de la conjoncture politique, militaire et climatique.

C'est ainsi que durant le règne de Louis XIV le dynamisme des grandes exploitations est d'abord freiné par la baisse des prix agricoles (1650-1675 environ). Les mauvaises récoltes des années 1677-79, 1681 et surtout 1684 provoquent ensuite une flambée des prix alimentaires. Puis, à nouveau les récoltes de 1691-93 sont déplorables. Entre 1688 et 1694 les prix sont multipliés par cinq ou six, parfois plus. Or, ces hausses de prix reflètent l'insuffisance de nourriture et ne bénéficient pas aux petits paysans incapables de nourrir leurs familles, alors que les salaires ne suivent pas les hausses de prix. La situation devient même catastrophique après le « Grand Hyver » de 1709-1710.

Pourtant tout le monde ne perd pas à ce jeu, car les gros exploitants s'en sortent mieux que les petits, les propriétaires du sol en tirent toujours une rente, et les spéculateurs comme les grands négociants peuvent vendre les denrées là où les prix sont les plus élevés. D'une façon plus générale, les distorsions de prix relatifs creusent les écarts de revenu entre les différentes catégories sociales, et les différents producteurs.

En revanche, les « bons prix » du milieu du XVIIIᵉ siècle semblent correspondre à une « inflation rampante » de croissance, reflétant le dynamisme de l'économie, sans effets pervers significatifs.

Ce ne sera pas le cas des flambées de prix agricoles consécutives aux mauvaises récoltes de 1788-1789, réduisant le pouvoir d'achat des artisans et salariés, et étendant ainsi la crise à l'ensemble de l'économie.

Charrue à trois socs, XIVᵉ siècle
Jacques Besson : « théâtre des instruments mathématiques et méchaniques ». Lyon, 1578.

Les marchands

Moins dynamiques que les Italiens, les Hollandais, les Allemands ou les Anglais, les marchands français se mêlent peu au grand commerce international et sont attirés par le mode de vie somptuaire de la noblesse.

L'attrait considérable pour les fonctions liées au développement de l'appareil d'Etat, et le système fiscal dissuasif expliquent en grande partie le faible dynamisme commercial et productif de la bourgeoisie française, qui subsistera à travers les siècles. L'« esprit d'entreprise » qui dans le même temps va éclore en Hollande et en Grande-Bretagne, favorisé pour une grande part par les révolutions politiques et religieuses, fait cruellement défaut à ceux qui, en France, possèdent l'instruction ou des moyens financiers permettant d'envisager une prise de risques. Le meilleur exemple est fourni par le destin des manufactures aidées par l'Etat au temps de Colbert, et qui périclitent dès que les subventions se font rares.

■ Des placements peu productifs

Au XVᵉ siècle pourtant, certains ont osé se lancer dans l'aventure commerciale, et réussi à amasser une énorme fortune. C'est le cas de Jacques Cœur, dont le destin illustre cependant la précarité de ces entreprises (voir pp. 136-137). Mais bien vite, ceux qui s'enrichissent sont surtout des financiers, vivant dans l'entourage royal, et qui consacrent une partie de leur revenu à faire construire ou à acquérir de somptueuses résidences : Langeais est dû à Jean Bourré, notaire et trésorier de Louis XI, Chenonceaux à Thomas Bohier, receveur des finances de Charles VIII, Louis XII et François 1ᵉʳ, Azay-le-Rideau au financier Gilles Berthelot, Cheverny à Philippe Hurault, Villandry à Jean Le Breton, Vaux-le-Vicomte (qui donna à Louis XIV l'idée et le désir de construire Versailles) à Fouquet, surintendant des Finances.

D'une façon plus générale, les placements financiers, surtout auprès des grands, apparaissent comme plus rentables et plus sûrs, dès la fin du XVᵉ siècle. Or ceux qui prêtent sont les marchands, seuls susceptibles de collecter des fonds suffisants. Cette spéculation financière se fait donc au détriment de l'investissement dans le commerce ou la production, et conduit de plus en plus à la ruine de ceux qui ont mal placé leur confiance : ainsi les financiers génois ou la famille des Fugger dilapident leurs richesses en avançant de l'argent aux rois d'Espagne, Charles Quint et Philippe II qui, acculés à la banqueroute malgré l'afflux de métal des colonies américaines, suspendent le remboursement de leur dette, ou l'effectueront en monnaie de singe. Pourtant, ceux qui sont lésés sont amenés à reconduire leurs prêts, en espérant contribuer au redressement financier de leurs prestigieux débiteurs. La situation est comparable à celle de certains pays sous-développés, sur-endettés, bien que producteurs de pétrole, qui aujourd'hui envisagent de ne pas rembourser leur dette extérieure et que les nations « riches » continuent de soutenir financièrement pour éviter une situation encore plus grave.

Mais la France ne connaît pas, Jacques Cœur excepté, de grandes familles ou entreprises marchandes ou financières, comparables à celles des Fugger, Welser, Schatz, Haug, Imhof, Scheuerl en Allemagne, ou à celle des Médicis, Spinolas, Strozzi, Baldini, Bonvisi, Frescobaldi, Chigi en Italie.

■ Un faible attrait pour l'extérieur

Elle ne voit pas non plus se constituer une organisation commerciale comme la Hanse

La galerie du Palais.
La société féodo-marchande est marquée par le développement du commerce et d'une économie d'échange, qui n'est vraiment lucrative pour les marchands que s'ils s'adressent à l'aristocratie foncière ou urbaine à la recherche de produits de luxe. (Estampe par Abraham Bone. Bibliothèque nationale, Paris.)

germanique qui règne du XIIIᵉ au XVIᵉ siècle sur la Baltique, ni prospérer les compagnies commerciales spécialisées dans le commerce lointain, comme celles des Hollandais et des Anglais : ainsi la Compagnie Française des Indes Orientales, créée par Colbert en 1664, et bénéficiant du monopole de navigation, de la concession de terres (comme Madagascar), de la protection par la marine royale et d'autres avantages, n'a jamais connu l'essor de ses concurrentes étrangères ; elle rencontre de sérieuses difficultés durant les années 1680, et disparaît en 1719.

La France n'a pas non plus de place financière comparable à Amsterdam (dont la banque est créée en 1609) ou Londres (qui crée la sienne en 1694) : ce n'est qu'en 1800 que Napoléon, constatant l'absence d'établissement bancaire en France, fonde la Banque de France. Jusque-là seule Lyon, proche de l'Italie, de l'Allemagne et de la Suisse, aura joué le rôle de place financière internationale, en raison surtout de la présence de marchands et de banquiers étrangers.

Il existe pourtant des marchands français qui ne se limitent pas au commerce intérieur.

La prospérité des grands ports tels que Rouen, Le Havre, Nantes, Bordeaux, La Rochelle, en témoigne. Ils se spécialiseront dans le commerce du vin avec l'Angleterre, et s'intégreront au commerce triangulaire avec l'Afrique pourvoyeuse d'esclaves à destination de l'Amérique et des Antilles consommatrices de cette main-d'œuvre et exportatrices de sucre et de denrées tropicales.

Mais avant la fin du XVIIIᵉ siècle on ne peut considérer que cette classe ait joué un rôle actif majeur dans les transformations économiques de la France ou contribué à dynamiser la société française. Elle n'est constituée, pour l'essentiel, que de simples intermédiaires ne créant ni liaisons commerciales nouvelles, ni sources originales de profit (mis à part ceux réalisés dans le commerce des esclaves). Elle ne favorise donc pas le développement de nouveaux rapports de production, ni la fabrication de nouveaux produits, comme le font les importateurs anglais de coton, suscitant une nouvelle activité, de nouvelles techniques de production qui sont à l'origine du capitalisme industriel.

Un marchand d'exception :
Jacques Cœur

La réussite de Jacques Cœur constitue une exception — certes particulièrement notable — dans l'histoire des entreprises commerciales françaises précapitalistes.

Né vraisemblablement en 1395, dans une famille de marchands pelletiers installée à Bourges, il réussit à amasser une fortune considérable, qui en fait un des plus riches Français de tous les temps. Vers 1450, il possède une flotte commerciale, des comptoirs et résidences dans les principales villes du royaume (Paris, Lyon, Marseille, Montpellier, Narbonne, Angers...), des mines d'argent et de cuivre dans le Lyonnais, une liste impressionnante de propriétés foncières — terres et chatellenies — principalement dans le centre de la France, et a entrepris la construction de son célèbre palais de Bourges, considéré comme le chef-d'œuvre de l'architecture civile pré-Renaissance en France.

Le secret de son succès réside à la fois dans son sens aigu des affaires, dans sa connaissance des pratiques financières, dans son opportunisme permanent et dans sa proximité du milieu royal : cela lui permet d'exercer des fonctions diverses et parfaitement complémentaires.

■ Son chemin de Damas

Sa première décision heureuse est d'épouser la fille du prévôt de Bourges, Macée de Léodepart, cette ville devenant le centre politique et le dernier bastion de la France fidèle au futur Charles VII, dans les années 1420. Durant cette période, il s'associe pour tenir la frappe des monnaies à Bourges, et est d'ailleurs condamné à payer une forte amende pour avoir émis des pièces ne contenant pas la teneur légale en argent. Cette affaire de mauvaise monnaie l'amène à chercher d'autres formes d'enrichissement, et il effectue vers 1430 un voyage au Moyen-Orient (dans le même temps où Jeanne d'Arc venait

à Bourges convaincre Charles VII d'entreprendre la reconquête du royaume). Il découvre en Égypte, à Damas, à Chypre, une intense activité commerciale internationale, des marchands venant de tout le pourtour méditerranéen (la France exceptée), des produits provenant d'Afrique et d'Asie, et d'autres importés d'Europe. Il comprend alors que le seul commerce véritablement lucratif est celui qui déplace des marchandises relativement abondantes dans un pays pour les vendre beaucoup plus cher là où elles sont rares.

Rentré en France, il se lance dans le grand commerce international, exportant de France des draps et couvertures, des armes, du bois, des métaux industriels, et de l'argent (qui s'échange en Orient contre un poids égal d'or, alors qu'en Europe l'or vaut le double de l'argent). Il importe de la laine et de la soie, du coton et des tapis, des pierres et des perles, des épices alimentaires ou pharmaceutiques, du savon, des colorants, du vin et des fruits confits, même des plumes d'autruches, pour orner les haumes des tournoyeurs !

■ Marchand, banquier, conseiller et diplomate

Tous ces produits s'adressent, bien sûr, à une clientèle française fortunée, que Jacques Cœur réussit à toucher en devenant fournisseur de la Cour. Mais il doit aussi, pour s'attacher la faveur des grands, devenir leur créancier : c'est ainsi qu'il prête de l'argent à la reine de France elle-même et à sa fille, au comte du Maine, au Batard d'Orléans, au comte d'Armagnac, au comte de Foix, à Poton de Xaintraille, maréchal de France, à Gaspart Bureau, maître de l'artillerie royale, et à bien d'autres nobles, officiers royaux ou marchands. On voit apparaître ainsi les limites de ce trafic (puisque le vendeur doit contribuer à financer ses acheteurs !) ; on comprend ainsi comment Jacques Cœur peut acquérir autant de biens immobiliers, souvent bradés par une noblesse à court de liquidités. Pour parvenir à ses fins, Jacques Cœur a su se procurer une série d'atouts économiques et de protections politiques : ses mines lui fournissent des métaux pour l'exportation, la faveur dont il jouit auprès du roi, qui en fait son grand Argentier, lui permet d'être investi de missions diplomatiques comme celle qu'il mène auprès du Pape Eugène IV ; il obtient ainsi l'autorisation de l'Eglise de commercer avec les infidèles, mais aussi celle du sultan d'Egypte de séjourner dans ses ports. Introduit au Conseil du Roi, il participe à l'élaboration de la réforme des finances et de l'armée, et cherche à limiter les péages intérieurs ; visiteur général des Gabelles en Languedoc, il est chargé de l'installation du nouveau Parlement de cette province. Toutes ces tâches ne sont pas bénévoles : elles lui apportent un revenu direct en tant que serviteur du roi, mais aussi des protections et nouvelles ouvertures commerciales. De même, s'il avance 200 000 écus d'or à Charles VII pour reconquérir la Normandie en 1450, il s'empresse, sitôt Rouen reprise, d'ouvrir une maison de commerce dans cette ville.

■ Un destin romanesque

Mais son extraordinaire ascension sociale et économique, son anoblissement et son influence auprès du roi ne peuvent que lui attirer jalousie et hostilité. Ceux qui ont intérêt à sa perte obtiennent de Charles VII son emprisonnement en 1451, et la confiscation de ses biens : on l'accuse d'abord d'avoir fait empoisonner Agnès Sorel, maîtresse du roi, puis cela s'avérant sans fondement, de diverses fautes (comme d'avoir battu de la fausse monnaie vingt ans auparavant, d'avoir vendu des armes aux musulmans, d'avoir abusé de ses fonctions...). Condamné à une humiliante

amende honorable devant le roi et à payer une somme exorbitante pour recouvrer sa liberté, il réussit à s'évader de prison en 1453, se réfugie à Rome, où le Pape le protège et lui confie le commandement d'une flotte allant combattre les Turcs qui viennent de prendre Constantinople. Il meurt durant cette expédition dans l'île de Chio en 1456.

Navire aux armes de **Jacques Cœur.**
L'essor du grand commerce international fut favorisé à la fin du XVᵉ siècle par la découverte de nouvelles routes maritimes. Mais déjà, des marchands comme J. Cœur sillonnaient la Méditerranée et faisaient connaître en Europe les produits orientaux. (Vitrail à l'Hôtel Jacques-Cœur à Bourges.)

L'« esprit d'entreprise » en France

Il faut attendre le XVIIIᵉ siècle pour que la France connaisse une mutation profonde sur le plan idéologique, politique et économique qui culminera avec la révolution de 1789.

■ **Catholiques et protestants**

Le manque d'« esprit d'entreprise » de la bourgeoisie française peut s'expliquer en partie par le rôle de l'Église catholique : elle défend les vieilles classes propriétaires du sol et le pouvoir politique conservateur, condamne les pratiques financières, magnifie la charité et les actes gratuits. En revanche, la rupture avec Rome s'est accompagnée en Angleterre de transformations fondamentales dans les structures sociales : c'est ainsi que la confiscation des terres de l'Église, au XVIᵉ siècle, a ouvert la voie à une autre forme de mise en valeur du sol, qui rompt avec les rapports féodaux et favorise la prolétarisation d'une partie de la population agricole ; de même l'esprit de la religion nouvelle va dans le sens de l'individualisme, d'un ascétisme privilégiant l'épargne au détriment de la consommation, l'investissement productif aux dépens des dépenses artistiques et somptuaires. On peut ainsi opposer le puritain anglais, besogneux et austère, au prince catholique, batailleur et mécène oisif...

En France (excepté durant le règne d'Henri IV où ses conseillers huguenots comme Sully, Laffémas ou Olivier de Serres contribueront au redressement économique du pays), la victoire des forces catholiques dans la seconde moitié du XVIᵉ siècle, et celle du pouvoir absolutiste au XVIIᵉ renforcent la prépondérance de la noblesse traditionnelle. D'abord frondeuse, elle est attirée ensuite par la vie de cour lénifiante et luxueuse. Ce mode de vie attire de plus une partie importante de la bourgeoisie qui rêve d'accéder à la noblesse et cherche à s'enrichir en servant le roi, la cour ou les grandes institutions de l'État.

Mais cette différence d'attitude ne peut se réduire à un problème de religion. Ce comportement n'est qu'un moment de l'histoire dialectique des sociétés et s'explique lui-même par la nature de l'organisation économique dominante et par les opportunités qu'elle offre à l'initiative individuelle.

■ **Le traditionalisme français**

Prisonniers d'un marché intérieur étroit, atrophié par le poids d'un prélèvement fiscal destiné principalement à entretenir l'effort de guerre, les alliances extérieures et une noblesse improductive, dominés sur les mers par les Hollandais et les Anglais, les milieux marchands et financiers français ont donc, en définitive, peu de moyens, d'occasions et de raisons d'investir dans la production.

Jusqu'à ce que la Révolution française bouleverse les fondements politique, juridique, économique et idéologique de la société française, on peut donc bien la définir comme à la fois féodale et marchande : le secret des nouvelles fortunes réside dans le grand commerce et les plaisirs comme les honneurs s'achètent désormais ; l'acte gratuit et l'échange non marchand tendent à disparaître de ce monde mercantile. Mais la place de l'aristocratie et l'enseignement d'une Église catholique traditionaliste restent prépondérants ; le prestige de la noblesse et l'attrait des fastes de la vie princière continueront d'exercer leurs effets jusqu'à l'époque napoléonienne ; l'organisation du monde de la production est encore à la fin du XVIIIᵉ siècle dominée par l'héritage des temps féodaux.

La paysannerie et l'artisanat

Formant la grande masse des travailleurs productifs, paysans roturiers et artisans constituent un monde hétérogène, les premiers étant soumis aux aléas démographiques, et les seconds à la hiérarchie malthusienne des corporations.

La paysannerie roturière

Nous avons déjà fait allusion à la condition de la paysannerie roturière, en évoquant les conséquences de la crise du XIVᵉ siècle (voir page 78-81) : les ravages causés par les épidémies ont renversé les rapports de force entre propriétaires du sol et tenanciers, et entre demandeurs de travail et salariés agricoles ; leur nombre tend à s'accroître, car la main-d'œuvre est devenue plus rare et le versement de « bons salaires » est une façon de l'attirer. Les bénéficiaires des temps d'après la peste sont donc les « prolétaires » des campagnes (tant que la croissance démographique n'aura pas repris), dont les salaires se rapprochent de ceux des manœuvres urbains au début du XVᵉ siècle.

Les autres gagnants de la période sont les tenanciers d'exploitations de grandeur moyenne qui n'ont pas à utiliser une main-d'œuvre coûteuse, à la différence des grands propriétaires. Le bas prix de la terre leur permet de plus de ne payer qu'un loyer peu élevé, et pour les plus aisés, de racheter des parcelles qui sont devenues d'un rapport insuffisant pour leurs anciens propriétaires.

■ Vers des temps difficiles

Mais cet « âge d'or » des paysans sans terre et des petites exploitations est de courte durée : vers le milieu du XVᵉ siècle, la remontée démographique, la remise en culture des terres délaissées, la hausse des prix des grains (provoquée par la baisse de la productivité et la reprise de la demande urbaine) vont remettre en cause cette relative prospérité ; les salaires agricoles stagnent et leur pouvoir d'achat diminue, les restrictions aux anciens droits d'usage privent les plus pauvres de ressources d'appoint et poussent les ruraux vers les villes, où ils pèseront sur les salaires urbains.

Au total, les XVIᵉ et XVIIᵉ siècles sont des temps difficiles pour la paysannerie ; elle subit à la fois la hausse des prix non agricoles, celle de la rente due aux propriétaires du sol, l'alourdissement des impôts, les destructions dues aux guerres et aux passages des armées, et plus tard la conscription. Il faut attendre le renouveau agricole du XVIIIᵉ siècle pour assister à une réelle amélioration de la condition des petits agriculteurs : durant les années 1730-1770 environ, on assiste en effet à un accroissement sensible de la production et du revenu agricoles, dû à de nouveaux défrichements, à l'amélioration de l'outillage, au développement de l'élevage et de nouvelles espèces végétales (maïs) et à un climat plus clément.

Les artisans

Les artisans ont toujours existé en milieu rural, dans le cadre de l'antique grand domaine, du petit bourg ou du grand village. Mais, depuis l'essor urbain des XIᵉ-XIIIᵉ siè- cles, le développement et la diversification de ces métiers non agricoles se sont effectués dans le cadre de la ville. L'organisation des corps de métier est d'abord destinée à permettre la reconnaissance des professions, leur insertion dans le pouvoir municipal et à garantir la qualité de leurs services. Mais la réglementation devient aussi un moyen de protection contre les nouveaux arrivants cantonnés dans les faubourgs, et permet la défense des avantages acquis, en limitant le nombre d'artisans ayant le droit d'exercer chaque profession et en définissant strictement la tâche correspondant à chacune d'entre elles. De plus, ces métiers sont insérés dans une stricte hiérarchie, dont le sommet forme une élite de privilégiés, largement représentée dans les conseils municipaux ; reconnue par le pouvoir politique, elle constitue une partie de ce qu'il est convenu d'appeler la « bourgeoisie d'Ancien Régime ». La base de cette pyramide forme au contraire le petit peuple des villes, souvent mal rémunéré, fréquemment méprisé, prompt à se révolter contre l'aristocratie urbaine ou le fisc royal, prêt à suivre un meneur convaincant, qu'il s'appelle Étienne Marcel, Jean-Sans-Peur, Guise ou Condé.

■ La diversité des métiers

Un exemple de cette diversité des métiers, et de la place reconnue à chacun d'eux peut être donné par l'ordre de marche qui doit être strictement respecté lors des processions à la fois religieuses et professionnelles qui ont lieu une ou plusieurs fois par an dans la plupart des villes. Ainsi, au Puy, au début du XVIIe siècle, l'ordonnancement est le suivant : viennent immédiatement derrière les emblèmes religieux les porte-faix et autres travailleurs rétribués à la tâche, puis les jardiniers, les meuniers, les laboureurs, les charpentiers et les maçons, les bouchers et gardiens de chèvres, les tisserands, les tondeurs, les fabricants et vendeurs d'épingles, les selliers et fabricants de bâts pour bêtes de somme, les chirurgiens, les serruriers, maréchaux ferrants, armuriers et couteliers, les boulangers et pâtissiers, les fabricants de ceintures et les fondeurs de métaux, les bonnetiers et les chapeliers, les blanchisseurs, les tanneurs et les cordonniers, les aubergistes et cabaretiers, les potiers et fabricants de brides de cuir, les producteurs de sel, les marchands de fer, les orfèvres, les apothicaires, les merciers (qui

vendent une multitude d'articles non alimentaires), les notaires, les drapiers, les procureurs, et enfin, fermant la marche, les avocats, médecins et bourgeois (au sens de riches rentiers).

Les métiers sont en réalité encore plus nombreux, car ne figurent pas dans cette longue énumération, les divers métiers d'art (tels que l'horlogerie, la sculpture, la peinture...) ni la multitude des métiers du textile (cardage, peignage, filage, ourdissage, canetage, foulage, teinture...), qui sont presque toujours exercés par des travailleurs différents.

■ Le conservatisme des corporations

Ce particularisme des corporations, illustré encore par la spécificité des blasons et emblèmes propres à chacune d'entre elles, se renforce par la hiérarchie des statuts sociaux à l'intérieur des métiers : maître artisan, tendant à transmettre héréditairement son savoir et sa propriété (échoppe et outils de travail), ouvriers et apprentis, très sensibles, eux, aux fluctuations des prix agricoles et dont les salaires varient considérablement suivant les professions, les fluctuations démographiques, et le comportement de leurs employeurs. Ce dernier a d'autant plus d'importance qu'une partie de la rémunération des compagnons-artisans est constituée de prestations en nature (gîte, nourriture...).

D'une façon générale, cette hétérogénéité du monde des métiers renforce le côté fermé et protectionniste de l'artisanat et s'oppose aux transformations techniques qui exigent une redéfinition des tâches et un regroupement des activités. Même dans les manufactures, on assiste le plus souvent à une simple juxtaposition dans un même lieu de travaux complémentaires, et non à une autre forme de division technique et sociale du travail. Ce n'est pas un hasard si les premières étapes de la « révolution industrielle » anglaise de la fin du XVIIIe siècle se produisent dans le secteur cotonnier, activité nouvelle, concurrençant de l'extérieur l'industrie lainière traditionnelle et contournant par-là les obstacles constitués par l'organisation corporatiste malthusienne et conservatrice de ce secteur.

Les officiers

La vénalité des offices, moyen pour l'Etat de se procurer des ressources, toujours insuffisantes, crée un corps d'officiers attaché à la monarchie, mais surtout soucieux de ses propres intérêts.

Spécifique à la société française, la bourgeoisie d'Office va jouer un rôle particulièrement important durant cette période. Son développement est étroitement lié à l'affermissement du pouvoir royal et à la formation d'un appareil d'Etat. Il s'explique en effet par le besoin structurel d'argent des rois de France, mal satisfaits par le système fiscal frappant les plus pauvres et bénéficiant en partie aux intermédiaires-collecteurs d'impôt : de ce fait, du XVIᵉ siècle jusqu'à la Révolution de 1789, les finances publiques sont en perpétuel déficit, les dépenses étant effectuées sans tenir compte des ressources fiscales. L'État vit donc d'expédients, empruntant aux financiers, et vendant des charges à la bourgeoisie d'office. Mais cela permet également aux souverains de s'attacher la fidélité d'une partie de la bourgeoisie, et d'isoler ainsi un peu plus la grande noblesse volontiers frondeuse.

■ Les agents de l'Etat

De 1515 à 1665, le nombre de familles d'officiers (magistrats, avocats et juristes divers) est passé d'environ 5 000 (plus 20 000 familles de soldats) à environ 80 000 (plus 50 000 familles de soldats), chiffres qu'il convient de multiplier par 5 pour avoir une idée approximative du nombre d'individus vivant d'une activité liée à celle de l'Etat. Il s'agit principalement de métiers juridiques (magistrats, avocats, notaires...) ou financiers (receveurs, contrôleurs, huissiers, sergents, commis, employés de ferme...).

A la tête de l'administration financière se trouve le groupe parasitaire constitué par les fermiers généraux. Regroupés en compagnies, ils perçoivent les impôts au nom du roi, fournissent souvent l'armée et la marine en armes, nourriture et matériels divers. Ils rendent certes d'éminents services aux souverains, en leur assurant des rentrées d'argent rapides et en leur avançant des sommes importantes, mais à un coût particulièrement élevé pour les contribuables qui supportent le poids de leur rétribution. En butte à l'hostilité populaire, ils seront assimilés aux « accapareurs » et « spéculateurs » durant les années révolutionnaires, ce qui leur vaudra d'être poursuivis comme « suspects » : ce sera le cas de Lavoisier guillotiné en 1794.

■ Des activités lucratives

Ces familles de financiers, fréquemment liés entre eux par des mariages, sont aussi associées à certains grands noms du royaume membres de la noblesse de Cour, du haut clergé ou ministres du roi. Ceux-ci leur prêtent les fonds nécessaires pour se lancer dans leurs entreprises, leur obtiennent les charges et touchent à leur tour les dividendes de ces opérations : c'est le cas de Mazarin, de Colbert, de Turenne, du Chancelier Séguier, de la duchesse de Longueville, de Fouquet... qui savent se créer, ou faire prospérer une immense fortune personnelle.

Le service de l'Etat est peut-être une vocation pour certains d'entre eux, mais n'est jamais désintéressé, et tend parfois à se rapprocher d'une forme de racket organisé ou toléré par le pouvoir politique. Ces ministres, ces financiers et cette noblesse savent se mettre à l'abri de la crise économique, mais contribuent aussi à l'aggraver en détournant les énergies d'activités productives plus risquées et en détournant vers des usages improductifs des sommes importantes.

Au total cette « bourgeoisie d'Ancien Régime » n'apparaît pas comme une force progressiste, et encore moins révolutionnaire.

Le clergé et la noblesse

Malgré quelques concessions fiscales, le clergé et la noblesse restent les deux ordres favorisés, détenant l'essentiel des terres, bénéficiant d'un statut particulier, et sachant défendre leurs privilèges jusqu'en 1789.

Le clergé

La catégorie sociale dont la place dans la société française est la moins bouleversée est sans doute le clergé, au contraire des autres grands pays d'Europe du Nord. En Allemagne, en Suisse, aux Pays-Bas, en effet, l'autorité de l'Église est ébranlée par l'essor de la Réforme protestante. En Angleterre, Henri VIII rompt avec Rome et l'énorme superficie des terres d'Église est vendue au profit de la couronne ou distribuée à l'aristocratie fidèle au roi. A l'inverse, l'instauration d'un pouvoir monarchique unique et fort se fait en Espagne en liaison étroite avec le renforcement du rôle de l'Église catholique, cherchant à éliminer définitivement Juifs et Musulmans de cet ancien « royaume des trois religions » : en 1492, les Espagnols prennent Grenade, dernier califat arabe, expulsent les Juifs... et « découvrent » l'Amérique.

■ Le catholicisme triomphant

En France, les guerres de Religions déchirent bien le pays, mais l'Église catholique en sort peu atteinte. Des ventes de biens appartenant au clergé ont pourtant lieu sous Charles IX et Henri III, de 1563 à 1588, pour renforcer le trésor royal. Mais les premières terres vendues sont rachetées par l'Église, alors que les autres aliénations servent en fait à financer la guerre contre les huguenots. Au total, les terres perdues par l'Église représentent moins de 10% du territoire national et ce sacrifice est le faible prix payé pour la défense de l'essentiel : la France reste catholique, le clergé maintient ses privilèges, la morale traditionaliste triomphe et trouve un nouveau souffle avec le jansénisme.

■ Le poids de l'Église

En 1789, le clergé possède environ 10% des terres, alors que la population religieuse est constituée d'à peu près 130 000 personnes (soit environ 2% de la population française) dont la moitié appartient au clergé régulier (aux deux tiers féminin), le nombre de prêtres composant le haut clergé étant inférieur à 8 000.

La noblesse

Le sort de la noblesse reste favorable durant toute la période puisqu'il faut attendre la nuit du 4 août 1789 pour que soient abolis les privilèges attachés à cette classe. Sur le plan économique elle dispose du quart environ de la superficie du royaume et bénéficie d'une quasi-exemption fiscale et des revenus provenant de la propriété du sol et des rapports féodaux. Si la majorité des anciens droits a désormais pris la forme de taxes et redevances en argent, ils constituent une source de revenu encore considérable à la veille de la Révolution, bien que très différents d'une région à l'autre, voire d'un domaine à l'autre : les estimations de la part des revenus liés aux droits féodaux dans le revenu total des seigneuries font apparaître une fourchette qui va d'environ 10% à plus de 60%.

Mais que ces revenus proviennent des reliquats du servage ou de la simple propriété du sol, le résultat est le même : ils bénéficient, d'une façon ou d'un autre, de l'héritage de la société féodale qui en fait la classe privilégiée. De plus, l'appartenance à la noblesse donne accès à des postes élevés dans la hiérarchie militaire ou ecclésiastique et, éventuellement, à la cour du roi. Elle permet à certains de bénéficier de pensions qui entretiennent leur train de vie et récompensent les fidèles courtisans. Etre noble c'est aussi être cultivé, raffiné, respecté, et continuer à exercer, surtout dans les campagnes, un pouvoir de justice ou de conseil, qui subsistera en fait bien longtemps après que la Révolution l'ait aboli en droit.

■ La diversité des situations

Bien sûr, la situation d'un petit seigneur campagnard n'est pas comparable à celle d'un membre de la famille du roi, ou d'un prince régional, et toute la noblesse française ne vit pas à Versailles au frais des contribuables roturiers. Bon nombre de ces petits nobles de province sont amenés à vendre au moins une partie de leurs terres et rêvent de voir leurs fils accéder à une modeste place de sous-officier dans l'armée du roi.

De plus, les nobles adeptes de la Réforme courrent le risque d'être assassinés la nuit de la Saint-Barthélémy, tués durant les guerres de religion, affamés lors du siège de La Rochelle, ou exilé après la révocation de l'Édit de Nantes.

■ La classe dominante

Mais, malgré ces réserves, le sort de la noblesse reste d'autant plus enviable qu'elle bénéficie, en tant que propriétaire du sol, de la lente remontée de la rente foncière. Nous avons vu que les revenus réels tirés de la propriété foncière ont baissé au début du XIVᵉ siècle, et que la dépopulation due aux épidémies et aux guerres a déprécié le prix de la terre et celui de sa location : de 1315 à 1350 environ, la réduction des ressources seigneuriales est estimée à plus des deux tiers.

Or la rente foncière commence à se rétablir à partir du milieu du XVᵉ siècle ; ce mouvement se poursuit jusqu'au XVIIIᵉ siècle, à un rythme toutefois très lent (le niveau des années 1300 n'étant recouvré que vers la fin du XVIᵉ siècle semble-t-il), et avec des formes diverses suivant les périodes, les régions et l'utilisation du sol. L'amélioration des revenus fonciers provient tantôt de la hausse des prix du sol, tantôt de celle des loyers, de l'augmentation de la part des récoltes dues par les métayers, ou encore de la baisse des salaires des ouvriers agricoles employés sur la « réserve » seigneuriale.

En définitive, si la noblesse, est amenée à s'endetter ou à vendre une partie de ses propriétés pour satisfaire ses besoins luxueux, elle reste la classe dominante, sur le plan économique, politique et idéologique, bien qu'elle ait progressivement transformé ses anciens droits sur les personnes en simples impôts fonciers.

Elle parvient de même à ne payer que partiellement les impôts (capitation et vingtième) que les ministres de Louis XV et Louis XVI tentent de lui faire accepter.

Privilèges, déficit public et révolution

Les exemptions fiscales de la noblesse et du clergé expliquent en partie le déficit structurel du budget de l'État (estimé par Brienne à 160 millions de livres en 1788, sur un total des dépenses de 625 millions), et provoquant un endettement cumulatif. Cette même année 1788, le poids total des remboursements liés à la dette représente en effet environ 46,3% des dépenses publiques. Les emprunts fournissent quant à eux 21,4% des recettes, les impôts directs 24,6%, les impôts indirects 32,5%, les douanes 8%...

L'insolvabilité du problème fiscal est à l'origine de la convocation des États Généraux, les ordres privilégiés refusant de supporter les frais de la nécessaire réforme.

Atelier des tuileries de Monchanin, vers 1860.
La révolution industrielle se développe au XIXᵉ siècle ; elle se traduit par la mécanisation du processus productif, la généralisation du salariat et s'accompagne de conditions de travail difficiles pour les enfants. (Gravure de F. Morin, dessin de Roevens. Collection Kharbine.)

La grève au Creusot, 1870.
« Un ouvrier harangue ses collègues dans la cour de l'usine ».
Le droit de coalition accordé par Napoléon III en 1864 favorise l'action ouvrière qui avait longtemps subi les effets d'une législation répressive : les grèves se multiplient à la fin des années 1860. (Gravure de E. Yon. Bibliothèque nationale, Paris.)

Vers le capitalisme industriel

(1789-1914)

Chronologie

1789 : 27-28 avril : Émeutes parisiennes.
5 mai : Réunion des États Généraux.
17 juin : Ils se proclament Assemblée nationale.
20 juin : Serment du Jeu de Paume.
12 juillet : Fusillade aux Tuileries.
14 juillet : Prise de la Bastille.
4 août : Abolition des privilèges.
26 août : « Déclaration des Droits de l'Homme et du citoyen ».
5 octobre : La famille royale est ramenée de force à Paris.

1790 : 17 avril : Nationalisation des biens de l'Église.
12 juillet : Constitution civile du clergé.
14 juillet : Fête de la Fédération.

1791 : 20-21 juin : Fuite du roi à Varennes.
17 juillet : Fusillade du Champ de Mars.
1ᵉʳ octobre : Début de l'Assemblée législative.

1792 : 30 avril : Déclaration de guerre à l'Autriche et à la Prusse.
20 juin : Émeute aux Tuileries.
11 juillet : La patrie est déclarée en danger.
25 juillet : Manifeste de Brunswick.
10 août : Prise des Tuileries et suspension du Roi.
2-6 septembre : Massacres des prisons.
20 septembre : Victoire de Valmy.
21 septembre : Début de la Convention. Abolition de la royauté. An 1 de la République.
6 novembre : Victoire de Jemmapes.
11 décembre : Procès du roi.

1793 : 21 janvier : Exécution de Louis XVI.
2 juin : Arrestation des Girondins.
23 août : « Levée en masse ».
17 septembre : Loi des suspects.
29 septembre : « Maximum » des prix et des salaires.
16 octobre : Exécution de la reine.
31 octobre : Exécution des Girondins.

1794 : Mars : Exécution des « Enragés ».

5 avril : Exécution de Danton.
26 juin : Victoire de Fleurus.
28 juillet : Exécution de Robespierre et de ses amis. Fin de la terreur.

1795 : Avril : Paix avec la Prusse.
Mai : Paix avec la Hollande.
Juillet : Paix avec l'Espagne.
27 octobre : Début du Directoire.

1796-1797 : Campagne de Bonaparte en. Italie. Traité de Campo-Formio avec l'Autriche (octobre 1797).

1798-1799 : Bonaparte en Egypte.
1798-1801 : 2ᵉ coalition contre la France.
1799 : 10-11 novembre : Coup d'État de. Bonaparte.

1799-1804 : Le Consulat.
1800 : Mai-Juin : Deuxième campagne d'Italie.
1801 : Janvier : Code civil.
Février : Paix avec l'Autriche.
Août : Bonaparte Consul à vie.

1804-1815 : L'Empire.
1804 : 18 mai : Napoléon proclamé Empereur.
2 décembre : Sacre de Napoléon.
1805 : 21 octobre : Défaite de Trafalgar.
2 décembre : Victoire d'Austerlitz.
1806 : Octobre : Napoléon à Berlin.
Novembre : Blocus continental.
1807 : Février : Victoire d'Eylau.
Juin : Victoire de Friedland.
Juillet : Paix de Tilsit.
1808 : Début de la campagne d'Espagne.
1809 : Juillet : Victoire de Wagram.
Octobre : Paix avec l'Autriche.
1812 : Campagne de Russie.
1814 : 6 avril : Abdication de Napoléon.
20 avril : Départ pour l'île d'Elbe.
30 mai : Traité de Paris avec les Alliés.
4 juin : Charte constitutionnelle de Louis XVIII.
1ᵉʳ novembre : Début du Congrès de Vienne.
1815 : 1ᵉʳ mars : Napoléon à Golfe Juan.
20 mars : Fuite de Louis XVIII.
9 juin : Fin du Congrès de Vienne.
18 juin : Défaite de Waterloo.

8 juillet : Retour de Louis XVIII.
15 juillet : Départ de Napoléon pour Sainte-Hélène.
1814-1824 : Louis XVIII.
1817 : Lois antilibérales.
1823 : Expédition d'Espagne.
1824 : Mort du roi (septembre).
1824-1830 : Charles X.
1830 : 5 juillet : Prise d'Alger.
25 juillet : Ordonnances royales.
27-28-29 juillet : Insurrection parisienne.
2 août : Abdication de Charles X.
1830-1848 : Louis Philippe 1ᵉʳ.
1831 : Soulèvement des canuts lyonnais.
1832 : Insurrection parisienne.
1844 : Expéditions au Maroc.
1847 : Reddition d'Abd-el-Kader.
1847-1848 : Campagne des banquets.
1848 : 24 février : Émeute parisienne.
1848-1851 : La Deuxième République.
1848 : 26 février : Proclamation de la république.
23-26 juin : Insurrection parisienne.
10 décembre : Louis-Napoléon Bonaparte Président de la République.
1850 : Mai : Loi Falloux et suppression du suffrage universel.
1851 : 2 décembre : Coup d'État.
1852-1870 : Le Second Empire.
1852 : 21-22 novembre : Plébiscite pour le rétablissement de l'Empire.
1ᵉʳ décembre : Napoléon III proclamé Empereur.
1854-1855 : Campagne de Crimée.
1858 : Attentat d'Orsini.
1859 : Campagne d'Italie.
1860 : Traité commercial franco-anglais.
1862-1866 : Expédition mexicaine.
1864 : Autorisation des coalitions.
1867 : Intervention contre Garibaldi.
1869 : Ouverture du Canal de Suez.
1870 : 19 juillet : Déclaration de guerre à la Prusse.
2 septembre : Capitulation française à Sedan.
4 septembre : Proclamation de la République.
1870-1914 : la Troisième République
1870-1871 : Septembre-janvier : siège de Paris. Echec des armées de secours
1871 : 28 janvier : Armistice.

8 février : Élection de l'Assemblée Nationale.
17 février : Thiers chef de l'exécutif
10 mai : Traité de Francfort.
21-28 mai : Écrasement de la Commune parisienne.
31 août: Thiers président de la République.
1873 : 24 mai : Démission de Thiers. Mac Mahon élu président.
1875 : Lois constitutionnelles.
1879 : 30 janvier : Démission de Mac Mahon. Jules Grévy président.
3 novembre : Congrès socialiste à Paris.
1880-1882 : Lois sur l'enseignement public.
1882-1885 : Conquête de l'Indochine.
1884 : Autorisation des syndicats.
1887 : 3 décembre : Démission de Jules Grévy. Élection de Sadi Carnot.
1889 : Apogée et effondrement du Boulangisme.
1891 : 1ᵉʳ mai sanglant à Fourmies.
1892-1893 : Lois réglementant les conditions de travail.
Poursuite de la conquête coloniale en Afrique.
1894 : 24 juin : Assassinat de Sadi Carnot. Lois anti-anarchistes. Casimir Périer président de la République. Procès de Dreyfus.
1895 : 17 janvier : Démission de Casimir Périer. Élection de Félix Faure.
Septembre : Création de la C.G.T..
1897 : Début de « l'Affaire Dreyfus » « Affaire de Panama ».
1898 : Incident de Fachoda.
1899 : Mort de Félix Faure. Élection d'Émile Loubet à la présidence.
1900 : La journée de travail est ramenée à 10 heures.
1902 : Mesures contre les congrégations.
1904 : Rapprochement franco-anglais.
1905 : Séparation de l'Église et de l'État.
1906 : Fallière président de la République. Réhabilitation de Dreyfus.
1910 : Grève des cheminots.
1912 : Protectorat français au Maroc.
1913 : Poincaré président de la République.
1914 : 31 juillet : Assassinat de Jean Jaurès.
3 août : Déclaration de guerre de l'Allemagne à la France..

INTRODUCTION

La période qui s'ouvre avec les événements de 1789, et qui dure jusqu'à la chute de Napoléon 1ᵉʳ, constitue une phase de transition entre ce qu'il est convenu d'appeler « l'Ancien Régime », tant sur le plan économique que politique, et une ère nouvelle où s'affirment les structures capitalistes, qui resteront encore timides durant plusieurs décennies.

La transition révolutionnaire

Durant les années 1789-1799, qui sont celles de la révolution à la fois bourgeoise et populaire, comme durant la période qui s'étend du coup d'État du 18 brumaire de l'an VIII (10 novembre 1799) à la seconde abdication de l'Empereur (juin 1815), s'entremêlent des événements essentiels, mais contradictoires : certains amènent des ruptures définitives et permettent l'avènement d'une société nouvelle (abolition des droits féodaux, des corporations, mise en place d'une nouvelle législation et d'un système éducatif rénové...), d'autres prolongent le passé ou ne constituent que des retours en arrière (conquêtes territoriales, nouvelle noblesse....).

Il ne peut d'ailleurs en être autrement, quand s'affrontent des forces sociales aux intérêts divergents ; les unes ne désirent que le statu quo, d'autres souhaitent un bouleversement complet, d'autres encore ne cherchent qu'à utiliser une situation troublée pour prendre simplement la place des forces déclinantes, sans pour autant bouleverser l'ordre ancien.

De plus, l'instauration d'une société nouvelle prend du temps, et s'il est facile d'affirmer après coup que les classes montantes devaient nécessairement l'emporter, celles-ci n'existent encore qu'à l'état embryonnaire quand l'explosion se produit. S'il en était autrement d'ailleurs, une révolution ne serait pas nécessaire. Autrement dit, un tel phénomène est avant tout le produit des contradictions du passé et il est bien certain que les acteurs de cette période n'ont aucune idée claire de ce qui peut en sortir.

Par certains côtés, cette période de transition, où se mettent définitivement en place les conditions de développement du capitalisme industriel s'est prolongée jusqu'au milieu du siècle.

D'une restauration à l'autre

Les années de Restauration (1814-1848) expriment en effet des difficultés d'adaptation de la société française aux nouvelles données d'un monde en mutation : les institutions républicaines n'ont pas, en définitive, été consolidées par l'épisode napoléonien, cherchant à faire revivre le modèle monarchique, en changeant seulement sa forme et son personnel ; parallèlement, l'extension du secteur industriel et celle, concomitante, de la classe ouvrière, ont été compromises par les effets pervers du « Blocus continental », à l'heure des désastreux revers militaires. Ceux-ci ont de plus discrédité l'Empire, présenté par la propagande royaliste comme l'héritier de la Révolution.

Aussi, le retour des Bourbons ne rencontre-t-il pas de véritable opposition : la bourgeoisie d'affaires attend surtout une meilleure représentation parlementaire face au poids politique de la grande aristocratie foncière ; le monde ouvrier, encore embryonnaire, n'a ni unité, ni représentant, ni objectif clair ; les milieux bonapartistes et républicains, surtout composés de nostalgiques sans véritable assise sociale, n'ont eux-mêmes ni chefs de stature nationale, ni programme véritablement mobilisateur. L'opposition est donc surtout composée de « libéraux », partisans de la liberté de pensée et d'un ordre constitutionnel limitant l'absolutisme royal face aux partisans d'un retour pur et simple à l'Ancien Régime.

En revanche, la brève IIᵉ République (1848-1852) et le début du second Empire voient s'affirmer les caractères propres au monde capitaliste naissant : montée de la bourgeoisie industrielle et financière, développement de l'investissement productif, répression anti-ouvrière, accession au pouvoir politique de républicains partisans de l'« ordre ».

Cependant, et bien que Napoléon III ait fait revivre le mythe et les formes impériales, son règne n'est pas une simple parenthèse stérile, puisqu'au contraire il favorise, ou laisse s'exprimer, les forces nouvelles (celles des milieux d'affaires comme celles du monde du travail) qui vont mettre en place la nouvelle société.

La République bourgeoise

Après l'effondrement du Second Empire en 1870, on assiste à l'installation définitive de la République bourgeoise, d'abord tolérée comme un compromis provisoire par les partisans d'une nouvelle restauration, puis acceptée par tous quand la République (symbolisée par Thiers) n'est plus synonyme de désordre ou d'idéal égalitaire.

Les victoires électorales des républicains même radicaux s'accompagnent en effet de leur évolution vers le compromis politique, et la montée des forces de gauche ou socialisantes ne remet en cause ni les institutions, ni les rapports de production. Elle se traduit seulement par une législation de l'organisation de la classe ouvrière, et par une opposition au militarisme revanchard qui est balayée par l'assassinat de Jean Jaurès à la veille du déclenchement de la Première Guerre mondiale.

Berceau de l'idée républicaine, patrie des arts et des lettres, la France a connu en 125 ans une mutation profonde ; sans doute moins industrialisée que l'Angleterre, l'Allemagne ou les États-Unis, elle a cependant atteint un niveau de développement comparable, contribué à l'essor de nouvelles techniques sans payer le prix fort des bouleversements trop rapides entraînant les dérives politiques et idéologiques que l'on observe dans d'autres pays (ruine de la petite paysannerie anglaise, guerre civile américaine, « pangermanisme » annonçant de loin le nazisme).

L'Assemblée constituante
(juin 1789-septembre 1791)

Une révolution populaire et bourgeoise

Les deux premières années de la Révolution sont celles de la rupture avec l'absolutisme de l'Ancien Régime et de la remise en cause des privilèges de la noblesse et du clergé.

Le 14 juillet 1789

Le roi ayant concentré des troupes près de Paris et renvoyé le populaire Necker, la bourgeoisie inquiète forme des milices armées pour garantir l'ordre public. L'agitation se répand dans Paris : le 12 juillet, des manifestants soutenus par les gardes françaises sont chargés aux Tuileries par des dragons du roi. Le 14 juillet, la foule parisienne, constituée surtout d'artisans et de boutiquiers, cherche des armes : elle en trouve aux Invalides, puis va chercher de la poudre à la Bastille. La résistance du gouverneur de Launay va provoquer une fusillade qui fait, de cet événement le symbole de la détermination de la petite bourgeoisie à affirmer sa force et à participer à la révolution en cours.

La Révolution française commence en fait en 1787. En août le Parlement de Paris refuse d'enregistrer la décision royale de créer de nouveaux impôts pour tenter de combler le dramatique déficit budgétaire, et est éloigné à Troyes. Le roi le rappelle en novembre pour lui imposer brutalement ses volontés, ce qui provoque même une protestation publique du cousin de Louis XVI, Philippe d'Orléans.

Le fossé va alors se creuser entre d'un côté le roi et son entourage immédiat, défendant les privilèges fiscaux et juridiques de la noblesse et du clergé, et de l'autre l'immense majorité du pays soutenant et dépassant même le plus souvent la Fronde des parlementaires préoccupés surtout de défendre leurs propres intérêts. Face à celle-ci, Loménie de Brienne, qui a remplacé Calonne l'année précédente, décide en mai 1788 la dissolution des Parlements. La réaction est vive, comme à Rennes, à Pau et surtout à Grenoble, où le 17 juin a lieu la « journée des Tuiles » durant laquelle la population montée sur les toits attaque les troupes royales.

Puis se tiennent en juillet les « États » du Dauphiné, à Vizille, bravant l'autorité du roi. Pour calmer les esprits, Louis XVI convoque les États généraux pour le mois de mai 1789, et se décide à rappeler le populaire Necker (août 1788). Mais le dur hiver 1788-1789 qui provoque des difficultés d'approvisionnement en vivres et en matières premières, fait monter brutalement le prix du pain et aggrave le chômage : début 1789 des troubles ont lieu à Rennes et à Angers ; puis des émeutes éclatent dans le Midi (Marseille, Aix, Toulon) et à Paris, l'insurrection du Faubourg Saint-Antoine (28 avril) se termine par une fusillade qui fait plusieurs centaines de morts. C'est dans ce contexte que non loin de là se rassemblent à Versailles les élus des trois ordres.

■ Les États Généraux

Le 5 mai 1789 s'ouvre à Versailles la première séance des États Généraux constitués de 1 139 députés (270 représentant la noblesse, 291 le Clergé et 578 le Tiers État). L'élection de ces représentants de la nation a été l'occasion d'une consultation sans précédent dans le pays, puisque tout contribuable de plus de vingt-cinq ans est électeur, et que la constitution des cahiers de doléances, par les assemblées régionales, a permis l'expression des revendications profondes des Français (réforme fiscale, suppression des dernières corvées, réunion régulière des États-Généraux, libéralisation de la presse...).

Mais si le nombre des députés du Tiers a été doublé, le système d'élection à plusieurs degrés, le manque de formation et d'expérience politique des milieux populaires ont abouti à ce que seuls les bourgeois, le plus souvent aisés, soient appelés à siéger aux côtés des représentants des classes privilégiées.

La première difficulté est de savoir comment seront vérifiés les pouvoirs des députés, par ordre ou par tête. Se refusant à contrôler les siens, le Tiers État se proclame Assemblée Nationale le 17 juin, considérant qu'il représente la majorité des Français, et décide qu'il est seul habilité à décider en matière d'impôts.

Le roi réagit en fermant la salle de réunion des représentants du Tiers État, qui se retrouvent au Jeu de Paume, où ils jurent de ne se séparer qu'après avoir obtenu une Constitution. Deux jours plus tard, 148 députés du clergé se joignent à ceux du Tiers État.

Louis XVI finit par accepter une réunion générale (23 juin), ainsi que le contrôle fiscal des États Généraux, le principe des libertés publiques et de la décentralisation administrative. Mais il n'est question ni de l'égalité fiscale, ni de l'accession de tous à la fonction publique, ni du vote par tête. Alors que le roi décrète la dissolution de l'Assemblée, les députés du Tiers État refusent de partir : ils sont là « par la volonté du peuple » et ne s'inclineront, comme le dit Mirabeau, que devant « la force des baïonnettes ». Louis XVI cède, rappelle les deux autres ordres et accepte ainsi de fait la formation d'une Assemblée Nationale (27 juin).

■ L'Assemblée nationale

Décidés à profiter de la situation, les députés du Tiers État se déclarent alors « Assemblée nationale constituante » le 9 juillet 1789. Le ton monte

alors, en raison aussi bien de l'incertitude politique que des difficultés économiques (hauts prix du blé durant cet été, crise des métiers urbains et montée du chômage). La crainte est partout : inquiétude des pauvres à la survie menacée, de la bourgeoisie urbaine qui a peur de l'agitation populaire, crainte du Tiers État de ne pouvoir exploiter ses succès politiques, du Roi et de la Noblesse de perdre une partie de leurs pouvoirs.

Après les événements des 12 et 14 juillet, Louis XVI annonce à Versailles, devant l'Assemblée constituante, le retrait de ses troupes ; puis il rappelle Necker le 16, et vient à Paris le 17 recevoir la cocarde tricolore, reconnaissant ainsi la légitimité de la nouvelle Commune Révolutionnaire de Paris. Il est ovationné par la foule.

Cette « révolution municipale » qui a parfois commencé en province avant Paris, va bientôt être relayée par une autre révolution encore plus radicale : celle des campagnes. Dès la mi-juillet des révoltes sporadiques se produisent autour de Paris et d'Alençon, en Franche-Comté et en Alsace, ainsi que dans le Mâconnais.

■ La pression populaire

A partir du 20 juillet se répand « la Grande Peur », provoquée à la fois par des actes réels (brigandage, agitation paysanne, mises à sac de châteaux, destructions d'archives, de terriers et de titres féodaux..), et par des phénomènes imaginaires (rumeurs sans fondement). Partout on s'arme, on se mobilise, et ceux qui cherchent à se défendre contre un ennemi hypothétique deviennent à leur tour acteurs de la révolution, en assaillant le château seigneurial voisin.

Le nouveau pouvoir municipal bourgeois, comme son émanation

La « révolution municipale »
Le mouvement ne se limite pas à la capitale : un peu partout en France (à Rouen, Rennes, Nancy, Strasbourg, Angers, Tours, Toulouse, Bordeaux, Lyon...) éclatent des révoltes urbaines qui ont toutes les deux mêmes dimensions, populaire et bourgeoise. Parfois les deux forces se rejoignent, parfois elles s'affrontent, mais elles conduisent généralement à l'instauration d'un nouveau pouvoir aux mains des notables locaux, reposant sur des « comités permanents » et des « milices bourgeoises » ou « gardes nationales ».

nationale, la Constituante, se rend bien vite compte du danger que représente ce désordre des campagnes, mais aussi de l'appui qu'il offre pour transformer radicalement les anciennes institutions. Il en résulte les décisions prises lors de la fameuse « nuit du 4 août » 1789.

Après le vote de la « Déclaration des droits de l'homme » du 26 août, la réforme des institutions et le véto royal, la pression populaire va à nouveau se faire sentir en octobre : une assemblée de femmes, réclamant du pain, tenue devant l'Hôtel de Ville le 5 octobre, prend la route de Versailles où elle est rejointe par la Garde nationale commandée par La Fayette.

Le peuple force les portes des appartements royaux et envahit l'Assemblée, puis exige le retour de la famille royale à Paris. Le 6 octobre, une foule hétéroclite composée du roi et de la reine, des membres de l'Assemblée, du peuple en armes et de la Garde Nationale assurant l'ordre, se dirige vers la capitale. Le roi s'installe aux Tuileries et apparaîtra désormais comme l'otage de la population parisienne, dont il conserve encore la confiance.

■ Ordre et réformes

Mais l'Assemblée sait jouer son rôle de défenseur de l'ordre contre les abus populaires : le 21 octobre est votée une loi martiale contre les troubles et les attroupements. L'objectif fondamental des parlementaires est en effet de trouver un compromis entre le roi et le nouveau pouvoir parlementaire. La Fayette et Mirabeau sont les chevilles ouvrières du rapprochement avec le roi.

Cependant l'Assemblée n'oublie pas sa tâche réformatrice : elle décide le 2 novembre 1789 que les biens du clergé seront mis à la disposition de la nation,

interdit le 13 février 1790 les vœux monastiques perpétuels, et après un long débat ouvert le 31 mai, vote le 12 juillet la Constitution civile du clergé, acceptée par le roi le 22 juillet.

La raison de cette attitude n'est pas simplement politique. Il s'agit également de trouver des ressources financières pour l'État. Or, affirmer le principe que les biens de l'Église appartiennent en fait à la collectivité permet de gager l'émission de nouveaux titres, les « assignats », utilisés d'abord comme bons du Trésor, puis recevant le cours forcé, en avril 1790, pour devenir une véritable monnaie.

■ Les tensions internes

Si durant cette période l'agitation populaire perd de son importance (excepté en Bretagne et en Périgord où éclatent des soulèvements anti-seigneuriaux en janvier 1790), celle des royalistes prend la relève : les proches du roi cherchent à organiser une insurrection contre-révolutionnaire (le Marquis de Favras est exécuté en février 1790) et les anciens parlements dépossédés de leurs prérogatives s'appuient sur le peuple catholique (manifestations et affrontements d'avril à juillet à Toulouse, Nîmes, Montauban, Aix, « guerre » entre Avignon et Carpentras, insurrection lyonnaise...). Les intrigues menées dans l'Est et en Franche-Comté ne rencontrent que peu d'écho. Mais, le 18 août les gardes nationaux du camp de Jalès affirment leur hostilité au nouveau régime, tandis que La Fayette fait écraser à Nancy la révolte d'un régiment suisse qui réclame le paiement de sa solde, et est soutenu par les révolutionnaires locaux.

La situation tend donc à se durcir au milieu de 1790, malgré l'effort de rassemblement symbolisé par la « Fête de la

---

La « nuit du 4 août »

Durant la nuit du 4 août 1789, l'Assemblée Nationale décrète la « disparition du régime féodal ». En fait, une distinction fondamentale est établie entre les anciens droits personnels (main morte, corvées, droits de justice, banalités, péages, droits de chasse…) et ceux qui résultent d'un « contrat » passé entre le propriétaire du sol et l'exploitant direct (cens, champart, rentes de toutes sortes) qui subsistent mais peuvent être rachetés. Il s'agit finalement de transformer l'ancienne propriété seigneuriale en propriété ordinaire, seuls pouvant se libérer totalement les paysans les plus riches, car le rachat de ces droits est fort onéreux. Mais la dîme due à l'Église est supprimée.

Fédération » organisée au Champ-de-Mars, à Paris, le 14 juillet 1790. Elle réunit les gardes nationaux des différentes régions et a La Fayette comme maître d'œuvre.

Mais en réalité l'opposition va aller grandissante, à l'Assemblée comme dans le pays, entre ceux qui veulent aller plus loin dans le processus révolutionnaire (tels les paysans poursuivant leur émancipation, les compagnons artisans des villes qui revendiquent des hausses de salaire, les « clubs » qui se créent à partir du printemps 1790) et ceux qui désirent en rester là... ou revenir en arrière : ainsi, en avril 1791, Duport, l'un des leaders de l'Assemblée, déclare que la Révolution est finie, que l'ordre doit être assuré et la liberté réduite.

■ **Le roi discrédité**

D'autre part, la famille royale s'attire l'hostilité populaire en apparaissant clairement hostile au mouvement : le 3 décembre 1790, Louis XVI écrit au roi de Prusse pour demander la réunion d'un Congrès européen ; en février 1791, les tantes du roi passent à l'étranger ; puis un groupe de nobles, les « chevaliers du poignard » sont désarmés à Paris ; dans le sud-est du pays, les partisans du roi organisent des soulèvements ; enfin, le 20 juin 1791, la famille royale quitte clandestinement la capitale pour rejoindre le parti des émigrés mais est reconnue et arrêtée à Varennes le lendemain.

Parallèlement, les occasions d'affrontement se multiplient : le problème religieux divise l'Église et le pays, entre ceux qui acceptent la constitution civile du clergé et les « réfractaires » ; le débat sur les colonies (mai 1791), après de rudes discussions, conduit à la reconnaissance des droits politiques des mulâtres libres (mais non des esclaves qui se révoltent aux Antilles en août), et à la rupture au sein du « parti patriote ». Le roi, d'abord suspendu, est déclaré inviolable le 15 juillet, mais les Cordeliers réclament le même jour la République ; ils lancent une campagne de signatures qui conduit le 17 juillet à un rassemblement au Champ-de-Mars, dispersé par les troupes de La Fayette, qui tirent sur la foule ; la répression s'abat alors sur les clubs révolutionnaires, jusqu'à l'amnistie accordée en septembre.

■ **Une révolution terminée ?**

Quand l'assemblée se sépare le 30 septembre 1791, on peut croire la révolution terminée : la Constituante qui, le 5 août, a déclaré « la paix au monde », a fait triompher l'ordre à l'intérieur et assuré le pouvoir d'une bourgeoisie modérée, avec une Constitution prévoyant l'élection d'une Assemblée législative ; elle a aussi mis en place le libéralisme économique : la libre circulation des grains, la liberté des prix, la suppression des douanes intérieures, l'abolition des corporations et l'institution du contrat libre (loi d'Allarde du 2 mars 1791) l'interdiction des coalitions de maîtres et d'ouvriers (loi Le Chapelier du 14 juin 1791) permettent à la nouvelle bourgeoisie d'affaires de trouver sa place dans une société aux institutions rénovées.

Mais en réalité plusieurs problèmes fondamentaux ne sont pas réglés : celui du rôle réel du roi, celui des rapports avec l'étranger, et celui de la place des moins favorisés. Ils ne vont pas tarder à éclater au grand jour.

La Constitution de 1791
Elle donne l'essentiel du pouvoir politique à une Assemblée Législative de 745 députés élus pour deux ans par les citoyens « actifs » (hommes non domestiques, ayant un domicile, payant un impôt direct de trois jours de travail, et élisant eux-mêmes 50 000 « grands électeurs » payant un impôt plus élevé) ; cette assemblée a l'initiative des lois et vote le budget, mais compose avec un roi nommant le gouvernement, conservant une part de ses prérogatives en matière de politique extérieure et détenant un droit de véto suspensif sur les décrets de l'Assemblée. Ce compromis aurait pu ouvrir la voie à une monarchie parlementaire « à l'anglaise », respectueuse des intérêts des classes dominantes sur le plan politique et économique.

L'Assemblée législative
(octobre 1791-août 1792)

La marche vers la guerre

Face au danger royaliste et à l'agitation populaire, les Girondins optent pour la guerre révolutionnaire, mais les premiers revers entraînent la chute de la monarchie.

Le 10 août 1792

En réponse à la « trahison » du roi et au soutien qu'il a reçu de la part des armées ennemies, les gardes nationaux « patriotes », les Fédérés marseillais et des sans-culottes en armes se rendent le matin du 10 août aux Tuileries où des nobles et des gardes suisses sont massés pour défendre la demeure royale. L'affrontement est inévitable, et tourne vite à l'avantage des révolutionnaires. Louis XVI, prisonnier, est conduit au Temple, alors que l'Assemblée, terrorisée, décide la suspension du roi et reconnaît la Commune insurrectionnelle de Paris. Cette nouvelle insurrection parisienne précipite la fin de la monarchie.

Ouverte le 1er octobre 1791, cette nouvelle chambre comprend 250 députés « Feuillants » plutôt favorables au roi et défenseurs de la nouvelle Constitution, 136 Jacobins, favorables à la poursuite de la révolution, et environ 350 députés constituant le « marais » centriste.

Mais bien vite l'Assemblée va se radicaliser face aux difficultés qui surgissent. Dès le mois d'octobre, les affrontements violents qui se produisent à Avignon montrent la fragilité du consensus politique, alors que les aristocrates émigrés et les forces hostiles à la révolution s'agitent aux frontières.

■ Une cohabitation impossible

L'Assemblée prend alors une série de décrets visant à affirmer son autorité : le 31 octobre, elle somme le frère du roi de rentrer en France, sous peine de perdre tous ses droits, puis elle étend cette mesure à l'ensemble des émigrés (9 novembre) ; elle oblige ensuite les prêtres réfractaires à prêter serment de fidélité, et demande au roi de s'adresser aux puissances étrangères pour mettre fin à l'activisme contre le nouveau régime (25 novembre). Mais le roi oppose son véto à toutes ces mesures.

Puis, durant l'hiver 1791-1792, des troubles éclatent partout dans les pays : ils sont dûs

tantôt au problème religieux, tantôt à la hausse du prix des denrées alimentaires (grains, sucre, café...), ou à la montée du chômage ; il se produit aussi de nouvelles jacqueries paysannes anti-seigneuriales dans le Massif Central, le Languedoc ou la Provence, ou au contraire des actions contre-révolutionnaires, comme en Bretagne, en Lozère ou dans le Dauphiné.

■ Girondins et Montagnards

Dans ce contexte incertain, un clivage décisif va progressivement se former au sein même du parti jacobin : il va séparer ceux qui, avec Brissot et les députés « girondins », vont faire campagne pour la guerre afin de soulever les peuples contre les vieilles monarchies ennemies et ceux, tels Robespierre et la future « Montagne », qui s'opposent à la guerre parce qu'ils estiment l'armée française trop faible, et craignent qu'un conflit armé ne fasse oublier les problèmes intérieurs.

Ces derniers cherchent à s'appuyer sur les masses populaires radicalisées (les « sans-culottes ») et organisent une grande fête, le 15 avril 1792 pour célébrer la libération des Suisses emprisonnés à Nancy.

Mais pendant ce temps les Girondins et les partisans de la guerre obtiennent du roi que celle-ci soit déclarée au « roi de

Bohême et de Hongrie » (20 avril 1792). En fait, Louis XVI joue dans cette affaire la politique du pire : une défaite ne peut que permettre le retour à l'Ancien Régime.

■ Une guerre mal engagée

De fait, les premières campagnes, dans le Nord, tournent vite à la catastrophe. Les généraux français, tels Rochambeau ou Dillon font preuve d'incapacité, alors que La Fayette se propose de marcher sur Paris pour chasser les Jacobins.

A l'Assemblée, Robespierre, Marat et les Cordeliers dénoncent « les traîtres » et en appellent au peuple. Les Girondins majoritaires hésitent et prennent finalement diverses mesures hétéroclites : un décret prévoit la dissolution de la Garde royale ; un autre ordonne la déportation des prêtres réfractaires ; le 8 juin est décidée la formation d'une troupe de 20 000 « fédérés » devant rejoindre Paris. Mais le roi oppose son véto à ces deux derniers décrets et renvoie les ministres girondins.

Pour faire fléchir Louis XVI, le peuple en armes envahit les Tuileries le 20 juin 1792. Si le roi doit coiffer le bonnet phrygien, il ne cède pas pour autant, mais refuse la répression proposée par La Fayette, qui a massé des troupes près de Paris. Les Girondins quant à eux apparaissent indécis et impuissants.

Le déblocage de la situation va venir du mouvement populaire : les troupes des Fédérés qui arrivent à Paris apportent leur enthousiasme patriotique et révolutionnaire (comme en témoigne la « Marseillaise » écrite par Rouget de Lisle pour l'armée du Rhin et reprise par les gardes nationaux arrivant de Marseille) ; l'effervescence gagne les rues, et les discours tenus dans les clubs parisiens les plus radicaux (tel celui des Cordeliers) rejoignent ceux de province pour réclamer la déchéance du roi suspecté de trahison.

■ « La patrie en danger »

L'Assemblée, qui a déclaré « la Patrie en danger » le 11 juillet, s'inquiète cependant de cette pression populaire, et les Brissotins condamnent cet élan républicain.

Mais le fameux « manifeste de Brunswick », annonçant une impitoyable répression contre Paris s'il est fait « le moindre outrage à la famille royale » (25 juillet 1792), précipite le mouvement : les fédérés et des milices populaires lancent le 4 août un ultimatum à l'Assemblée pour qu'elle se prononce sur les requêtes demandant la destitution du roi. En l'absence de réponse est créée une « Commune insurrectionnelle », à l'Hôtel de Ville, dans la nuit du 9 août.

Le 10 août, l'insurrection parisienne éclate, Louis XVI est arrêté et il est notifié qu'une Convention nationale, élue au suffrage universel, décidera de l'avenir des institutions.

Avant que celle-ci ne soit constituée, un Conseil exécutif provisoire, dominé par Danton, assume la réalité du pouvoir. Durant cette période, l'incertitude et l'inquiétude devant le vide institutionnel et les revers extérieurs provoquent les « massacres de septembre » contre les suspects emprisonnés, alors que l'on vend des biens confisqués le 27 juillet à des émigrés. Ce contexte amène un « sursaut patriotique » qui permet au général Dumouriez de battre les Prussiens à la bataille de Valmy, le jour même où la Convention tient sa première séance (20 septembre 1792).

La bataille de Valmy (20 septembre 1792)

Après avoir pris Longwy et Verdun, les Prussiens du duc de Brunswick, marchant sur Paris, attaquent l'armée française de Dumouriez et Kellermann retranchée sur une hauteur près de Valmy, en Champagne. La bataille se résume à un échange d'artillerie et à une charge prussienne s'arrêtant devant la détermination des Français que l'ennemi croit près de la débandade. Sans qu'il y ait de véritable combat, l'armée prussienne se replie : Valmy marque ainsi l'arrêt de l'avancée ennemie, et la reprise de confiance des troupes républicaines.

La Convention
(septembre 1792-octobre 1795)

La radicalisation révolutionnaire

Après l'exécution du roi, le pouvoir se durcit en raison des troubles intérieurs et des difficultés extérieures. Mais les excès de la Terreur conduisent à une réaction libérale.

La nouvelle Assemblée compte 749 membres essentiellement composés de révolutionnaires, car l'électorat modéré effrayé par les massacres de septembre a peu voté. Dominée par les Girondins, elle n'en comprend pas moins une forte minorité montagnarde, parmi laquelle s'illustreront Danton, Robespierre, Marat, Saint-Just et bien d'autres.

▪ Le durcissement

La Convention a deux problèmes prioritaires à régler : celui de la nature du régime et celui de la guerre extérieure. Pour ce qui est du premier, elle abolit la royauté le 21 septembre 1792 et déclare la « République une et indivisible » le 25 septembre. Après la découverte le 20 novembre, des papiers secrets du roi (dans l'armoire de fer des Tuileries, où se trouve sa correspondance avec l'étranger), elle organise le procès de Louis XVI. A une voix de majorité, la Convention vote la mort du roi, qui est exécuté le 21 janvier 1793.

Pendant ce temps, les armées françaises remportent des succès importants : Dumouriez bat les Autrichiens à Jemmapes (le 6 novembre 1792) ; Custine occupe Mayence et Francfort ainsi qu'une partie de la Belgique ; la Savoie et Nice sont annexées par la France. Mais l'exécution du roi et la politique expansionniste ne peuvent que durcir l'attitude des autres pays européens : le 1er février 1793, la France prend les devants en déclarant la guerre à l'Angleterre et à la Hollande, et lève une armée de 300 000 hommes, alors que se forme contre elle la première coalition ; après que la Convention ait déclaré la guerre à l'Espagne (7 mars), les coalisés battent Dumouriez à Neerwinden (18 mars), puis les Français perdent la Rhénanie.

La situation devient aussi très difficile à l'intérieur : les paysans réclament la taxation des grains ; des troubles et des pillages se produisent dans les villes, en raison du chômage, de la pénurie et de la hausse des prix ; les royalistes manifestent en janvier à Rouen, en mars à Lyon ; la Vendée se soulève et devient le lieu de formation d'une armée royaliste et catholique.

En réponse à ces périls, la Convention durcit sa politique : en mars sont créés le Tribunal Révolutionnaire, ainsi que les Comités de surveillance révolutionnaire dans les communes, puis en avril le Comité de Salut Public ; formé d'abord de neuf, puis de douze députés, il devient l'organe de gouvernement centralisant tous les pouvoirs.

▪ La Terreur

Les Montagnards vont en fait exercer une véritable dictature à partir de l'été 1793, après la trahison de Dumouriez, la mise en accusation de Marat par les

---

Une Constitution démocratique sans lendemain

La Constitution de l'An I (votée le 24 juin 1793), rédigée en partie par Condorcet et Siéyès, prévoit l'élection au suffrage universel d'une Assemblée législative, et par celle-ci d'un conseil exécutif de 24 membres ; elle proclame le droit au travail et à l'instruction, envisage le recours au référendum et une grande décentralisation : mais elle n'est pas appliquée en raison de la situation extérieure et des troubles dans les régions.

Girondins puis son assassinat par Charlotte Corday (13 juillet), et la formation de bataillons révolutionnaires par les sans-culottes parisiens. Ceux-ci exigent la poursuite du processus révolutionnaire, font pression sur la Convention, qui fait arrêter 29 députés girondins.

La situation militaire demeurant indécise, la Convention décrète le 23 août 1793 la levée en masse, qui permet la formation d'une armée dont l'enthousiasme, la discipline et l'audace (avec les jeunes généraux Carnot, Hoche, Marceau, puis Bonaparte) compensent l'inexpérience et le sous-équipement. Si les royalistes livrent Toulon aux Anglais, les Français l'emportent à Hondschoote (8 septembre).

A l'intérieur, le même élan conduit à une radicalisation politique : après des émeutes parisiennes, la Terreur est mise à l'ordre du jour (4-5 septembre) ; le 17 septembre est votée la loi sur les suspects, et les tribunaux révolutionnaires exercent une justice expéditive contre les ennemis de la révolution réels ou supposés (les plus célèbres « Enragés » de la Terreur étant Fouché à Lyon et Carrier à Nantes).

Le 5 octobre est adopté le calendrier républicain (le début de l'an I étant fixé au 21 septembre 1792), et l'on proclame le culte de la Raison et de la Liberté.

Pourtant l'An II est celui où les tensions seront les plus vives et les plus meurtrières : après l'exécution de Marie-Antoinette (16 octobre 1793), et la répression contre les « suspects », la tension monte entre, d'un côté, Hébert et les Sans-Culottes, d'un autre Robespierre et Saint-Just, et d'un troisième Danton et Camille Desmoulins, plus modérés. Après l'arrestation des « Enragés Hébertistes » et leur exécution

(24 mars 1794), c'est au tour de Danton et de ses amis d'être arrêtés le 30 mars et exécutés le 5 avril. Robespierre, qui a éliminé l'opposition « de gauche » et « de droite », est le maître du pouvoir. Le 4 juin, il est élu président de la Convention, et organise le 8 la Fête de l'« Être suprême » pour donner une grande ampleur à son rêve mystique d'une révolution inspirée par la vertu et la foi. Mais celle-ci passe par un renforcement de la Terreur (loi du 10 juin qui accentue le rôle du Tribunal révolutionnaire). La dictature de Robespierre devient vite insupportable, d'autant plus que les victoires extérieures n'imposent plus la nécessité d'un pouvoir absolu. Les anciens amis de Danton, ceux d'Hébert et les modérés se coalisent pour faire décréter l'arrestation de Robespierre et de ses amis Saint-Just, Couthon, Le Bas : arrêté, puis libéré, Robespierre est repris et exécuté avec une centaine de ses partisans (28-30 juillet 1794). Le 9 thermidor An II, la Terreur s'achève, et la Convention « Thermidorienne » est celle du retour des républicains modérés et de l'ordre bourgeois : le Comité de Salut Public disparaît, le Club des Jacobins est fermé, et la Commune de Paris dissoute.

■ La Convention Thermidorienne

La fin de la dictature permet le retour d'un vent de libéralisme sur le plan de l'expression politique (réouverture des salons, liberté des cultes accordée le 21 février 1795), et économique (suppression du maximum le 24 décembre). Mais cela crée d'autres problèmes, car les prix s'envolent, la monnaie se déprécie, le peuple souffre du marasme économique : les « sans-culottes » parisiens se révoltent début avril et fin mai 1795, l'armée

Les mesures économiques de 1793

Après l'emprunt forcé de un milliard sur les riches, et l'établissement du prix maximum des grains et farines (en mai), tous les droits féodaux sont abolis, sans indemnité (17 juillet) ; un décret punit de mort les « accapareurs » de denrées, et le 20 septembre, la Convention vote le décret du maximum général, sur le prix des biens de première nécessité et sur les salaires. On décide également que les biens communaux pourront être partagés et que les biens nationaux seront vendus aux enchères.

Les effets de la Terreur

On estime à environ 17 000 le nombre de condamnés à la guillotine, auxquels s'ajoutent plus de 20 000 exécutions sommaires liées à des opérations militaires intérieures.

L'acharnement de la Terreur résulte de l'attitude des accusateurs publics dont les plus terribles sont Fouché, Tallien, Barras, Fréron, Fouquier-Tinville, Carrier... Les victimes sont des nobles, des prêtres, des « accapareurs » (dont les anciens fermiers généraux), mais aussi des conventionnels hostiles au Comité de Salut public, des généraux jugés incapables, des personnalités libérales (Madame Roland)...

intervenant pour écraser l'insurrection. Parallèlement, les royalistes relèvent la tête : des Jacobins emprisonnés à Lyon sont massacrés début mai et d'autres à Marseille début juin ; des émigrés débarquent à Quiberon fin juin, mais ils sont défaits par Hoche le 21 juillet ; puis des émeutes royalistes se produisent début octobre : la Convention est attaquée par les manifestants, mais défendue victorieusement par Barras, Bonaparte et Murat.

Malgré ces difficultés intérieures, les armées françaises remportent d'importants succès : Kléber prend Maëstricht (4 novembre 1794) et Nimègue est investie (8 novembre) ; c'est le tour d'Amsterdam le 20 janvier 1795, la flotte hollandaise étant encerclée au Helder quelques jours plus tard. Le 5 avril, la France et la Prusse signent la Paix de Bâle, qui permet à la France d'occuper la rive gauche du Rhin ; puis la Hollande signe à La Haye un traité d'alliance avec la France, et l'Espagne souscrit elle aussi à la paix de Bâle ; elle cède la partie espagnole de Saint Domingue et se rapproche de la

nouvelle république française (juillet 1795). Le 1er octobre, la Belgique est annexée.

Dans ce contexte de retour à la paix aux frontières, mais d'incertitude intérieure, est préparée une nouvelle Constitution (de l'An III), qui, par mesure de précaution, prévoit que les deux tiers des futurs députés devront être choisis parmi les conventionnels.

Le texte est voté par la Convention le 22 août 1795. Le 6 septembre débute le référendum constitutionnel qui conduit à son adoption. Le 21 octobre ont lieu les élections au Corps législatif, constitué de deux assemblées, le Conseil des Anciens qui propose les lois et celui des Cinq-cents qui les vote. Le pouvoir exécutif revient à un Directoire de cinq membres élus par le Corps législatif, et renouvelable par cinquième tous les ans. Mais le suffrage n'est plus universel, car il faut maintenant justifier d'une propriété ou d'un loyer au moins égal à cent journées de travail.

C'est le triomphe de la « République bourgeoise ».

La situation militaire

L'An II sera celui du redressement : le 16 octobre 1793, les Autrichiens sont battus à Wattignies ; Toulon est repris aux Anglais le 19 décembre ; Hoche l'emporte au Geisberg le 26 et Strasbourg est sauvé. Après un début d'année 1794 indécis (victoire de Jourdan à Dinant, bataille navale au large d'Ouessant...), les Français remportent l'importante bataille de Fleurus (26 juin 1794). Les ennemis de la France (Angle-

terre, Espagne, Prusse, Autriche) sont maintenant divisés et sur la défensive.

A l'intérieur, la rebellion est réduite, après la victoire de Marceau au Mans (fin 1793) et l'action des « colonnes infernales » du général Turreau en Vendée (janvier 1794). L'agitation s'y poursuit néanmoins jusqu'à la Paix de la Jaunaye (17 février 1795), qui fait d'importantes concessions aux Catholiques.

Le Directoire
(octobre 1795-novembre 1799)

Un régime sans avenir

Le nouveau pouvoir est confronté aux mêmes problèmes que la Convention (crise économique, opposition de droite et de gauche, crise institutionnelle) et ne sait pas les résoudre.

Les cinq Directeurs (Barras, Carnot, Reubell, Letourneur et La Révellière-Lépeaux) ont à faire face à de multiples oppositions.

■ Une situation difficile

La situation économique reste mauvaise, et malgré le vote d'un emprunt forcé, l'inflation galope (les prix sont multipliés par 50 de 1790 à fin 1795), les assignats ne valent plus rien et sont supprimés en février 1796. Si les acquéreurs de biens nationaux s'enrichissent, les détenteurs d'assignats sont ruinés, et les salariés souffrent de la baisse du pouvoir d'achat ; une nouvelle « extrême-gauche » tente de relever la tête avec Gracchus Babeuf.

Mais le Directoire a aussi à faire face à l'agitation royaliste. En Vendée, où la résistance des Chouans persiste, le départ pour l'Angleterre du Comte d'Artois affaiblit leur position ; un de leurs chefs, Jean Nicolas Stofflet, est capturé en janvier 1796, et fusillé le 27 février, puis François de Charette connaît le même sort le 29 mars. En juillet, Hoche parvient à réduire l'essentiel de l'insurrection.

Mais les partisans d'une restauration royaliste continuent leur action. Pichegru et Moreau, à la tête de leurs armées, mettent peu de cœur à l'ouvrage ; Pichegru, rappelé à Paris, continue de comploter ; Brottier tente d'orga-

niser un soulèvement armé contre le Directoire, mais il est arrêté le 30 janvier 1797. Si le danger d'un coup d'État royaliste semble écarté, la montée des forces conservatrices est réelle : aux élections partielles de mars 1797, bien rares sont les « vrais » républicains élus, et 11 seulement des 216 conventionnels sortants sont réélus.

Les chambres ainsi renouvelées prennent alors diverses mesures remettant en cause les décisions de la Convention : l'interdiction des fonctions publiques aux parents d'émigrés est abrogée, la persécution contre les prêtres réfractaires cesse et le retour des émigrés s'accentue ; Pichegru est élu président des Cinq-Cents et Barthélemy devient Directeur en remplacement de Letourneur.

■ Deux coups d'État pour rien

Face à cette montée contre-révolutionnaire, les trois directeurs « républicains » (Reubell, Barras, La Révellière) décident de réagir : après avoir tenté sans succès de placer Hoche au ministère de la Guerre, ils préparent un coup d'État avec l'aide de Bonaparte, dont la politique personnelle en Italie déplaît fort aux conseils. Bonaparte envoie Augereau un corps d'armée à Paris. Le 4 septembre 1797 (18 fructidor an V), les hommes de Bona-

Gracchus Babeuf
Le mécontentement populaire et les aspirations égalitaires s'expriment dans le mouvement animé par Gracchus Babeuf qui édite un journal, le « Tribun du Peuple » et développe ses idées au « club du Panthéon ». Décrété d'arrestation en décembre 1795, Babeuf passe à la clandestinité et organise la « conspiration des Égaux », afin d'établir la communauté des biens et l'égalité sociale. Les idées babouvistes se propagent jusque dans l'armée, la répression s'abat sur les « comploteurs ». Arrêté avec ses amis le 10 mai 1796, Babeuf est condamné à mort après un long procès, et exécuté le 27 mai 1797.

Le choix de Sieyès

Voulant mettre fin au Directoire pour lui substituer un pouvoir fort qu'il rêve d'assumer, Sieyès, avec l'appui des milieux financiers, se met en quête d'une personnalité énergique et populaire susceptible de l'aider à réaliser son projet. Après s'être adressé à Joubert (tué en Italie), à Macdonald et à Moreau, il trouve en Bonaparte, rentré d'Égypte et débarquant à Fréjus le 9 octobre 1799 le « sabre » qu'il cherche. Arrivé à Paris le 16 octobre, porté par l'enthousiasme populaire, il est contacté par Talleyrand, et rencontre Sieyès qui lui expose son projet de coup d'État, destiné à imposer ses idées constitutionnelles. Mais c'est Bonaparte qui impose les siennes, en formant un gouvernement provisoire constitué de trois consuls. Le coup d'État est celui de Bonaparte.

parte occupent les deux Chambres, arrêtent 53 députés ainsi que Pichegru et Barthélemy (l'un des directeurs hostiles, l'autre, Carnot, parvenant à s'enfuir). Par les lois d'exception du 5 septembre, l'élection de 198 députés de « droite » est cassée, la répression reprend contre les émigrés de retour en France et les prêtres réfractaires (passibles de déportation), et un serment de « haine à la royauté et à l'anarchie » est exigé de tous les électeurs. Une vaste épuration est ensuite entreprise, qui transforme le Directoire en régime policier permettant aussi le renouveau du jacobinisme.

Mais ce retour au premier plan des révolutionnaires, confirmé par les élections du printemps 1798, inquiète les Assemblées comme le Directoire (où Merlin de Douai et Neufchâteau ont remplacé Carnot et Barthélemy). Ainsi se produit un nouveau coup d'État, le 11 mai 1798 (22 floréal an VI), par lequel est décidée l'invalidation de l'élection de 106 députés de « gauche ». Après ce second coup de force, le Directoire achève de se discréditer.

■ **Les 18 et 19 brumaire**

Après un an de confusion et d'indécision, l'entrée de Sieyès au Directoire, le 16 mai 1799, va accélérer les choses.

Ayant choisi Bonaparte pour l'aider dans son entreprise de « réforme » des institutions, il organise avec ses proches le coup d'État qui met fin au Directoire : le 23 octobre, Lucien Bonaparte est élu président des Cinq-Cents ; et les Conseils sont convoqués pour le 9 novembre (18 brumaire an VIII). Prétextant un complot jacobin, les vrais comploteurs obtiennent des Conseils leur déplacement à Saint-Cloud et nomment Bonaparte

commandant des troupes de Paris ; les directeurs Sieyès et Roger-Ducos démissionnent ; Barras fait de même sous la pression, les deux autres (Gohier et Moulin), qui refusent de céder, sont retenus prisonniers par Moreau.

Le lendemain, 10 novembre 1799, les Conseils se réunissent au château de Saint-Cloud. Mais les députés entendent garder l'initiative de la séance ; ils se présentent en gardiens de la Constitution, alors que ceux que l'on a « oublié » de convoquer la veille protestent. Devant l'annonce de la démission de trois directeurs, il est simplement proposé d'élire leurs remplaçants. Bonaparte prend la parole mais se heurte à l'hostilité générale ; il est pris à parti par les Jacobins qui réclament sa mise hors la loi. Lucien Bonaparte décide alors de jouer le tout pour le tout : il crie à la tentative d'assassinat et fait chasser les Cinq-Cents par les troupes de Murat. Sous la contrainte, les Anciens votent le remplacement des directeurs par trois consuls : Bonaparte, Sieyès et Roger-Ducos, et la création d'une commission législative. Pour sauver les apparences, Lucien Bonaparte réussit à réunir une trentaine de députés du conseil des Cinq-Cents et obtient leur accord.

Ainsi, un homme fort et prestigieux a su profiter de l'incapacité du Directoire à appliquer ses propres règles (puisqu'il a dû avoir recours à deux coups de force pour survivre) et utiliser les divisions entre ceux qui veulent poursuivre l'œuvre révolutionnaire, ceux qui souhaitent le retour à l'ordre monarchique, et ceux qui cherchent simplement à défendre leurs nouveaux privilèges.

Les guerres sous le Directoire (1795-1799)

Bonaparte en Italie et en Égypte

La poursuite de la guerre contre l'Autriche et l'Angleterre est marquée par de multiples campagnes qui ne modifient pas les rapports de force en Europe.

Si la période du Directoire est celle de l'incertitude à l'intérieur, il en est de même pour la politique extérieure. La paix de 1795 est en effet fragile. Si le peuple est las de la guerre, et si aucun danger immédiat ne menace la France, la puissance continentale de l'Autriche, celle, économique et maritime de l'Angleterre, sont vécues par le pouvoir comme autant d'ennemis du rayonnement français.

■ **La campagne d'Italie (1796-1797)**

Le bellicisme des directeurs trouve l'occasion de s'exprimer en Italie, agitée par un mouvement à la fois républicain, nationaliste et unificateur. Les Autrichiens, présents dans le Nord, doivent en être chassés pour permettre de consolider les frontières du sud-est de la France et favoriser l'installation d'un régime favorable à notre pays.

Bonaparte, nommé à 27 ans général de l'armée d'Italie (et secondé par Masséna, Berthier, Augereau, Séruzier, Saliceti), passe à l'action au printemps 1796. Si les troupes sont peu nombreuses et mal équipées, elles bénéficient d'une grande mobilité et des qualités de stratèges et de meneurs d'hommes de leurs chefs.

Les Français battent les Autrichiens et les Piémontais à Montenotte, Millesimo et Dego (12-15 avril), puis à Mondovi (21 avril). Le duc de Savoie et roi de Sardaigne Victor-Amédée III, allié des Autrichiens mais désireux de réduire les forces révolutionnaires dans son pays, signe la paix de Cherasco avec la France (28 avril 1796) ; il lui cède Nice et la Savoie, et le droit de maintenir une garnison au Piémont.

Bonaparte s'attaque alors à la Lombardie autrichienne. Après la difficile victoire de Lodi (10 mai), il entre en triomphateur à Milan, tenue par les révolutionnaires. Mais des soulèvements populaires anti-français éclatent en raison des excès de l'armée d'occupation ; la répression est sévère et Pavie livrée au pillage.

Puis, délaissant pour un temps les Autrichiens, l'armée française occupe Bologne, Ferrare, Longo, puis Livourne (juin 1796). Il s'agit d'obliger les princes italiens à se rapprocher de la France, et de leur accorder la paix en échange d'indemnités et de paiements en nature. La campagne militaire tourne en opération de pillage, dont bénéficient largement les troupes de Bonaparte. Celui-ci a d'ailleurs pris la décision de payer directement à ses soldats la moitié de leur solde en numéraire (20 mai), ce qui lui attire la fidélité personnelle de ses hommes. Début août, il repousse une offensive autrichienne en l'emportant à Lomato

La guerre à l'Est

Alors que Bonaparte attaque en Italie, l'armée française de Sambre et Meuse franchit le Rhin le 31 mai 1796, et Kléber bat les Autrichiens à Altenkirchen (4 juin), puis Moreau l'emporte à Ettlingen (9 juillet). Mais les Français ne peuvent aller plus loin vers Vienne, et se contentent, comme en Italie, de monnayer l'armistice avec les villes et régions occupées, où ils doivent faire face à des soulèvements populaires, puis à la contre-attaque autrichienne. Moreau et Jourdan, d'un zèle républicain « modéré », ne sont pas à la hauteur de la situation. Les Français sont battus à Neumarkt et Amberg (23-24 août) puis à Altenkirchen (19 septembre), où Marceau est tué. Malgré les exortations de Carnot, les armées françaises se replient sur le Rhin.

et à Castiglione, puis à Roveredo et à Bassano (8 septembre).

Le recul français en Allemagne durant l'été permet aux Autrichiens de reprendre l'offensive en Italie. Début novembre 1796, l'armée de Bonaparte, épuisée, doit reculer, malgré le fait d'arme de son chef au pont d'Arcole (17 novembre).

Après l'échec d'une expédition en Irlande en décembre 1796, la situation militaire évolue au début de 1797. Si les Français perdent les dernières places qu'ils tiennent sur le Rhin, Bonaparte, Masséna et Joubert battent les Autrichiens à Rivoli (14 janvier) et obligent Mantoue à capituler (2 février). Recevant des renforts importants, l'armée d'Italie reprend l'offensive vers le Tyrol et l'Autriche. Victorieux au Tagliamento (16 mars), les Français poursuivent leur offensive dans les Alpes et poussent jusqu'à Leoben.

Mais l'avancée de l'armée française la rend vulnérable et Bonaparte cherche à obtenir une paix qui lui garantisse le maintien de ses conquêtes italiennes, malgré le désaccord du Directoire. Il obtient finalement gain de cause, après avoir aidé le coup de force parisien anti-royaliste du 4 septembre. Le traité de Campoformio (17 octobre 1797) reconnaît à la France la possession de la Belgique et de la rive gauche du Rhin, ainsi que la formation d'une République italienne Cisalpine, pro-française, constituée du Milanais et des régions de Mantoue, Ferrare, Modène et Bologne.

■ La campagne d'Égypte (1798-1799)

Si ce traité règle provisoirement la question autrichienne, et permet au général Bonaparte d'être à la fois vainqueur et pacificateur, il ne met pas un terme au conflit avec l'Angleterre. Après

l'échec des négociations de Lille de juillet 1797, Bonaparte est nommé commandant de l'armée d'Angleterre, et un projet d'invasion est mis sur pied. Mais après s'être rendu en février 1798 dans le Nord pour superviser les préparatifs, Bonaparte se rend compte qu'un débarquement en Angleterre est impossible. Il est décidé en mars que le coup serait porté en Égypte, afin de s'en prendre aux intérêts anglais, d'y créer une colonie française, et de menacer les Indes anglaises. Le 19 mai 1798, la flotte française commandée par Bonaparte quitte Toulon et atteint le 1er juillet Alexandrie, qui se rend aux Français. L'armée française se dirige alors vers Le Caire et bat les Mameluks le 21 juillet à la bataille des Pyramides. Mais pendant que les Français conquièrent les terres, leur flotte est détruite par Nelson, à Aboukir (1er août).

Après avoir réprimé une révolte anti-française au Caire, Bonaparte décide de prendre l'offensive : pendant que Desaix remonte le Nil jusqu'à Assouan, il entreprend une expédition vers la Syrie, où se forme une armée turque aidée par les Anglais (février 1799). Il s'empare d'El Arich, puis de Gaza et de Jaffa (7 mars) qui est pillée, et dont les 3 000 défenseurs qui se sont rendus aux Français sont exécutés. Puis, le 19 mars, débute le siège de Saint Jean d'Acre. Efficacement soutenue par les Anglais, la ville résiste, et, malgré son succès au mont Thabor sur une armée de secours (16 avril), Bonaparte doit lever le siège le 17 mai en raison de l'état de son armée touchée par la peste, et des menaces sur l'Égypte. Il fait transporter les pestiférés à Jaffa et empoisonner les plus atteints, puis revient au Caire dans des conditions très difficiles (juin 1799).

Bonaparte en Égypte

Prisonnier de ses succès, Bonaparte entreprend de créer l'infrastructure d'une colonie française en Égypte, en réformant l'administration, en cherchant à améliorer les voies de communication, en développant l'hygiène, les cultures tropicales et l'étude de la civilisation locale. Mais malgré une politique tolérante, les Français demeurent des occupants et pratiquent les réquisitions indispensables à l'entretien de l'armée. Le sultan d'Égypte ayant proclamé la guerre sainte contre les Français, un soulèvement éclate au Caire le 21 octobre 1798, qui est écrasé après de rudes combats (mort du général Dupuy).

Bonaparte doit alors affronter une armée turque qui a débarqué près d'Alexandrie. Il l'écrase à Aboukir le 25 juillet. Mais les nouvelles venant de France et d'Europe le décident à rentrer au plus tôt. Il quitte l'Égypte le 23 août en confiant à Kléber le commandement de l'armée. Débarqué le 9 octobre à Fréjus, il peut un mois plus tard participer au coup d'État du 18 Brumaire.

■ La seconde coalition

Pendant la campagne d'Égypte, et alors que des troubles éclatent en Belgique et en Italie occupées par les Français, ont lieu les pourparlers avec l'Autriche, concernant la cession de la rive gauche du Rhin (prévue par une clause secrète du traité de Campoformio). Mais sans attendre leurs résultats les Français s'installent déjà en Rhénanie et aident à la création des Républiques romaine et helvétique. L'Autriche est ainsi poussée à la guerre. Elle s'allie à l'Angleterre, à la Turquie et à la Russie, inquiète de l'expansion française en méditerranée (2ᵉ coalition, 29 décembre 1798).

Les Français qui ont déclaré la guerre à l'Autriche le 12 mars 1799, et développé la conscription, veulent passer à l'offensive. Mais les coalisés disposent de forces importantes en Italie (Autrichiens et Russes), et en Hollande où débarque une armée anglo-russe. Ainsi Jourdan est battu à Stokach (25 mars 1799), Schérer en Italie (Maquano, 5 avril), l'armée russe de Souvorov chasse les Français de Milan (28 avril) et prend Turin (27 mai). Masséna doit se replier devant Zurich (début juin), puis Moreau et Macdonald échouent dans leur

contre-attaque en Italie (La Trébie, 19 juin). Le 15 août, Joubert, à la tête de l'armée d'Italie, est battu et tué à Novi. Seul Brune résiste en Hollande.

Mais les rivalités entre les coalisés vont permettre aux Français de renverser la situation : les Autrichiens, voulant éviter la présence anglaise en Hollande, se portent plus au nord, les Russes devant les remplacer en Suisse. Masséna en profite pour attaquer l'armée de Korsakov avant l'arrivée de Souvorov, retardé par Lecourbe. Les Russes sont écrasés à Zurich le 25 septembre 1799, et Souvorov doit se replier. En Hollande, les Anglo-Russes, d'abord victorieux à Alkmaar (2 octobre), sont ensuite arrêtés à Castricum (6 octobre), et contraints de réembarquer le 18 octobre.

Quand Bonaparte prend le pouvoir un mois plus tard, la situation militaire est rétablie en Europe, mais aucun problème n'est définitivement réglé : chacun conserve ses ambitions et les puissances autrichiennes et surtout anglaises n'ont pas été véritablement entamées.

Bonaparte au pont d'Arcole

La légende a immortalisé le geste de Napoléon brandissant le drapeau français pour entraîner ses troupes à l'assaut des Autrichiens. Si Bonaparte fait preuve d'une bravoure certaine en cette circonstance et si ses 15 000 hommes réussissent à contenir les 40 000 soldats d'Alvinczy, ce n'est qu'un simple sursaut permettant de dégager l'armée française en difficulté.

Des soulèvements anti-français

Durant la campagne d'Égypte, des événements graves se produisent dans les territoires occupés par les armées françaises. Les contributions financières (ou le pillage) sont mal supportés, en Belgique comme en République Cisalpine. Ainsi, quand est décrétée la conscription en Belgique, éclate une « guerre des paysans », le 12 octobre 1798, soutenue par les forces catholiques. Elle est écrasée en deux mois. Puis en Italie Championnet aide à la création d'une république napolitaine (26 janvier 1799), mais mène aussi une politique personnelle qui conduit à une insurrection paysanne.

Le Consulat et l'Empire (1799-1815)

La France napoléonienne

Durant quinze ans le Premier consul devenu empereur exerce un pouvoir absolu et transforme durablement les institutions et l'organisation économique de la France.

Si la République existe toujours, après le coup d'État des 9-10 novembre 1799, et si Bonaparte n'est qu'un consul partageant l'exécutif avec Sieyès et Ducos, il va bien vite capter à son profit l'essentiel du pouvoir.

Les Constitutions de l'An X et de l'An XII

La Constitution de l'An X (août 1802) modifie celle de l'An VIII en introduisant le Consulat à vie et héréditaire, confié au Premier consul, Napoléon Bonaparte. Celle de l'An XII se réduit au sénatus-consulte du 18 mai 1804. Conservant les Assemblées législatives, elle « confie le gouvernement de la République au Premier consul, avec le titre d'empereur des Français » et déclare la dignité impériale héréditaire. Napoléon Ier devient ainsi « l'Empereur de la République », synthèse vivante de l'Ancien Régime et des acquis révolutionnaires, et incarnation du nouvel ordre social.

■ Du Consulat à l'Empire

Trouvant trop lent le travail des commissions parlementaires chargées, avec les consuls provisoires, de rédiger une nouvelle Constitution, il prend le contrôle de sa rédaction et impose le texte de la Constitution de l'An VIII qui est proclamée le 15 décembre 1799.

Elle se proclame « fondée sur les droits sacrés de la propriété, de l'égalité, de la liberté » et affirme que la Révolution est finie.

Elle institue trois Assemblées législatives : le Tribunat, discutant les projets gouvernementaux, le Corps législatif, votant les lois sans les discuter, et le Sénat, gardien de la Constitution. Elle crée également le Conseil d'État chargé de la rédaction des textes, institue la fonction de Premier consul dévolue à Napoléon Bonaparte accompagné de deux autres Consuls sans réels pouvoirs (Cambacérès et Lebrun), et prévoit le recours au plébiscite. Enfin, le système électoral repose sur le suffrage universel mais les électeurs

désignent 10% d'entre eux pour former une liste de notables communaux, dont un dixième doit constituer la liste des notables départementaux, un dixième de celle-ci fournissant les notables nationaux.

De fait, le gouvernement ayant l'initiative des lois, le Premier consul nommant 31 des 60 membres du Sénat, qui cooptent eux-mêmes les 29 autres, le Sénat choisissant les membres du Corps législatif, on comprend l'importance considérable du Premier consul, qui peut soumettre à son bon vouloir le pouvoir législatif et dont « la décision seule suffit ».

Bonaparte dispose de cette nouvelle légitimité, de l'appui de la majorité des membres des corps constitués (qui lui doivent leurs fonctions et leurs hauts revenus), d'une grande popularité auprès du peuple et des troupes qu'il a commandées, ainsi que du soutien de la bourgeoisie dont il conforte le pouvoir économique. Il peut sans grande opposition se faire proclamer consul à vie (4 août 1802), puis empereur (sénatus-consulte du 18 mai 1804). En novembre, un plébiscite ratifie cette décision (par plus de 3,5 millions de oui, contre 2 500 non).

Cette référence aux formes d'un pouvoir absolu, rappelant à la fois l'ancien Empire romain, le sacre de Charlemagne et le règne de Louis XIV, s'explique bien sûr par la soif de pouvoir de Bonaparte. Mais elle correspond aussi à un besoin de légitimité accrue après un coup d'État chanceux, et face aux complots royalistes et au danger extérieur (rupture de la paix avec l'Angleterre).

■ Une opposition muselée

L'opposition à ce régime personnel et autoritaire va pendant plus de dix ans rester dangereuse mais est efficacement combattue : la conjuration jacobine d'Arena et Ceracchi (découverte le 10 octobre 1800) entraîne la condamnation à la déportation de 130 jacobins (5 janvier 1801) ; l'activisme des milieux royalistes (attentat de la rue Saint-Nicaise à Paris, le 24 décembre 1800), entretenant l'insécurité dans l'Ouest, et versant dans le banditisme dans la vallée du Rhône et le Sud-Est, est sévèrement réprimé (action des troupes du général Guillot, exécution du duc d'Enghien et de Cadoudal) ; l'indocilité du Tribunat mène à sa suppression (19 août 1807) ; l'hostilité de quelques groupes d'intellectuels libéraux (Benjamin Constant, Mme de Staël...) se limite aux salons parisiens. Si le refus de la conscription alimente les maquis royalistes, il

Cadoudal et le duc d'Enghien
Après l'arrestation de Cadoudal (organisateur de l'attentat de la rue St-Nicaise), Bonaparte, obsédé par l'idée du complot royaliste, fait enlever à Ettenheim en Allemagne, le jeune duc d'Enghien, candidat potentiel au trône. Emprisonné à Vincennes le 21 mars 1804, il est jugé sommairement et fusillé dans la nuit. Cadoudal sera exécuté à son tour le 25 juin 1804.

perd progressivement de son importance.

En revanche, en 1811-1812, la crise économique (disette, hausse des prix, montée du chômage), et les échecs militaires viennent relayer les anciennes causes de mécontentement pour provoquer des émeutes populaires un peu partout dans le pays et particulièrement en Normandie. Elles sont aussi sévèrement sanctionnées (condamnation à mort et aux travaux forcés, interdiction des attroupements) et conduisent à un retour à la taxation des denrées (8 mai 1812). Peu de temps après, le général Malet, déjà auteur d'une conspiration en 1808, échoue dans sa tentative de coup d'État pour laquelle il a reçu l'appui des milieux catholiques (23 octobre 1812) ; il est fusillé le 29 octobre. Après les défaites militaires, le Corps législatif et le Sénat entreront à leur tour en opposition ouverte, le premier condamnant la poursuite de la guerre et la suppression des libertés politiques (29 décembre 1813) et le second proclamant la déchéance de l'Empereur (2 avril 1814), imité le lendemain par le Corps législatif.

■ L'œuvre napoléonienne

On peut considérer en premier lieu que l'œuvre de Napoléon est essentielle pour former le cadre nécessaire au développement du commerce, de l'industrie et d'une façon générale des rapports de production capitalistes.

C'est ainsi que sont créés la Banque de France (13 février 1800), banque d'émission, de dépôt et d'escompte, puis le franc germinal (28 mars 1803). Parallèlement, la stabilité financière est favorisée par la réforme fiscale : création dans chaque département d'une Direction des recouvrements, établissement du cadastre, qui permet de mieux

Le sacre
Après la proclamation de l'Empire, Napoléon se fait sacrer par le pape Pie VII en la cathédrale Notre-Dame de Paris et dans le faste digne des anciens souverains, le 2 décembre 1804 : il dépose la couronne sur sa tête dans un geste symbolique signifiant bien qu'il ne tient son pouvoir de personne d'autre que de lui-même.

La nouvelle famille impériale
Joséphine de Beauharnais, qu'il a épousée en 1796, est sacrée impératrice lors de la même cérémonie. Mais, n'ayant pas eu d'enfant avec elle, Napoléon la répudie en 1809. Il épouse l'année suivante Marie-Louise d'Autriche, devenant à son tour impératrice ; elle lui donne un fils, le « roi de Rome » qui naît en 1811.

connaître les patrimoines sur lesquels porte principalement la fiscalité directe, extension de la fiscalité indirecte (sur les tabacs, dont l'État se réserve le monopole, sur les boissons, le sel, les poudres, les cartes à jouer...).

D'autre part, un certain nombre d'organismes appelés à dynamiser la vie économique voient le jour : les Bourses et les Chambres de commerce, ainsi que le Conseil général des fabriques et le Conseil général du commerce.

Dans le domaine législatif, la rédaction du Code civil, promulgué en 1804, prend une importance particulière, en affirmant les principes de l'égalité devant la loi, mais aussi en défendant la propriété individuelle et la famille constituée autour de la puissance du mari et du père. Il est prolongé par un Code de procédure civile (1806), un Code de commerce (1807) et un Code pénal (1810).

Parallèlement, Napoléon développe une législation du travail inspirée des lois de 1791 : la loi du 12 avril 1803 réitère l'interdiction des coalitions ouvrières dans les manufactures, et celle du 1er décembre de la même année oblige les ouvriers à posséder un livret sur lequel sont notées les observations patronales. Le Code civil considère de plus que le maître doit être cru sur parole en ce qui concerne les litiges salariaux, et le Code pénal prévoit des sanctions en cas de grève ou de coalition (ouvrière ou patronale). Il s'agit donc bien d'une codification du libéralisme économique et de la répression anti-ouvrière.

Le peu d'intérêt porté au monde du travail est attesté également par le rétablissement de l'esclavage aux Antilles en 1802 (cela entraîne une insurrection que les troupes du général Leclerc ne parviennent pas à maîtriser).

■ Le Concordat

Par ailleurs, Bonaparte a réglé le problème religieux en signant le Concordat du 16 juillet 1801 : le pape accepte la confiscation des biens d'Église et le serment de fidélité des prêtres ; Bonaparte admet que la religion catholique est celle de la grande majorité des Français (mais pas une religion d'État), et qu'un traitement soit versé par l'État aux membres du clergé. Le Premier consul nomme les évêques, investis par le pape. Au total, Bonaparte réussit à diviser l'opposition catholique-royaliste, alors que l'Église retrouve la liberté du culte et se réorganise sur le plan interne. Compte tenu de l'évolution conservatrice du pouvoir politique, abandonnant l'anticléricalisme, le Concordat permettra finalement à l'Église française, soumise au pape, de jouer un rôle idéologique considérable au sein de la société française, durant l'ensemble du XIXe siècle.

La création de la Banque de France

Alors que la Banque d'Angleterre a vu le jour en 1694, la France ne dispose, un siècle plus tard, d'aucune véritable banque, après l'échec de Law, en 1720. Elle bénéficie seulement de plusieurs caisses d'escompte, émettant des billets au porteur, remboursables en monnaie métallique.

Aussi, le Premier Consul charge plusieurs financiers de créer une Banque de France, qui est fondée le 18 janvier 1800. Il s'agit d'une société privée par actions, qui n'obtient l'exclusivité de l'émission des billets sur Paris qu'en 1803, et sur la France entière qu'en 1848.

Les raisons d'un consensus

Si l'opposition n'est pas inactive sous le Consulat et l'Empire, l'action de Bonaparte à la tête de l'État va être telle qu'elle va susciter un consensus significatif parmi les couches sociales favorisées, et créer par l'intermédiaire des nouvelles institutions un personnel politique, militaire, nobiliaire et administratif trouvant intérêt et prestige dans la fidélité au régime et à son chef. D'autre part, les succès militaires et les effets favorables du Blocus continental lui apportent le soutien des milieux populaires.

Bonaparte et l'Europe (1800-1804)

La paix impossible

Durant le Consulat, la France et l'Angleterre tentent un rapprochement, rendu vain par l'opposition de leurs intérêts économiques et les ambitions de Bonaparte.

Les années de Consulat ne règlent pas les problèmes extérieurs entre la France et la coalition formée de l'Angleterre, de l'Autriche, de la Russie et de la Prusse. L'Angleterre et l'Autriche refusant de traiter avec lui, Bonaparte reprend l'offensive en Italie au printemps 1800 : il occupe Milan le 2 juin, rétablit la République Cisalpine et remporte difficilement la bataille de Marengo le 14 juin contre les Autrichiens. La même année, les victoires de Moreau en Allemagne contre ces mêmes Autrichiens les obligent à signer la paix de Lunéville (9 février 1801), renouvelant les concessions territoriales du traité de Campo-Formio, et organisant une Italie du Nord pro-française.

■ La paix d'Amiens

Mais le rapprochement avec la Russie échoue à cause de l'assassinat du Tsar Paul 1er par des aristocrates pro-anglais, tandis que l'armée française d'Égypte capitule durant l'été 1801, un an après la mort de Kléber. Pourtant, les difficultés intérieures de l'Angleterre l'ont amenée à négocier, après la démission de Pitt très hostile à la France. Les préliminaires de Londres (octobre 1801) ouvrent la voie à la Paix d'Amiens (25 mars 1802) : la Turquie récupère l'Égypte, les Français évacuent Naples et les Anglais les colonies prises à la France pendant les hostilités.

Cependant, les grandes questions restent sans réponse : la France refuse un traité commercial avec l'Angleterre, les Anglais ne reconnaissent pas les annexions françaises (en Italie, aux Pays-Bas ou en Allemagne) ni sa politique italienne en général (Bonaparte est devenu Président de la nouvelle République d'Italie en janvier 1802). Si la paix est ainsi revenue, elle ne repose sur aucun accord de fond.

■ Vers la guerre

D'ailleurs, moins d'un an plus tard, Bonaparte impose une réorganisation des États allemands ainsi qu'une Constitution fédérale à la Suisse, dont il devient « médiateur », après son occupation. Pour répondre à cette politique expansionniste de la France, et à son protectionnisme économique, les Anglais refusent d'évacuer l'île de Malte, comme le prévoit la Paix d'Amiens, exigent des Français leur retrait de Suisse et de Hollande (avril 1803), et décrètent l'embargo sur les navires français et hollandais. Bonaparte déclare alors la guerre à l'Angleterre le 22 mai 1803, et fait arrêter tous les Anglais présents en France.

L'action anglaise se limite d'abord à une aide aux opposants royalistes émigrés : le comte d'Artois, frère de Louis XVI, le général Pichegru, le chouan Cadoudal, Polignac. Mais ces derniers, débarqués en France

---

Une France agrandie
Le Traité de Lunéville (1801) confirme l'occupation de la Belgique, de la rive gauche du Rhin (où sont créés quatre départements, avec pour chefs-lieux : Mayence, Trèves, Coblence, Aix-la-Chapelle) et du Piémont. La France de l'an XI compte ainsi 120 départements.

pour préparer l'enlèvement de Bonaparte et le retour du Comte d'Artois, sont arrêtés début mars 1804 ; Pichegru se suicide (ou est tué) en prison, Cadoudal est exécuté le 25 juin.

Ces événements ne sont pas sans rapport avec la proclamation de l'Empire, qui constitue pour Bonaparte un moyen de renforcer son autorité dans le pays comme à l'extérieur, face à une Europe hostile à la République et à l'expansionnisme français. Cadoudal devait d'ailleurs déclarer après son arrestation : « nous voulions faire un roi et nous avons fait un empereur ».

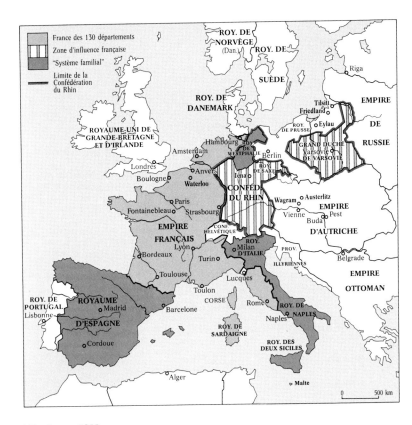

L'Empire en 1811

Après les conquêtes de Napoléon, et avant la campagne de Russie, les frontières françaises sont repoussées au nord-est et au sud-est. Les Etats allemands, l'Italie et l'Espagne sont soumis à l'autorité impériale.

Les guerres napoléoniennes (1805-1815)

Le nouvel Alexandre

Proclamé Empereur, Napoléon mène aussitôt une politique expansionniste qui provoque une alliance anglo-russe (avril 1805) à laquelle s'associent l'Autriche et la Suède.

Dès le début de 1805 Napoléon annexe la République Ligurienne, prend le titre de roi d'Italie et restaure une monarchie pro-française en Hollande. Cela conduit à une coalition contre la France.

■ Trafalgar et Austerlitz

L'ennemi principal aux yeux de l'Empereur est l'Angleterre, qu'il se propose d'envahir. Mais un tel débarquement implique l'éloignement de la flotte anglaise de la Manche que des escadres françaises tentent en vain de provoquer par des manœuvres de diversion. La flotte française étant bloquée dans Cadix par les Anglais, l'Empereur, voulant brusquer les choses, ordonne une sortie : elle se solde par la défaite au large de Trafalgar (21 octobre 1805), qui laisse à l'Angleterre le contrôle des mers et rend son invasion impossible.

Mais avant même cette défaite, Napoléon, craignant une attaque autrichienne à l'est, a levé le camp de Boulogne (où se concentraient les troupes qui devaient débarquer en Angleterre) pour les porter en toute hâte vers Mayence. Il contraint l'armée autrichienne du général Mack à capituler (Ulm, 20 octobre 1805), puis entre dans Vienne le 14 novembre, avant de poursuivre les Autrichiens et les Russes en Moravie. Grâce à la rapidité de son mouvement et à des manœuvres habiles, Napoléon réussit à attirer les Austro-Russes sur le plateau de Pratzen, et remporte la bataille d'Austerlitz (2 décembre 1805), un an jour pour jour après le sacre impérial.

■ Le « Grand Empire »

Napoléon commence alors l'organisation du « Grand Empire » : durant l'année 1806, ses frères Joseph et Louis deviennent respectivement roi de Naples et roi de Hollande ; son autre frère Jérôme épouse une princesse de Wurtemberg et Eugène de Beauharnais, la fille du roi de Bavière, alors que Murat reçoit le grand-duché de Berg. D'autre part, seize États allemands constituent la Confédération du Rhin, dont Napoléon est le Protecteur ; celle-ci doit à la France une aide militaire et financière.

Face à cette politique, le roi de Prusse Frédéric-Guillaume III négocie secrètement avec l'Angleterre et la Russie, et adresse un ultimatum à la France, la sommant de retirer ses troupes au-delà du Rhin (26 septembre 1806). La réponse de Napoléon est fulgurante : le 14 octobre, l'armée française écrase les Prussiens à Iéna et Auerstaedt, et le 27 octobre l'Empereur entre à Berlin ; l'Électeur de Saxe est fait roi d'une Prusse qui entre dans la Confédération du Rhin.

Un mois plus tard, les Fran-

Après Austerlitz
L'empereur d'Autriche François II doit signer le Traité de Presbourg (26 décembre 1805) par lequel l'Autriche perd la Vénétie, l'Istrie, la Dalmatie, alors que la Bavière et le Wurtemberg, devenant des royaumes indépendants, reçoivent des territoires qui appartiennent à l'Autriche (dont le Tyrol et la Souabe) ; l'ancien Saint-Empire romain germanique se trouve disloqué et François II n'est plus que l'Empereur de la seule Autriche. D'autre part, la Prusse signe avec la France le traité de Schoenbrunn (15 décembre) la détournant de l'alliance avec l'Autriche. La Russie se retrouve isolée.

çais sont à Varsovie (27 novembre) et menacent le nord-est de la Prusse. Attaqués par l'armée russe ils doivent livrer la terrible bataille d'Eylau, qui fait plus de 40 000 morts, et à l'issue de laquelle les Russes se replient sans avoir été véritablement défaits (9 février 1807). Après le siège et l'occupation de Dantzig (26 mai), la bataille de Friedland (14 juin) se termine par l'écrasement de l'armée russe, et oblige le tsar à traiter et à rompre avec l'Angleterre.

■ La guerre d'Espagne

Mais pour que l'isolement économique de l'Angleterre soit total, il reste à la France, qui contrôle avec ses alliés tous les ports de la Baltique aux Pyrénées, de s'implanter en Espagne et au Portugal.

Par le traité de Fontainebleau (27 octobre 1807), la France et l'Espagne s'entendent pour se partager le Portugal. Napoléon en profite pour s'immiscer dans les querelles monarchiques espagnoles et occuper une partie du pays. Le 2 mai 1808 éclate l'insurrection madrilène impitoyablement réprimée par Murat. Cela va déclencher un soulèvement général contre les Français, d'autant plus que Joseph Bonaparte est fait roi d'Espagne, Murat lui succédant sur le trône de Naples.

L'armée française a alors à faire face à une guérilla totale à laquelle elle répond par une répression brutale mais inefficace. L'armée du général Dupont doit même capituler à Bailén le 21 juillet et celle de Junot à Cintra, au Portugal, face à une intervention anglaise de Wellington (20 août).

Napoléon décide d'intervenir lui-même en Espagne à la tête d'une armée de 200 000 hommes. Les Français réussiront, au prix de durs combats, à reprendre plusieurs grandes villes (Burgos, Valladolid, Saragosse...) et à forcer les Anglais à quitter l'Espagne (début 1809). Napoléon prend alors des mesures visant à moderniser le système économique et juridique espagnol ; mais elles ne sont pas acceptées par le peuple espagnol solidairement hostile à la présence française.

■ La révolte autrichienne

Cette résistance espagnole a pour conséquence de faire renaître les idées de révolte contre la France. Déjà le 27 septembre 1808, le tsar Alexandre Ier n'avait rien cédé à Napoléon lors de l'entrevue d'Erfurt ; en avril 1809, l'Autriche, soutenue par les Anglais, envahit la Bavière et le grand-duché de Varsovie.

La riposte impériale va être immédiate : après la victoire d'Eckmuhl (23 avril 1809), Napoléon franchit le Danube, prend Ratisbonne, et entre dans Vienne le 12 mai. Mais les Français sont arrêtés à Essling (21-22 mai).

Napoléon reprend l'offensive et remporte le 6 juillet la bataille de Wagram malgré des pertes élevées (20 000 hommes).

François II d'Autriche doit alors accepter le Traité de Vienne (14 octobre 1809) par lequel il perd des territoires à l'ouest (rattachés à la Bavière), au sud (formation des « Provinces Illyriennes ») et à l'est (au profit de la Russie et du duché de Varsovie). De plus, Napoléon (qui s'est séparé de Joséphine) n'a pu obtenir la main d'une sœur du Tsar) épouse Marie-Louise, archiduchesse d'Autriche, en avril 1810. Ce second mariage coïncide avec une période de paix, qui dure jusqu'au milieu de 1812.

Le Traité de Tilsit
Après la victoire de Friedland contre les Russes, Napoléon et Alexandre Ier ont une entrevue sur le Niémen, qui débouche sur le traité de Tilsit, signé le 7 juillet 1807 : la Prusse est dépecée : les terres à l'ouest forment le royaume de Westphalie attribué à Jérôme Bonaparte ; la partie prussienne de la Pologne est transformée en Grand-duché de Varsovie. D'autre part ; la Russie doit participer au Blocus continental contre l'Angleterre.

■ La Campagne de Russie

Mais les nouveaux empiètements territoriaux qu'impose Napoléon (annexion du Valais et du Tessin, du royaume de Hollande dont Louis Bonaparte est roi, d'une partie de la Westphalie...), la séquestration du Pape Pie VII à Fontainebleau, la poursuite de la résistance espagnole, et les difficultés provoquées par le Blocus continental ne peuvent que susciter une reprise générale des hostilités.

C'est la Russie, ne pouvant plus exporter son blé et son bois vers l'Angleterre, et dont le Tsar Alexandre Ier a épousé une Anglaise, qui prend l'initiative : elle exige que la France évacue la Prusse et la Poméranie. Saisissant ce prétexte, Napoléon entreprend le 22 juin 1812 la campagne de Russie, avec 700 000 soldats, dont moins de la moitié sont français.

Les armées russes de Bagration et Barclay de Tolly reculent devant l'avance française en Lituanie du Sud (été 1812). S'approchant de Moscou, les Français doivent livrer la terrible bataille de Borodino (7 septembre) contre Koutousov. Celui-ci finit par se retirer, préférant laisser Napoléon entrer dans Moscou à risquer de perdre la guerre en un seul combat.

De fait, Napoléon perd un mois dans Moscou à hésiter sur la marche à suivre. Quand il se décide à prendre la route du retour (le 19 octobre), la Grande Armée, déjà éprouvée, doit affronter des difficultés de ravitaillement, les premiers grands froids et le harcèlement des compagnies russes ; menacée par les troupes de Koutousof, elle passe la Bérézina dans des conditions dramatiques (26-28 novembre 1812). Napoléon laisse alors le reste de l'armée au maréchal Ney, et rentre rapidement en France où la conspiration du général Malet a échoué de peu (il avait annoncé la mort de l'Empereur et tenté de créer un gouvernement provisoire).

■ Vers l'abdication

Mais la présence de l'armée russe en Prusse provoque un soulèvement anti-français, une alliance russo-prussienne et la dissolution de la Confédération du Rhin.

Napoléon réussit à reformer une armée avec de jeunes conscrits, et bat les Russes et les Prussiens à Lutzen et Bautzen (2 et 20 mai 1813) avant de signer l'armistice de Pleswitz (4 juin). Mais cela permet aux vaincus de se ressaisir et de recevoir l'aide de l'Autriche.

Les coalisés remportent alors la bataille dite « des Nations », près de Leipzig (16-19 octobre 1813). Napoléon parvient néanmoins à se replier sur la rive gauche du Rhin, mais partout les troupes françaises reculent et les territoires de l'Empire retrouvent leur autonomie.

Durant l'hiver 1813-1814, la France doit faire face à une triple invasion (celles des armées de Bernadotte, Blücher et Schwarzenberg). Malgré les victoires de Napoléon à Champaubert Vauchamp et Montmirail (10, 14 et 17 février 1814), les coalisés qui ont signé le pacte de Chaumont le 9 mars, poursuivent leur avance et menacent Paris.

Le 30 mars 1814, les armées de Mortier et Marmont capitulent, et le lendemain le tsar et le roi de Prusse entrent dans Paris. Le 3 avril, l'Empereur est déchu par le Sénat et le Corps législatif. Le 6 avril, Napoléon abdique au milieu de ses soldats à Fontainebleau. Il est exilé à l'île d'Elbe, qu'il gagne dans des conditions difficiles, protégé par les Autrichiens de la vindicte de la population du sud de la France.

L'armée impériale
L'Empereur s'appuie sur une armée importante (près de 600 000 hommes en 1805), constituée d'un amalgame de vétérans des guerres de l'époque révolutionnaire, de conscrits sans expérience tirés au sort (les plus fortunés pouvant acheter un remplaçant), et de contingents envoyés par les pays alliés ou soumis. Si la garde impériale constitue un corps d'élite exceptionnel, qui compte jusqu'à 80 000 soldats, le reste de l'armée compense son immaturité par un enthousiasme alimenté par les victoires successives. Par la suite, les revers de 1812, la levée en masse de 1814 et les difficultés de cette période, augmentent le nombre de réfractaires et de désertions, alors que disparaissent les régiments étrangers. Aussi l'armée de ces dernières années vaut surtout par l'ardeur des nouveaux conscrits qui croient encore au mythe impérial.

Les Cent Jours
(mars-juin 1815)

L'éphémère retour

Accueilli favorablement par les milieux hostiles à la Restauration, Napoléon doit bien vite affronter une nouvelle coalition européenne, qui l'emporte définitivement à Waterloo.

Après la restauration de la monarchie au profit de Louis XVIII, Napoléon, moins d'un an plus tard, débarque en France à Golfe-Juan (19 mars 1815). Les troupes envoyées pour l'arrêter l'ovationnent, et sans opposition il peut gagner Paris, déserté par le roi, le 20 mars.

■ Le vain sursaut

Le personnel de l'Empire ayant facilement accepté le retour à la monarchie, Napoléon cherche à retrouver une assise populaire qui lui soit favorable en dépit de la réaction royaliste. Pour cela il fait rédiger un « Acte additionnel aux Constitutions de l'Empire » (prévoyant une Chambre des Pairs et une Chambre des représentants élues au suffrage censitaire, mais aussi le recours au suffrage universel à l'occasion de plébiscites) ; d'autre part, il s'efforce de faire jouer le souvenir des années révolutionnaires (adoption de la Marseillaise, fête du Champ de Mars, organisation de fédérations provinciales...). Un plébiscite approuve la nouvelle Constitution par 1,5 million de oui, contre 500 000 non (mais on dénombre 3 millions d'abstentions).

Le soutien à l'Empereur est donc très partiel, l'opposition royaliste active et le danger extérieur menaçant après que les alliés (7e coalisation) aient mis Napo-

léon « au ban de l'Europe ».

Afin de prendre ses ennemis de vitesse, il décide d'attaquer en Belgique l'armée prussienne de Blücher pour l'empêcher de rejoindre celle de Wellington. Napoléon réussit à repousser Blücher, poursuivi par Grouchy et attaque Wellington à Waterloo, le 18 juin. Malgré les furieuses charges françaises, les Anglais résistent, et l'arrivée inopinée de Blücher décide de la défaite des restes de l'armée napoléonienne.

■ Sainte-Hélène

De retour à Paris, l'Empereur abdique en faveur de son fils, mais Fouché prépare une nouvelle restauration. L'entrée des troupes étrangères à Paris permet le retour de Louis XVIII, « cent jours » environ après son départ.

Napoléon reste quelques jours à La Malmaison, puis se rend à Rochefort, dans l'intention de partir aux États-Unis. Mais la présence de bateaux anglais l'amène à se rendre et il embarque sur le « Bellérophon » pour gagner l'île de Sainte-Hélène. Il y meurt le 5 mai 1821, âgé de 52 ans.

■ Un nouvel ordre européen

Les conséquences de la défaite définitive de Napoléon sont scellées par le Congrès de Vienne, qui se tient de septembre 1814 à juin 1815 et se termine quelques jours avant Waterloo. La

---

Le Congrès de Vienne

L'Acte final du Congrès de Vienne (9 juin 1815), sans pour autant prévoir de sanction contre la France, organise une chaîne d'États-tampons entre elle et le reste de l'Europe : au nord, le prince d'Orange, pro-anglais, reçoit un royaume élargi des Pays-Bas ; à l'est se constituent la Prusse rhénane, très anti-française et la Confédération helvétique, agrandie et neutre ; au sud-est un royaume de Piémont-Sardaigne comprend la Savoie, Nice et Gênes.

France a déjà perdu, par le traité de Paris (30 mai 1814), toutes ses conquêtes postérieures à 1792, excepté une partie de la Savoie, Avignon, Mulhouse et Montbéliard. Mais les divergences d'intérêts entre les vainqueurs et la politique habile de Talleyrand ont permis un rapprochement entre la France, l'Angleterre et l'Autriche, contre la Russie et la Prusse.

Celui-ci est cependant remis en cause par le retour de Napoléon et la reprise de la guerre.

Après Waterloo, le second traité de Paris (novembre 1815) impose à la France la cession de places fortes du Nord et de l'Est, le paiement d'une indemnité de 700 millions et l'entretien d'une armée d'occupation de 150 000 hommes. Mais le retour au pouvoir d'une monarchie conservatrice et pacifique va faire disparaître les sources de conflit avec les autres royaumes européens.

L'ambiguïté de l'épisode napoléonien

Ces quinze années de pouvoir napoléonien, qui s'écoulent du 18 Brumaire à Waterloo, ont constitué une période apparemment contradictoire.

Par certains côtés, Napoléon a aidé à la formation du capitalisme industriel, grâce à l'adoption d'une législation favorable à la libre entreprise et aux pouvoirs de l'argent, en encourageant l'initiative et l'innovation industrielle, en créant une administration, des cadres compétents et efficaces, en forçant par la conquête l'ouverture du marché européen.

Mais parallèlement, il a fait revivre le mode de vie de la classe seigneuriale, en se lançant dans des campagnes militaires rappelant des époques bien lointaines (Empires romain et carolingien), en recréant une aristocratie nobiliaire et de nouveaux royaumes, en tentant d'instituer un nouveau pouvoir absolu héréditaire.

Son action n'est peut-être au total que le reflet de la contradiction de la société française au début du XIXe siècle, rurale et fidèle à l'autorité d'un chef charismatique, mais aussi prête à emboîter le pas à la révolution industrielle anglaise. Représentant à la fois l'ordre et l'aventure, Napoléon met fin à la révolution en France tout en entretenant son mythe au-delà des frontières. Il permet à des roturiers sans fortune comme à une partie de la classe paysanne, humiliée par des siècles de soumission, d'entrer dans l'histoire en s'illustrant sur des champs de bataille.

Synthèse du passé, cherchant à forcer l'avenir, la voie napoléonienne constitue peut-être la seule réponse au défi économique anglais, que la France ne peut relever pacifiquement. Comme un siècle et demi plus tôt face à la Hollande, la solution militaire ne peut que pallier provisoirement l'infériorité concurrentielle de l'économie française face à son nouveau rival. La Restauration ne pourra cependant pas contribuer à rattraper ce retard.

Napoléon II
Le fils de Napoléon et de Marie-Louise est né à Paris en 1811. Il reçoit le titre de Roi de Rome, et doit hériter du titre impérial. Napoléon abdique d'ailleurs deux fois en sa faveur, le 4 avril 1814 et le 22 avril 1815, la Chambre des Cent-Jours le reconnaît. Mais l'effondrement de l'Empire le place sous l'emprise de son grand-père maternel, François II, empereur d'Autriche. Fait duc de Reichstadt en 1818, il meurt à Schönbrunn en 1832.

Les arts pendant le Directoire et l'Empire

Les années 1795-1815 constituent un ensemble cohérent et particulier, dominé par le modèle antique touchant aussi bien à l'architecture qu'à la peinture ou à l'ébénisterie.

■ Le Directoire

Les premières années de la Révolution ne sont guère favorables aux arts. Mais la brève période du Directoire, qui suit les temps difficiles de la Terreur, est celle de la redécouverte des plaisirs de la vie et du raffinement artistique.

Le « style Directoire » marque en particulier le mobilier aux lignes arrondies et aux extrémités carrées, l'orfèvrerie, l'horlogerie et la sculpture sur bois. Il fait de l'intérieur des riches demeures un cadre raffiné et gracieux reflétant un nouveau sens artistique. Il prolonge l'inspiration des formes antiques qui s'étaient déjà exprimées dès le milieu du siècle dans l'architecture d'un Claude-Nicolas **Ledoux** (1736-1806) ou d'un François **Bélanger** (1744-1818).

De même, des peintres comme Jean-Baptiste **Greuze** (1725-1805) et Jean-Honoré **Fragonard** (1732-1806) contribuent à faire revivre le genre historique et italien ; cependant, leurs portraits et leurs scènes familiales, champêtres et galantes expriment une sensibilité d'Ancien Régime.

■ L'Empire

Puis l'attrait pour la Rome antique s'avère dominant : Louis **David** (1748-1825), devient le maître de la peinture mêlant l'évocation de l'héroïsme et de la beauté antique (« Les Sabines »...) à la glorification du nouvel Empire (« Le sacre de Napoléon Ier »...) ; il influence la peinture d'Antoine **Gros** (1771-1835) (« Les Pestiférés de Jaffa »...), bien que celui-ci exprime déjà à travers des thèmes qui restent guerriers, une mélancolie pré-romantique.

Les mœurs sous le Directoire

Après la peur et l'incertitude des années révolutionnaires, l'insouciance et la soif de vivre s'emparent de l'ancienne aristocratie ayant échappé à la guillotine, comme des nouveaux riches de la société bourgeoise naissante. Cela s'exprime par un relâchement des mœurs, par l'extravagance de la mode chez les « incroyables » et les « merveilleuses », par la fréquentation des cafés et des salons mondains comme ceux de Madame de Staël et de Madame Tallien, par le théâtre léger se moquant des républicains et où l'on joue « Le Tartuffe révolutionnaire », « Madame Angot » ou « La Poissarde parvenue ».

On retrouve cette mélancolie chez Théodore **Géricault** (1791-1824) « Le Cuirassier blessé »...) qui fait preuve d'une maîtrise exceptionnelle du mouvement, de la couleur.

La sensibilité romantique éclate avec Anne-Louis **Girodet** Trioson (1767-1824) (« Atala au tombeau »...), Pierre-Paul **Prud'hon** (1767-1823) (« Portrait de l'Impératrice Joséphine »...) ou François **Gérard** (1770-1837) (« La Bataille d'Austerlitz », mais aussi « Madame Récamier »).

La même inspiration se retrouve chez Carle **Vernet** (1758-1836) qui, comme Géricault et Gérard, illustre les campagnes napoléoniennes (« Le Matin d'Austerlitz »...), peint les chevaux en actions, mais aussi la vie de son temps (« Incroyables et Merveilleuses »...).

Le classicisme antique mis au service de

l'éloge de l'héroïsme de la période révolutionnaire se retrouve également dans les sculptures de François **Rude** (1784-1855), créateur du haut relief de l'arc de triomphe de l'Étoile (« La Marseillaise »), en 1833-1835.

Cette seconde renaissance du modèle antique est encore plus spectaculaire dans l'architecture monumentale alliant arcs et colonnades. Napoléon ne fait pas simplement revivre le mythe impérial par sa personne et par ses conquêtes ; il veut aussi faire de Paris une nouvelle Rome, comme en témoignent la nature et la forme des édifices qu'il fait construire ou entreprendre : l'Arc de Triomphe des Tuileries, le début de celui de l'Étoile, la nouvelle galerie du Louvre, la façade de l'Église de la Madeleine (devant être le « temple de la Victoire »), et celle du Palais Législatif (futur Palais Bourbon), la Bourse, la Colonne Vendôme, ou encore le projet d'un gigantesque Palais du Roi de Rome, sur l'emplacement de l'actuel Palais de Chaillot.

De même, Napoléon fait élargir la rue de Rivoli et les Champs-Élysées pour créer de vastes voies de communication, devant sans doute permettre le « triomphe » à l'antique de l'Empereur victorieux.

Bonaparte, reçu à l'institut, 1797.
L'essor de la pensée scientifique, favorisée par un esprit nouveau et par la création des grandes écoles, fut encouragé par Bonaparte. (Lithographie de Motte, d'après Champion. Bibliothèque nationale, Paris.)

Les sciences
(fin XVIIIe-début XIXe siècle)

Cette période est celle de l'émergence d'une pensée scientifique nouvelle,
en liaison étroite avec les phénomènes révolutionnaires.

Dès la paix civile revenue, un grand effort de mobilisation de l'élite scientifique et de propagation des connaissances est entrepris.

C'est ainsi que la période de la « Convention thermidorienne » bien que fort courte, est riche sur le plan de l'instruction publique, et témoigne d'un intérêt nouveau et considérable pour les disciplines scientifiques : entre l'automne 1794 et la fin de 1795 sont créés l'École Centrale des Travaux Publics (future École Polytechnique), le Muséum d'Histoire Naturelle (au Jardin des Plantes), puis le Conservatoire des Arts et Métiers, l'École des Langues Orientales, l'École des Beaux-Arts, le Conservatoire national de Musique, l'Institut national des Sciences et des Arts ; la Bibliothèque nationale, le Musée du Louvre, les Archives nationales sont aussi réorganisées.

Par ailleurs, le 25 octobre 1795 est voté, sur la proposition de Lakanal, un décret prévoyant la création d'une école d'enseignement primaire par canton (mais ni gratuite, ni obligatoire), et une « École Centrale » d'enseignement secondaire par département ; cependant, faute de ressources, de professeurs ou d'élèves, les résultats sont très variables suivant les régions.

C'est dans ce contexte que se développe la pensée rationaliste et scientifique, reposant largement sur l'expérience et l'observation. Napoléon encourage ce mouvement, recevant des savants, visitant les instituts et récompensant par des pensions et des anoblissements les esprits les plus brillants. Toutes les sciences connaissent alors un essor remarquable, comme si ces événements précipitent l'éclosion d'une nouvelle attitude « positive » face à la nature, à ses lois et aux méthodes de réflexion.

■ **La médecine**

Elle accomplit des progrès considérables : Jean **Corvisart** (1755-1821), premier médecin de Napoléon, développe l'observation clinique ; Dominique **Larrey** (1766-1842), dit « la Providence du soldat » et chirurgien en chef des armées de Napoléon, perfectionne les techniques chirurgicales.

Xavier **Bichat** (1771-1802) effectue des découvertes en anatomie et physiologie ; il est l'élève de Pierre **Desault** (1738-1795), qui fonde la première clinique chirurgicale française ; François **Broussais** (1772-1838), volontaire dans l'armée républicaine, étudie les maladies inflammatoires ; René **Laennec** (1781-1826) améliore les techniques d'auscultation, invente le stéthoscope et fonde la médecine anatomo-pathologique ; Philippe **Pinel** (1745-1826) étudie les maladies mentales à partir de 1793 (à Bicêtre et à la Salpêtrière) et humanise le traitement des aliénés.

■ **La physique**
  et la chimie

Charles de **Coulomb** (1736-1806) étudie le magnétisme, l'électrisation et la polarisation dès la fin des années 1770 ; il laisse son nom à l'unité de charge électrique.

La physique des gaz bénéficie des travaux d'un précurseur comme Philippe **Lebon** (1767-1804) et de ceux de Louis **Gay-Lussac** (1778-1850), professeur à Polytechnique en 1809.

La chimie moderne est née peu avant la Révolution avec Antoine de **Lavoisier**

(1743-1794), qui a contribué à définir la nomenclature chimique avec Antoine de **Fourcroy** (1755-1809) et Claude **Berthollet** (1748-1822). Ce dernier, qui découvre les lois de décomposition des éléments, et qui a suivi Bonaparte en Égypte, fonde avec **Laplace** la « Société d'Arcueil » qui réunit de nombreux savants.

Jean-Antoine **Chaptal** (1756-1832) contribue à l'essor de l'industrie chimique (teinture du coton, production d'alun et d'acide sulfurique) ; Ministre sous le Consulat, il crée l'École des Arts et Métiers.

Nicolas **Vauquelin** (1763-1829) étudie avec Fourcroy la composition du cerveau, de la moelle épinière, des nerfs, des cheveux... Il découvre le chrome, le lithium, la glucine...

Jean Baptiste **Biot** (1774-1862) détermine l'origine des météorites en 1803, la vitesse du son dans les solides en 1809, et établit avec Félix **Savart** (1791-1841) la formule du champ magnétique provoqué par le courant électrique (1820).

■ Les mathématiques

Gaspard **Monge** (1746-1818) fonde la géométrie descriptive moderne ; le comte Louis de **Lagrange** (1736-1813), déjà célèbre sous l'Ancien Régime, réforme après la Révolution le système des poids et mesures et développe l'étude des fonctions et dérivées dans sa « Théorie des fonctions analytiques » (1797).

Lazare **Carnot** (1753-1823) (« Organisateur de la victoire » en 1793, et membre du Directoire en 1795) est aussi l'un des pères de la nouvelle géométrie analytique et de la réflexion théorique sur le travail des machines ; son fils Sadi **Carnot** (1796-1832) développe également l'étude sur la transformation de la chaleur en travail (principe dit « de Carnot »).

Le marquis Pierre Simon de **Laplace** (1749-1827), qui interroge Napoléon lors de son entrée dans l'armée, écrit un « Traité de mécanique céleste » (1799), une « Théorie analytique des probabilités » (1812) et fait une synthèse des travaux sur la gravitation universelle (Newton, Halley, d'Alembert...).

Adrien Marie **Legendre** (1752-1833) contribue aux opérations géodésiques liées à la constitution du système métrique et s'efforce de démontrer le postulat d'Euclide. Il mène, parallèlement à l'Allemand Friedrich Gauss, l'étude de la résolution des équations binômes.

Jean Victor **Poncelet** (1788-1867), général d'Empire, conçoit en prison la géométrie projective (il est fait prisonnier à la suite de la campagne de Russie).

■ L'astronomie

Joseph de **Lalande** (1732-1807) améliore les tables de Halley et publie en 1801 une « Histoire céleste française ». Son neveu Michel de Lalande (1766-1839) collabore à cet ouvrage et travaille avec Jean-Baptiste **Delambre** (1749-1822). Ce dernier étudie les satellites de Jupiter et de Saturne, mesure avec Pierre **Méchain** (1744-1804) l'arc du méridien compris entre Dunkerque et Barcelone, et publie une « Histoire de l'Astronomie ».

L'italien Jacques Dominique **Cassini** (1748-1845) termine en 1815 la carte topographique de la France commencée par son père, premier directeur de l'Observatoire de Paris en 1791.

Les sciences naturelles

Elles font un bond en avant avec Jean-Baptiste de **Lamarck** (1744-1829) évoquant avant Darwin l'influence du milieu sur l'évolution des espèces ; toutefois, il ne connaît pas l'audience de Georges **Cuvier** (1769-1832), qui analyse et classe les espèces animales, mais défend l'idée de leur fixité, critiquée par Etienne **Geoffroy St-Hilaire** (1772-1844) qui travaille sur l'homologie des organes.

Louis XVIII

Le retour des Bourbons

La Restauration de la monarchie, avec Louis XVIII (1814-1824), ne provoque pas de réactions hostiles.

Reconnu roi par les proches de l'Empereur après ses adieux de Fontainebleau, le comte de Provence monte sur le trône sous le nom de Louis XVIII. Frère de Louis XVI, il assure la continuité de la lignée des Bourbons. Soucieux de ne pas rejeter tout l'héritage de la période révolutionnaire, il fait rédiger une « Charte » organisant le nouveau régime et inspirée du modèle anglais.

Il s'enfuit en Belgique dès le retour de Napoléon, et rentre à Paris le 8 juillet 1815, peu après la seconde abdication de l'Empereur (22 juin).

■ Les « Ultras » au pouvoir

A la suite des « Cent Jours », la vie politique française est marquée par l'opposition entre les « ultra-royalistes » et les partisans de la Charte. Ces derniers, favorables à l'idée de Constitution, comprennent deux tendances : une aile conservatrice (de Broglie, Guizot, Victor Cousin...) composée de notables fortunés (aristocrates, grands bourgeois ou universitaires), et une aile libérale ou « indépendante », attachée à la liberté et aux droits individuels (Casimir Périer, les Laffitte, La Fayette, Carnot, Odilon Barrot...), et hostile à Louis XVIII et aux ultra royalistes.

Les « Ultras », quant à eux, reprochent à la Charte son existence même, qui leur apparaît comme une limite à l'absolutisme royal et un héritage de l'épisode révolutionnaire. S'appuyant sur la France rurale, soutenus par le clergé et ayant à leur tête le futur Charles X (alors Comte d'Artois), ils triomphent à tel point aux élections d'août 1815 (en obtenant 350 députés sur 398) que Louis XVIII parle de « Chambre introuvable ».

Désireux d'entreprendre une contre-révolution, surtout après les « Cent Jours », ils organisent une « Terreur blanche ». Il s'agit d'éliminer de tous les organes de pouvoir et de l'administration les anciens révolutionnaires ou bonapartistes, et d'extirper du pays tout l'héritage politique et idéologique de cette période.

Les « Ultras » obtiennent la condamnation à mort de généraux ralliés à Napoléon après son retour (Ney et La Bédoyère sont exécutés, Brune assassiné par une foule royaliste, alors que Soult réussit à se cacher) ; ils votent la « loi de Sûreté Générale » (31 octobre 1815), qui supprime la liberté individuelle et permet d'emprisonner sans jugement les suspects : la création de « cours prévôtales » conduit à l'arrestation de 70 000 personnes.

Par ailleurs, une agitation royaliste populaire, orchestrée par des groupes organisés d'« ultras », ou par des catholiques intransigeants, conduit aux massacres de Bonapartistes (Marseille, Avignon, Toulouse...) et de protestants (Nîmes...).

Devant ces excès, Louis XVIII suit les conseils de son ministre de la Police Decazes qui prône la modération et l'amène à dissoudre la « Chambre introuvable » (5 septembre 1816) ; la nouvelle chambre ne comprend plus qu'un tiers d'« Ultras ».

■ L'assouplissement du régime

Le gouvernement, bien que présidé par un grand aristocrate, le duc de Richelieu, s'éloigne alors de plus en plus nettement du parti « ultra ».

Ainsi, en 1817, une loi électorale préparée par le ministre de l'Intérieur Lainé prévoit que les votes auront lieu dans les chefs-lieux de département, ce qui défavorise la noblesse et le clergé des campagnes, et avantage la bourgeoisie urbaine.

De plus en mars 1818, la loi militaire Gouvion -Saint-Cyr supprime le privilège des nobles qui leur réserve le rang d'officier dans l'armée.

L'élection de nombreux libéraux en 1817 et 1818 (Casimir Périer, La Fayette...) aboutit à la démission du duc de Richelieu et à la formation d'un gouvernement modéré favorable à la monarchie constitutionnelle, présidé par le général Dessolle et dominé par Decazes.

Celui-ci fait nommer 60 nouveaux membres de la Chambre des Pairs favorables au gouvernement, change les hauts fonctionnaires qui lui sont hostiles, libéralise le statut de la presse (Loi de Serre, mai 1819). Mais la montée de la gauche libérale, aux élections partielles de 1819, puis l'assassinat, le 13 février 1820, du duc de Berry, neveu et successeur potentiel de Louis XVIII, provoquent une réaction des « Ultras » : ils obtiennent du roi le départ de Decazes (bien que celui-ci ait tenté de se rapprocher d'eux) et le retour du duc de Richelieu (20 février 1820).

■ Le retour des « Ultras »

Le nouveau gouvernement adopte alors une politique très conservatrice : il décide que la majorité des députés sera élue au scrutin d'arrondissement favorable aux grands propriétaires fonciers, les électeurs les plus imposés votant deux fois (une première fois dans l'arrondissement, une seconde fois au chef-lieu du département) ; par les lois de mars 1820, on en revient aux restrictions des libertés de la presse, avec le rétablissement de l'autorisation préalable et de la censure, alors que l'Université est étroitement contrôlée. De plus, la suspension de la liberté individuelle permet d'emprisonner, sans jugement pendant trois mois, tout individu suspect.

La naissance du fils posthume du duc de Berry, le duc de Bordeaux (29 septembre 1820) renforce par ailleurs la combativité des « Ultras », qui remportent une victoire écrasante aux élections suivantes, alors que l'un de leurs leaders, Villèle, succède au duc de Richelieu à la tête du gouvernement en décembre 1821. L'opposition parlementaire étant modérée et inefficace, la contestation au régime s'organise clandestinement et prend la forme de sociétés secrètes comme la Charbonnerie, influencée par les *carbonari* italiens.

Celle-ci tente d'organiser une insurrection qui échoue totalement (La Rochelle, Saumur, Colmar, Belfort...). La répression qui s'ensuit conduit en particulier à l'exécution à Paris le 21 septembre 1822, des quatre « sergents de La Rochelle », qui apparaissent comme les martyrs de l'opposition libérale. Celle-ci doit cependant rester encore de longues années sans grande influence sur un pouvoir qui se durcit encore à la mort du roi.

Villèle

Le comte Jean-Baptiste de Villèle (1773-1854) a fait fortune à la Réunion avant de revenir en France en 1807. Membre de la société secrète des « Chevaliers de la foi », il s'oppose à l'Empire, puis est élu député de la « Chambre introuvable ». Chef du parti « ultra », il est ministre du duc de Richelieu en 1820, démissionne en critiquant son « libéralisme », avant de revenir au pouvoir fin 1821, d'abord comme ministre des Finances, puis comme président du Conseil. A nouveau ministre sous Charles X, il a alors affaire à l'opposition de l'extrême droite et à celle des libéraux et se retire en 1828.

Charles X

Un souverain d'« Ancien Régime »

Très proche des milieux catholiques intransigeants, Charles X (1824-1830) conserve Villèle à la tête du gouvernement et accentue la politique conservatrice de Louis XVIII.

A la mort de Louis XVIII, le 16 septembre 1824, son frère le comte d'Artois, hostile à toute réforme au temps de Louis XVI, lui succède sous le nom de Charles X.

Sacré à Reims en mai 1825, il peut s'appuyer sur une très forte majorité à la Chambre des Députés élue en février 1824 (la « Chambre retrouvée »). Elle a déjà, avant la mort de Louis XVIII, adopté la « loi de septennalité » (juin 1824), qui substitue au système des renouvellements partiels celui d'élections générales tous les sept ans.

■ Villèle, Martignac et Polignac

Puis, fin 1826, Villèle tente de réduire encore la liberté de la presse en augmentant le droit de timbre et les amendes et en obligeant le dépôt des livres au ministère de l'Intérieur avant publication. Mais l'opposition à ce projet est telle qu'il doit y renoncer.

Devant l'opposition conjuguée des « Ultras » et des Libéraux, Villèle obtient du roi la dissolution de la Chambre (novembre 1827). Mais les élections, bien préparées par l'opposition libérale, sont un échec pour le gouvernement et les « Ultras », malgré des conditions de vote qui leur sont favorables : majoritaires en voix, les Libéraux ont 180 élus, les partisans du gouvernement moins de 200 et les « Ultras » 75.

Ne parvenant pas à constituer un gouvernement, Villèle démissionne le 3 janvier 1828. Martignac, ministre de l'Intérieur, lui succède et tente un rapprochement avec la bourgeoisie libérale. Mais son projet de libéralisation de la presse n'aboutit pas, et il n'obtient que des ordonnances réduisant le contrôle de l'Église sur l'enseignement (juin 1828). En fait, Charles X désire appeler son ami le prince de Polignac auquel Villèle s'est opposé. Les difficultés de ce dernier, puis de Martignac, lui permettent alors de réaliser son projet bien que Polignac soit très impopulaire même parmi les royalistes, et jugé peu compétent.

Après la nomination de Polignac (août 1829), Charles X prononce un « discours du Trône », lors de la réunion de la Chambre (2 mars 1830), par lequel il exprime nettement son désir de ne pas tenir compte de l'éventuelle opposition des députés. Ceux-ci répondent par le vote d'une « Adresse » anti-gouvernementale qui recueille 221 voix.

■ La montée de l'opposition

Charles X réplique en dissolvant la Chambre, mais les nouvelles élections de juillet 1830 dégagent une nette majorité de députés hostiles au gouvernement. Par ailleurs, l'opposition républicaine et celle de monarchistes constitutionnels favorables au

Duc d'Orléans s'organisent dans le pays.

Surestimant sa popularité, Charles X décide de remettre en cause le régime constitutionnel par les quatre ordonnances du 25 juillet 1830 : dissolution de l'Assemblée ; révision de la loi électorale pour réserver le droit de vote aux grands propriétaires fonciers ; suppression de la liberté de la presse ; nouvelles élections le mois suivant.

Ces décisions provoquent l'insurrection parisienne des 27, 28 et 29 juillet 1830 (les « Trois Glorieuses »).

Charles X, qui s'est enfui à Rambouillet, annule les ordonnances, renvoie Polignac et abdique en faveur de son petit-fils. Mais son heure est passée : La Fayette a été nommé commandant de la Garde nationale et une commission municipale, siégeant à l'Hôtel de Ville, a nommé le Duc d'Orléans, Louis-Philippe,

lieutenant général du royaume. Celui-ci présente l'avantage d'être un Bourbon, descendant d'un frère de Louis XIV, mais aussi d'avoir combattu du côté des Français à Valmy et à Jemmapes.

Sous l'influence de Thiers (qui souhaite une monarchie parlementaire où le roi « règne mais ne gouverne pas »), de Guizot et de De Broglie, les députés présents à l'Assemblée le 3 août élisent Louis-Philippe roi des Français et modifient dans un sens libéral la Charte de 1814 : la possibilité pour le roi de gouverner par ordonnances est supprimée (article 14), le cens électoral abaissé, le drapeau tricolore rétabli, le catholicisme cesse d'être une religion d'État.

Alors que Charles X se réfugie en Grande-Bretagne, Louis-Philippe prête serment de fidélité à la nouvelle Charte le 9 août 1830.

Les « Trois Glorieuses »

Après les ordonnances du 25 juillet 1830, et les mesures contre la liberté de la presse, l'insurrection débute dans les imprimeries investies par la police et dégénère en combats de rue opposant ouvriers, étudiants et républicains aux troupes du général Marmont. Après trois jours d'affrontements qui ont fait environ mille victimes, les insurgés, d'abord retranchés derrière les barricades du quartier Saint-Antoine, contrôlent la capitale.

Première locomotive tubulaire de Marc Seguin, 1827.
La fin du règne de Charles X voit l'ouverture de la première ligne de chemin de fer : St-Étienne-Andrézieux (1828), servant à transporter le charbon.
La mise au point en 1827 d'une nouvelle locomotive à chaudière tubulaire permettra de généraliser l'usage de la vapeur. La France pourtant ne comptera que 52 km de voies ferrées en 1834. (Conservatoire national des Arts et Métiers, Paris).

Louis-Philippe Ier

La « Monarchie de juillet » (1830-1848)

Porté au pouvoir par l'insurrection de juillet, le nouveau souverain doit affronter l'opposition des partisans de Charles X et surmonter la division de ses propres défenseurs.

Louis-Philippe doit faire face à l'opposition des milieux royalistes dits « légitimistes », partisans de Charles X, et à la division des défenseurs du nouveau régime, entre le « parti du Mouvement » qui veut développer la démocratie politique (La Fayette, Odilon Barrot, Laffitte...) et celui de « la Résistance » qui refuse toute concession (Guizot, Casimir Périer...).

Aussi Louis-Philippe est-il attiré par le pouvoir personnel, malgré ses idées libérales et son mode de vie, plus proche de celui de la grande bourgeoisie que de celui de la haute noblesse.

Cela s'explique aussi par l'instabilité du début de son règne : malgré la présence au gouvernement de ministres « progressistes » (Périer, Laffitte, de Broglie...) l'agitation se poursuit dans les rues de Paris ; les différends entre les partisans du « Mouvement » et ceux de la « Résistance » conduisent à une succession de ministères de tendances opposées (Laffitte, puis Casimir Périer en 1831, Soult de 1832 à 1834, de Broglie en 1834-1835). Par ailleurs, l'opposition légitimiste est active partout dans le pays et principalement dans le Midi et en Bretagne : la veuve du duc de Berry tente même d'organiser un soulèvement armé (novembre 1832).

De plus, les difficultés économiques qui sont en partie à l'origine de la révolution de juillet 1830 n'ont pas disparu pour autant

Les lois électorales de 1831 et 1833

Elles reflètent les limites du changement politique : les conseils municipaux dans chaque commune, et les conseils généraux de départements sont maintenant élus, mais il faut payer 200 francs d'impôts directs pour être électeur, et 500 francs pour être éligible ; aussi, le nombre électeurs n'excéda-t-il pas 250 000 personnes.

La Chambre des députés, qui comprend 459 membres, élus dans ces conditions restrictives, n'a pas l'initiative des lois, alors que les membres de la Chambre des Pairs, dont l'hérédité est supprimée, dépendent de la nomination royale. Cela donne donc un poids considérable aux ministres et au gouvernement du roi.

(crise des métiers traditionnels, augmentation du chômage et du prix du pain, baisse des salaires...).

■ Les mouvements populaires

Des troubles graves éclatent à Lyon en 1831. A Paris, l'enterrement du général Lamarque, haute figure républicaine, tourne à l'émeute ; les manifestants, qui ont brandi le drapeau rouge et dressé des barricades, sont pourchassés par l'armée jusque dans le cloître Saint-Merri (5-6 juin 1832). Puis, face aux tentatives d'expression républicaine (journaux, associations, sociétés secrètes...), une loi d'avril 1834 interdit la création de sections locales ; cela provoque une nouvelle insurrection à Lyon (9-12 avril) et à Paris, où l'action rapide et brutale du général Bugeaud (massacre de la rue Transnonain) stoppe le mouvement.

Le roi est même l'objet d'une tentative d'assassinat (28 juillet 1835) qui conduit à un durcissement de la législation répressive contre la presse et les organisations républicaines ou socialisantes.

De ce fait, les principaux journaux ne peuvent être que favorables au régime, malgré leur diversité : le « Journal des Débats » est le plus proche du roi (Guizot, Molé), « Le constitutionnel » animé par Thiers prône la monarchie parlementaire, alors que « Le siècle » semble plus progressiste (Lafitte, Odilon Barrot).

Ces divergences, aggravées par des rivalités de personnes, prennent une dimension nouvelle durant le ministère du comte Molé, qui laisse la réalité du pouvoir au roi. Thiers, Odilon Barrot, Dupin, Guizot, prennent la tête d'une coalition de députés hostiles au président du Conseil. Celui-ci fait dissoudre l'Assemblée. Mais les élections sont favorables aux ennemis de Molé, qui démissionne (8 mars 1839).

■ Thiers et Guizot

Peu de temps après, une nouvelle émeute parisienne amène la formation d'un ministère Soult (mai 1839), toujours trop favorable au roi, aux yeux de la nouvelle majorité de la Chambre. Elle impose Thiers à la présidence du Conseil (1er mars 1840). Refusant de s'appuyer sur les radicaux républicains (favorables à l'élargissement du droit de vote), et sans politique sociale face à l'agitation ouvrière, Thiers cherche surtout à flatter l'orgueil national (retour des cendres de Napoléon, politique anti-anglaise...). Ces menaces amènent Louis-Philippe à rappeler Soult pour présider un gouvernement dominé par la personnalité de Guizot (29 octobre 1840).

Celui-ci fait preuve d'une grande habileté pour se concilier les bonnes grâces du roi et de l'Assemblée, maintenir la paix extérieure, rassurer la bourgeoisie et ne pas déplaire aux légitimistes. Mais son immobilisme déplaît aussi bien à ceux qui espèrent une évolution vers plus de libéralisme, qu'aux milieux catholiques et légitimistes réclamant la « liberté d'enseignement » (remise en cause par la « loi Guizot » de 1833).

Après la mort accidentelle en 1842 du fils de Louis-Philippe dont l'opposition libérale attendait beaucoup, et le refus de Guizot de faire désigner la duchesse d'Orléans, favorable « au Mouvement » comme éventuelle régente, l'évolution politique semble être bloquée.

■ La crise finale

Or, une nouvelle crise économique, des scandales touchant de hauts dignitaires et le désir de la moyenne bourgeoisie d'obtenir le droit de vote par la baisse du cens électoral accumulent les oppositions au régime. Tandis qu'éclatent des troubles en province, en raison de la pénurie alimentaire (fin 1846), l'année 1847 est marquée par le refus du Parlement de réviser la loi électorale ; l'opposition libérale organise alors une « campagne des banquets », prétextes à des discours de plus en plus hostiles au régime.

L'interdiction du banquet qui doit avoir lieu le 22 février 1848 à Paris provoque une réaction populaire. Le 23, des barricades sont dressées dans le centre de Paris, et la Garde nationale s'interpose entre l'armée et les insurgés. Louis-Philippe renvoie alors Guizot et appelle Thiers. Mais entre-temps l'armée a tiré et l'insurrection prend de l'ampleur. Le 24, le maréchal Bugeaud arrête le feu face au risque d'insubordination de ses troupes.

Louis-Philippe abdique alors en faveur de son petit-fils, le comte de Paris, pour éviter de « verser inutilement le sang français ». Il mourra en Angleterre en 1850. Mais le parti des révolutionnaires l'emporte : un gouvernement provisoire s'installe à l'Hôtel de Ville (avec à sa tête Ledru-Rollin, Lamartine, Louis-Blanc, Arago...) et proclame la République.

Les canuts lyonnais
En novembre 1831 les ouvriers canuts de la soie se mettent en grève pour protester contre le non-respect des traditions salariales, puis investissent la ville ; il faut l'intervention de l'armée du maréchal Soult pour écraser l'insurrection et supprimer l'ancien « tarif des salaires » que les ouvriers veulent maintenir.

Les révolutions en Europe

1848 : le « printemps » des peuples

Si l'insurrection parisienne de février provoque en France la chute de Louis-Philippe, 1848 est l'année des révolutions européennes (sauf en Angleterre et en Russie).

■ Le déclin autrichien

En Autriche, une révolution bourgeoise chasse Metternich (13 mars) ; les Hongrois et les Tchèques réclament leur autonomie ; Berlin et Francfort arrachent des concessions au roi de Prusse ; Milan, Venise et Rome se soulèvent contre la domination autrichienne ou pontificale. C'est le « printemps des peuples », au sens national et social du terme. Mais l'été qui suit voit le retour à l'ordre, à la suite de la répression armée à Paris, à Vienne et en Italie. Un an plus tard, la république romaine est vaincue par une intervention française rétablissant le pouvoir du Pape Pie IX, alors que l'insurrection hongroise est écrasée par l'armée russe venant au secours de l'Empereur d'Autriche.

Cependant, si les aspirations populaires de réformes sociales ont désormais bien du mal à s'exprimer en France comme ailleurs, ces événements de 1848 contribuent à remettre en cause l'organisation politique interne des pays européens, et annoncent le déclin de l'hégémonie autrichienne : la Prusse affirme sa prépondérance économique en Allemagne du Nord, par l'intermédiaire du Zollverein (union douanière des États allemands), avant d'infliger à l'Autriche la sévère défaite militaire de Sadowa (1866) ; en Italie, l'intervention de Napoléon III (1859-60) avait déjà révélé la fra-

La crise économique
Les mauvaises récoltes de 1847 ont provoqué une flambée du prix des denrées alimentaires, réduisant la demande de produits industriels. Or ce secteur est déjà touché par une crise de surproduction qui affecte la production, l'emploi et les salaires ; elle provient du développement du machinisme permettant de produire plus de marchandises, alors que les rémunérations salariales, créant la demande intérieure, augmentent beaucoup moins vite.

gilité autrichienne et ouvert la voie à l'unification italienne qui sera réalisée en 1870.

■ Le politique et l'économique

Ces divers mouvements ont le plus souvent pris une forme politique, en raison du poids des gouvernements autoritaires ou de la présence étrangère, et du rôle de la bourgeoisie avide de liberté et voulant accéder au pouvoir. Mais la cause profonde et commune de ces événements est avant tout économique. La fin des années 1840 est en effet marquée par une double crise agricole et industrielle caractéristique du système capitaliste en voie de développement.

Dans ces conditions, le besoin de changement devient impérieux et les réformistes libéraux trouvent l'appui des forces populaires pour renverser les anciens pouvoirs et proposer de nouvelles formes d'organisation de la société. Celles-ci ne remettent cependant pas en cause les fondements mêmes de l'ordre économique et n'apportent que des solutions provisoires ; et en définitive, les soulèvements populaires ou patriotiques sont partout écrasés. Cela renforcera le crédit de Karl Marx qui avait publié en 1847 le « Manifeste du Parti Communiste » prônant l'organisation de la classe ouvrière et l'union des « prolétaires de tous les pays ».

La deuxième République (1848-1852)

Entre le « parti de la rue » et le « parti de l'ordre »

Après le rêve populaire d'une « République sociale » et l'écrasement de l'insurrection parisienne de juin 1848, les forces conservatrices reviennent au pouvoir.

Dès son installation à l'Hôtel de Ville le 24 février 1848, le gouvernement provisoire proclame la république, institue le suffrage universel, abolit l'esclavage dans les colonies, assure la liberté de la presse et autorise les réunions publiques.

■ Du rêve populaire à la réalité

Mais ces mesures prises à l'instigation des libéraux du gouvernement (Lamartine, Ledru-Rollin...) ne peuvent suffire à la fraction socialiste (Louis Blanc, « l'ouvrier Albert »...), qui désire des réformes sociales et réclame l'adoption du drapeau rouge comme emblème national.

Les élections du 23 avril 1848 n'apportent pas de réponse aux difficultés économiques et sociales : les nouveaux électeurs (9 millions au lieu de 250 000) très influencés par les pressions locales, portent au pouvoir une majorité républicaine modérée, opposée à toute « aventure » et une minorité très conservatrice représentée en particulier par Falloux et Montalembert.

C'en est fini des projets de la gauche d'accroître la pression fiscale et de développer la propriété publique pour relancer l'activité. Au contraire, à la manifestation ouvrière du 15 mai répond, le 23 mai, la dissolution des « Ateliers nationaux ». Un mois plus tard, le 23 juin, éclate l'insurrection ouvrière de Paris, soutenue par une partie de la Garde nationale.

L'Assemblée confie alors au général Cavaignac le soin d'écraser la révolte parisienne, ce qu'il fait après plusieurs jours de violents combats et à l'aide d'une armée de plus de 30 000 hommes : les morts et les fusillés se comptent par milliers. Le rêve d'une « République sociale », auquel ont pu croire les milieux populaires depuis février désormais s'évanouit. Ils sont prêts à faire confiance à celui qui bientôt renversera la République qui les a trahis. Mais pour l'heure, le pouvoir est entre les mains du « parti de l'Ordre », conservateur et catholique.

Une nouvelle Constitution est votée en novembre 1848 : elle prévoit l'élection au suffrage universel d'une Assemblée législative et d'un Président de la République élu pour quatre ans et formant le gouvernement ; mais il n'est pas immédiatement rééligible et ne peut dissoudre l'Assemblée. Au-delà de cette apparence républicaine, le « parti de l'Ordre » envisage un retour à la monarchie ; cela explique le choix de Louis-Napoléon Bonaparte comme candidat à la présidence de la République. Celui-ci, en effet moins ouvertement républicain que Cavaignac, se dit partisan d'un pouvoir fort délégué par le peuple, mais professe également des idées socia-

Les Ateliers nationaux
Pour faire face au mécontentement populaire, sont créés le 26 février 1848, les « Ateliers nationaux » destinés à employer les chômeurs en leur faisant effectuer des travaux de voirie. Mais les tâches à leur proposer manquent bien vite, alors que viennent de province les chômeurs des secteurs les plus touchés par la crise (bâtiment, textile, métiers de luxe...). Les ateliers deviennent bientôt des lieux de mécontentement et d'agitation politique. Leur suppression, trois mois plus tard, explique en grande partie l'insurrection populaire de juin 1848.

La famille impériale
En 1852, le dernier frère vivant de Napoléon Ier est Jérôme, ancien roi de Westphalie. Son fils, Napoléon-Jérôme sera auprès de Napoléon III le défenseur de l'idée de démocratie autoritaire, et sa fille la princesse Mathilde se consacrera aux Arts et Lettres.
Afin d'assurer la succession, Napoléon III épouse en 1853 Eugénie de Montijo : un fils naît en 1856 qui sera tué en 1879 en combattant au Zoulouland au sein de l'armée britannique.

lisantes le rendant acceptable par le peuple.

De fait, Louis-Napoléon Bonaparte est élu largement le 10 décembre 1848 (il recueille 5,5 millions de voix, contre 1,5 million à Cavaignac et moins de 400 000 à Ledru-Rollin).

■ Le « parti de l'Ordre » au pouvoir

L'Assemblée nationale, élue le 13 mai 1849, dégage une écrasante majorité d'élus conservateurs (500), contre 180 aux « démocrates socialistes » ; le « parti de l'Ordre » semble avoir désormais les mains libres.

Il obtient du président l'intervention française contre la république romaine (été 1849). Il fait voter la « loi Falloux » (15 mars 1850), qui donne à l'Église Catholique la liberté de l'enseignement secondaire : elle permet la création de plein droit d'écoles privées, et dispense les enseignants de diplôme à partir du moment où ils appartiennent à un ordre religieux. A la suite d'élections partielles se soldant

par le succès de candidats républicains à Paris, le parti conservateur pousse à la suppression du suffrage universel (loi du 31 mai 1850) : il faut désormais justifier de trois années de résidence fixe, ce qui réduit de 9 à 3 millions le nombre d'électeurs et touche surtout les milieux ouvriers.

Mais bientôt se profile l'« échéance de 1852 », qui doit décider de l'élection d'un nouveau président de la République, à laquelle, d'après la Constitution, ne peut se représenter Louis-Napoléon Bonaparte. Face à la division des royalistes, partagés entre les partisans du jeune comte de Paris (petit-fils de Louis-Philippe), qui n'a que douze ans, et ceux du comte de Chambord (petit-fils de Charles X), Louis Bonaparte tente de faire réviser la Constitution pour permettre sa réélection : l'Assemblée vote favorablement mais la majorité nécessaire des trois quarts n'est pas atteinte. De même, une proposition de rétablissement du suffrage universel échoue de fort peu.

■ Vers l'Empire

Sentant ainsi le climat favorable, mais la voie légale impossible, Louis Bonaparte passe à l'action : le 2 décembre 1851, date anniversaire du couronnement de Napoléon Ier et de la victoire d'Austerlitz, le Président décrète la dissolution de l'Assemblée et le rétablissement du suffrage universel ; il fait arrêter les opposants les plus fermes (comme Thiers) et les généraux les plus hostiles (tel Cavaignac) ; son demi-frère Morny devient ministre de l'Intérieur et le général Saint-Arnaud, ministre de la Guerre. L'armée, dont les chefs sont, dans l'ensemble, favorables au Président, soutient le coup d'État et réprime les manifestations populaires hostiles qui éclatent à Paris et en province. L'armée tire sur la foule, et environ 10 000 opposants sont condamnés et exilés en Algérie. Cette résistance républicaine contribue à faire accepter le nouveau régime par les partis conservateurs.

Pour assurer sa légitimité, Louis-Napoléon Bonaparte organise aussitôt un plébiscite, qui par près de 7 millions de voix contre moins de 650 000 l'autorise à rester au pouvoir et à réformer la Constitution (21 décembre 1851). Celle-ci est promulguée le 14 janvier 1852. Elle prolonge de dix ans le mandat de Louis-Napoléon, qui n'est responsable que devant la nation consultée par plébiscite, à la discrétion du Président. Celui-ci choisit le gouvernement et concentre tous les pouvoirs. Il nomme à vie les membres du Sénat, gardien de la Constitution. Deux autres assemblées sont maintenues : le Conseil d'État, formé de fonctionnaires qui rédigent les projets de loi gouvernementaux ; le Corps législatif, composé d'élus d'arrondissement, et qui ne peut qu'accepter ou refuser les projets de loi qui lui sont soumis, sans pouvoir les modifier.

L'année 1852 voit se développer une propagande officielle pour le rétablissement de l'Empire. Hâtant les étapes, un sénatus-consulte du 7 novembre fait du « prince-président » l'Empereur Napoléon III. Un nouveau prébiscite sanctionne favorablement cette décision, avec 8 millions de oui ; mais 2 millions d'électeurs se sont abstenus. Le 2 décembre 1852, le nouvel Empereur descend les Champs-Élysées à cheval pour se rendre aux Tuileries.

Ce régime constitue une dictature de fait, seulement tempérée par l'existence du Corps législatif qui peut s'opposer aux projets de lois impériaux, et qui vote le budget. Mais la procédure du « candidat officiel », choisi par le préfet de département, soutenu par l'administration et pouvant seul organiser une véritable campagne électorale, de même que le contrôle étroit de la presse rendent très difficile l'élection de candidats d'opposition.

La période qui s'ouvre avec la naissance du Second Empire est celle de « la mise en sommeil » de la vie politique intérieure française.

Louis Napoléon Bonaparte
Né en 1808, il est le fils de Louis Bonaparte, frère de Napoléon et roi de Hollande, et d'Hortense de Beauharnais, fille de Joséphine. Élevé en Suisse, puis emprisonné au fort de Ham pour avoir à deux reprises tenté de se faire reconnaître roi de France (en 1836 et 1840) il s'évade en 1846 puis séjourne à Londres jusqu'en 1848. Ce personnage un peu fantasque, qui a rédigé en prison une brochure sur « L'extinction du paupérisme », semble à première vue, facilement manipulable par le « parti de l'Ordre ».

La politique extérieure
(1815 à 1852)

Paix en Europe et conquête de l'Algérie

La période 1815-1852 est surtout caractérisée par un désir de bonne entente avec les diverses monarchies européennes.

De Waterloo (1815) à la guerre de Crimée (1854-55), soit une quarantaine d'années, les rares interventions armées de la France sont des aides ponctuelles à des régimes conservateurs en difficulté (mais aussi à des peuples cherchant l'indépendance), ou des expéditions coloniales.

■ Les « coups de main »

En Espagne, l'armée française prend d'assaut le fort de Trocadéro et la ville de Cadix que détiennent les auteurs d'un pronunciamiento hostile à l'absolutisme réactionnaire du roi Ferdinand VII (août 1823).

En Italie, l'armée envoyée pour contrecarrer l'avance autrichienne investit Rome le 4 juillet 1849, ce qui provoque la ruine de la République romaine de Mazzini et permet le retour du Pape Pie IX dans ses Etats.

Mais, en octobre 1827, la flotte française, alliée à l'Angleterre, détruit à Navarin celle des Turco-Égyptiens qui cherchent à écraser le soulèvement populaire grec ; de même, en août 1831, une action franco-anglaise contre les Pays-Bas assure l'indépendance de la Belgique.

Si l'opinion publique française a joué un rôle dans l'affaire grecque, en raison de la dure répression turque (massacre de Chio), ces interventions s'expliquent surtout par le souci de rendre à la France une place perdue depuis le Congrès de Vienne.

Le rapprochement franco-anglais
Les expéditions franco-anglaises contre les Turco-Égyptiens puis contre la Hollande marquent la réconciliation entre les deux pays. Malgré une rivalité liée aux débuts de la colonisation, la France et l'Angleterre poursuivent leur rapprochement sous le second Empire (intervention commune en Crimée, traité commercial). Ainsi, après Waterloo, les deux pays ne devaient plus jamais s'opposer par les armes.

■ La conquête de l'Algérie

On assiste par ailleurs à une reprise de l'expansionnisme colonial : la flotte de l'amiral Duperré et l'armée du général de Bourmont prennent Alger, tenue par les Turcs (1830). Il s'agit à la fois d'une opération de prestige, destinée à restaurer le crédit de Charles X, et un moyen de mettre fin à la piraterie maritime en Méditerranée (Alger abritait un marché d'esclaves chrétiens). Puis, sous le règne de Louis-Philippe, l'occupation de l'Algérie se développe (prise d'Oran en 1831, de Bône en 1832, de Bougie en 1833, de Constantine en 1837) malgré la résistance de l'émir Abd El-Kader. A partir de 1840, le maréchal Bugeaud poursuit plus au sud et jusqu'au Maroc les troupes d'Abd El-Kader, qui se rend finalement au duc d'Aumale en décembre 1847. La colonisation, commencée en 1840, peut se développer, malgré des îlots de résistance (comme en Kabylie), et l'hostilité anglaise qui empêche la poursuite de l'expansion française vers le Maroc.

■ Dans le Pacifique

La France s'y implante après les expéditions de Dumont-d'Urville, Duperré et Dupetit-Thouars. Ce dernier établit un protectorat français aux îles Marquises, à Wallis et Futuna et aux îles Gambier (1842-1844).

Le Second Empire
(1852-1870)

Un « despotisme éclairé »

Commencé sous le signe de l'autoritarisme, le Second Empire évolue vers le libéralisme et représente une période d'essor économique et de mutation sociale.

■ **L'empire autoritaire**

Les premières années du Second Empire sont celles d'un pouvoir autoritaire n'ayant à faire face à aucune opposition organisée : les campagnes sont contrôlées par l'Eglise, l'administration et les grands propriétaires fonciers ; les milieux ouvriers urbains subissent le contre-coup des événements de 1848 et de 1852 ; les royalistes sont divisés entre ceux qui voient en Napoléon III le garant de l'ordre et ceux qui, favorables à une restauration monarchique, se contentent d'une contestation de salon ; les républicains sont exilés (tel Victor Hugo) ou contraints au silence par la censure.

L'opposition se manifeste essentiellement par l'abstention aux diverses élections, car très peu de républicains sont élus (six sur 261 députés en 1852, et cinq en 1857). En revanche Napoléon III échappe à un attentat, le 14 janvier 1858, une bombe lancée par Orsini, révolutionnaire italien, fait environ 150 victimes. Cela provoque un nouveau durcissement du régime, la Chambre votant une loi de sûreté générale qui permet de condamner ou d'exiler sans jugement les opposants notoires.

■ **L'empire « libéral »**

Mais dès 1859, le pouvoir va accepter une certaine libéralisation pour désamorcer le mécon-

tentement : la compétence du Corps législatif est accrue, les débats y sont autorisés et une amnistie permet aux républicains en exil de rentrer en France. Cela va faciliter un renouveau de l'activité politique et de la critique, venant aussi bien des milieux républicains que royalistes. Ainsi, en 1863, l'opposition triple le nombre de ses électeurs et obtient 32 députés, surtout élus à Paris et dans les grandes villes ; de plus, les « candidats officiels » soutenus par le pouvoir et les autorités locales, deviennent eux-mêmes plus modérés et favorables à un accroissement du pouvoir de la Chambre.

Les proches de l'Empereur se partagent alors entre les partisans du maintien d'un régime autoritaire (Rouher) et ceux qui acceptent l'évolution vers le parlementarisme (Morny) et le rapprochement avec des républicains prêts à soutenir un Empire libéral (Emile Ollivier) ; le régime a en effet à faire face aux attaques des libéraux intransigeants à l'éloquence dangereuse (Thiers), et au mécontentement populaire provoqué par le ralentissement de la croissance économique. Aussi le droit de grève est-il accordé en 1864 et une délégation française peut se joindre à la 1re Internationale ouvrière qui se réunit à Londres en septembre 1864.

La politique économique et sociale
Napoléon III fait preuve de libéralisme dans ces domaines : traité de commerce avec la Grande-Bretagne, favorisant le libre échange entre les deux pays (1860) ; facilité accrue de créer des sociétés anonymes ; droit de coalition accordé aux ouvriers (1864), tolérant de fait la création des syndicats et la grève ; modernisation de l'enseignement par Victor Duruy (ministre en 1863), qui préconise l'enseignement primaire obligatoire et gratuit, et souhaite développer l'enseignement secondaire d'Etat pour les filles. D'une façon plus générale, le Second Empire est une période d'essor pour l'industrie, les chemins de fer, le commerce, les banques et l'urbanisme.

Morny, l'ami fidèle

Demi-frère de Napoléon III, le duc de Morny (1811-1865) est officier en Algérie, puis industriel avant de préparer le coup d'État de 1851. Il est ensuite ministre de l'Intérieur, puis président du Corps législatif. Libéral et mondain, il pousse le développement bancaire et fait construire Deauville.

La disparition de Morny, en 1865, freine l'évolution vers un surcroît de libéralisme politique, en laissant le champ libre à Rouher. Pourtant, en raison de difficultés extérieures et économiques, l'Empereur accepte de restaurer les libertés publiques : en 1868, la liberté de la presse est partiellement rétablie et les réunions publiques permises (mais en présence d'un officier de police), alors que les chambres syndicales ouvrières sont autorisées et le livret ouvrier supprimé (mais la section française de l'Internationale qui soutient les grèves est dissoute).

■ La montée de l'opposition

Mais cela est insuffisant ou trop tardif pour attirer vers le régime les milieux républicains. Les journaux d'opposition se déchaînent, et les procès qui leur sont intentés forment des tribunes pour les orateurs qui attaquent l'Empire (Gambetta).

Dans ce contexte d'une liberté d'expression retrouvée, les élections de 1869 voient une montée remarquable de l'opposition qui obtient 90 députés, et les candidats officiels connaissent une véritable déroute dans les villes.

En septembre 1869, un senatus-consulte modifie la Constitution en rendant compatibles les fonctions de ministre et de député ; il s'agit d'associer plus étroitement l'action du gouvernement à celle du Corps législatif. Mais cette réforme est trop tardive et trop limitée pour permettre l'établissement d'un vrai consensus national.

Pourtant, des républicains modérés sont prêts à se rallier : c'est ainsi que le 2 janvier 1870 l'Empereur appelle Emile Ollivier à la tête du gouvernement ; il dispose de l'appui d'une majorité de députés hostiles aussi bien aux partisans de l'Empire autoritaire qu'aux républicains irréductibles.

Mais Napoléon III n'entend pas pour autant renoncer au pouvoir. En mai 1870, il organise un plébiscite ambigu qui sollicite à la fois l'approbation des réformes libérales et les prérogatives impériales. Malgré l'opposition des républicains, Napoléon III obtient un grand succès de prestige en obtenant 7,5 millions de oui, contre 1,5 million de non. Cependant, l'Empereur veut aller plus loin et s'engage dans une aventure militaire dont Emile Ollivier attend le renforcement son propre pouvoir et qu'il accepte « d'un cœur léger ». Elle va pourtant provoquer l'effondrement du régime.

En effet, aussitôt après le désastre de Sedan (2 septembre 1870), une insurrection parisienne chasse les députés le 4 septembre ; un gouvernement de défense nationale présidé par le général Trochu est constitué à l'Hôtel de Ville et la République est proclamée. Le régime n'a pas survécu à la défaite militaire.

Blanqui, l'insoumis

Théoricien du « coup de main insurrectionnel », Auguste Blanqui (1805-1881) est l'un des rares opposants irréductibles. Acteur de la révolution de 1848, puis emprisonné jusqu'en 1859 et à nouveau en 1861, il s'évade en 1865, s'enfuit en Belgique d'où il continue à inspirer les socialistes français. De retour en 1870, il est encore arrêté peu avant la Commune. Il est grâcié en 1879, pour être élu député de Bordeaux.

La politique extérieure de Napoléon III (1852-1870)

Napoléon « Le Petit »

Napoléon III cherche vainement à rééditer les exploits de son oncle, mais réussit à rapprocher la France et l'Angleterre, avant d'échouer face à la Prusse.

■ La politique outre-mer

Durant le Second Empire, la conquête de l'Algérie est poursuivie. Terminée en 1857, elle donne lieu ensuite à une opposition sérieuse entre les autorités militaires qui veulent réglementer strictement l'occupation du pays, et les colons désireux d'étendre leurs possessions au détriment des populations locales.

Parallèlement, la France et l'Angleterre imposent à la Chine l'ouverture de ses frontières au commerce européen (1860), les Français occupent Saïgon et la Cochinchine (1861), et font du Cambodge un protectorat, alors qu'au Sénégal, Faidherbe, gouverneur de 1854 à 1865, fonde Dakar et étend la présence française à l'intérieur des terres.

■ L'expédition mexicaine

Par ailleurs, si la France s'illustre pacifiquement en Égypte avec le percement du canal de Suez par Ferdinand de Lesseps (1854-1869), son intervention au Mexique est un échec militaire et diplomatique bien inutile : Napoléon III veut en effet soutenir le parti de Maximilien d'Autriche, et y développer les intérêts français ; mais après de premiers succès (1861-1864),

le général Bazaine doit quitter le pays, et Maximilien est capturé et fusillé par les troupes du Président Juarez.

■ La politique européenne

Mais l'essentiel de la politique extérieure de Napoléon III se situe en Europe même ; elle consiste à développer l'alliance anglaise contre la Russie, et à faire revivre en Italie et en Allemagne les grandes heures de l'aventure napoléonienne. Mais il ne s'agit que d'une pâle réplique, qui tranche néanmoins avec le « pacifisme » des années de la Restauration.

Le principal ennemi traditionnel de la France est l'Autriche, présente en Italie du Nord. Imitant Bonaparte, Napoléon III décide d'en chasser les Autrichiens. Or, le roi du Piémont, Victor-Emmanuel II, et son ministre Cavour veulent constituer un royaume indépendant en Italie du Nord. Aussi Napoléon III et Cavour poussent-ils l'Autriche à la guerre pour justifier une intervention française : en juin 1859, Napoléon III remporte la bataille de Magenta, puis celle de Solférino (4 et 24 juin), repoussant les Autrichiens en Vénétie. Mais la menace d'une attaque prussienne sur le Rhin, l'agitation républicaine dans les

La guerre de Crimée

Face aux prétentions du Tsar Nicolas Ier de soumettre l'Empire ottoman et de contrôler les Balkans, une armée franco-anglaise attaque la Russie en Crimée (septembre 1854). Bousculant l'armée russe sur la rivière Alma, elle entreprend le long et pénible siège de Sébastopol, qui résiste un an ; mais la prise de la Tour de Malakoff (8 septembre 1855) par les troupes du général de Mac-Mahon décide de la démilitarisation de la Mer Noire et ouvre la voie à la création d'un État roumain réalisé en 1859.

États pontificaux, qui provoque l'hostilité des catholiques français, amènent Napoléon III à arrêter la guerre. Néanmoins, le Piémont gagne des territoires vers l'est, et la France Nice et la Savoie.

Une nouvelle intervention française (bataille de Mentanas, novembre 1867) empêche les troupes de Garibaldi de prendre Rome, retardant aussi l'unification italienne.

■ Le danger prussien

La victoire éclair de la Prusse contre l'Autriche affaiblie (Sadowa, 1866) confirme au contraire sa puissance. Affirmant son hégémonie économique sur les États allemands dans le cadre de l'Union douanière (Zollverein), et s'appuyant sur une industrie sidérurgique en expansion rapide, la Prusse devient le grand rival de la France, sur les plans économique, militaire et politique.

Aussi souhaite-t-on des deux côtés une guerre victorieuse pour raffermir l'unité nationale. Le prétexte en sera la candidature d'un Hohenzollern au trône d'Espagne. Celle-ci est abandonnée, mais Guillaume 1er refuse courtoisement de garantir que ce désistement soit définitif. Bismarck en profite pour présenter ce refus d'une manière provocante. Cette « dépêche d'Ems », ville où séjournait Guillaume Ier, décide les Français à déclarer la guerre à la Prusse (19 juillet 1870).

■ La guerre de 1870

En quelques semaines, la France, à l'armée mal préparée et inférieure en nombre, a perdu la guerre : le 6 août, l'armée prussienne du général von Moltke bat les Français en Lorraine et en Alsace, à Forbach et à Freschwil-

ler ; le général Bazaine est encerclé dans Metz ; Napoléon III, malade et incapable d'une initiative, se replie avec Mac Mahon vers Sedan, où il est capturé avec son armée, épuisée et mal commandée (2 septembre). Le seul fait d'armes français de cette désastreuse campagne militaire est la charge suicidaire des cuirassiers, à Reichshoffen, qui a permis le repli inutile de l'armée d'Alsace du général de Mac Mahon.

La paix ne va pas pour autant survenir aussitôt. Le désir de Bismarck d'annexer l'Alsace et une partie de la Lorraine pousse le nouveau gouvernement à continuer la guerre, sans véritable armée. Paris est assiégé au mois d'octobre et Gambetta, ministre de l'Intérieur, réussit à fuir en ballon pour tenter de constituer en province une armée de secours, alors que Thiers essaye d'obtenir sans succès un appui des autres pays européens.

Gambetta forme pourtant une armée de 600 000 hommes qui bat les Prussiens à Coulmiers (9 novembre 1970), prend Orléans et remonte vers le Nord. Mais la capitulation de Bazaine à Metz permet à l'armée allemande de venir au-devant des Français, alors qu'une tentative de sortie massive de Paris échoue à Champigny le 2 décembre.

Malgré ces échecs, une « deuxième armée de la Loire » résiste aux Prussiens en Mayenne, Denfert-Rochereau défend Belfort et Faidherbe tente vainement une attaque à partir du Nord. Mais, à la fin de janvier 1871, les rigueurs conjuguées d'un terrible hiver et du siège renforcé des Prussiens rendent la situation désespérée dans Paris. Le 28 janvier, le gouvernement accepte l'armistice et la capitulation de Paris.

La paix de Versailles

Le 12 février 1871, une Assemblée nationale élue au suffrage universel quatre jours plus tôt se réunit à Bordeaux. Thiers, au nom du gouvernement, vient à Versailles signer la paix (là où l'Empire d'Allemagne avait été proclamé le 18 janvier). Ratifiée à Francfort le 10 mai, elle prévoit l'annexion par l'Allemagne de l'Alsace, de Metz et d'une partie de la Lorraine, et l'occupation du Nord de la France jusqu'au paiement d'une indemnité de 5 milliards de francs or. De plus, Guillaume Ier devient Empereur d'Allemagne, réalisant ainsi l'unification politique des États allemands sous la domination prussienne, et consacrant l'échec définitif du rêve napoléonien d'hégémonie française en Europe.

Le romantisme littéraire

Le « romantisme » est une forme de sensibilité littéraire et artistique exprimant le déchirement des passions amoureuses et l'angoisse de la solitude humaine.

La plupart des auteurs de la première moitié du XIXᵉ siècle ont en commun d'avoir participé, de près ou de loin, aux bouleversements politiques et au mouvement romantique. Leur engagement politique et leurs émotions poétiques peuvent s'expliquer par le désarroi provenant de l'ébranlement des valeurs traditionnelles et la gestation d'une nouvelle société industrielle et capitaliste.

Madame de **Staël** (1766-1817). Fille de Necker, elle est favorable aux idées révolutionnaires, mais d'esprit indépendant, elle doit quitter la France à plusieurs reprises. Elle aime résider en Suisse, où elle attire les esprits brillants, tels Benjamin Constant ou Madame Récamier. Durant la Restauration, elle ouvre un salon à Paris.
Romantique passionnée, elle publie aussi des essais politiques, tels « De l'influence des passions sur le bonheur des individus et des nations » (1796), ou « De l'Allemagne », interdits par Napoléon.

Chateaubriand (1768-1848). Première grande figure du romantisme, François-René de Chateaubriand est très marqué par son enfance passée à Combourg au milieu d'une nature sauvage. Il vit à Paris le début de la Révolution, part pour l'Amérique en 1791, puis rallie l'armée des émigrés en 1792. Après la mort de sa mère et de sa sœur (1798), il est saisi par la foi et commence à écrire. Hostile à Napoléon, il devient ministre de Louis XVIII dès 1815, et rejoint le camp des « ultra-royalistes ».
Dans son œuvre dominent l'exaltation de la nature, la nostalgie mélancolique du passé, l'éloge des valeurs chrétiennes, l'angoisse et l'insatisfaction permanente de l'homme face à l'infini (« Essai sur les Révolutions », 1797,

« Attala », 1801, « Le génie du christianisme » et « René », 1802, « Les Martyrs », 1809, « Les Mémoires d'outre-tombe », 1809-1841...).

Alphonse de **Lamartine** (1790-1867). Il manifeste comme Chateaubriand une sensibilité chrétienne tourmentée. Après une jeunesse oisive, il est garde du corps de Louis XVIII, puis s'éprend en 1816 de Julie Charles (épouse du physicien), qui meurt en 1818. Le déchirement qu'il éprouve lui inspire les « Méditations poétiques » (1820), poèmes exprimant l'idée que seule la foi peut apaiser le désespoir et guérir la solitude. Puis il écrit les « Harmonies poétiques et religieuses » (1830). Bouleversé par la mort de sa fille Julia (1832), il s'éloigne de la religion, et se lance dans la politique, exprimant dans ses discours un christianisme progressiste, à l'inverse de Chateaubriand. Il participe à la révolution de 1848 au gouvernement provisoire ; mais, trop idéaliste et isolé, il échoue largement aux élections présidentielles.
La vie et l'œuvre de Lamartine, où s'expriment la sensibilité romantique, l'inquiétude religieuse et les idées démocratiques (« Jocelyn », 1836, « Histoire des Girondins », 1847...) témoignent de la naissance d'un christianisme social.

Alfred de **Vigny** (1797-1863). Éduqué dans la nostalgie de l'Ancien Régime, il fait partie des Mousquetaires de Louis XVIII et écrit pendant ce temps des poèmes pour « Le Conservateur littéraire » de Victor Hugo, avec qui il se lie d'amitié.
Il se tourne ensuite vers le théâtre, avec « Othello », 1829 et « Chatterton », 1835.
Vigny vit ensuite en reclus, après la mort de sa mère et sa rupture avec l'actrice Marie

Dorval. Il revient alors à la poésie avec « La Mort du loup », 1838, « Le Mont des oliviers », 1839, « La Bouteille à la mer », 1847...

Il accueille avec joie la révolution de 1848, ayant évolué vers le christianisme social et l'idéal républicain. Mais, battu aux élections, il se retire pour soigner sa femme malade, et finit sa vie dans la solitude. Son œuvre poétique est dominée par l'angoisse religieuse, le sens du devoir et l'oscillation entre le pessimisme fataliste et l'espoir dans le progrès du génie humain.

Alfred de **Musset** (1810-1857). Il se lie avec les auteurs romantiques (Vigny, Sainte-Beuve) tout en restant critique vis-à-vis de ce mouvement. Il écrit ses pièces majeures de 1832 à 1834 (« A quoi rêvent les jeunes filles », « On ne badine pas avec l'amour », « Lorenzaccio »...). Après sa relation tourmentée avec George Sand, Musset, s'adonnant à la boisson, produit pourtant ses plus beaux poèmes (« Les Nuits », 1835-1837, « La Confession d'un enfant du siècle », 1836). Il entrera à l'Académie française en 1852.

Son théâtre est un nouvel exemple du drame romantique exaltant les passions violentes et désespérées, la nostalgie du passé et la fuite dans le lyrisme poétique. Il regrette que la foi et la pureté des sentiments soient désormais remplacées par l'athéisme et par les idées de Voltaire, au « hideux sourire ».

Charles Augustin **Sainte-Beuve** (1804-1869). Lié au cénacle romantique, il s'illustre surtout par ses critiques littéraires et ses articles publiées dans « Le Globe », « Le Moniteur » et « Le temps », à partir de 1829. On lui doit également un roman « Volupté », 1834, un ouvrage sur le jansé-

nisme « Port Royal », 1840-1859, ses « Causeries du lundi », 1851-1862 et les « Nouveaux lundis », 1863-1870.

George **Sand** (1804-1876). De son vrai nom Aurore Dupin, elle a été la compagne de plusieurs écrivains et artistes (dont Alfred de Musset, Frédéric Chopin). Elle écrit de nombreux romans où s'expriment les passions romantiques, les drames de la vie paysanne, et les idées humanitaires : « La Mare au Diable » (1846), « François le Champi » (1847), « La Petite Fadette » (1848), « Les Beaux Messieurs du Bois-Doré » (1857)...

Gérard de **Nerval** (1808-1855). De son vrai nom Gérard La Brunie, il fréquente Théophile Gautier et la jeune « bohème littéraire » des années 1830. Attiré par les auteurs allemands, l'ésotérisme et le mysticisme, il traduit le « Faust » de Goethe (1828) et écrit des poèmes oniriques. Un voyage en Orient renforce son attrait pour la mythologie et l'occultisme, s'exprimant dans ses derniers récits où dominent l'angoisse mystique, la quête de l'amour impossible et la rédemption par une femme insaisissable. Soigné à plusieurs reprises pour des troubles mentaux, il est retrouvé pendu en janvier 1855.

Théophile **Gautier** (1811-1872). Il défend le romantisme et Victor Hugo, lors de la « Bataille d'Hernani », en 1830. Puis il écrit des recueils poétiques faisant preuve d'un certain recul. Journaliste, il fait de nombreux voyages où il puise son inspiration poétique et romanesque (« España », 1845, « Le Capitaine Fracasse », 1863...). Il laisse une œuvre dominée par le culte de l'esthétisme, dégagé du souci utilitaire, le rapprochant du mouvement parnassien.

L'évolution littéraire au milieu du siècle

A partir du milieu du siècle, la sensibilité romantique se retrouve dans « Le Parnasse contemporain » tout en laissant la place au développement d'un courant « réaliste ».

« Le Parnasse contemporain » prolonge certains traits du romantisme, tout en condamnant sa « sensiblerie » excessive. Il affirme le principe de « l'art pour l'art », la littérature devant se dégager de tout utilitarisme.

Mais le genre réaliste s'affirme parallèlement avec des auteurs s'éloignant du romantisme pour privilégier l'histoire sociale, ou la peinture de mœurs.

■ Le néo-romantisme

Leconte de **Lisle** (1818-1894). Il est le chef de file des jeunes auteurs (J.M. de Hérédia, Sully Prudhomme, F. Coppée, P. Verlaine, S. Mallarmé, Villiers de L'Isle-Adam, puis P. Bourget, A. France, M. Barrès, Ch. Cros...) qui assistent à ses « samedis », publient un journal, « l'Art », et des recueils poétiques : « Le Parnasse contemporain » (1866-1876). Leur idéal est que l'art ne doit avoir comme objectif que d'atteindre la beauté formelle, sans se préoccuper de vérité ou de morale.

Pourtant, Leconte de Lisle, marqué par la nature sauvage de sa Réunion natale, et par le christianisme social de Lamennais, adhère à la pensée de Fourier et critique la civilisation industrielle. Actif en 1848, il est déçu par l'« inertie » du peuple, « race d'esclave ». Il se consacre alors à la poésie (« Poèmes antiques », « Poèmes barbares »...) tout en réaffirmant ses idées républicaines (« Catéchisme populaire républicain », 1870).

Charles **Baudelaire** (1821-1867). Il se passionne pour le romantisme et l'œuvre de Théophile Gautier. Devenu critique d'art, il traduit les « Contes » d'Edgar Poe et publie des poèmes, dont « Les Fleurs du mal » (1857), qui lui valent une condamnation pour « outrage à la morale ». Il fait aussi connaître Thomas de Quincey qui lui inspire « Les Paradis artificiels » (1860) et l'œuvre de Wagner, publie d'autres poèmes comme « Le Spleen de Paris ». Malade et drogué il finit sa vie paralysé. Son œuvre exprime la tragédie de la solitude, le déchirement entre la tentation d'un monde artificiel qu'il sait vain, et l'attrait de Dieu et d'une pureté inaccessibles.

Stéphane **Mallarmé** (1842-1898). Il cherche dans la poésie un refuge contre l'ennui et un moyen d'atteindre l'immensité et la beauté célestes. En 1866, il participe au « Parnasse contemporain » avec des poèmes où apparaissent les influences de Baudelaire et d'Edgar Poe, et publie en 1876 « L'Après-midi d'un faune ». Avec le « Toast Funèbre » (1873) dédié à Théophile Gautier, et « Le Tombeau d'Edgar Poe » (1877), s'affirment ses tendances vers l'hermétisme et le symbolisme.

Peu connu du grand public, il reçoit les mardis un petit groupe littéraire et devient alors le maître de l'Ecole symboliste, défendue par Verlaine, Régnier, Barrès, Claudel, Gide, Valéry...

Ses derniers écrits (« Divagations »...) accentuent par leur mystère la dimension insaisissable de l'œuvre artistique.

Paul **Verlaine** (1844-1896). Il collabore à « l'Art » et au « Parnasse » (1866) tout en exprimant dans ses « Poèmes saturniens » un rythme et une sensibilité très personnels. Devenu alcoolique, il publie pourtant en

1869 « Les Fêtes galantes » pleines d'un charme mélancolique et trahissant son besoin de pureté comblé par son mariage avec la jeune Mathilde, âgée de seize ans (1870). Mais il se remet à boire, mène avec Rimbaud une vie errante, tire sur lui des coups de feu et passe plusieurs années en prison. Il se repent alors de son passé, se sent attiré par Dieu, et écrit des poèmes mystiques (« Sagesse », 1881), avant de mener une vie misérable, le menant de cafés en hospices. Un groupe d'écrivains faisant de lui le « prince des poètes » le tire de sa déchéance et l'amène à poursuivre une œuvre exprimant le dualisme d'une existence faite de la recherche d'un bonheur tranquille et d'une fuite dans les plaisirs morbides.

Arthur **Rimbaud** (1854-1891). Révolté contre le pouvoir, la religion et la guerre, il écrit des poèmes (« Les Effarés », « Le Dormeur du val »...) qu'il envoie à Verlaine en 1871. Durant leur liaison, il écrit de nombreux poèmes évoquant le voyage intérieur du « voyant » emporté par des hallucinations lui permettant d'atteindre des sensations « surhumaines » (« Le Bateau ivre », « Une saison en enfer », « Les Illuminations »...).

Après leur rupture, il cesse d'écrire, ayant terminé à l'âge de 20 ans une œuvre littéraire révolutionnaire, suscitée par la passion et la soif de sensations fortes, qui inspirera le courant « surréaliste ». Il s'engage alors dans l'armée hollandaise, déserte, puis travaille pour une entreprise commerciale à Aden et en Abyssinie. Malade, il est amputé d'une jambe et meurt peu après en 1891.

■ Les premiers grands « réalistes »

Stendhal (Henri Beyle, 1783-1842). C'est un révolté séduit par les idées nouvelles. Il s'engage dans l'armée de Napoléon en 1800 et suit l'Empereur jusqu'en 1814. Après un séjour à Milan, il écrit sur l'art italien, et peint la passion amoureuse (« De l'amour », 1822, « Le Rouge et le Noir », 1830...). Nommé consul en Italie en 1834, il écrit ensuite « La Chartreuse de Parme », des

« Chroniques italiennes », une « Vie de Napoléon »... Les héros de Stendhal incarnent l'idéal romantique, le goût de l'aventure, mais aussi la critique de l'ordre établi et de l'Eglise, s'inscrivant ainsi dans le mouvement libéral hostile à la Restauration.

Honoré de **Balzac** (1799-1850). Il a une créativité littéraire exceptionnelle, provoquée en partie par ses difficultés financières permanentes ; après avoir collaboré à des romans d'aventure « grand public », il écrit plus de 120 romans laissant une précieuse peinture des mœurs de la Restauration (« La Peau de chagrin », « Eugénie Grandet », « Le Père Goriot », « Le Lys dans la vallée », « César Birotteau », « La Cousine Bette », « Les Illusions perdues », mais aussi « Les Chouans »... A travers ses personnages typiques, il a privilégié la satire de la bourgeoisie, la description de sa vie quotidienne, de ses passions grandes ou dérisoires ; il délaisse la critique de la noblesse et du clergé sans doute à cause de son attachement à la royauté et au catholicisme.

Victor **Hugo** (1802-1885). Il illustre le mieux l'évolution du romantisme vers le réalisme. Dès l'âge de 15 ans, il écrit des poèmes remarqués par l'Académie française, crée à 17 ans la revue « Le Conservateur littéraire », et affiche alors des idées royalistes et catholiques, faisant de Chateaubriand son modèle. Après une « Ode sur la mort du Duc de Berry » (1820), il aborde le genre romanesque (« Bug-Jargal »...), commence à s'intéresser au drame humain (« Le Dernier Jour d'un condamné ») et évolue vers le libéralisme et le romantisme. La « bataille d'Hernani » (1830) est l'occasion du triomphe de Hugo (sa pièce étant jouée à la Comédie Française) et celle du regroupement des jeunes auteurs comme Vigny, Mérimée, Nerval, Sainte-Beuve ou Gautier...

Victor Hugo connaît rapidement d'autres succès (« Notre-Dame de Paris », 1831, « Lucrèce Borgia », 1833, « Ruy Blas », 1838...) avant de s'arrêter d'écrire à la mort de sa fille. Il se tourne alors vers la politique, est élu député de Paris en 1848, mais s'oppose au coup d'Etat de Napoléon III, qu'il combat de son exil à Jersey. Il y écrit des poèmes (« Les Châtiments », « La Légende des siècles »), des romans (« Les Misérables » (1862), « Les Travailleurs de la mer »...). Après Sedan, Victor Hugo est à nouveau député, puis sénateur (1876) et publie (« Quatre-vingt-treize », « L'Art d'être grand-père »...).

Son œuvre exprime le romantisme triomphant des années 1830, la diversité du génie poétique et théâtral, la force du roman social décrivant la détresse populaire, et l'itinéraire politique du poète évoluant vers le libéralisme républicain.

Gustave **Flaubert** (1821-1880). Il s'enflamme pour les auteurs romantiques, et tombe amoureux d'une femme mariée qui inspire ses premières œuvres « Mémoires d'un fou » (1838), « Novembre » (1842), « L'Éducation sentimentale » (1845).

Flaubert se consacre ensuite à la rédaction de romans minutieusement préparés par une étude préalable : « Madame Bovary » (1857), « Salammbô » (1862).

Malgré divers échecs (« La tentation de Saint-Antoine »...) il prépare un roman sati-

Prosper **Mérimée** (1803-1870). Collaborateur à « La Revue de Paris » à partir de 1829, il devient ensuite inspecteur général des Monuments historiques. Il se consacre au genre historique et aux récits fantastiques, sous la forme de romans ou de nouvelles « Chroniques du règne de Charles IX », 1829, « Mateo Falcone », 1829, « Le Vase étrusque », 1830, « La Double Méprise », 1833, « Carmen », 1845... Attiré par la littérature russe, il traduit et popularise Pouchkine, Gogol, Tourgueniev. Mérimée connaît un vif succès d'auteur. Proche de la famille impériale et nommé sénateur, il fréquente la Cour des Tuileries et supporte fort mal l'effondrement de l'Empire.

rique « Bouvard et Pécuchet » et bénéficie après sa mort de la reconnaissance des « jeunes » naturalistes, tel Émile Zola, qui saluent en lui le défenseur du réalisme et de la beauté formelle dans l'écriture.

Le roman historique et le roman populaire

Alexandre **Dumas** (1802-1870) débute dans le genre théâtral (« La Tour de Nesle », 1832, « Kean », 1836...) puis écrit surtout ses fameux romans historiques, auxquels contribuent de nombreux collaborateurs, dont Auguste Maquet (« Les Trois Mousquetaires », 1844, « Vingt ans après », 1845, et « Le Vicomte de Bragelonne », 1850, « La Reine Margot », 1845, « La Dame de Montsoreau », « Le Comte de Monte-Cristo », 1846...). Riche et célèbre, il est aussi directeur de théâtre, mais se ruine dans une vie fastueuse.

Son fils, Alexandre, dit Dumas fils,

(1824-1895) est surtout célèbre pour sa « Dame aux Camélias », 1848. Mais il écrit également des poèmes et de très nombreuses pièces de théâtre.

Eugène **Sue** (1804-1857) décrit la misère des bas-fonds parisiens dans ses « Mystères de Paris », publiés en feuilleton dans « Le Journal des Débats » en 1842 et 1843. Il est élu député de Paris en 1848. Il est aussi l'auteur du « Juif errant » (1844-1845) qui remporte un énorme succès.

La peinture jusqu'en 1860

Avec la Restauration s'amorce une diversification de l'inspiration picturale, qui se poursuit au début du Second Empire mais qui reste figurative jusque vers 1860.

Avec la fin de l'Empire s'effectue une rupture thématique brutale, comme en témoigne l'évolution des grands maîtres qui se sont illustrés sous Napoléon, bien que les références gréco-romaines subsistent. Le classicisme n'est toutefois définitivement délaissé qu'après 1870.

François **Gérard** (1770-1837), le peintre de « La Bataille d'Austerlitz », devient le portraitiste des souverains de la Restauration. Il produit également une « Isabey », synthèse significative de réalisme et de romantisme.

De même Théodore **Géricault** (1791-1824), abandonnant les thèmes militaires, réalise en 1820 son célèbre « Radeau de la Méduse » et donne une suite de tableaux à dominante macabre (« Têtes de suppliciés », portraits de fous...).

Carle **Vernet** se reconvertit également dans le portrait des grands et les scènes de chasse (« Portrait du duc d'Angoulême », « Chasse de Louis XVIII »...). Son fils Horace **Vernet** (1789-1863) reste fidèle à la peinture des faits d'arme napoléoniens (« Iéna », « Wagram », « Le Grenadier de Waterloo »...) et peint les nouvelles aventures militaires françaises en Algérie et en Crimée, mais réalise aussi un « Portrait de Charles X ».

Les nouveaux maîtres comme Ingres ou Delacroix s'éloignent définitivement du genre guerrier mais aussi du portrait et de l'émotivité romantique.

Dominique **Ingres** (1780-1867). Élève de David, il débute sous l'Empire et compose

dès lors de nombreux portraits. Si l'on trouve dans son œuvre l'évocation de la mythologie grecque (« Œdipe et le Sphinx »...) il est également attiré par le thème religieux (« Jésus au milieu des docteurs »...) et par la sensualité orientale (« Le Bain turc », « L'Odalisque à l'esclave »...). Cela le rend finalement plus proche du romantisme de Delacroix (qu'il condamne pourtant) que du classicisme antique dont il se réclame.

Eugène **Delacroix** (1798-1863). Ami de Géricault, admirateur de Michel-Ange et de Velasquez, il s'oppose au classicisme défendu par Ingres, et ose une peinture engagée (« Les massacres de Scio », dénonçant le massacre des Grecs, « La liberté guidant le peuple », à la gloire des insurgés de 1830). Mais l'on trouve aussi chez lui les mêmes thèmes que chez Ingres : l'Antiquité (« La Mort de Sardanapale »...), la Bible (« La lutte de Jacob avec l'Ange »...), l'Afrique (« Les Femmes d'Alger »...) mais aussi le Moyen Age (« La Bataille de Taillebourg »...). Souvent discuté, Delacroix bénéficie pourtant de nombreuses commandes de l'État, et triomphe lors de l'exposition universelle de 1855.

Louis **Boulanger** (1806-1867). Il maintient le genre historique et l'inspiration de la Renaissance italienne, avec sa « Procession des députés en 1789 » ou « L'Assassinat de Louis d'Orléans par le Duc de Bourgogne »... Mais il est aussi le portraitiste des romantiques et des écrivains de son temps (Victor Hugo, Balzac, Alexandre Dumas...).

La musique jusqu'en 1870

L'influence de Gluck se fait sentir au début du siècle avant que ne s'affirment l'opéra romantique et le « poème symphonique » initié par Berlioz.

■ L'héritage du XVIIIᵉ siècle

Étienne **Mehul** (1763-1817) est marqué par l'« Iphigénie en Tauride » de Gluck créé à Paris en 1779. Auteur du « Chant du Départ » (1794), il compose une vingtaine d'opéras et d'opéras-comiques dont « Joseph en Égypte » (1807), des ballets et des symphonies.

Luigi **Cherubini** (1760-1842), d'origine italienne, et directeur du Conservatoire, est d'abord un continuateur de Gluck. Il annonce cependant l'orchestration de Berlioz, insistant en particulier sur le rôle des instruments à vent. Il introduit les dialogues parlés dans l'opéra (« Médée », 1797), et écrit de la musique religieuse.

François **Boieldieu** (1775-1834). Il est professeur de piano au conservatoire, Maître de chapelle du Tsar Alexandre 1ᵉʳ en 1804, avant de devenir le compositeur attitré de Louis XVIII. Son œuvre principale est « La Dame Blanche » (1823) qui fait de l'opéra-comique un genre majeur.

■ L'opéra romantique

Esprit **Auber** (1782-1871) est surtout connu pour son opéra « La Muette de Portici », composé en 1828. Celui-ci inaugure le genre du grand opéra romantique. De plus, son thème (la dénonciation du despotisme) aurait contribué à provoquer la révolte bruxelloise de 1830.

Giacomo **Meyerbeer** (1791-1864), d'origine allemande, connait le succès à Paris, à partir de 1826. Ses opéras s'échappent du baroque pour devenir des « œuvres totales »,

reposant sur l'utilisation de toutes les potentialités orchestrales et sur des effets scéniques sophistiqués. Il rencontre un vif succès avec « Robert le Diable » (1831), « Les Huguenots » (1836), « le Prophète » (1849), mais est vivement critiqué pour son manque de « profondeur » et ses effets « faciles » trop « spectaculaires ».

Jacques **Halévy** (1799-1862) est l'élève de Cherubini. Son œuvre majeure (« La Juive », 1835) annonce cependant une nouvelle expression vocale accompagnée d'une orchestration plus légère que l'on retrouvera chez Gounod et Bizet.

Hector **Berlioz** (1803-1869). Il est le premier grand compositeur français du XIXᵉ siècle, malgré de nombreux échecs en France de son vivant.

La « Symphonie fantastique » (1830), le « Requiem » (1837), « Benvenuto Cellini » (1838), « Roméo et Juliette » (1839), « La Damnation de Faust » (1846), « Les Troyens » (1858 et 1865)... qui rejoignent le romantisme littéraire, sont l'occasion d'un renouvellement de l'orchestration et constituent le point de départ du « poème symphonique », exaltant la tension dramatique. On lui doit également divers écrits sur la musique.

Jacques **Offenbach** (1819-1880). Maître de l'opéra-bouffe, il crée le théâtre des Bouffes-Parisiens, écrit une centaine d'opérettes, pièces légères, rythmées et humoristiques. Les plus célèbres sont « La Belle Hélène » (1864), « La Vie parisienne » (1866), « La Périchole » (1868)..., aux lignes mélodiques d'une grande facilité.

Les sciences exactes

La première moitié du XIXᵉ siècle coïncide avec un essor important de la pensée scientifique dans les domaines des mathématiques, de la physique, de la chimie et de la médecine.

■ Les mathématiques pures

Augustin **Cauchy** (1789-1857) développe l'analyse infinitésimale, celle de la convergence des séries entières (suites de Cauchy) et le calcul des intégrales.

Charles **Dupin** (1784-1873) étudie les fonctions et les surfaces circulaires (« cyclide de Dupin ») et organise les premiers services d'études statistiques en France.

Evariste **Galois** (1811-1832), mort en duel à 21 ans, ouvre la voie à un bouleversement du calcul algébrique en utilisant la théorie des groupes.

■ Mathématiques et physique

Denis **Poisson** (1781-1840) est l'un des fondateurs de la physique mathématique. Élève de Laplace, il développe le calcul des probabilités (« distribution de Poisson »), s'intéresse à la mécanique céleste et étudie l'attraction et l'aimantation (il publie un « Mémoire sur la théorie du magnétisme » en 1824).

Louis **Poinsot** (1777-1859), après des recherches mathématiques sur les polygones, découvre les lois du mouvement des corps autour d'un point fixe, et les « axes de rotation permanente » des solides suspendus par leur centre de gravité.

Joseph **Fourier** (1768-1830) illustre également les liens étroits entre mathématiques et physique : il étudie la propagation de la chaleur et découvre les séries trigonométriques (séries de Fourier).

■ L'optique et l'électricité

François **Arago** (1786-1853). Membre de l'Académie des sciences à 23 ans, ministre de la Guerre en 1848, il abolit l'esclavage dans les colonies. Il est avant tout un grand scientifique : chimiste, astronome (directeur de l'Observatoire de Paris), il développe la théorie ondulatoire de la lumière, imaginée par Fresnel, découvre la polarisation chromatique et l'électro-magnétisme.

André Marie **Ampère** (1775-1836) est associé aux découvertes d'Arago. On doit aussi à ce mathématicien et physicien, le prolongement des recherches théoriques et empiriques en électricité (après l'invention de la pile électrique par l'Italien Volta, en 1800).

Les travaux d'Arago sur l'électro-magnétisme sont prolongés par Léon **Foucault** (1819-1868 ; « courants de Foucault ») ; il étudie également la vitesse de la lumière dans différents corps, et démontre en 1851, lors d'une séance publique, la rotation de la Terre par l'oscillation d'un pendule. Il invente le gyroscope, l'interrupteur à mercure et le télescope classique.

Par ailleurs, Urbain **Le Verrier** (1811-1877) conçoit l'existence de Neptune, Louis **Malus** (1775-1812) découvre la polarisation de la lumière en 1808, et Augustin **Fresnel** (1788-1827) étudie la diffraction optique : il met au point le système de « miroirs de Fresnel », mesure les longueurs d'onde, et travaille avec Arago sur la réfraction dans les cristaux.

■ La chimie

Elle connaît également un grand nombre d'inventeurs : Bernard **Courtois** (1777-1838) découvre l'iode et isole la morphine de l'opium. Louis **Thénard** (1777-1857), élève de Vauquelin, réalise une classification des métaux, découvre l'eau oxygénée, puis le bore avec Gay-Lussac. Pierre Joseph **Pelletier** (1788-1842) et Joseph **Caventou** (1795-1877) découvrent la strychnine et la quinine, dans les années 1818-1820. Auguste **Laurent** (1807-1853) étudie les dérivés du camphre et de l'indigo, et travaille avec Charles **Gerhardt** (1816-1856) sur la théorie atomique. Ce dernier met au point la quinoléïne et découvre les anhydrides d'acides.

Jean-Baptiste **Dumas** (1800-1884) systématise l'usage des équations pour représenter les réactions chimiques, développe la théorie des molécules et mesure la densité des vapeurs. Il travaille avec Jean-Baptiste **Boussingault** (1802-1887) sur la composition de l'air et étudie les combustions du carbone et de l'hydrogène.

Eugène **Chevreul** (1786-1889) étudie les corps gras, découvre les bougies stéariques et développe une théorie des couleurs (1839).

▪ La médecine

Claude **Bernard** (1813-1878). Il met en évidence le rôle du foie dans le processus digestif et développe l'analyse du diabète. Il s'intéresse au système nerveux, et identifie les nerfs vaso-moteurs. Il écrit une « Introduction à l'étude de la médecine expérimentale », (1865).

Armand **Trousseau** (1801-1867) est l'un des grands cliniciens du milieu du siècle et publie plusieurs ouvrages de grande portée dans ce domaine. Il a été l'élève de Pierre **Bretonneau** (1778-1862) qui identifie la typhoïde et la diphtérie.

François **Raspail** (1794-1878). Parallèlement à ses activités politiques, il mène des recherches médicales, utilise le camphre comme moyen thérapeutique, et contribue à vulgariser la connaissance scientifique avec plusieurs livres qui le rendent populaire (« Le Médecin des familles », 1843, le « Manuel de santé », 1846).

René **Dutrochet** (1776-1847) est l'un des pères de la biologie par ses travaux sur l'embryologie animale et sa découverte de l'osmose. Il conçoit également la structure des cellules et le phénomène de sécrétions internes.

Des « inventeurs »

Marc **Seguin** (1786-1875), neveu de Joseph de Montgolfier étudie la résistance des câbles métalliques et construit le premier pont suspendu en 1824 (sur le Rhône, près de Tournon). Il apporte une amélioration décisive à la chaudière tubulaire des locomotives (1827).
Ayant obtenu une concession pour construire une ligne de chemin de fer entre Lyon et Saint-Étienne, il utilise des rails en fer (et non plus en fonte) et des traverses en bois, et perce des tunnels pour réduire les pentes.

Eugène **Bourdon** (1808-1884) invente divers appareils tels le manomètre métallique (1849), l'horloge pneumatique, le tachymètre (indicateur permanent de vitesse). En 1835, il se lance dans la production industrielle de machines à vapeur et de machines outils.

Louis **Braille** (1809-1852), aveugle à l'âge de trois ans, fut professeur à l'Institut des aveugles en 1819 et y mit au point son célèbre système d'écriture en points saillants.

La réflexion sociale au début du XIXᵉ siècle

Les bouleversements économiques et sociaux du début du siècle sont appréciés de façon divergente par leurs contemporains.

Le début de la « Révolution industrielle » provoque, dans le domaine de la réflexion sociale, un clivage entre les « pessimistes » qui condamnent le capitalisme naissant et les « optimistes » qui y voient la marque du progrès de l'humanité.

■ La critique sociale

Charles **Fourier** (1772-1837). Il constitue une synthèse originale des idées de Rousseau sur la capacité de l'individu à retrouver une bonté naturelle perdue par la civilisation et de la critique des premières manifestations du capitalisme industriel et commercial. Sa doctrine sociale repose sur la définition de douze passions animant le comportement humain et dont il s'agit de permettre la satisfaction par une organisation sociale adéquate. Une treizième passion, l'« harmonique » permet d'assurer le bonheur commun, si les individus se regroupent en « phalanstères », coopératives de production et de consommation, où les revenus seraient répartis entre apporteurs de travail, de capital et de talent, et où les travailleurs vivraient en communauté. Il écrit plusieurs ouvrages, dont « Le Nouveau Monde industriel et sociétaire », « La Réforme industrielle ou le Phalanstère »...

De même, Étienne **Cabet** (1788-1856), s'inspirant des idées communautaires de l'Anglais Robert Owen (1771-1858), développe la réflexion sur la supériorité d'une société où les moyens de production sont collectivisés (« Voyage en Icarie », 1842). Il part fonder aux États-Unis des communautés de ce type, qui ne résistent cependant ni aux problèmes internes opposant leurs membres, ni à ceux que pose le rapport d'une telle société idéale avec l'environnement économique et social dont elle ne peut totalement s'abstraire.

L'intérêt pour les conditions de vie des travailleurs se manifeste avec le célèbre rapport de Louis **Villermé** (1782-1863) : son « Tableau de l'état physique et moral des ouvriers dans les fabriques de coton, de laine et de soie » (1840), est l'une des premières études concrètes décrivant et dénonçant la misère ouvrière de cette époque.

Pierre Joseph **Proudhon** (1809-1865). Sa critique est encore plus radicale : influencé par les idées de Fourier, il dénonce le capitalisme industriel en condamnant les injustices permises par la propriété capitaliste, le profit étant pour lui le résultat du vol des travailleurs. Dans plusieurs ouvrages (« Qu'est-ce que la propriété ? », 1840, « Philosophie de la misère ou Système des contradictions économiques », 1846, « Du Principe fédératif »... 1863), il préconise l'impôt sur les revenus, le crédit gratuit par une « banque du peuple », une organisation mutualiste libre des producteurs et la décentralisation des pouvoirs.

Son individualisme proche de l'anarchisme, son refus de l'action révolutionnaire, son fédéralisme hostile à un pouvoir d'État fort l'opposent à Karl Marx : ce dernier le considère comme le représentant de la pensée « petite-bourgeoise », incapable de comprendre les mécanismes de fonctionnement du capitalisme et de s'organiser pour le détruire ; il l'attaquera dans un ouvrage intitulé « Misère de la philosophie » publié en 1847. Député en 1848, puis condamné à trois ans de prison sous Napoléon III, il s'enfuit en Belgique puis est amnistié et rentre à Paris en 1862.

Le christianisme social

Frédéric **Le Play** (1806-1882) défend dans « La Réforme sociale » (1864), l'idée que l'organisation de la société ne peut simplement reposer sur l'autorité, mais aussi sur le respect des autres, et effectue des « enquêtes directes » sur le travail ouvrier (« Les Ouvriers européens »).

Félicité de **La Mennais** (1782-1854), chef de file des catholiques libéraux, rompt avec Rome en 1834 et se fait l'apôtre du rapprochement entre le message chrétien et les idées socialistes. Il trouve en Henri **Lacordaire** (1802-1861) et Charles de **Montalembert** (1810-1870) d'ardents défenseurs (mais ce dernier se rapproche du parti de l'Ordre après 1834, et inspire la loi Falloux de 1850).

■ Les « optimistes »

Saint-Simon (Claude Henri comte de, 1760-1825). A l'inverse de ceux qui critiquent radicalement le capitalisme naissant, il affirme sa foi dans l'industrialisation. Après avoir participé à la guerre d'Indépendance américaine, puis spéculé sur les biens nationaux et s'être ruiné en menant grande vie, il commence sous l'Empire à réfléchir et à écrire sur la nouvelle société en devenir. En 1819, il fonde «L'Organisateur » qui, publie sa célèbre parabole selon laquelle la richesse d'une nation dépend de ses industriels, de ses banquiers, de ses scientifiques... et non de son élite politique et des grands personnages de l'État.

Poursuivi devant les tribunaux, il est acquitté et publie de 1823 à 1825 ses ouvrages majeurs : « Le Système industriel », « Le Catéchisme des industriels », « Le Nouveau Christianisme ». Il y développe l'idée selon laquelle la société doit être envisagée comme une entreprise industrielle, où chacun reçoit des revenus fonction de sa contribution à l'investissement et à la production. Saint-Simon considère ainsi que le progrès économique est l'œuvre des chefs d'entreprise qui en recherchant leur propre intérêt permettent la croissance maximale de l'activité, en substituant « l'administration des choses à l'autorité sur les hommes », selon le mot de Charles Rist.

Méconnu de son vivant, il influence fortement la pensée positiviste (A. Comte) et les milieux d'affaires qui se réclameront du « Saint-Simonisme » (Michel Chevalier, les frères Péreire, les banquiers Laffitte, Ferdinand de Lesseps...)

Auguste **Comte** (1798-1857). Il affirme également sa croyance dans le progrès de l'humanité, à partir de l'observation de l'évolution des sociétés occidentales. D'abord disciple de Saint-Simon, il est l'initiateur d'une méthode nouvelle, le « positivisme » selon laquelle il ne peut s'agir pour l'esprit humain que de saisir les faits observables et la relation immédiate entre phénomènes.

De ce point de vue, il développe dans ses « Cours de philosophie positive » (1830-1842), ou son « Catéchisme positiviste » (1852) la « Loi des trois États » : l'Occident serait passé de l'état théologique (explication surnaturelle des phénomènes), puis métaphysique (réflexion imaginaire ou abstraite), à l'ère positive ; désormais au lieu de rechercher des vérités éternelles impossibles à connaître, l'homme étudie les seules lois physiques observables, la dernière discipline scientifique apparue étant la sociologie, ou « physique sociale ».

L'un de ses disciples, Émile **Littré** (1801-1881), fonde en 1867 la « Revue de philosophie positive » et applique cette méthode à la philologie.

Il écrit une « Histoire de la langue française » (1862) et confectionne son « Dictionnaire de la langue française » de 1863 à 1873. Il est député de la Seine en 1871 et Sénateur en 1875.

Les débuts de la IIIe République (1871-1875)

Dans l'attente d'une restauration

Après la défaite définitive face à la Prusse, la République nouvelle est ébranlée par le soulèvement de la Commune parisienne et contestée par les milieux royalistes.

Adolphe Thiers (1797-1877)
Il soutient Louis-Philippe en 1830, devient ministre de l'Intérieur (1832-1834) et chef du gouvernement en 1836. Il revient au pouvoir en 1848 et préconise l'écrasement de la Révolution. Proche du « parti de l'Ordre », il aide à l'élection de Louis Napoléon Bonaparte, mais est exilé et anime ensuite l'opposition parlementaire. Hostile à la guerre en 1870, il est chargé de chercher des soutiens en Europe. Chef de l'exécutif en février 1871, il ordonne l'écrasement de la Commune. Favorable à une République conservatrice, il est rejeté par les royalistes et doit démissionner en mai 1873.

Proclamée le 4 septembre 1870, deux jours après le désastre de Sedan, la République échoue dans sa résistance armée contre la Prusse durant le dur hiver 1870-1871. Paris capitule le 28 janvier 1871 et le gouvernement accepte l'armistice. Quelques jours plus tard, la nouvelle Assemblée nationale réunie à Bordeaux charge Adolphe Thiers de signer la paix avec le nouvel Empire allemand.

■ Thiers et la Commune

L'Assemblée nationale élue le 8 février 1871 comporte une majorité royaliste ou hostile aux républicains : ceux-là (tel Gambetta) inquiètent les milieux ruraux et modérés, car ils symbolisent la poursuite de la guerre et l'agitation sociale. Elle a nommé Adolphe Thiers chef du pouvoir exécutif de la république, en espérant que le retour de la paix permettrait celui de la monarchie après les échecs militaires du Second Empire puis des républicains.

Mais ces derniers acceptent mal les conditions de la paix et la victoire électorale de « la province ». Dans Paris, qui aspire dès avant la guerre à de difficultés économiques, aggravées par la dureté du siège, des émeutes patriotiques et populaires ont éclaté pendant l'hiver et l'effervescence est permanente. Craignant la pression des révo-

lutionnaires parisiens, l'Assemblée nationale s'installe à Versailles, et Thiers décide, le 18 mars, de retirer de Paris les canons installés à Montmartre. Aussitôt éclate une insurrection parisienne ; une partie des troupes chargées de ramener les canons passe du côté des insurgés qui contrôlent Paris quelques jours plus tard.

Le 26 mars, les Parisiens élisent un Conseil général de la Commune, où vont s'opposer des jacobins autoritaires partisans de mesures radicales (Raoul Rigault), et des proudhoniens plus modérés favorables à la décentralisation des pouvoirs (Benoît Malon) ; ces derniers conçoivent l'État comme une fédération de communes autonomes. Les Communards veulent supprimer l'exploitation de l'homme par l'homme et font du drapeau rouge leur emblème. Une commission du travail est créée, des coopératives de production se constituent, des chefs d'atelier sont élus dans des usines. La Commune décide par ailleurs la séparation de l'Église et de l'État, la laïcisation de l'école publique et revient au calendrier révolutionnaire.

La Commune constitue donc une expérience originale de synthèse entre l'héritage républicain et patriotique de la révolution de 1789 et les aspirations socialistes des milieux ouvriers et intellectuels, que commencent à

pénétrer à la fois des idées anarchisantes et marxistes.

Cette révolution parisienne va provoquer une répression impitoyable de la part des troupes « Versaillaises » commandées par Mac-Mahon. Du 21 au 28 mai, les « Versaillais » entrent dans Paris, encore partiellement encerclé par l'armée prussienne, à l'est et au nord. Les combats sont très âpres, et aux massacres d'insurgés pris par les Versaillais répondent les exécutions d'otages faits par les Communards. Les derniers Parisiens en arme et gardes nationaux « Fédérés » sont finalement écrasés à Belleville et au cimetière du Père-Lachaise. Cette « semaine sanglante » fait environ 50 000 morts (tués au combat ou exécutés) et environ autant de procès intentés aux communards qui se tiendront jusqu'en 1875.

■ Orléanistes et légitimistes

Le retour à l'ordre après l'inquiétude provoquée par l'insurrection parisienne, suivie de celles de Lyon, Marseille et Saint-Étienne, crée un climat propice à une restauration. Mais si la majorité de l'Assemblée y est favorable, les monarchistes sont divisés entre « légitimistes », partisans du comte de Chambord (Henri V, petit-fils de Charles X) et « orléanistes », favorables au comte de Paris (petit-fils de Louis-Philippe). Pour les premiers, la monarchie doit être absolue et défendre les positions de l'Église romaine : le Pape Pie IX a, dans une encyclique et son annexe, le *Syllabus*, condamné en décembre 1864 la civilisation moderne, le libéralisme politique, les idées socialistes et la liberté de conscience, avant de se déclarer infaillible en 1870. En revanche, les seconds acceptent le principe d'une monarchie parlementaire, et se refusent à suivre les catholiques ultramontains inconditionnels. Après la proclamation intransigeante du comte de Chambord en juillet 1871, qui rend impossible une restauration

Les personnalités de la Commune
Des personnalités indépendantes s'engagent totalement, tels l'écrivain Jules Vallés, le peintre Gustave Courbet, le poète Jean-Baptiste Clément, le professeur Gustave Flourens tué au combat. Louise Michel (1830-1905), militante socialiste, fut déportée en Nouvelle Calédonie.

Mac-Mahon
(1808-1893)

Il participe d'abord à la conquête de l'Algérie, se distingue durant la guerre de Crimée et devient maréchal et duc de Magenta après cette bataille. Gouverneur de l'Algérie de 1864 à 1870, il est battu en août 1870 par les Prussiens, et fait prisonnier à Sedan. Libéré à la demande de Thiers, en mai 1871, il commande l'armée Versaillaise qui écrase la Commune parisienne. Favorable aux monarchistes, il est choisi par eux pour succéder à Thiers en 1873 comme Président de la République. Après s'être soumis à la majorité républicaine en 1876, il démissionne en 1879.

immédiate, de nombreux légitimistes modérés se rapprochent du parti orléaniste.

Mais si la République est vécue par certains comme une solution d'attente, elle fait de plus en plus d'adeptes dans les différents milieux : les conservateurs sont rassurés par la présence de Thiers, nommé Président de la République en août 1871 par l'Assemblée nationale ; dans les campagnes, où l'on commence à s'inquiéter d'un retour à l'Ancien Régime, le vote républicain progresse dès les élections partielles de juillet 71.

Mais bien que se proclamant républicain, Thiers ne bénéficie pas du soutien des milieux populaires, qui ne lui pardonnent pas la répression de la Commune de Paris. Il doit démissionner le 24 mai 1873, attaqué par la droite et la gauche, après plusieurs conflits l'ayant opposé à l'Assemblée et qui débouchent finalement sur des compromis (élection des maires, sauf dans les grandes villes, service militaire de 5 ans, avec tirage au sort, réduit à moins d'un an pour les bons numéros, imposition des valeurs mobilières et nouveaux impôts indirects, mais pas d'imposition générale sur le revenu).

■ Mac-Mahon

Le Maréchal est choisi par les royalistes pour succéder à Thiers, en attendant une prochaine restauration permise par le désistement du comte de Paris. Mais les orléanistes n'entendent pas pour autant renoncer à leurs idées : le refus par le comte de

Chambord d'accepter le drapeau tricolore est le symbole de l'impossible réconciliation (octobre 1873). La restauration est repoussée à plus tard, et en novembre 1873 l'Assemblée maintient pour 7 ans Mac-Mahon dans ses fonctions, avec comme principal ministre le duc de Broglie, catholique libéral.

En 1875, la même Assemblée vote trois « lois constitutionnelles » organisant le régime, mais sans en préciser la nature : le pouvoir exécutif revient à un Président de la République (mais le terme « République » n'apparaît qu'à la suite de « l'amendement Wallon », voté avec une seule voix de majorité) ; le pouvoir législatif est partagé entre une Chambre des députés élue au suffrage universel direct, et un Sénat composé à la fois de membres inamovibles et de membres élus par de grands électeurs (députés, conseillers généraux, conseillers d'arrondissement...). Si le Président de la République forme le gouvernement et peut dissoudre la Chambre des députés, celle-ci vote les lois et le budget, contrôle les ministres qui doivent obtenir le soutien de sa majorité.

Cette Constitution, votée par une Assemblée favorable à la monarchie et considérée comme provisoire, doit permettre la substitution d'un roi au Président de la République. Elle comprend pourtant des dispositions libérales (suffrage universel, rôle de la Chambre) qui satisferont les républicains et lui permettront d'être maintenue jusqu'en 1940.

La consolidation du régime (1876-1889)

La République « opportuniste »

La montée du sentiment républicain s'affirme après 1875 et le nouveau régime sait résister au choc du « Boulangisme ».

Victorieux dès 1876 à la Chambre des Députés, les républicains cherchent à obtenir le départ de De Broglie, qui fait dissoudre la Chambre. A la suite d'une campagne électorale très dure, les républicains conservent la majorité et Gambetta invite le Président de Mac-Mahon à « se soumettre ou se démettre ». Il cède effectivement et accepte de former un gouvernement reflétant la nouvelle majorité : 1876 marque donc la victoire du suffrage universel et du régime parlementaire.

Puis, en 1878, les royalistes perdent la majorité de nombreux conseils municipaux, et celle du Sénat en 1879. Durant cette même année, le maréchal de Mac-Mahon démissionne et est remplacé par Jules Grévy, républicain modéré. Un certain nombre de décisions montrent clairement l'orientation des nouveaux dirigeants : le Parlement revient à Paris, les anciens Communards sont amnistiés, le 14 juillet devient une fête nationale et *La Marseillaise* l'hymne national.

■ Les « opportunistes » au pouvoir

De 1881 à 1885, le gouvernement est dominé par les républicains dits « opportunistes », en ce sens qu'ils désirent s'adapter à la réalité en acceptant les institutions et le Concordat avec l'Église catholique.

Soucieux de rassurer l'opinion, ils respectent la propriété privée et fondent leur action sur le développement des libertés publiques concernant la presse, le droit de réunion (1881) et celui de créer des syndicats professionnels (1884), sur l'extension de l'enseignement public gratuit, laïc et obligatoire, sur le rôle actif, mais limité, de l'État dans l'économie (protection douanière, chemin de fer...) et sur l'expansion coloniale (voir pp. 213 à 215).

Restant anti-cléricaux, ils s'efforcent de réduire le poids de l'Église en interdisant certaines congrégations religieuses (expulsion des Jésuites), en laïcisant l'enseignement, en légalisant le divorce et en cherchant à développer l'instruction civique. Le fer de lance de cette « révolution culturelle » qui provoque de vives polémiques et de nombreux incidents avec l'Église et les fidèles, est constitué par le corps des instituteurs formés dans les Écoles Normales, sortes de « séminaires laïcs ».

Les deux grandes personnalités « opportunistes » de ces années sont Léon Gambetta, chef du gouvernement en 1882, et Jules Ferry, président du Conseil en 1880-81 et de 1883 à 1885. Gambetta dirige un « grand ministère » (novembre 1881 - janvier 1882) que son autoritarisme rend éphémère en raison de l'opposition de la droite, de l'extrême gauche et de Jules Ferry. Ce dernier organise avec Ferdinand Buisson l'enseigne-

Léon Gambetta (1838-1882)

Brillant avocat aux discours hostiles à l'Empire, il devient député républicain en 1869. Il fait proclamer la République le 4 septembre 1870, devient ministre de l'Intérieur du gouvernement provisoire et s'échappe en ballon de Paris assiégé par les Prussiens (octobre 1870), pour organiser la poursuite de la guerre. Puis, député d'extrême gauche, il soutient cependant Thiers contre les royalistes, organise «L'Union Républicaine » tout en cherchant le rapprochement « opportuniste » avec le centre, qui aboutit aux lois républicaines de 1875. Il préside ensuite la Chambre des Députés.

ment public laïc, gratuit et obligatoire (lois de 1880-1882) et avec Camille Sée fait ouvrir des écoles pour jeunes filles. Jules Ferry est aussi un chaud partisan de l'expansion coloniale. Mais il a à faire face à l'opposition des milieux catholiques et à celle des républicains « radicaux » (Clémenceau) ; ces derniers, qui lui reprochent sa politique extérieure, veulent supprimer le Sénat, Chambre de notables, étendre la propriété publique (en particulier aux Chemins de fer), créer un impôt sur le revenu et des lois sociales. L'échec de l'armée française à Langson, en Chine, provoque son départ.

En 1885 et 1886, les « opportunistes » doivent s'allier aux « radicaux » pour former des gouvernements de « concentration républicaine » et faire face à la remontée électorale des royalistes (désormais réunis derrière le comte de Paris), au mécontentement des catholiques et à celui des classes populaires (touchées par les difficultés économiques et la montée du chômage). De plus des scandales politiques se produisent, comme celui qui touche le propre gendre du président Grévy, à la suite d'une affaire de trafic d'influence (affaire des décorations). Jules Grévy, qui avait été réélu en 1886, est contraint de démissionner l'année suivante.

■ Le Boulangisme

Les divers mécontents vont alors trouver un catalyseur et un rassembleur en la personne du général Boulanger, commandant de l'armée française de Tunisie, ministre de la Guerre en 1886 et

1887. Il rassure la droite et les « patriotes », en tant que militaire défenseur de l'idée de revanche contre l'Allemagne, et il constitue pour les royalistes et les catholiques un cheval de bataille contre la république laïque ; il a conquis les milieux modestes et une partie des radicaux par son discours républicain-populiste et son refus de recourir aux armes contre les grévistes de Decazeville ; il séduit les foules par son allure et ses manières. Par ailleurs, son désir de révision de la Constitution laisse la porte ouverte à tous les espoirs, même radicalement opposés.

Menant des campagnes électorales « à l'américaine », il se fait élire à l'occasion d'élections législatives partielles, pour démissionner et se représenter ailleurs.

Élu à Paris le 27 janvier 1889, il refuse par peur de l'échec et de l'effusion de sang le coup d'État que le soir de son succès parisien Déroulède et Barrès le pressent de tenter. Ce « loyalisme » lui est fatal : il est éloigné à Clermont-Ferrand, alors que la «ligue des patriotes » de Déroulède est dissoute, et ses partisans sont battus aux élections de 1889 ; il part ensuite pour la Belgique et se suicide devant la tombe de sa maîtresse en 1891. Cet épilogue est finalement assez révélateur de la personnalité passionnée et fragile du général Boulanger.

Le « Boulangisme » rappelle par certains côtés l'ambiguïté des débuts du Second Empire ; mais il n'a finalement été qu'un phénomène ponctuel, dû surtout à la conjonction de mécontentements contradictoires qui en expliquent la faiblesse et l'effondrement rapide.

La République divisée (1890-1914)

Radicaux et socialistes contre la droite

Après 1890, la vie politique intérieure est dominée par l'activisme anarchiste, le développement de l'organisation ouvrière, l'affaire Dreyfus et le problème religieux.

L'épreuve du boulangisme a finalement permis de tester la solidité des institutions républicaines, qui ont à faire face à de nouvelles difficultés durant les années 1890.

■ La montée de la gauche

En effet, les conséquences de la crise économique et la légalisation de l'action syndicale conduisent à des grèves et des manifestations souvent violentes, comme celle du 1er mai 1891, où l'armée tire sur la foule à Fourmies. De plus, si le développement des idées et des organisations socialistes trouvent une expression pacifique et parlementaire avec Jean Jaurès et Alexandre Millerand, Jules Guesde préconise une action plus radicale inspirée de la pensée marxiste, et des anarchistes isolés organisent des attentats ou des assassinats (comme celui du président Sadi-Carnot en juin 1894).

Par ailleurs, un regroupement s'effectue entre les syndicats ouvriers jusqu'alors divisés entre ceux qui défendent le primat de l'action politique (les « guesdistes ») et ceux qui recherchent une efficacité immédiate au moyen des « bourses du travail »). Ceci permet la création de la Confédération générale du travail (C.G.T.), au Congrès de Limoges (1895). Ce nouveau syndicat prône l'autonomie par rapport aux partis politiques et la grève générale comme moyen d'action.

La méfiance vis-à-vis du monde politique qui s'est manifestée à l'occasion du « boulangisme » s'accroît en effet encore quand on apprend, en 1892, que la Compagnie du canal de Panama a acheté des députés et des membres du gouvernement pour obtenir des sources de financement alors que la faillite de la société était proche. La gauche et l'extrême droite ne manquent pas de critiquer violemment le personnel politique en place.

De fait, les élections de 1893 provoquent un renouvellement massif des parlementaires et l'entrée à la Chambre de 48 députés socialistes. La montée des forces politiques et syndicales de gauche contribue ainsi à établir un rapport de force définitivement favorable à la République, d'autant plus que le nouveau pape Léon XIII appelle les catholiques français à s'y rallier. Bien que les catholiques intransigeants soient restés majoritaires, le poids des « ralliés » n'est pas négligeable, et permet la formation de gouvernements « modérés », durant les années suivantes. Leurs préoccupations principales deviennent la lutte contre l'anarchisme (lois répressives de 1893-94) et la politique extérieure (protectionnisme sous l'influence de Méline à partir de 1892, rapprochement avec la Russie, expansionnisme colonial).

L'heure n'est plus à s'interroger ou à se diviser sur la nature

Jules Guesde (1845-1922)
Défenseur de la Commune en 1871, il introduit le marxisme en France. S'opposant aux anarchistes et aux blanquistes, il contribue à créer le parti socialiste S.F.I.O. (1905). Il s'agit d'organiser le prolétariat, d'élever sa conscience de classe et de lui fournir les moyens d'une analyse « scientifique » du fonctionnement du capitalisme. Refusant le compromis avec la bourgeoisie, et après avoir condamné la participation au gouvernement Waldeck-Rousseau, Guesde finit pourtant par accepter « l'Union sacrée » en 1914, et devient même ministre durant la guerre. En 1920 il reste fidèle à la S.F.I.O.

du régime, mais à permettre la réussite du redressement économique amorcé au milieu des années 1890, à rétablir la place de la France dans le monde, et à contenir la pression ouvrière et socialiste. Celle-ci s'affirme à travers la verve oratoire de Jean-Jaurès, les écrits d'Emile Zola, la création en 1905 de la S.F.I.O. (Section française de l'Internationale ouvrière), et de son journal *L'Humanité*, le développement de la C.G.T., qui par la charte d'Amiens, en 1906, défend le syndicalisme révolutionnaire et l'antimilitarisme.

■ Les « radicaux » au pouvoir

L'attitude vis-à-vis de l'armée va d'ailleurs diviser les Français à propos de la célèbre « Affaire Dreyfus » qui éclate en 1897, et qui exprime la montée de l'antisémitisme, mêlé, en l'occurrence, au « patriotisme revanchard » et au sentiment anti-républicain ou anti-démocratique.

Les remous suscités par le débat autour du problème de la culpabilité de Dreyfus et l'activisme des ligues nationalistes (« Ligue d'action française », « Ligue de la Patrie française », « Ligue des Patriotes ») provoquent un regroupement de la gauche républicaine et des modérés redoutant un coup d'Etat d'extrême droite.

En 1899, un modéré, Emile Loubet, est élu président de la République, et un autre modéré, Waldeck-Rousseau devient président du Conseil. Il compose un ministère hétéroclite, comprenant à la fois le socialiste Millerand et le Général Galliffet qui a participé à la répression contre la Commune de Paris en 1871. Durant trois ans, le rapprochement entre les modérés, créant l'« Alliance démocratique », les socialistes et les radicaux va se maintenir.

Les trois formations constituent même le « Bloc des gauches », qui l'emporte aux élections de 1902, grâce en particulier au triomphe des radicaux.

Le radical Emile Combes succède alors à Waldeck-Rousseau. Il symbolise le radicalisme par son anti-cléricalisme (refus de la liberté d'association à la plupart des congrégations religieuses [loi de 1901], fermeture de leurs écoles, religieux expulsés de leurs couvents...), par son souci de défendre la propriété privée tout en acceptant quelques mesures sociales (création d'un Conseil supérieur du Travail), et par son attitude vis-à-vis de l'armée (réduction à deux ans de la durée du service militaire, remplacement des officiers supérieurs anti-républicains). Mais Combes doit démissionner en 1905, attaqué par les socialistes à cause de son désintérêt pour les problèmes sociaux, mais aussi par les modérés qui lui reprochent d'affaiblir l'armée.

Après son départ la politique religieuse est poursuivie : la séparation de l'Eglise et de l'Etat est votée en 1905, et l'on procède aux « inventaires » des biens appartenant au clergé, qui deviennent désormais propriété publique, provoquant de nombreux troubles et manifestations de la part des fidèles. L'Eglise catholique se trouve ainsi privée de sa richesse matérielle, mais elle gagne cependant une indépendance totale vis-à-vis du pouvoir politique.

L'année 1905 est aussi marquée par la dislocation du « Bloc des gauches » en raison de l'attitude des socialistes qui, suivant les directives de l'Internationale, retirent leur soutien au gouvernement. Les radicaux conservent cependant son contrôle avec Georges Clemenceau, d'abord ministre de l'Intérieur, puis pré-

---

La S.F.I.O.

Le Congrès de Paris (1889) de l'Internationale ouvrière ayant montré la nécessité d'une plus grande cohésion du monde du travail, la création de la Section française de l'Internationale ouvrière en 1905 est le résultat de la fusion de plusieurs organisations se réclamant de la lutte des classes et de l'internationalisme prolétarien : le Parti ouvrier français de Guesde, le Parti socialiste révolutionnaire de Vaillant, la Fédération des travailleurs socialistes de Brousse et le Parti ouvrier socialiste révolutionnaire d'Allemane. Se joignirent à eux des personnalités telles que Jaurès, Millerand et Viviani.

L'Affaire Dreyfus

L'origine de l'« affaire » Dreyfus remonte à 1884, quand est découvert par les services de contre-espionnage français un document manuscrit transmettant à un officier allemand des renseignements militaires secrets. Des expertises graphologiques concluent à la culpabilité du capitaine Dreyfus, qui est condamné par un conseil de guerre. Mais deux ans plus tard, le colonel Picquart met la main sur une correspondance entre l'attaché militaire allemand et un certain Esterhazy dont l'écriture est semblable à celle du premier document. Devant le refus de ses supérieurs de donner une suite à cette découverte, il en informe l'entourage de Dreyfus. L'affaire devient publique en 1897, mais Esterhazy est acquitté à la suite d'un procès durant lequel on fait état de nouvelles « preuves secrètes » contre Dreyfus.

En janvier 1898, Zola publie dans le journal L'Aurore son célèbre article « J'accuse », dans lequel il dénonce le haut Etat-major de l'armée française et proclame l'innocence de Dreyfus.

Zola est à son tour condamné mais l'opinion publique se passionne et se divise. Durant l'été 1898, on s'aperçoit qu'une des pièces secrètes est un faux réalisé par le colonel Henri. Les partisans de la révision du procès de Dreyfus l'emportent alors ; mais un nouveau conseil de guerre, qui se tient à Rennes en 1899, condamne à nouveau Dreyfus, tout en lui accordant des circonstances atténuantes. Cependant le ministère radical de Waldeck-Rousseau gracie Dreyfus ; il est même réhabilité, promu commandant, et reçoit la Légion d'Honneur en 1906.

Cette « affaire » au retentissement considérable oppose la gauche républicaine (qui crée la « Ligue des Droits de l'Homme » pour défendre le primat de la justice sur la raison d'Etat et du pouvoir civil sur celui de l'armée), aux milieux nationalistes qui voulaient maintenir l'honneur de l'armée et l'unité du pays, et aux antisémites qui dénoncent tour à tour le « complot juif » à la solde de l'Allemagne, les « francs-maçons et les socialistes ».

Georges Clemenceau (1841-1929)

D'abord médecin, puis maire de Montmartre en 1870, il joue un rôle de conciliateur durant la Commune. Il devient ensuite le chef des radicaux de gauche, s'opposant aux opportunistes, à Jules Ferry et au Boulangisme. Il est alors surnommé « le tombeur de ministères ». Puis il soutient activement Dreyfus dans le journal L'Aurore avant de devenir président du Conseil de 1906 à 1909. « Le Tigre » s'illustre alors par son intransigeance face aux grèves ouvrières, et provoque l'hostilité des socialistes. Rappelé en 1917, il manifestera une énergie et une détermination dans la poursuite de la guerre qui lui vaudront d'être alors surnommé « le Père la Victoire ».

sident du Conseil de 1906 à 1909. Ayant à faire face aux grèves et manifestations ouvrières, ainsi qu'aux troubles dans le Midi viticole, victime de la surproduction et de la concurrence du vin algérien, il réprime durement l'agitation et n'hésite pas à faire arrêter les chefs syndicalistes.

Cependant, Clemenceau tente également de réaliser des réformes sociales : création du ministère du Travail, repos hebdomadaire, projets de lois instituant les retraites ouvrières et l'impôt progressif sur le revenu (mais rejetés par le Sénat).

■ « Radicaux » et « modérés »

Son autoritarisme et son indépendance amènent son remplacement par Aristide Briand en 1909. Ancien socialiste et syndicaliste révolutionnaire, celui-ci a évolué vers le centre et fait preuve de modération et d'esprit de conciliation au moment de la séparation de l'Eglise et de l'Etat, en tant que ministre des Cultes. Comme Clémenceau, il mène une politique d'ordre (réquisition des cheminots en grève), mais permet l'adoption de la loi sur les retraites ouvrières.

**Jean Jaurès
(1859-1914)**

D'abord professeur de philosophie, il est élu député opportuniste du Tarn en 1885, puis député socialiste de Carmaux en 1893. Dreyfusard, il est ensuite favorable à la participation de Millerand au gouvernement, s'opposant alors à Jules Guesde. Grand orateur, il milite pour l'unification des partis socialistes, fonde *L'Humanité* en 1904, puis devient le chef de file de la nouvelle S.F.I.O. Il s'oppose alors violemment à la politique sociale de Clemenceau et à la politique extérieure de Poincaré.

Les dernières années qui précèdent la Première Guerre mondiale verront s'amplifier l'opposition entre les radicaux, qui reviennent au pouvoir avec Joseph Caillaux, en 1911, puis 1914, et les modérés, qui gouvernent en 1912-1913. Les premiers, soutenus par les socialistes veulent négocier avec l'Allemagne (ce qui provoque la chute de Caillaux en 1912), réaliser des réformes sociales et faire adopter l'impôt progressif sur le revenu (voté en 1914). Les seconds, avec Briand et Poincaré sont partisans d'une politique extérieure dure vis-à-vis de l'Allemagne, désirent renforcer l'armée (vote en 1913 de la loi portant à trois ans le service militaire, dénoncée par la gauche) et bénéficient de l'appui de la droite, voire de l'extrême droite militariste animée par Déroulède.

■ **Poincaré**

La personnalité de Raymond Poincaré (1860-1934) ministre de l'Instruction publique en 1893 et 1895, ministre des Finances en 1894-95, président du Conseil en 1912 et élu président de la République en janvier 1913, domine l'immédiat avant-guerre. D'abord proche de la gauche, il affirme son hostilité à la loi sur les congrégations religieuses de 1901, aux réformes sociales et à la gauche, qui lui reproche son autoritarisme et son nationalisme.

Il a ainsi à faire face, en 1914, à une victoire électorale des radicaux et des socialistes. La nouvelle majorité est cependant elle-même divisée, car les radicaux se méfient des socialistes et de leurs projets.

En juillet 1914, seuls Jaurès et ses amis socialistes tentent jusqu'au bout de s'opposer à la guerre avec l'Allemagne. L'assassinat de Jaurès, le 31 juillet par Raoul Villain (qui sera acquitté par la suite), fait se taire la dernière grande voix pacifique. Sa disparition permet alors la formation d'un consensus politique derrière ceux qui souhaitent la guerre ou qui considèrent l'affrontement inévitable.

Les présidents de la République et les principaux présidents du Conseil des ministres (1871-1914)

Présidents de la République	Présidents du Conseil
Adolphe THIERS (1871-73)	Albert de BROGLIE (1873-74, 1877)
Patrice de MAC-MAHON (1873-79)	Charles de FREYCINET (1879-80, 1890-92)
Jules GRÉVY (1879-87)	Jules FERRY (1880-81, 1883-85)
Sadi CARNOT (1887-94)	Emile LOUBET (1892)
Casimir PÉRIER (1894-95)	Casimir PÉRIER (1893)
Félix FAURE (1895-99)	Pierre WALDECK-ROUSSEAU (1899-1902)
Emile LOUBET (1899-1906)	Emile COMBES (1902-05)
Armand FALLIÈRES (1906-13)	Georges CLEMENCEAU (1906-09)
Raymond POINCARÉ (1913-20)	Aristide BRIAND (1909-10, 1913)
	Joseph CAILLAUX (1911-12)
	Raymond POINCARÉ (1912)
	Gaston DOUMERGUE (1913)
	René VIVIANI (1914)

La politique extérieure
de la IIIe République (1871-1914)

Colonialisme et bellicisme

La France mène après 1880 une politique coloniale active, se rapproche de l'Angleterre et de la Russie, avant de céder à la tentation de la revanche sur l'Allemagne.

L'expansion coloniale

L'aspect le plus spectaculaire de la politique extérieure de la France durant cette période est l'amplification considérable de l'expansion coloniale. Amorcée dans les années 1830 et poursuivie sous le Second Empire, la colonisation est encore limitée à l'Algérie, au Sénégal et au sud du Vietnam en 1880. Mais sous l'impulsion de Gambetta et de Jules Ferry, elle se développe rapidement de 1881 à 1885, et à nouveau à partir de 1893, avec les ministres des Affaires étrangères Hanotaux et Delcassé. Un ministère des Colonies est d'ailleurs créé en 1894. Après ces deux vagues de conquêtes, la France est en 1914 à la tête d'un Empire colonial comparable à celui de l'Angleterre.

■ L'Afrique

En Afrique du Nord elle contrôle l'Algérie (où en 1871 est écrasée l'insurrection indigène de Kabylie, et qui constitue la principale colonie de peuplement), la Tunisie (dont les traités du Bardo — 1881 — et de La Marsa — 1883 — reconnaissent pourtant l'identité d'Etat, mais dont la politique extérieure et l'administration sont contrôlées par la France), et le Maroc (où un Résident général exercera le pouvoir civil et militaire, à la suite du

Traité de Fès (mars 1912) qui ouvre la voie à la conquête militaire et à la colonisation).

En Afrique Noire, les comptoirs détenus par la France dès avant 1870 au Sénégal, en Guinée, en Côte d'Ivoire, au Dahomey, au Gabon, servent de point de départ à l'expansion vers l'intérieur des terres. Celle-ci s'effectue de 1881 à 1883 au Sénégal, alors que parallèlement Savorgnan de Brazza explore le Congo et fonde Brazzaville. Puis de 1887 à 1889 des territoires situés au sud de la Côte d'Ivoire et de la Guinée sont achetés par les Français. En revanche, la conquête du Dahomey en 1892-93, occasionnera de dures combats. L'armée française remonte ensuite plus au nord vers la Haute-Volta et le fleuve Niger (prise de Tombouctou en 1894). La voie est ainsi ouverte à une réunion de ces nouveaux territoires avec ceux de la côte maghrébine. Cela permet en plus d'entreprendre la conquête du Tchad, à partir du sud de l'Algérie, du Niger et de l'Oubangui (destruction du royaume de Rabah en 1901).

Au large des côtes de l'Est africain, les Français ont obtenu en 1862 des concessions territoriales à Madagascar. Cette île deviendra colonie française en

Fachoda (1898)

La conquête de l'Ethiopie, qui a pour objet d'établir une liaison avec Djibouti et la côte Est de l'Afrique n'est pas possible. La mission Marchand, partie du Congo, atteint bien Fachoda, située sur le Nil, en 1898. Mais les troupes anglaises de Kitchener venant d'Egypte, protectorat anglais, l'empêchent de continuer vers l'Ethiopie. Après une période de vive tension internationale, les Français acceptent de se retirer, et de laisser à l'Angleterre, le contrôle du Soudan. L'influence anglaise s'établit ainsi sur tout l'Est africain. En 1914, l'Ethiopie reste (avec le Libéria) l'un des rares Etats indépendants du continent africain.

1897, après l'expédition navale de 1883, et la difficile conquête de 1895-97, menée par Galliéni ; il s'efforcera pourtant d'en favoriser le développement économique jusqu'à son départ en 1905.

■ L'Asie

En Asie, les Français installés déjà en Cochinchine (à l'extrême sud de la péninsule indochinoise), commencent la conquête du delta du Mékong en 1873. Mais Garnier est tué et la France se contente dans un premier temps d'un traité lui assurant la liberté de commerce sur le Mékong et le contrôle de la politique extérieure du royaume d'Annam (au centre du Vietnam actuel). Mais, à partir de 1882, les vues se portent sur le Tonkin (Vietnam du Nord) ; l'Annam devient d'abord protectorat français en 1883, puis les combats se déplacent vers le nord

(prise de Son-Tay en 1884). Malgré la défaite de Long-Son (qui provoque la chute de Jules Ferry, favorable à la conquête), et après un blocus de la Chine effectué par l'amiral Courbet, la France contrôle le Tonkin en 1885.

En 1887, l'action d'Eugène Etienne et de Paul Bert, résident général en 1886, conduit à la création de l'« Union Indochinoise » qui comprend la colonie de Cochinchine, les protectorats d'Annam, du Tonkin et du Cambodge. En 1893, après des négociations menées par Auguste Pavie, le Laos entre dans l'« Union indochinoise ». Le gouverneur général en est, de 1897 à 1902, Paul Doumer, futur président de la République. La France y mène une politique administrative et coloniale active, qui provoque une résistance nationaliste et des troubles en 1908 et 1913.

La politique européenne

En dehors de la colonisation, l'essentiel de la politique extérieure française est constitué par une action diplomatique visant à rapprocher la France de ses anciens ennemis. Ainsi, dès la fin des années 1870, les relations franco-allemandes se sont sensiblement améliorées ; l'Allemagne voit en effet d'un bon œil l'expansion coloniale de la France, qui la détourne de l'idée de revanche et l'oppose à la Grande-Bretagne. Pourtant, à partir de 1887 la tension remonte entre les deux Etats, à la suite de plusieurs incidents frontaliers, exploités par les milieux nationalistes des deux pays.

■ La « Triple Entente »

La France se rapproche alors de la Russie, où elle exporte des capitaux (les fameux « emprunts russes ») depuis 1888. En 1891,

un accord politique prévoit une consultation en cas de menace de guerre et en 1892 un accord militaire défensif est signé. En 1896 le Tsar Nicolas II vient à Paris poser la première pierre du pont Alexandre-III, qui symbolise l'alliance franco-russe.

Vis-à-vis de l'Angleterre, la politique française se modifie progressivement après l'incident de Fachoda (1898). Théophile Delcassé, qui devient ministre des Affaires étrangères la même année, opte finalement pour le rapprochement avec la Grande-Bretagne. Après la visite d'Edouard VII à Paris en 1903, les accords d'avril 1904, qui règlent les litiges coloniaux, ouvrent la voie à l'« Entente cordiale » franco-anglaise.

La « question marocaine » met les alliances à l'épreuve, mais se termine par un isolement de l'Allemagne : après que l'Empereur Guillaume II se soit rendu à Tanger en mars 1905 pour proclamer l'indépendance du Maroc et réclamer une conférence internationale, la France obtient la rupture d'un accord secret russo-allemand, et à la conférence d'Algésiras, en 1906, La Grande-Bretagne et la Russie reconnaissent les droits français sur le Maroc. On assiste même en 1907 à un rapprochement anglo-russe qui permet la formation de la « Triple Entente », entre la France, la Grande-Bretagne, et la Russie, constituée de fait contre l'Allemagne. Un nouvel incident à propos du Maroc (l'arrivée devant Agadir d'une canonnière allemande, en 1911) aboutit à un accord franco-allemand : les Français « achètent » le désistement allemand par des concessions territoriales au Congo ; mais cela a pour effet de faire monter d'un cran l'antagonisme entre les deux pays.

■ **Vers la guerre**

Après les conflits balkaniques, le renforcement des liens entre les deux blocs se précise en 1913 et 1914, alors que chacun développe son potentiel militaire et se prépare à la guerre. L'assassinat de l'archiduc d'Autriche François-Ferdinand, le 28 juin 1914, à Sarajevo, sert de prétexte à l'Autriche pour envahir la Serbie, qu'elle juge responsable (28 juillet). Les choses vont alors se précipiter : les 29-31 juillet, la Russie mobilise ; le 1er août, après lui avoir lancé la veille un ultimatum, l'Allemagne déclare la guerre à la Russie ; le lendemain, la France, qui ne peut laisser la Russie isolée, mobilise à son tour ; en réponse, l'Allemagne déclare la guerre à la France le 3 août. L'Angleterre hésite d'abord à s'engager dans le conflit. Mais l'invasion de la Belgique le 3 août décide les Anglais à déclarer à leur tour la guerre à l'Allemagne (4 août).

Ainsi, rien n'avait pu arrêter le développement des hostilités, aucun pays n'ayant véritablement le désir d'éviter la guerre. En France, en particulier, le vieux rêve de revanche contre l'Allemagne débordait largement des milieux nationalistes, et après l'affaire d'Agadir, la politique de Poincaré avait été de refuser tout nouvel arrangement.

Les armes ont désormais la parole. Ainsi s'ouvrent quatre années de souffrances et de destructions dont la France et l'Europe sortiront affaiblies.

Les causes économiques de l'expansionnisme

La colonisation, la recherche de zones d'influence dans le monde peuvent s'expliquer par des motivations géopolitiques et par le nationalisme des Etats européens. Mais elles proviennent aussi de rivalités économiques. Elles sont liées :
— à la recherche de matières premières industrielles et de produits alimentaires « tropicaux » ;
— à la conquête de marchés extérieurs permettant d'écouler les surplus de production des pays industriels qui augmentent avec le progrès technique, remédiant ainsi à la saturation des marchés européens ; (C'est ainsi que Jules Ferry peut déclarer : « La politique coloniale est fille de la politique industrielle. ») ;
— à la pratique de taux d'intérêt élevés de la part des pays « neufs » pour attirer les capitaux des pays plus développés afin de pouvoir financer leurs programmes d'investissement (chemins de fer, grands travaux...).

Tension et guerre dans les Balkans

La révolution turque qui aboutit en 1908 au triomphe des « Jeunes Turcs » réformateurs et nationalistes, provoque indirectement la proclamation d'indépendance de la Bulgarie et l'annexion par l'Autriche de la Bosnie-Herzégovine. La Russie voit ainsi son influence dans la région décliner, et son alliée la Serbie est directement menacée par l'Autriche-Hongrie, soutenue par l'Allemagne. La guerre éclate en 1912 : d'abord entre la « Ligue balkanique » (Serbie, Bulgarie et Grèce) et la Turquie, soutenue par l'Allemagne, puis entre la Bulgarie et la Serbie. Le traité de Bucarest (août 1913) met fin aux hostilités sans rien régler : Allemands et Autrichiens désirent toujours établir une continuité territoriale avec leur allié turc. Inversement, la Russie désire étendre son influence dans les Balkans, et se ménager l'accès à la Méditerranée.

Vers une nouvelle littérature

La seconde moitié du siècle est marquée par une diversification de l'inspiration littéraire allant de la description rigoureuse à la pure fiction.

Face aux transformations de la société, certains écrivains se tournent vers l'Histoire, d'autres vers le roman de mœurs, la description d'une région, ou encore vers la fiction pure.

▪ L'intérêt pour l'Histoire

Jules **Michelet** (1798-1874). Il est professeur d'histoire au collège Sainte-Barbe en 1822 et à l'Ecole normale supérieure en 1827. Après un voyage en Italie, il publie une « Histoire romaine » en 1831, puis remplace Guizot à la Sorbonne de 1833 à 1835. A partir de 1833 paraissent les premiers tomes de son « Histoire de France ».

Michelet défend l'idée d'une république populaire et combat l'Eglise dans son « Histoire de la Révolution française » (1847-1853). Déçu par Napoléon III et destitué par lui, il devient plus agressif et partial dans sa condamnation de l'Ancien Régime qui s'exprime dans la suite de son « Histoire de France » (publiée de 1855 à 1867).

Il consacre les dernières années de sa vie à la rédaction d'une « Histoire du XIXᵉ siècle » et meurt très éprouvé par la défaite française et la guerre civile de 1871.

Michelet croit au progrès de l'humanité, dont la révolution de 1789 est pour lui un moment décisif et que la France doit contribuer à propager.

Ernest **Renan** (1823-1892). Philologue et archéologue, il travaille en particulier sur l'histoire des religions et écrit une « Histoire des origines du christianisme » (1863-1881), et une « Histoire du peuple d'Israël » (1887-1893). Il publie également de très nombreux ouvrages de philosophie et de morale

qui malgré leur dimension critique inspireront les auteurs nationalistes et antisémites des décennies à venir.

Hippolyte **Taine** (1828-1893). Philosophe déterministe, historien et critique littéraire, il collabore à la « Revue des Deux Mondes », publie des « Essais de critique et d'Histoire » (1858), et « Les origines de la France contemporaine » (1875-1893).

Denis Fustel de **Coulanges** (1830-1889). Professeur à la Sorbonne et directeur de l'Ecole normale, il fait progresser la méthode scientifique en histoire : il considère le passé comme le produit d'enchaînements logiques, et publie entre autres, « La Cité antique » (1864), « Histoire des Institutions de l'Ancienne France » (1875-1891)...

Jean-François **Champollion** (1790-1832), fait figure de précurseur : passionné d'égyptologie, il étudie les langues orientales et y trouve la clé du déchiffrage des hiéroglyphes (1822). Conservateur du département égyptien du Louvre en 1826, il part pour l'Egypte en 1828 où il peut étudier les inscriptions se trouvant sur les divers monuments.

▪ Le roman de mœurs

Emile **Zola** (1840-1902). Il collabore à divers journaux en tant que critique littéraire et critique d'art. Il rejoint bientôt le courant « réaliste » avec son premier roman important : « Thérèse Raquin » (1867).

Il se consacre alors à la série romanesque des « Rougon-Macquart » se voulant « l'histoire naturelle et sociale d'une famille sous

Guy de **Maupassant** (1850-1893). Il est l'auteur de près de trois cents nouvelles, décrivant les milieux mondains et paysans, publiées de 1890 à 1891 (dont « Boule de Suif », 1880) et de quelques romans (dont « Une Vie » (1883), « Bel Ami » (1885)…). Profondément angoissé, il perd la raison en 1891.

le Second Empire ». Cette série comprend 19 volumes, dont « La Fortune des Rougon » (1871), « L'Assommoir » (1877), « Nana » (1880), « Au bonheur des dames » (1883), « Germinal » (1885), « La Bête humaine » (1890)… Il s'agit en fait d'un essai de psychologie sociale, où sont décrits des types humains (bourgeois, paysans, ecclésiastiques, ouvriers, cheminots…) considérés comme déterminés par leur appartenance à un milieu particulier.

Chef de file des écrivains de l'« Ecole naturaliste », Zola veut aussi appliquer en littérature la méthode expérimentale des biologistes comme Claude Bernard ; ici l'« expérience scientifique » est constituée par l'analyse du déterminisme social qui explique le comportement de ses personnages.

En 1898, son évolution vers le socialisme et sa soif de justice l'amènent à défendre Dreyfus dans le célèbre article « J'accuse » publié dans *L'Aurore*. Condamné à un an de prison, Zola part pour l'Angleterre (1898-1899) puis écrit une nouvelle série (« Les Quatre Evangiles ») développant ses idées généreuses.

Il est le premier grand auteur décrivant la misère matérielle et morale de la classe ouvrière et veut faire de son œuvre un instrument de compréhension de la réalité sociale.

Zola a été influencé par l'œuvre d'**Edmond** (1822-1896) et **Jules** (1830-1870) de **Goncourt** ; indissociables dans leurs écrits, ils travaillent d'abord sur l'histoire du XVIIIe siècle (« Histoire de la société française pendant la Révolution » (1854-1855), « L'Art français du XVIIIe siècle » (1859), « La femme au XVIIIe siècle » (1862). Puis ils publient

une série de romans réalistes, appuyés sur une étude minutieuse des milieux évoqués dans « Renée Mauperin » (1864), ou « Manette Salomon » (1867)…

On peut rapprocher de ces deux auteurs les écrits de **Jules Renard** (1864-1910) qui est l'un des fondateurs du « Mercure de France » (1890). Se définissant lui-même comme un « chasseur d'image » il décrit dans des romans et des nouvelles d'un grand réalisme la France de la fin du siècle : « Crime de village » (1888), « Poil de carotte » (1894), « Histoires naturelles » (1896)…

La satire et le vaudeville
Auteur des « Gaietés de l'escadron » (1886), de « Messieurs les ronds-de-cuir » (1893), et d'un grand nombre de comédies, Georges **Courteline** (1858-1929) développe le genre nouveau de la satire humoristique de ses contemporains.

Eugène **Labiche** (1815-1888) écrit une centaine de vaudevilles et comédies légères, mélangeant l'humour à la critique de mœurs. Les plus célèbres sont « Embrassons-nous, Folleville » (1850), « Le Voyage de Monsieur Perrichon » (1860), « La Poudre aux yeux » (1861), « La Main leste » (1867)…

■ **L'« exotisme » littéraire**

Alphonse **Daudet** (1840-1897). Il annonce des auteurs du XXe siècle comme Giono ou Pagnol. Après avoir écrit quelques poèmes, il se fait surtout connaître par « Le Petit Chose » (1868) et l'évocation de la Provence dans une série de contes (« Les lettres de mon moulin », 1869), et de récits burlesques (« Tartarin de Tarascon », 1872, « Tartarin sur les Alpes », 1885…). Il est à l'origine de « L'Arlésienne » de Bizet, écrit encore les « Contes du Lundi » (1873). Mais il laisse aussi des romans réalistes qui décrivent les milieux de l'industrie, de la finance, de la politique, ou de la religion ou de la littérature (« Le Nabab », 1877, « Sapho », 1884, « L'Immortel », 1888…).

Pierre **Loti** (1850-1923). De son vrai nom Julien Viaud, il évoque dans ses romans les divers pays rencontrés à l'occasion de ses nombreux voyages effectués autour du monde en tant qu'officier de marine : la Turquie dans « Aziyadé » (1879), l'Océanie dans « Rarahu » (1880), l'Afrique dans « Le Roman d'un Spahi » (1881), l'Extrême-Orient, dans « Madame Chrysanthème » (1887), mais aussi la Bretagne dans « Pêcheur d'Islande » (1886) ou le pays basque avec « Ramuntcho » (1897).

■ **La fiction**

On peut l'illustrer avec deux œuvres radicalement différentes : celle d'Anatole France, constituée de romans d'inspiration diverse ; celle de Jules Verne, précurseur du roman d'aventure et de science-fiction.

Anatole **France** (1844-1924). D'abord attiré par l'Ecole du Parnasse, publiant des « Poèmes dorés » (1873), il se tourne ensuite vers le roman, avec « Le Crime de Sylvestre Bonnard » (1881), « Thaïs » (1889), « La Rôtisserie de la reine Pédauque » (1892). Puis il vient au roman satirique avec « L'Anneau d'améthyste » (1899) et « M. Bergeret à Paris » (1901), qu'il écrit après s'être engagé auprès d'Emile Zola dans la défense de Dreyfus. Il se rapproche alors des milieux socialistes, ses idées généreuses apparaissant plus nettement dans ses derniers romans, « L'île des Pingouins » (1908) ou « La Révolte des Anges » (1914).

Jules **Verne** (1828-1905). Il peut être considéré comme le fondateur du roman de science-fiction, avec en particulier « Voyage au centre de la Terre » (1864), « De la Terre à la Lune » (1865), « Vingt mille lieues sous les mers » (1870)... Mais il écrit également diverses pièces de théâtre, et de nombreux romans d'aventure, tels « Les Enfants du Capitaine Grant » (1868), « Le Tour du monde en 80 jours » (1873), « Michel Strogoff » (1876). Tous ces récits où il fait preuve d'une imagination exceptionnelle, et parfois même de sens prophétique, font de lui le maître d'un nouveau genre romanesque.

> Charles **Péguy** (1873-1914) occupe une place à part dans l'histoire littéraire du début du siècle. Profondément influencé par le christianisme et les idées socialistes, Charles Péguy défend avec passion le culte de la vérité et de l'authenticité. Il est tué au combat en septembre 1914. Il laisse en particulier « Le Mystère de la Charité de Jeanne d'Arc » (1910), « L'Argent » (1913), ses « Notes sur Bergson » (1914)...

■ **Du côté du XXᵉ siècle :**

Romain Rolland (1866-1944), Paul Claudel (1868-1955), André Gide (1869-1951), Marcel Proust (1871-1922), Paul Valéry (1871-1945), Jules Romains (1885-1972)... commencèrent à écrire dès avant 1914 ; l'essentiel de leur œuvre est cependant postérieur. (Voir Histoire de la France contemporaine).

Le révolutionnaire et le nationaliste

Tout en défendant des idées révolutionnaires (lui valant plusieurs séjours en prison), Jules **Vallès** (1832-1885) collabore à divers journaux modérés (dont *Le Figaro*). Il participe activement à la Commune de Paris, crée « Le cri du peuple », puis, condamné à mort, il s'exile à Londres pour ne revenir en France qu'en 1880. Il écrit durant ces années la trilogie autobiographique « L'Enfant », « Le Bachelier » et « L'Insurgé », où il dénonce la misère populaire et l'égoïsme des nantis.

Maurice **Barrès,** (1862-1923) d'abord attiré par le groupe du « Parnasse », s'affirme comme le représentant littéraire de la droite nationaliste après son engagement dans le camp boulangiste (dont il est député, à Nancy, de 1889 à 1893). Ses idées patriotiques se retrouvent dans « Les Déracinés » (1897), « Du sang, de la volupté et de la mort » (1893-1909), « La Colline inspirée » (1913).

Peinture et Sculpture après 1860

Dès le milieu du XIXe siècle l'inspiration artistique rompt avec l'art figuratif, les thèmes antiques et le classicisme.

■ **Les « impressionnistes »**

Au début des années 1860, apparaît la peinture des paysages naturels et des bords de mer, dont les précurseurs sont le néerlandais **Jongkind** (1819-1891) peignant le port de Honfleur et les canaux hollandais, et Eugène **Boudin** (1824-1898), laissant des tableaux de la plage et du port de Trouville. C'est lui qui fait connaître à Monet la côte normande et qui l'initie à cette peinture « de plein air », faite d'« impressions » colorées, que Louis Leroy qualifiera en 1874 d'« impressionniste » à l'occasion d'une exposition organisée par la « Société anonyme des peintres, sculpteurs et graveurs » : Monet, Sisley, Courbet, auxquels s'étaient joints Renoir, Pissarro, Degas, Cézanne.

Camille **Pissarro** (1830-1903), le plus ancien, est l'un des initiateurs de la peinture des paysages (« Les Champs ») puis de la région parisienne (« Bords de la Marne ») et de Paris (« Avenue de l'Opéra »...).

Édouard **Manet** (1832-1883). Il rompt avec la peinture officielle et trouve chez Goya ou les Vénitiens une violence de la couleur et un renouvellement des formes (« Le Balcon », « La Blonde aux seins nus »...). Le refus de son « Déjeuner sur l'herbe » au Salon de 1862, et du « Fifre » en 1866, est l'occasion pour la nouvelle génération de prendre la défense de Manet, au style jugé scandaleux.

Edgar **Degas** (1834-1917), influencé par Ingres et la Renaissance italienne, rencontre les impressionnistes au début des années 1870, qu'il suit surtout pour échapper aux conventions ; il devient célèbre pour ses scè-

nes de danse ou de cirque, mettant en valeur la grâce féminine (« La classe de danse », « Miss Lola au cirque Fernando »...).

Alfred **Sisley** (1839-1899), d'abord élève de Corot, est le peintre des bords de la Seine, de l'Yonne ou du Loing (« L'inondation du port de Marly »...), exprimant la lumière et la poésie de l'Ile-de-France.

Claude **Monet** (1840-1926). Il est peut-être le plus représentatif de « l'impressionnisme », par l'usage qu'il fait de la couleur et par l'impression d'inachevé suggestif qui se dégage de ses toiles (« Impression, soleil levant », « La gare Saint-Lazare », « Les Nymphéas »...)

Auguste **Renoir** (1841-1919). Il révèle lui aussi une maîtrise exceptionnelle du jeu des lumières, avec des touches de couleurs harmonieuses estompant légèrement les formes, où dans des compositions qui associent à une teinte dominante un subtil dégradé de coloris (« Le Moulin de la Galette », « Les Baigneuses »...)

Georges **Seurat** (1859-1891), cofondateur du « Salon des artistes indépendants », prolonge la recherche impressionniste en privilégiant les contrastes d'intensité lumineuse qu'il pousse jusqu'au « pointillisme », sans pour autant abandonner dans sa peinture tout respect du réalisme des formes.

Paul **Signac** (1863-1935) symbolise le « néo-impressionnisme » qui allie au « divisionnisme » de Seurat l'usage de tons très vifs dans ses peintures de la côte méditerranéenne.

■ En marge de l'impressionnisme

Camille **Corot** (1796-1875), dont la peinture de paysages urbains (« La Cathédrale de Chartres », « Le Beffroi de Douai »...) et champêtres annonce l'impressionnisme, est aussi attaché à la tradition italienne et au réalisme de l'ancienne école (« Le Baptême du Christ...).

Gustave **Courbet** (1819-1877), bien qu'opposé aux thèmes historiques, religieux ou mythologiques, auxquels il substitue des scènes de la vie quotidienne ou campagnarde, reste le défenseur de la peinture réaliste (« Les Rémouleurs », « Un Enterrement à Ornans »...). Membre de la Commune, il est condamné à six mois de prison en 1871.

Frédéric **Bazille** (1841-1870), qui est tué durant la guerre, participe à la même évolution ; ses œuvres, profondément influencées par Delacroix, Courbet et Boudin, représentent dans un style respectant la précision des formes, des scènes de « plein air » où apparaissent déjà des impressions colorées nouvelles (« Forêt de Fontainebleau », « Réunion de famille »...).

Paul **Cézanne** (1839-1906). Originaire de Provence et ami de Zola, il compose de nombreux paysages et natures mortes ; c'est vers la fin du siècle qu'il réalise en solitaire ses œuvres les plus célèbres (« Les Joueurs de cartes », « L'Homme à la pipe »...), qui l'éloignent de l'impressionnisme proprement dit par la recherche d'une nouvelle construction picturale.

■ Les derniers « classiques »

Le classicisme des formes et l'académisme des thèmes sont cependant perpétués durant la même période par Léon **Bonnat** (1833-1922), qui d'abord attiré par la peinture religieuse, est ensuite le spécialiste des portraits « clair-obscurs », recherchant la ressemblance du sujet (« Victor Hugo », « Thiers », « Pasteur », « Jules Ferry »...). Il participe également à la fresque intérieure du

Panthéon avec Pierre **Puvis de Chavannes** (1824-1898). Ce dernier est aussi le continuateur du réalisme par ses peintures murales historiques ornant l'intérieur de divers monuments publics. Mais il s'en éloigne dans ses tableaux champêtres et nostalgiques exaltant les paradis perdus de l'ère pré-industrielle.

■ Le fauvisme

Paul **Gauguin** (1848-1903). On retrouve chez lui cette nostalgie, mais dans un style bien différent rompant avec le classicisme mais aussi avec l'impressionnisme dont il a d'abord subi l'influence. Son symbolisme et ses couleurs vives et tranchées doivent beaucoup à ses nombreux voyages à Tahiti ou en Martinique, en Bretagne où il fonde l'École de Pont-Aven, ou encore en Provence où il fréquente Van Gogh. Avec ses peintures tahitiennes il ouvre la voie à une nouvelle école celle des « Fauves ».

Vincent **Van Gogh** (1853-1890). Hollandais arrivé à Paris en 1886 et installé à Arles deux ans plus tard, lié à Toulouse-Lautrec et à Gauguin il peint de nombreuses toiles tourmentées et aux contrastes violents, dont les plus célèbres sont ses paysages de Provence et ses auto-portraits. Il a également inspiré le fauvisme.

Le nom même de « Fauvisme » est donné par le critique Louis Vauxcelles à l'occasion du Salon d'Automne de 1905 à ceux qui avaient exposé dans une salle qu'il qualifia de « cage aux fauves ». Le « transformé imaginaire de la couleur », selon le mot de Gustave Moreau, s'exprime encore chez **Matisse** (1869-1954), **Marquet** (1875-1947), **Dufy** (1877-1953) ou **Rouault** (1871-1958), qui sont ses élèves et dont les œuvres principales sont postérieures à 1914. (Voir Histoire de la France contemporaine).

Gustave **Moreau** (1826-1898) n'appartient à aucun courant bien spécifique. Son style reste académique (« Œdipe et le Sphinx »), bien qu'il cherche à exprimer symboliquement des sentiments intérieurs.

Les dessinateurs

Honoré **Daumier** (1808-1897). Il est surtout célèbre pour ses dessins et ses caricatures (environ quatre mille) représentant les « types parisiens » ou les « gens de justice », et où il fait preuve d'un sens exceptionnel de la satire. Mais il est aussi sculpteur, graveur et peintre.

Henri de **Toulouse-Lautrec** (1864-1901) peint d'une façon tantôt réaliste, tantôt caricaturale, à la fois tendrement et cruellement les milieux du théâtre, du cabaret et du spectacle qu'il côtoie dans le quartier Montmartre. Il fait le portrait des vedettes de l'époque (Yvette Guilbert, Jane Avril, la Goulue...) et compose de nombreuses affiches qui témoignent de la vie parisienne de la fin du siècle.

Vuillard (1868-1940) aux toiles intimistes ; de Paul **Sérusier** (1865-1927) qui illustre le « primitivisme » que l'on retrouve chez Henri **Rousseau** (dit « Le Douanier » (1844-1910), bien que celui-ci ait inauguré le genre « naïf » au dessin net et aux tons chatoyants.

Pierre **Bonnard** (1867-1947). Il participe également au groupe des Nabis. Il côtoie Toulouse-Lautrec, compose comme lui des affiches lithographiques (« France-Champagne », « La Revue blanche »...) et fréquente les milieux nocturnes parisiens (« Moulin-Rouge »). Dans sa peinture aux thèmes très variés (« Le Fiacre », « Enfants mangeant des cerises »...), il recherche le contraste des couleurs en opposant le blanc et le noir et laisse s'estomper la précision des formes.

■ Les « Nabis »

Les « Nabis », ou « Inspirés », privilégient les couleurs sombres en aplats et négligent la perspective. C'est le cas de Maurice **Denis** (1870-1943), théoricien du groupe, influencé à la fois par les estampes japonaises, le symbolisme et les thèmes religieux ; d'Édouard

Maurice **Utrillo** (1883-1955). Son œuvre est surtout postérieure à 1914. Mais il a connu, dès avant la guerre, une intense « période blanche » : durant celle-ci il révèle un style semi-naïf d'une grande harmonie de ton dans ses peintures de Montmartre et de la région parisienne (« Le Lapin Agile », 1910).

La sculpture

Jean-Baptiste **Carpeaux** (1827-1875), sculpte pour l'Opéra (« La Danse », 1869) ; il orne la fontaine de l'Observatoire et exécute de très nombreux bustes et effigies (« Napoléon III », « Jules Grévy »...).

Auguste **Rodin** (1840-1917), produit une œuvre d'une grande diversité : « Le Penseur », 1880, « Les Bourgeois de Calais », le buste de Clémenceau, la statue de Balzac... Inspiré par Michel-Ange et par l'Antiquité, il fait preuve d'une originalité alliant le réalisme et la sensualité.

Camille **Claudel** (1864-1943), sœur de Paul Claudel travailla avec Rodin puis produisit une œuvre originale.

Aristide **Maillol** (1861-1944), est surtout connu pour ses sculptures de nus féminins aux formes lourdes (« La Méditerranée »...).

Antoine **Bourdelle** (1861-1929), travaille avec Rodin mais reste influencé par le style gréco-romain. Son œuvre se compose de 900 sculptures dont les bas-reliefs du Théâtre des Champs-Élysées, 1912.

La musique après 1870

Si l'opéra continue à séduire le public, l'inspiration musicale se diversifie et laisse apparaître une musique intimiste.

■ La musique symphonique

Edouard **Lalo** (1823-1892) ne connaît le succès que tardivement avec sa « Symphonie espagnole » (1873).

Camille **Saint-Saëns** (1835-1921), virtuose du piano, compose des concerti pour cet instrument, des poèmes symphoniques (« La Danse Macabre »), et sa troisième « Symphonie avec orgue » (1886).

S'illustrent également César **Franck** (1822-1890) avec la « Symphonie en ré mineur » (1888), Vincent **d'Indy** (1851-1931) avec la « Symphonie cévenole » (1886), et Ernest **Chausson** (1855-1899) ; Léo **Delibes** (1836-1891) enrichit le répertoire de la danse avec Coppélia (1870) et Sylvia (1876).

■ L'opéra

Charles **Gounod** (1818-1893). Il compose plusieurs œuvres aux lignes mélodiques originales, « Faust » (1859), « Roméo et Juliette » (1867), et « Mireille » (1864), à partir d'un poème provençal de Mistral.

Georges **Bizet** (1838-1875). Il crée plusieurs opéras comiques (« Les Pêcheurs de perles », 1863...), la musique de scène pour « L'Arlésienne » et son célèbre « Carmen » (1875).

Jules **Massenet** (1842-1912). Il produit des œuvres sensibles : « Manon » (1884), « Werther » (1892), « Thaïs » (1894), « Sapho » (1897) et « Don Quichotte » (1910).

Léo **Delibes** avec « Lakmé » (1883), **Lalo** avec « Le Roi d'Ys » (1888), **Saint-Saens** avec « Samson et Dalila » (1877) et Ambroise **Thomas** avec « Mignon » (1866) ajoutent de beaux fleurons au genre ; mais **Debussy** avec « Pelléas et Melisande » (1902) et Gabriel **Fauré** avec « Pénélope » (1913) font réellement entrer l'opéra dans le XXᵉ siècle.

■ Des « modernes »

Gabriel **Fauré** (1845-1924), auteur d'un célèbre Requiem (1888) compose de nombreuses mélodies pour piano et voix et se tourne surtout vers la musique de chambre, musique « idéalisée », très ascétique.

Claude **Debussy** (1862-1918), dont on ne mesure qu'aujourd'hui la modernité, est le créateur d'une expression nouvelle utilisant pleinement la puissance évocatrice du piano (Estampes, 1903, Images 1905-1908). Mais il compose aussi pour l'orchestre comme en témoignent « Prélude à l'après-midi d'un faune » (1894), « Nocturnes » (1899), « La Mer » (1905), « Images » (1907-1912) et « Jeux » (1913).

Maurice **Ravel** (1875-1937), compose la plupart de ses œuvres avant 1914, bien que les plus célèbres (« La Valse », le « Boléro »...) soient postérieures. Il écrit des pièces pour piano (« Gaspard de la nuit », 1908, « Miroirs » 1905) et pour orchestre (« Rhapsodie espagnole » 1908, et la symphonie chorégraphique « Daphnis et Chloé » 1912, pour les Ballets Russes).

> **En marge...**
> Les opérettes d'Emmanuel **Chabrier** (1841-1894) (« L'Étoile » 1877), et d'André **Messager** (1853-1929) (« Véronique » 1898), les mélodies d'Henri **Duparc** (1848-1933) (« L'Invitation au voyage » 1870), la musique dépouillée et originale d'Erik **Satie** (1866-1925) (« Les Gymnopédies », 1888)...

Les spectacles après 1870

Vers la fin du XIXᵉ siècle, le théâtre connaît des formes nouvelles, le cinéma grand public apparaît et le music-hall remplace le « café-concert ».

▪ Un nouveau théâtre

Une expression théâtrale, dégagée de l'académisme classique voit le jour après 1880. André **Antoine** (1858-1943) crée en 1887 le « Théâtre libre », pour faire de cet art un « laboratoire » de recherche, en réaction contre le souci commercial des directeurs de théâtre, et l'ouvre au « naturalisme littéraire » : « l'Assommoir » d'Emile Zola est joué au théâtre Antoine en 1900. Parallèlement le théâtre d'Art de Paul **Fort** (1872-1960), fondé en 1890, réagit contre le réalisme des naturalistes en revenant à une expression purement poétique.

Georges **Feydeau** (1862-1921) écrit de nombreux vaudevilles, comédies et pièces en un acte où il fait preuve d'une grande maîtrise des effets comiques, et de la peinture caricaturale. On lui doit entre autre, « Un fil à la patte » (1894), « Le dindon » (1896), « La Dame de chez Maxim » (1899), « La Puce à l'oreille » (1907)...

Tristan **Bernard** (1866-1947) fait preuve dans son théâtre d'un humour teinté d'ironie qui le rend vite populaire (« l'Anglais tel qu'on le parle », 1899, « Triple patte », 1905...).

Alfred **Jarry** (1873-1907) est l'auteur du célèbre « Ubu roi » joué en 1896 au théâtre de l'Œuvre, et suivi d'« Ubu enchaîné » (1900). Fondateur de la « pataphysique », il fait preuve d'un sens exceptionnel de la dérision.

Jacques **Copeau** (1879-1949) ouvre en 1913 le Théâtre du Vieux Colombier, pour redonner à l'auteur dramatique toute sa place ; on y jouera aussi bien Molière, Shakespeare que les pièces de Paul Claudel.

La reine du théâtre
Actrice aux qualités de diction et d'expression dramatique exceptionnelles, Rosine Bernard dite **Sarah Bernhardt** (1844-1923) joue à l'Odéon et à la Comédie-Française à partir de 1862 (« Phèdre », « Hernani », « Ruy Blas »...) ; elle effectue ensuite de nombreuses tournées à l'étranger puis monte « Lorenzaccio », « La ville morte »... Après 1898, elle interprète au théâtre des Nations, « Hamlet », « L'Aiglon »...

▪ Le cinéma

Après les expériences des Frères Lumière et de Georges Méliès (voir p. 227) la production cinématographique se développe rapidement : Charles **Pathé** crée en 1900 une maison de production aux dimensions internationales, Léon **Gaumont** construit le studio des Buttes-Chaumont (1906) et la société concurrente **Eclair** voit le jour en 1907. La France compte ainsi 300 salles en 1910.

De ces premières années du cinéma grand public, on peut retenir les séries policières à épisodes : « Nick Carter », 1909, de Victorin **Jasset** (1862-1913), « Fantomas », 1913, de Louis **Feuillade** (1873-1925).

▪ Le music-hall

Le music-hall moderne prend la suite des « cafés-concerts » (qui offraient un spectacle aux consommateurs assis autour de tables) à partir de la fin du Second Empire : en 1869, les Folies-Bergère ouvrent leurs portes et **Mistinguett** et Maurice **Chevalier** y animent une revue dès 1911 ; Bobino se déplace rue de la Gaîté en 1880 ; le Casino de Paris s'installe rue de Clichy en 1890, et L'Olympia se transforme en 1893.

Sciences et innovations après 1870

Les sciences physico-mathématiques, la chimie, la médecine progressent considérablement ; parallèlement, le génie inventif connaît une véritable « explosion ».

■ Les sciences physiques et mathématiques

Antoine **Becquerel** (1788-1878). Il avait découvert la piézo-électricité en 1819, l'existence des corps magnétiques en 1827, et il met au point la pile photovoltaïque en 1839 ; son fils Edmond (1820-1891), permet l'étude des radiations ultra-violettes grâce à l'usage de la plaque photographique en spectroscopie.

Gaston **Planté** (1834-1889) invente l'accumulateur électrique en 1859 et Marcel **Deprez** (1843-1918) le galvanomètre en 1882, avec Arsène d'Arsonval. Il résout le problème du transport de l'énergie électrique, grâce à une machine de Gramme et en fait l'expérience entre Vizille et Grenoble, en 1883. Paul **Langevin** (1872-1946) s'illustre dès avant la Première Guerre mondiale, dans l'étude des ultrasons, de l'ionisation des gaz, du magnétisme ou de l'inertie de l'énergie.

Henri **Poincaré** (1854-1912). Il domine par son génie de la physique et des mathématiques. Membre de l'Académie des sciences en 1887, mondialement connu, il laisse une œuvre scientifique exceptionnelle : il découvre de nouvelles fonctions mathématiques (les fonctions « fuchsiennes ») et développe l'analyse des fonctions abéliennes, des intégrales, des nombres complexes, des fractions continues. Il fait progresser la thermomécanique, l'optique et l'électricité, l'étude des ondes hertziennes et de la télégraphie sans fil ; il publie également plusieurs ouvrages sur les théories de la genèse des mondes et sur la philosophie des sciences.

La découverte fondamentale à l'approche du XXᵉ siècle est, en 1896, celle de la radioactivité, par Henri **Becquerel** (1852-1908), fils d'Edmond Becquerel : il identifie son origine provenant de la spécificité de l'atome d'uranium. Il travaille également sur la phosphorescence, les infrarouges et l'absorption de la lumière par les cristaux, et obtient, avec Pierre et Marie Curie le prix Nobel de physique en 1903.

Pierre **Curie** (1859-1906). Il travaille d'abord avec Dessains sur les radiations infrarouges, puis avec son frère Jacques sur la piézo-électricité. Il démontre en 1895 l'existence d'une température (« point de Curie ») au-delà de laquelle le ferromagnétisme se transforme en paramagnétisme et travaille sur le « principe de symétrie » des causes et des effets en physique. Après la découverte de la radio-activité par Henri Becquerel, il réussit, avec sa femme Marie, à isoler le polonium et le radium.

Marie **Curie** (1867-1934). D'origine polonaise, elle épouse Pierre Curie en 1895 et travaille avec lui sur la radioactivité ; elle est la première femme à occuper une chaire de physique à la Sorbonne (celle de son mari, après sa mort), découvre la radio-activité du thorium, obtient le prix Nobel de chimie en 1911, crée l'Institut du radium et fonde le service radiologique de l'armée durant la guerre.

Par ailleurs, Paul **Villard** (1860-1934) découvre en 1900 le rayonnement gamma des corps radio-actifs, et met au point l'osmoré-gulateur qui permet d'introduire et de reti-rer de l'hydrogène d'un tube à vide.

■ L'astronomie

Hervé **Faye** (1814-1902) s'oppose à la théo-rie de Laplace sur la formation du système solaire ; Félix **Tisserand** (1845-1896) élabore un « Traité de mécanique céleste » et étudie les mouvements de la Lune et des comètes, tandis que Pierre **Puiseux** (1855-1928) travaille à la confection d'un atlas de la Lune et de la carte photographique du ciel.

■ La chimie

Victor **Regnault** (1810-1878) mesure la den-sité des gaz et des vapeurs et étudie leurs pro-priétés de compressibilité et de dilatation. Charles **Wurtz** (1817-1884) découvre les amines en 1849, le glycol en 1855, l'aldol en 1872, donne la formule de la glycérine en 1875, et défend la théorie atomique dans un ouvrage du même nom publié en 1878. Son fils Robert (1858-1919) développe l'analyse bactériologique et étudie les défenses immu-nologiques.

Marcellin **Berthelot** (1827-1907). Il réalise de nombreuses synthèses en chimie organi-que : celles de l'alcool éthylique (1855), du méthane (1858), de l'acétylène (1860), du benzène (1866). Il montre, avec Jean de Saint-Gilles, la réversibilité de l'estérification des alcools, et invente la thermochimie en met-tant au point des calorimètres appropriés.

Charles **Friedel** (1832-1899), élève de Char-les Wurtz, effectue de nombreuses recherches en chimie organique et en minéralogie. Il met au point une méthode générale de synthèse organique et développe la notation et la théo-rie atomiques. Louis **Grimaux** (1835-1900) effectue également de nombreuses synthèses organiques (du glucose, de l'aldéhyde ben-zoïque, de l'acide citrique...). Achille **Le Bel** (1847-1930) s'illustre par ses travaux théori-ques sur les carbones tétraédrique et asymé-

trique. Henri **Moissan** (1852-1907) utilise le four électrique pour obtenir des tempéra-tures élevées lui permettant de produire le chrome, le titane, le carbure de calcium. Il ouvre ainsi la voie à l'industrie de l'acétylène et des ferro-alliages. Il réussit également l'iso-lation du fluor, et obtient le prix Nobel de chimie en 1906. Albin **Haller** (1849-1925), travaille sur le camphre et ses dérivés et réa-lise la synthèse du menthol en 1905.

Henry **Le Chatelier** (1850-1936). Il étudie les mélanges explosifs (dont le grisou) et pho-tographie l'onde explosive. Il met au point de nouveaux procédés de mesure thermique, fonde la métallographie microscopique, et définit les conditions de la synthèse de l'ammoniac permettant sa préparation indus-trielle.

Georges **Urbain** (1872-1938) travaille dès les dernières années du XIXᵉ siècle sur les terres rares, et en particulier les terres yttriques, parvenant à en séparer les éléments. Il éta-blit également la distinction entre corps sim-ple et élément chimique. Gabriel **Bertrand** (1867-1962), professeur de chimie biologique à la Sorbonne, étudie la fonction des diasta-ses, des oxidases et des oligo-éléments. Il per-met la mise au point des sérums antivenimeux.

■ La médecine

Charles **Brown-Séquard** (1817-1894), qui succède à Claude Bernard au collège de France en 1878, travaille sur la composition du sang, la moelle épinière et met au point des méthodes d'implantation d'organe.

Louis **Pasteur** (1822-1895). Il étudie la fer-mentation et les maladies infectieuses, met-tant en évidence le rôle des micro-organismes. Après 1870, Pasteur met au point la « pas-teurisation » de la bière, découvre l'origine du « charbon » des moutons, et identifie le « streptocoque ». En 1879, il conçoit, avec ses collaborateurs **Roux** et **Chamberland,** le principe de la vaccination par inoculation de microbes non virulents. Puis il réussit à fabriquer le vaccin contre la rage (1885) qui le rend célèbre. En 1888, il est nommé directeur de l'Institut qui porte son nom et qui joue un si grand rôle dans la recherche biologique et la fabrication de sérums et de vaccins. C'est ainsi qu'Alexandre **Yersin** étudie les bactéries avec Émile Roux à l'Institut Pasteur, avant de découvrir le microbe de la peste, à Hong-Kong, en 1894, et de mettre au point le sérum contre cette maladie.

Paul **Broca** (1824-1880), professeur de pathologie chirurgicale et d'anthropologie, étudie l'anatomie, les ossements de l'homme préhistorique, le crâne et le cerveau humain, et diverses maladies, comme l'aphasie, les hernies abdominales et les anévrismes.

Jean Martin **Charcot** (1825-1893). Professeur d'anatomie pathologique, il mène diverses études sur la chimie des maladies et la pathologie nerveuse en particulier ; il donne des leçons célèbres à l'hôpital de la Salpétrière, et publie de très nombreux ouvrages médicaux. Il a laissé son nom à divers symptômes dont il avait su analyser la signification.

Charles **Richet** (1850-1935), professeur de physiologie, effectue des recherches décisives dans des domaines variés : les circonvolutions cérébrales, la digestion, la physiologie des muscles et des nerfs, la chaleur animale, l'anaphylaxie, les sérums et les phénomènes qu'il qualifie de « métapsychiques ». Il obtient le prix Nobel de médecine en 1913.

Arsène **d'Arsonval** (1851-1940). Il bouleverse la physique biologique par ses découvertes sur le travail mécanique, physique et électrique du muscle strié. Il met ainsi en évidence les phénomènes électriques au sein du corps humain et initie le traitement par l'action du courant électrique. Ses travaux permettent d'améliorer les appareils physico-électriques (téléphone, microphone, galvanomètre, pile impolarisable, myophone...).

■ La paléontologie et la zoologie

Marcellin **Boule** (1861-1942) la relie à la géologie et à l'archéologie du quaternaire. Il

publie en particulier un « Essai de paléontologie stratigraphique de l'homme » en 1889 et ouvre la voie aux recherches contemporaines d'Henri Breuil.

Jean-Louis-Armand **Quatrefages de Bréau** (1810-1892) soutient contre les évolutionnistes la thèse de l'unité d'origine de l'espèce humaine.

Géographe et explorateurs

Paul **Vidal de La Blache** (1845-1918) fonde les Annales de géographie en 1891. Il est à l'origine des cartes murales dont l'emploi va se généraliser dans les écoles, et renouvelle l'approche de la géographie en reliant phénomènes physiques et milieux humains.

Gaston **Maspéro** (1846-1916) explore à partir de 1880, la pyramide d'Ounas qui contient les plus anciens textes religieux connus, découvre la cachette des momies royales de Deir-el-Bahari. Il dégage ensuite les Sphinx de Gizeh et le temple de Louxor, et publie de nombreux ouvrages d'Egyptologie.

Jean **Charcot** (1867-1936) est un pionnier de l'exploration des océans, de l'Antarctique et du pôle Sud, dans les années 1903-1910. Il effectue des expéditions dans l'Atlantique Nord après la guerre, et périt lors du naufrage de son bateau, le « Pourquoi pas ? ».

■ Les « ingénieurs industriels »

Pierre **Martin** (1824-1915) met au point en 1865, avec William Siemens, le procédé de fabrication de l'acier sur sol, par refusion des déchets d'acier et addition de fonte, permettant un affinage de grande qualité : ce « procédé Martin » connaît un développement rapide et universel.

Zénobe **Gramme** (1826-1901), d'origine

belge, vient à Paris en 1856. Il invente en 1869, un collecteur permettant l'utilisation du courant continu, puis la dynamo, présentée à l'Académie des Sciences en 1871.

Gustave **Eiffel** (1832-1923). Innovant dans la technique des poutrelles métalliques, il construit des ponts et viaducs (viaduc de Garabit, 1882), des écluses (Panama) avant son maître ouvrage, la Tour Eiffel (pour l'Exposition universelle de 1889). Puis il s'intéresse à l'aérodynamique et contribue au développement de l'aviation, par ses travaux sur la structure des avions, les hélices et les corps fuselés.

Albert **Dujardin** (1847-1903) construit des machines industrielles pour les usines de filature textile et des presses continues pour des sucreries. Mais il invente surtout un système de distribution à longue admission pour les machines à vapeur (1887) et propage en France l'utilisation des pistons-valves équilibrés dans la distribution de la vapeur, permettant de hautes températures de chauffe.

Floris **Osmond** (1849-1912) étudie les propriétés de l'acier et de sa transformation. Il fonde la métallographie microscopique et l'analyse thermique, parallèlement à Henri **Le Chatelier.**

■ La photographie

La photographie trouve en Niepce et Daguerre deux illustres précurseurs.

Nicéphore **Niepce** (1765-1833). Il s'intéresse à la lithographie, utilise le chlorure d'argent pour reproduire le négatif des dessins, puis le bithume de Judée pour revenir au positif. Il réussit ensuite à fixer une image sur une plaque métallique, permettant de reproduire des gravures. En 1829, il s'associe avec Daguerre, puis invente véritablement l'appareil photographique, en associant la chambre noire, les plaques d'argent et le diaphragme de l'objectif.

Jacques **Daguerre** (1787-1851). Intéressé par les travaux de Niepce, il finit par le convain-

cre de s'associer avec lui pour poursuivre ses recherches. Après la mort de Niepce, en 1833, il perfectionne la technique de l'impression et de la révélation de l'image, et met au point, en 1838, son « daguerréotype ». Il connaît le succès après sa présentation à l'Académie des sciences, en 1839.

Félix Tournachon dit **Nadar** (1820-1910). Après avoir publié les portraits de célébrités (Rachel, Sarah Bernhardt...) il prend les premières photos aériennes en ballon. Il en construit un, baptisé « Le Géant », et accueille en 1874 la première exposition des « impressionnistes ».

Charles **Cros** (1842-1888). Poète et écrivain comique, il invente le principe du phonographe en 1877 ; auparavant il a découvert en 1869 le procédé indirect de la photographie en couleur. La même année, Louis **Ducos du Hauron** (1837-1920) applique son procédé trichrome d'impression des gravures en couleur à la photographie ; il imagine aussi de jouer sur la complémentarité des couleurs pour donner l'impression du relief.

■ Le cinéma

Auguste **Lumière** (1862-1954) et Louis **Lumière** (1864-1948). Ils sont surtout célèbres pour le perfectionnement des techniques photographiques et du « kinétoscope » d'Edison ; ils donnent la première représentation publique du cinématographe au Grand Café, à Paris, en décembre 1895 ; ils mettent au point la plaque autochrome qui permet le développement public de la photographie en couleur. Louis invente après la guerre, la photographie et le cinéma en relief.

Georges **Méliès** (1861-1938). D'abord directeur de théâtre, il réalise environ 500 films entre 1895 et 1913, dont les plus connus sont « L'Affaire Dreyfus » (1899), « Le Voyage dans la Lune » (1902), « 20 000 lieux sous les mers » (1907), « La Conquête du pôle » (1912). Citons aussi : « Cendrillon », « Le Palais des mille et une nuits », « Le voyage à travers l'impossible »...

Créateur de la mise en scène cinématographique, il construit les premiers studios de tournage, à Montreuil, et imagine la technique du trucage qu'il utilise largement dans ses films de science-fiction.

Des effets du progrès technique...

L'automobile

L'ancêtre du véhicule automobile est sans doute le tricycle à vapeur du Français Cugnot (1771). Il faut attendre 1873 pour que la « Mancelle » d'Amédée Bollée, véritable voiture à vapeur, fasse le trajet Paris-Bordeaux. Dix ans plus tard, la première voiture à moteur à essence est mise au point par Delamare-Deboutteville, et améliorée par De Dion et Serpollet. A partir des années 1890, Renault, Peugeot, De Dion et Bouton, Bollée, Panhard et Levassor... améliorent le moteur à explosion et se lancent dans la construction en série.

L'aviation

C'est en 1890 que Clément **Ader** (1841-1915) effectue un premier vol d'une cinquantaine de mètres à l'aide d'un appareil à moteur qu'il appelle l'« Eole ». Il renouvelle ses expériences à bord de l'« Avion » en 1897, mais sans grand succès.

Ce n'est qu'en 1906 qu'Alberto **Santos-Dumont** réussit un premier véritable vol, au-dessus de Bagatelle, suivi par Charles **Voisin** en 1907 et Henri **Farman** en 1908. Puis, le 25 juillet 1909, Louis **Blériot** traverse la Manche de Calais à Douvres. Les vols se multiplient ensuite dans les années 1910.

La télégraphie sans fil

Elle doit beaucoup à Gustave **Ferrié** (1868-1932) qui met au point de puissants émetteurs-récepteurs, installés sur la Tour Eiffel à partir de 1903, et établit un système de liaison entre Paris et les postes de commandement de l'Est. Il perfectionnera sa technique durant la Première Guerre mondiale, grâce à l'utilisation de lampes triodes et des ondes entretenues, créant véritablement la radiotélégraphie moderne.

Les origines de la télévision

Après l'invention du « télétroscope » par Constantin **Senlecq** en 1877 ne transmettant que des formes imprécises, Edouard **Belin** (1876-1963) met au point en 1908 la « phototélégraphie » permettant de transmettre de vraies images à distance.

Ces différentes innovations qui relèvent de l'histoire du XXᵉ siècle seront évoquées plus longuement dans « L'Histoire de la France contemporaine ».

Les « Sciences sociales » au cœur du XIXᵉ siècle

Le XIXᵉ siècle voit se développer le libéralisme économique, une nouvelle philosophie chrétienne, mais aussi une « psycho-sociologie » empirique aux prétentions inquiétantes.

Au cours du siècle, la réflexion sociale tend à abandonner la critique pour laisser libre cours aux libéralisme économique et à la philosophie « spiritualiste ». Cette évolution peut s'interpréter comme le signe d'une large acceptation de la nouvelle société capitaliste à la croissance relativement lente. Toutefois, avec la crise économique des années 1880, et l'industrialisation plus rapide de la fin du siècle, se manifestent de nouvelles critiques, « traditionalistes » d'un côté, « révolutionnaires » de l'autre.

■ L'« économisme libéral »

Jean-Baptiste **Say** (1767-1832). Dès le début du siècle dans son « Traité d'économie politique » (1803) ou son « Catéchisme d'économie politique » (1813), il assigne également, comme Saint-Simon, un rôle central à l'entrepreneur : celui de mobiliser et de coordonner les trois grands « services productifs » que sont la terre, le travail et le capital.

Refusant la théorie de la valeur-travail de D. Ricardo, il considère que la valeur de chaque bien ou « service » dépend de son utilité et de sa rareté ; ainsi son prix, qui résulte de la confrontation de l'offre et de la demande, exprime bien sa valeur.

Admirateur d'Adam Smith, il propage en France ses idées libérales selon lesquelles la régulation économique se fait grâce à la « main invisible » de la libre concurrence sur les divers marchés. Il s'oppose au « pessimisme » de Malthus en affirmant que l'industrialisation ne connaît pas de limite et qu'il n'existe pas de risque de surproduction ni de chômage structurel dans une économie concurrentielle : la valeur de la demande globale est en effet selon lui nécessairement égale à celle de l'offre globale (loi des débouchés), et il ne peut exister que des déséquilibres momentanés.

Antoine Augustin **Cournot** (1801-1877). Il participe à la constitution de l'économie mathématique. Elle se caractérise par une « neutralité » vis-à-vis des fondements du nouvel ordre économique équivalant à son acceptation. Il écrit dès 1838 les « Recherches sur les principes mathématiques de la théorie des richesses », qui n'obtiennent aucun succès. Pourtant, sa formulation mathématique des fonctions de demande et des prix de monopole ou d'oligopole est aujourd'hui encore un classique du genre, et Cournot constitue le lien entre l'économie politique littéraire de Ricardo et de Say et celle de Léon Walras qui tarde cependant à lui rendre hommage.

Léon **Walras** (1834-1910). Il développe la formalisation mathématique de l'économie politique. Il la conçoit comme une « science physico-mathématique » qui n'étudie que les relations d'échange entre offreurs et demandeurs de biens ou de services. Il démontre la stabilité de l'équilibre général qui s'établit dans un système de marchés interdépendants, régulé par la flexibilité des prix sur chacun d'entre eux, et dans le cas où règne la concurrence pure et parfaite.

Pourtant, s'il se fait l'apôtre du laisser-faire, laisser-passer, Walras accepte l'intervention de l'État dans les domaines où la concurrence ne peut pas jouer (« monopoles naturels » comme la terre, les mines ou les chemins de fer...). Ainsi, il préconise l'appropriation ou le contrôle public de ces moyens de production. Mal accepté en France pour ces raisons, alors qu'il ne critique pas pour autant la société capitaliste, il obtient cependant un vif succès au Congrès International de Lausanne en 1860. Il devient alors professeur d'économie politique dans cette ville et anime avec l'Italien Wilfredo Pareto l'Ecole dite de Lausanne. Ses ouvrages principaux sont ses « Éléments d'économie politique pure », « La Théorie mathématique de la richesse sociale », « La Paix par la justice sociale et le libre-échange ».

Vers la fin du siècle, d'autres économistes esquissent une réflexion critique sur l'organisation économique, tout en restant très modérés. C'est le cas de Charles **Gide** (1847-1932) qui publie plusieurs études sur les coopératives (« La Coopération », 1900), et écrit également avec Charles **Rist** (1874-1955) une « Histoire des doctrines économiques », (1909). De même Albert **Aftalion** (1874-1956) plus connu pour ses écrits sur la monnaie, publie en 1913 « Les crises périodiques de surproduction », mettant l'accent sur les déséquilibres du capitalisme.

En revanche Léon **Say** (1826-1896), Ministre des Finances en 1872, 1875 et 1882, se fait le vibrant défenseur du libéralisme économique et attaque durement les socialistes dans son « Nouveau Dictionnaire d'Economie politique », « Le Socialisme d'Etat » ou « Contre le socialisme ».

■ La philosophie

Dès le début du siècle, elle est marquée par un renouveau de la pensée spiritualiste, selon laquelle l'esprit a une réalité irréductible à une causalité matérielle et se trouve à l'origine de toute création et de toute morale. On peut rattacher à ce courant philosophique Joseph **de Maistre** (1753-1821), catholique intransigeant condamnant la Révolution et l'Empire, et proche des idées de Bossuet sur le rôle de la Providence et de la foi, Pierre-

Paul **Royer-Collard** (1763-1845) qui anime avec Guizot l'« Ecole Doctrinaire » (selon laquelle la monarchie, sans être de droit divin, ne repose pas sur la souveraineté populaire), et François Pierre **Maine de Biran** (1766-1824) qui proclame avant Bergson, la puissance de « l'aperception immédiate » de soi et celle de la liberté individuelle.

Victor **Cousin** (1792-1867). Il est ministre de l'Instruction publique en 1840. Il s'inspire de Descartes et de Kant pour élaborer un nouveau système de pensée qu'il qualifie « d'éclectisme » : il y affirme l'union nécessaire des « sœurs immortelles », la philosophie et la religion. Il est à l'origine, avec Joseph-Marie **de Gérando** (1772-1842), de l'étude historique de la philosophie, et établit la distinction entre quatre systèmes : le sensualisme, l'idéalisme, le scepticisme et le mysticisme. Il publie en particulier une « Histoire de la philosophie du XVIIIᵉ siècle » (1826), des « Etudes sur Pascal » et la « Philosophie de Kant » (1842), « Du vrai, du bien et du beau » (1858) et une « Histoire générale de la philosophie » (1863).

Henri **Bergson** (1859-1941). Le spiritualisme retrouve avec lui un illustre défenseur à la fin du siècle. Né à Londres, Bergson vient à Paris en 1868, obtient le doctorat ès Lettres avec son « Essai sur les données immédiates de la conscience » (1889) et devient professeur au Collège de France en 1900.
Sa doctrine s'élabore à travers de très nombreux ouvrages (« Matière et mémoire » (1896), « Le Rire » (1900), « Le Rêve » (1901), « Le Cerveau et la pensée » (1904), « L'Évolution créatrice » (1907), « La Conscience et la vie » (1911), « L'Âme et le corps » (1912)...). Elle repose sur la critique de l'empirisme et du rationalisme, et sur l'idée que la connaissance provient de l'intuition, de l'effort intellectuel de l'esprit libre. La conscience apparaît donc indépendante du corps.
Philosophie de la compréhension, attentive à l'expérience immédiate, le bergsonisme connut un grand succès et exerça une influence certaine.

Les « idéologues scientistes »

Parallèlement, des auteurs aux prétentions scientifiques développent des idées nouvelles portant sur le comportement individuel, à partir de pseudo-observations sur la psychologie sociale ou la spécificité ethnique :

Gustave **Le Bon** (1841-1931) publie « Les Lois psychologiques de l'évolution des peuples » (1894), « La Psychologie des foules » (1895)... où il développe l'idée que le comportement humain est déterminé par la constitution mentale immuable du peuple auquel il appartient, à cause d'une « structure particulière du cerveau ».

Le « racisme scientiste » se retrouve aussi chez le comte Joseph **de Gobineau** (1816-1882), auteur du célèbre « Essai sur l'inégalité des races humaines » (1853), dans lequel il affirme que seule la « race des Germains » est restée pure de mélanges avec les races inférieures, noire et jaune. De même Georges **Vacher de Lapouge** (1854-1936) développe l'idée que la psychologie de la race domine celle des individus (« L'Aryen » 1899). Jules **Soury** (1842-1915), dénonce au nom du « darwinisme social et des lois méca-

Georges **Sorel** (1847-1922). Auteur des « Réflexions sur la violence » (1908), Sorel joue un rôle important dans l'évolution de la pensée politique à la fin du XIXe siècle : d'abord marxiste, il défend l'idée que la violence est nécessaire à l'expression permanente de la lutte des classes, et que le réformisme pacifique dénature l'action ouvrière. Mais ce culte de la violence pour elle-même et le refus du jeu démocratique l'amènent à glisser vers le nationalisme agressif.

niques de l'histoire » la dégénérescence de la France judaïsée, les mythes de la liberté individuelle, de la démocratie et du socialisme, pour en appeler à la guerre nationaliste, seule source de sursaut régénérateur.

Ces auteurs servent de « caution scientifique » aux écrivains et politiciens nationalistes, antisémites et anti-démocratiques que sont Maurice Barrès, Charles Maurras, Edouard Drumont... et plus tard aux théoriciens du fascisme en France, en Italie et en Allemagne.

Emile **Durkheim** (1858-1917)

Il est l'un des fondateurs de la sociologie, proposant une analyse du comportement individuel radicalement différente de celle des philosophes spiritualistes. Il considère en effet que la morale d'un individu dépend de la société dans laquelle il vit, de la solidarité du groupe dont il fait partie, et que les faits moraux, en tant que faits sociaux, doivent être analysés comme des « choses »

indépendantes de la stricte conscience individuelle. Il écrit en particulier « De la division du travail social » (1893), les « Règles de la méthode sociologique » (1894), « Le suicide, étude de sociologie » (1897), et dans « Le Système totémique en Australie » (1912) il ouvre la voie à la sociologie anthropologique, et à l'approche historique du phénomène religieux.

La « Révolution industrielle » en France

Elle y connaît des débuts hésitants et difficiles, la France ne prenant pas, comme la Grande-Bretagne à la fin du XVIIIᵉ siècle, le tournant décisif vers le capitalisme industriel.

■ Vers 1789

Les temps troublés de la Révolution expliquent en partie le retard français par rapport à la Grande-Bretagne, que l'on observe au début du XIXᵉ siècle. En effet, alors que Hargreaves, Arkwright et Compton ont bouleversé les techniques de filature avec la « jenny », la « mule » et le « water-frame », dans les années 1760-1780, et si en 1785, grâce à la mécanisation, le cardage coûte vingt fois moins cher en Angleterre qu'en France, les Français semblent alors prêts à emboîter le pas aux Anglais : un arrêt de 1762 donne aux campagnes françaises le droit de filer et de tisser, des Ecoles d'apprentissage sont créées un peu partout, et des « espions industriels » envoyés en Angleterre.

Calonne, ministre de Louis XVI, estime de plus que si les machines anglaises doivent se révéler efficaces, les Français en disposeront quelques mois plus tard et sauront les diffuser plus vite que les Anglais, retardés par les usages restrictifs associés aux brevets d'exclusivité. D'ailleurs, si Hargreaves met au point la « jenny » en 1767, John Holker, un Anglais nommé en 1755 inspecteur des manufactures étrangères en France, l'importe en 1771 et la fait copier. De même, si en 1782 Arkwright a équipé 5 usines avec des « water-frames », J.-F. Martin et A. de Fontenay en rapportent les plans ; Calonne favorise leur fabrication, et la France compte en 1785 trois filatures mécaniques et dix en 1790. Evoquons aussi la « mule » de Crompton, mise au point en 1779, et qui révolutionne le filage en permettant de fabriquer à la machine des toiles fines : elle se généralise rapidement en Grande-Bretagne, mais elle est également introduite en France par les Morgan à

Amiens en 1788, par Thomas Lecler à Brive, et devait être diffusée par Pickford en 1790.

C'est sans doute la raison pour laquelle Calonne pousse à la signature du traité de libre échange avec l'Angleterre (1786) car il n'en redoute pas la concurrence industrielle et attend un développement des exportations françaises de produits agricoles.

Mais l'instabilité politique, les difficultés d'approvisionnement, l'effort de guerre ralentissent l'industrialisation française. Celle-ci est en effet incapable de passer à l'étape suivante constituée par l'emploi de la machine à vapeur dans la filature du coton.

Les premières inventions restent en effet fortement utilisatrices de main d'œuvre. Mais en 1782, James Watt invente une machine assurant un mouvement uniforme et continu, qui est employée en 1790 pour actionner les « mules ». De plus, ces machines permettent d'augmenter le nombre de broches par métier mécanique.

Ainsi, en 1792, on dénombre en Grande-Gretagne 46 machines à vapeur dans l'industrie textile (développant une puissance de 519 chevaux-vapeur), 143 en 1800 (2 172 ch) et 264 en 1815 (4 728 ch), alors qu'en France et en Belgique, les filatures n'utilisent que 6 machines à vapeur en 1806.

Dans le secteur décisif du coton et de sa filature, l'Angleterre conserve encore une avance significative dans les années 1830 : alors qu'elle consomme 3 000 tonnes de coton en 1780, elle en utilise 25 000 tonnes en 1800, 70 000 en 1820 et 140 000 en 1835, soit quatre fois plus que la France. De même, la Grande-Bretagne possède à la même époque 11 millions de broches et la France 3 millions seulement, 90 000 métiers mécaniques contre 5 000 à la France.

• Le tournant de la fin du siècle

Les années 1790-1820 constituent donc un tournant décisif permettant à la Grande-Bretagne de devancer sur le plan industriel ses concurrents européens entraînés dans l'aventure meurtrière des guerres continentales.

Il ne faut cependant pas rendre la Révolution et les guerres seules responsables du retard français. Contrairement à ce que pense Calonne, le traité de 1786 révèle la faiblesse du secteur manufacturier français dont la mécanisation est encore au stade expérimental, alors qu'elle est déjà bien engagée en Grande-Bretagne.

On peut à ce propos évoquer l'exemple du métier à tisser entièrement automatique inventé par Jacques de Vaucanson (1709-1782), qui peut être actionné par une chute d'eau, ou par une traction animale. Mais cette innovation, comme les divers automates qu'il confectionne et le principe de la machine-outil qu'il conçoit, ne débouche pas immédiatement sur des applications industrielles. Ses inventions sont regroupées au Conservatoire des Arts et Métiers, en 1794 ; mais c'est surtout Joseph-Marie Jacquard (1752-1834) qui le perfectionne en lui ajoutant un procédé de sélection par cartons perforés (lui-même imaginé dès 1728 par Falcon), et qui l'utilise véritablement comme outil de production au début des années 1800.

La crise des métiers traditionnels et la montée du chômage qui suit l'ouverture des frontières en 1786 sanctionnent ce retard français. Il se serait d'ailleurs peut-être accru bien davantage si la Révolution française n'avait pas balayé l'organisation corporatiste et les privilèges de l'Ancien Régime et mis en place une législation et un système de formation nécessaires au développement d'un autre mode de production. De ce point de vue, les années révolutionnaires et celles de l'Empire peuvent s'analyser comme une période de transition, durant laquelle la société française adapte ses structures politiques et juridiques aux besoins du capitalisme en formation, mais cherche aussi dans la guerre et l'expansion territoriale une solution à son manque de compétitivité face à son concurrent anglais. La politique économique suivie par Napoléon est à cet égard révélatrice.

• Le Blocus continental (1806)

C'est après la victoire contre la Prusse que Napoléon décide, de Berlin, le blocus économique de l'Angleterre (21 novembre 1806). Il s'agit d'y provoquer une crise en interdisant les exportations anglaises de produits industriels et les réexportations de produits primaires transformés dans ce pays, puis vendues en Europe. Le Directoire a déjà prohibé le commerce avec l'Angleterre, et en mai 1806, les Anglais interdisent les exportations vers les ports français. Le décret de Berlin constitue donc une réplique aux décisions anglaises.

Par la suite, le décret de Fontainebleau (13 octobre 1807) considère comme anglais les produits coloniaux ou manufacturés dont l'Angleterre a le monopole, puis le décret de Milan (23 novembre 1807) décide que tout navire contrôlé par les Anglais est considéré comme anglais. Le blocus s'intensifie des deux côtés et rend bien difficile le respect d'une stricte neutralité ; il implique de plus une surveillance accrue et de nouvelles conquêtes.

Cette protection douanière favorise l'expansion de l'industrie, textile en particulier, dont la vitalité est déjà attestée par les expositions de 1801 et 1802 qui se tiennent dans la cour du Louvre. Puis les conquêtes européennes ouvrent des marchés à la production française au détriment des produits anglais. C'est l'époque où se constituent de grandes entreprises capitalistes. Dans le secteur textile, les plus célèbres réussites sont celles de Richard et Lenoir (filature et tissage du coton), Oberkampf (toiles indiennes), Dollfuss et Schlumberger (utilisant en Alsace des techniques anglaises), alors que Jacquard met au point son métier à soie. Dans d'autres domaines, De Wendel modernise et développe la production de fonte ; en Lorraine la production minière est stimulée par la demande des usines métallurgiques ; l'industrie chimique apparaît (Leblanc, Darcet), l'horlogerie (Japy, Bréguet) et la papeterie (Didot) se transforment. Ces capitaines d'industrie, comme l'activité des banquiers audacieux, tels Ouvrard ou Périer, témoignent de ces quelques années de grand dynamisme capitaliste.

Il est de plus fortement favorisé par l'action de l'Etat, mettant en place un cadre juridique favorable à la propriété privée, créant les grandes écoles d'ingénieurs (Mines, Polytechnique...) et développant une législation anti-ouvrière (voir p. 165-166).

Mais les pillages et tributs imposés aux nations vaincues ou « alliées » de la France réduisent d'autant la demande extérieure pour les marchandises françaises. En outre, le Blocus finit par provoquer des difficultés d'approvisionnement, aussi bien en France qu'en Angleterre. Associées à la contraction des débouchés et à de mauvaises récoltes, elles entraînent la crise de 1810-1811.

Jusqu'alors, les efforts de développement de l'agriculture (blé, élevage, pommes de terre, vignoble...) et celui des produits de substitution aux importations devenues impossibles (betteraves à sucre, plantes tinctoriales...) ont permis une relative prospérité du monde rural et un approvisionnement satisfaisant du reste de la population.

Mais la crise de 1811, le mauvais rendement des impôts impériaux, le coût élevé des dépenses militaires vont entraîner une aggravation de la pression fiscale intérieure, puis le recours à une conscription plus exigeante, touchant la classe paysanne. Parallèlement, l'intensification de la guerre et le rétrécissement de l'Empire remettent en cause l'essor industriel.

■ Après 1815

Le retour de la paix favorise la reprise de la production agricole, mais ne suffit pas à provoquer un « décollage » de l'industrialisation pour des raisons tenant à la fois à la prépondérance du monde rural, au conservatisme du pouvoir politique, à la résistance du milieu artisanal, et à la rareté des entrepreneurs industriels.

Pourtant, les rapports de production capitalistes se développent dans l'industrie qui absorbe progressivement l'artisanat traditionnel : le pouvoir discrétionnaire du patronat

« de droit divin » perdure jusqu'aux années 1880 pour le moins ; l'attrait pour la spéculation financière et le placement lucratif de l'épargne gagne les couches supérieures et moyennes de la société française.

Mais le maintien d'une petite paysannerie parcellaire de subsistance ralentit l'exode rural, et la précarité des revenus agricoles freine l'élargissement d'un marché intérieur déjà handicapé par les baisses périodiques du pouvoir d'achat ouvrier.

Ainsi peut s'expliquer la langueur de l'investissement industriel, peu attrayant en raison de profits incertains, et financé trop tardivement par un système bancaire qui ne voit le jour qu'après le milieu du siècle : les épargnants préfèrent longtemps les placements « sûrs », constitués par des achats immobiliers ou des rentes d'Etats étrangers, comportement peu propice à un développement industriel spectaculaire.

L'Angleterre à l'origine de la « révolution industrielle » :

De 1540 à 1640, une première « révolution industrielle » est attestée par la croissance de la production de charbon et par celle des manufactures (verre, briquetterie...) utilisant une main-d'œuvre salariée. Durant le XVIIe siècle, les révolutions politiques donnent le pouvoir à la bourgeoisie ; la Banque d'Angleterre est créée en 1694... Puis l'Angleterre devient maîtresse des mers ; cela lui assure l'approvisionnement en matières premières, lui procure les profits du transport et stimule son activité. Au XVIIIe siècles les grands propriétaires fonciers rentabilisent leurs exploitations en imposant le remembrement. Cela ruine la paysannerie parcellaire qui doit travailler à domicile pour les marchands du textile, puis se voit contrainte de se déplacer vers les régions d'industries naissantes.
L'ensemble de ces transformations économiques est lié à « l'éthique protestante » imposant un ascétisme séculier favorable à l'épargne et à l'investissement, et donc à l'accumulation de capital.

L'évolution de l'activité et des prix

L'économie française connaît au XIXᵉ siècle une croissance lente mais régulière de son produit national, gênée par l'instabilité des prix industriels qui s'orientent à la baisse en longue période.

■ La production nationale

La mesure du produit national au XIXᵉ siècle pose un problème majeur en raison de la rareté et de l'hétérogénéité des données quantitatives : il n'existe pas encore à cette époque de statistiques systématiques.

Malgré les difficultés, les estimations faites au XXᵉ siècle par divers historiens de l'économie (tels J. Marczewski, A. Sauvy ou M. Levy-Leboyer...) permettent de dégager une vue d'ensemble convergente.

Ainsi, le produit national brut est environ égal à 9 milliards de francs courants en 1820, 12 milliards en 1840, 18 en 1860, 22 en 1880, 26 en 1900 et 32 milliards en 1910. En terme de taux de croissance annuel, on pourrait distinguer grossièrement cinq périodes :
1. Une phase d'augmentation sensible de la production durant les années 1820-1840, appuyée sur une relative prospérité agricole et sur un essor de l'industrie (mais à partir d'un niveau de départ très bas, et d'une ampleur discutée par certains historiens).
2. Un ralentissement vers le milieu du siècle, dans le contexte de difficultés rencontrées par les autres pays et culminant en 1848.
3. Une reprise durant le Second Empire, reposant en partie sur la politique de grands travaux, le développement des chemins de fer, la formation du système bancaire, et favorisée par une remontée des prix.
4. Une croissance plus lente et cahoteuse autour des années 1870-90, alors que sévit dans le monde industrialisé une dépression qui ne cesse qu'au milieu des années 1890.
5. Une reprise très sensible de la croissance reposant sur une industrialisation rapide, à partir de la fin des années 1890, période qui voit la part de l'agriculture définitivement dépassée par celle de l'industrie.

Taux de croissance de la production
(1820-1913 - en moyennes annuelles)

Périodes	Produit agricole	Produit non agricole	Produit intérieur brut
1820-1840	1,2%	1,7%	1,5%
1840-1850	− 1,2%	1,9%	0,2%
1850-1870	4,7%	2,6%	3,3%
1870-1890	0,0%	0,9%	0,5%
1890-1900	0,1%	2,2%	1,7%
1900-1913	3,1%	4,0%	3,7%

N.B. Les taux de croissance élevés des périodes 1850-70 et 1900-13 s'expliquent en partie par la hausse des prix que connaissent ces années.

Source : D'après M. Lévy-Leboyer et F. Bourguignon, « L'économie française au XIXᵉ siècle », Economica 1985, p. 318-327.

▪ L'évolution des prix

Les prix connaissent une évolution cyclique permettant de distinguer plusieurs sous-périodes très nettes de la fin du XVIIIᵉ siècle à la Première Guerre mondiale : hausse du milieu du XVIIIᵉ siècle à 1815 ; baisse de 1815 à 1848 ; hausse de 1848 à 1873 ; baisse de 1873 à 1896 ; hausse de 1896 à 1914.

On peut néanmoins observer des fluctuations plus courtes à l'intérieur de ces sous-périodes.

Il convient d'autre part de distinguer l'évolution des prix industriels de celle des prix agricoles : alors que les premiers connaissent en France comme dans les autres grands pays en voie d'industrialisation une tendance séculaire à la baisse, les seconds sont dans l'ensemble plus élevés durant la seconde moitié du siècle contrairement à ce qui se passe en Angleterre ou aux Etats-Unis. Cela s'explique à la fois par l'absence de progrès technique dans l'agriculture française et par le retour plus précoce du protectionnisme agricole (relèvement des droits sur le bétail en 1881, sur le blé en 1885, avant les « tarifs Méline » de 1892).

Évolution des prix agricoles et industriels en France
(1780-1913 - base 100 en 1905-1913)

Périodes	Prix agricoles	Prix industriels	Périodes	Prix agricoles	Prix industriels
1781-90	54.1	153.5	1855-64	88.4	137.5
1803-12	62.1	197.5	1865-74	94.9	129.8
1815-24	70.8	154.9	1875-84	91.5	114.2
1825-34	72.7	149.2	1885-94	84.3	99.8
1835-44	65.0	144.0	1895-1904	80.9	91.6
1845-54	69.9	139.3	1905-1913	100.0	100.0

Source : J. Marczewski, « Le produit physique de l'économie française de 1789 à 1913 », Cahiers de l'I.S.E.A. n° 163, juillet 1965, p. 35.

▪ Prix et activité

Si certains historiens considèrent que les fluctuations de l'activité sont au XIXᵉ siècle indépendantes de celles des prix, on ne peut qu'observer une corrélation d'ensemble entre les phases de croissance et de hausse des prix, d'une part, celles de ralentissement et de baisse des prix d'autre part.

Certes la reprise de l'activité peut intervenir en période de baisse des prix (provenant de l'introduction de nouvelles techniques industrielles abaissant les coûts unitaires pour lutter contre la concurrence) ; mais la croissance ne peut se poursuivre si les prix continuent à baisser : une baisse prolongée est en effet l'expression d'une surproduction de marchandises par rapport à la demande solvable, et affecte la rentabilité du capital.

Il est ainsi notable que le dynamisme des premières années du Second Empire coïncide avec une remontée des prix moyens du produit physique total et d'un certain nombre de prix industriels, en particulier durant les années 1850-55. Il est également remarquable que le ralentissement de la croissance soit très marqué durant la phase de baisse des prix des années 1873-96, et que la reprise soit par contre manifeste, quand les prix remontent tout à la fin du siècle et au début des années 1900. Cette hausse peut s'expliquer par une plus grande rigidité salariale qui accroît les coûts, mais aussi la demande intérieure.

Aussi pourrait-on dire avec Gaston Imbert que la hausse des prix correspond à une période de taux de croissance qui augmente et la baisse des prix à celle d'un taux de croissance qui diminue.

L'agriculture

L'agriculture française, relativement prospère durant la première partie du siècle, connaît ensuite de graves difficultés en raison de son faible dynamisme et de la vive concurrence étrangère.

Bien que la France soit restée un pays à dominante rurale, et que son agriculture ait été protégée de la concurrence étrangère jusqu'en 1860, puis à partir de 1892, le taux de croissance de son produit agricole est resté très faible durant ce siècle (cf. tableau 1, p. 235). Il est en particulier constamment inférieur à celui de la Grande-Bretagne.

Cela s'explique par le fait que l'Angleterre spécialise sa production, organise l'exode rural avec les lois sur la clôture obligatoire des terres (les « enclosures »), surtout durant les années 1780-1820, puis allège en 1846 les droits de douane sur les céréales importées, avant de les supprimer totalement en 1849 (abolition des « corn laws ») : tout cela contribue à accroître sensiblement la productivité de son agriculture.

En France, en revanche, la Révolution a permis le maintien et la consolidation d'une petite et moyenne propriété foncière, capable de survivre à l'abri des barrières douanières, mais n'ayant ni les moyens financiers ni l'obligation de se transformer.

Or, après la croissance des années 1820-1840, les débouchés de la production agricole, limités au marché intérieur, stagnent en raison de la faible croissance démographique, alors que les autres pays d'Europe, l'Angleterre en particulier, voient leur population augmenter rapidement.

Ainsi, la population française ne passe que de 36 millions en 1851 (contre 26 en Grande-Bretagne) à 40 millions en 1911 (contre 46 au Royaume-Uni). En 1851, la population rurale représente en France 75% de la population totale (et seulement 52% en Angleterre) ; en 1911, sa part est encore de 56% en France (et de 27% seulement en Angleterre).

Ce manque de vigueur de la natalité française peut se comprendre — du moins en partie — par le désir des petits agriculteurs d'éviter le morcellement de la propriété : en effet, Napoléon a institué la règle du partage égal des terres entre héritiers, alors qu'en Grande-Bretagne prévalait le droit d'aînesse.

Ces structures figées expliquent que les progrès de la productivité agricole (croissance de la production par agriculteur) soient inexistants en France à partir du milieu du siècle, alors qu'ils augmentent en Grande-Bretagne par rapport à la première moitié du siècle.

Il faudra attendre la fin des années 1890 pour que les effets conjugués des « tarifs Méline » et de la reprise industrielle (augmentant les revenus) accroissent la demande de produits agricoles intérieurs. Le protectionnisme sauve ainsi l'agriculture française, après la crise des années 1870-80, en maintenant le prix des denrées agricoles. Mais il ralentit le déplacement de la population rurale vers les villes industrielles, pèse sur les coûts de production salariaux (largement tributaire du prix des produits alimentaires) et sur celui des matières premières importées. Il freine ainsi les progrès industriels, tout en compromettant les progrès ultérieurs d'une agriculture parcellaire peu dynamique.

Aperçu de la croissance agricole française au XIXᵉ siècle

La France produit environ 90 millions de quintaux de céréales vers 1820, 140 vers 1870 et 150 vers 1910 ; elle produit vers 1820 environ 40 millions d'hectolitres de vin et 80 en 1910, alors que la production de viande passe d'environ 500 millions de tonnes, en 1820, à 1 milliard vers 1870 et 1,5 milliard vers 1910.

L'industrialisation

La croissance industrielle est en France régulière et substantielle, mais peu spectaculaire et sans phase de brutale accélération comme en Angleterre, en Allemagne ou aux Etats-Unis.

Le taux de croissance de la production industrielle est estimé à environ 2% par an entre 1815 et 1914 (de l'ordre de 2,5% jusqu'au milieu du siècle, aux alentours de 1,5% jusqu'aux années 1890 et plus de 2% de la fin du siècle à 1914 ; en Grande-Bretagne, il serait d'environ 3,5% de 1815 à 1900).

Cette croissance importante en longue période de la production non agricole s'appuie sur le développement des nouvelles techniques permettant une évolution favorable de la productivité du travail industriel (rapport entre la production et la main-d'œuvre utilisée). Sa mesure est cependant difficile, en particulier à cause des incertitudes concernant la population effectivement employée dans l'industrie et la durée réelle du travail.

Ainsi, selon J. Marczewski, le taux de croissance de la productivité a été de l'ordre de 1,6% par an des années 1830 aux années 1860, et de 1,1% des années 1860 aux années 1890. Selon M. Levy-Leboyer, ces gains de productivité ont augmenté de 0,7% par an de 1841 à 1866, de l'ordre de 1,2% de 1876 à 1891, et de 1,7% de 1896 à 1911. Pour ce dernier, on assiste donc à une amélioration progressive de la productivité du travail (excepté cependant durant le début des années 1890.)

Quoi qu'il en soit, l'essor industriel de la France est incontestable à partir de la fin des années 1830, comme en témoigne le développement de son réseau de voies ferrées (qui passe de 3 000 km en 1850 à 17 500 km en 1870 et à 50 000 km en 1913). Il est attesté aussi par la croissance des industries textiles, minières et sidérurgiques, ces deux dernières bénéficiant de ce nouveau moyen de transport en étant amenées à produire l'énergie, les rails, les wagons...

La « performance » française n'est donc pas négligeable, bien qu'elle soit inférieure à celle de l'Angleterre durant les deux premiers tiers du siècle, et à celle des Etats-Unis et de l'Allemagne dans le dernier tiers.

Production de houille (H) et d'acier (A)
(1790-1913 - en millions de tonnes)

Années	France (H)	(A)	G.-B. (H)	(A)	U.S.A. (H)	(A)	Allemagne (H)	(A)
1800	1,0		10,0				1,0	
1840	3,0	0,2	30,0	0,6	2,1		3,4	0,1
1860		0,5	80,0	1,5	13,1		17,0	0,3
1880	19,0	1,3	139,0	3,7	83,0	1,2	47,0	2,0
1900	35,0	1,9	230,0	6,0	245,0	10,0	100,0	7,3
1913	40,0	3,6	290,0	9,0	510,0	31,8	190,0	17,0

Source : J.-P. Rioux, « *La Révolution industrielle 1780-1880* », Le Seuil 1971, p. 95.

Les exportations de marchandises

Les exportations de marchandises ont joué un rôle moteur dans le développement économique de la France et de l'Angleterre depuis les origines de la « Révolution industrielle ».

Le développement des échanges internationaux constitue une caractéristique fondamentale de l'évolution économique du XIXe siècle, mais également un facteur explicatif de la croissance de la production industrielle.

Si la France n'exporte que 5 à 6% de sa production dans le premier tiers du siècle, ce rapport est de l'ordre de 13% dans les années 1860 et dépasse 20% après 1900.

Pour mieux saisir l'effet entraînant des exportations de marchandises sur la production industrielle intérieure, il convient de rapporter leur accroissement à celui du produit industriel. On s'aperçoit alors que le rapport entre ces deux accroissements, qui est de 24% entre la décennie 1835-34 et la décennie 1855-64, et dépasse les 30% après 1870.

Cette montée peut en partie s'expliquer par la conquête coloniale entrant dans une phase active après 1880, et qui provoque une augmentation non négligeable des exportations à destination de l'Empire. Cependant, la part des échanges avec les colonies dans le total du commerce extérieur français reste modeste en 1910 : environ 12% pour les exportations et 10% pour les importations.

Malgré ce développement des exportations, la part des articles manufacturés a baissé entre 1850 et 1900 (56% contre 65%), alors que celle des produits alimentaires est presque identique (environ 30%) ; en revanche celle des matières premières industrielles augmente de 5 à 14%. Cela peut expliquer le fait que le solde des échanges extérieurs de marchandises est constamment négatif à partir de la fin des années 1870 : les exportations ne couvrent en général que de 70% à 90% des importations de 1876 à 1913.

Le phénomène est le même en Grande-Bretagne, qui bien qu'exportant 40% de sa production vers 1900 a un solde extérieur négatif. Mais l'Angleterre bénéficie des revenus du commerce, de l'assurance et des investissements extérieurs ; ces entrées considérables lui permettent de supporter un déficit croissant de ses échanges extérieurs (et beaucoup plus important que celui de la France). De ce point de vue, la France connaît la même évolution, mais sur une échelle plus réduite (car son rôle de transporteur et d'investisseur international est moindre) et avec un temps de retard important (car ses placements de capitaux à l'étranger seront plus tardifs).

Les échanges extérieurs de la France
(en milliards de francs courants)

	1837-46	47-56	57-66	67-76	77-86	87-96	97-06	1907-13
Export	0.7	1.2	2.4	3.3	3.3	3.4	4.2	6.0
Import	0.7	1.1	2.2	3.4	4.5	4.1	4.6	7.1
Solde	0	+0.1	+0.2	−0.1	−1.2	−0.7	−0.4	−1.1

Source : M. Lévy-Leboyer, F. Bourguignon, « L'économie française au XIXe siècle » Economica, 1985, p. 45.

La monnaie et l'épargne

Préférant traditionnellement la terre et la pierre, les épargnants français sont attirés par les placements à l'étranger au détriment de l'investissement productif intérieur.

▪ Le système bancaire

Il faut attendre le milieu du XIXᵉ siècle pour assister à la création des grandes banques françaises : le Comptoir National d'Escompte de Paris, créé en 1848, ne se développe vraiment qu'à partir des années 1860 ; le Crédit Foncier, le Crédit Industriel et Commercial, le Crédit Lyonnais et la Société Générale, fondés respectivement en 1852, 1859, 1863 et 1864, ne prennent de l'ampleur qu'après 1870, et le Crédit Commercial de France ne voit le jour qu'en 1894.

Par ailleurs, l'entrepreneur français — par souci d'indépendance financière et par peur de ne pouvoir rembourser — hésite à recourir au crédit bancaire. Les banques elles-mêmes préfèrent se cantonner dans la mobilisation des effets de commerce et la distribution de crédit à court terme plutôt que de s'engager dans des opérations de financement à long terme qu'elles jugent incertaines ; elles craignent aussi de ne pouvoir faire face à une éventuelle demande massive de remboursements de la part de leurs déposants.

Ainsi, en 1885, les espèces en circulation et les billets de banques représentent encore plus de 80% de la masse monétaire et il faut attendre 1900 pour que cette part soit ramenée à 2/3 environ.

▪ Le comportement des épargnants

Le comportement timoré des épargnants français au XIXᵉ siècle est bien connu : ceux dont le revenu excède la consommation courante préfèrent les placements « sûrs », comme la terre, la pierre, les bons d'État (français ou étrangers), ou à la rigueur les obligations privées, et d'une façon générale les titres à revenu fixe plutôt que la prise de risque dans l'achat d'actions.

La masse monétaire (1830-1913)
(en milliards de francs)

	Monnaie métallique	Billets	Dépôts bancaires
1830	3.0	0.2	0.2
1845	4.0	0.3	0.4
1860	6.0	0.7	0.8
1870	7.0	1.5	1.2
1885	8.5	2.8	2.0
1900	7.8	4.0	5.0
1913	9.4	5.7	12.1

Source : M. Saint Marc, « Histoire monétaire de la France » (1800-1980), et « Annuaire statistique de la France ».

C'est ainsi que, durant les années 1830-1850, les avoirs immobiliers représentent environ les 2/3 du patrimoine des épargnants français, mais environ 55% de 1860 à 1870, cette part continuant cependant à se réduire progressivement durant le dernier tiers du siècle (environ 50% de 1885 à 1900, et 46% vers 1910).

De plus, vers le milieu du siècle, la part des rentes et obligations s'élève encore à plus des 3/4 du total des valeurs mobilières françaises détenus par les épargnants et à plus des 2/3 en 1913 ; au début du XXe siècle un tiers du total des valeurs mobilières est constitué de titres étrangers, le plus souvent garantis par les États.

Mais si l'épargne en France ne s'oriente qu'avec réticence vers le financement direct des entreprises productrices, cela ne provient pas seulement du comportement « spontané » des ménages. Cela s'explique aussi par la constitution tardive du système bancaire français, et l'attitude de ce milieu face au monde de la production.

On comprend alors que la croissance des investissements soit faible durant le XIXe siècle, en particulier dans l'industrie : d'après R. Cameron, la progression de la formation de capital serait d'environ 2 à 3% par an de 1820 à 1850, de plus de 5% de 1851 à 1857 ; elle est négative (− 2% en moyenne) de 1858 à 1882, et n'augmente que d'environ 1% de 1882 à 1897.

Mais la faiblesse des investissements s'explique aussi par les placements à l'étranger :

■ **Les sorties de capitaux**

Après 1850, la France a suivi les traces de l'Angleterre pour devenir en 1914 le second pays exportateur de capitaux, avec 45 milliards de francs, ce qui représente le 8,7 des 44 milliards de dollars placés dans le monde, contre 18,3 milliards pour la Grande-Bretagne.

Quels sont les effets de ces sorties de capitaux sur le dynamisme interne de l'économie française ? Il est certain que l'investissement et l'industrialisation auraient été plus importants en France si l'épargne nationale avait été directement utilisée en dépenses productives. Remarquons toutefois que certaines périodes de sorties massives de capitaux sont aussi celles d'assez forte croissance intérieure ; d'autre part, les investissements à l'étranger (et en particulier dans les chemins de fer) se sont accompagnés d'exportations de matériels français (rails, locomotives, wagons, ponts métalliques...) ; enfin, après 1870 le revenu de ces placements fait plus que compenser les nouvelles sorties de capitaux : ainsi, la France bénéficie d'une entrée nette de revenus lui permettant de financer une partie du déficit de ses échanges de marchandises avec l'extérieur. Cela peut aussi contribuer à expliquer la reprise de la croissance de la fin du siècle, ainsi que la remontée des prix, dans la mesure où ces revenus augmentent la demande intérieure de biens de consommation et de production, et stimulent ainsi l'activité intérieure.

L'utilisation de l'épargne
(moyennes annuelles)

	1844-52	1853-58	1859-77	1878-84	1885-94	1895-05	1906-13
Épargne (% du PNB)	13.8	15.8	15.8	14.6	14.9	18.0	17.2
			Investissements* net				
(dont industrie)	0.9 (0.1)	1.3 (0.2)	1.2 (0.2)	1.7 (0.2)	1.3 (0.2)	1.7 (0.3)	2.4 (0.6)
Exportation de capitaux*	0.1	0.4	0.8	0.1	0.5	1.0	1.3

en milliards de francs.

Source : M. Levy-Leboyer, F. Bourguignon, *op. cit.*, p. 72 et p. 293.

Les profits du capital

Le profit industriel connaît de sensibles oscillations conjoncturelles, fonction des fluctuations de prix et de coûts échappant largement aux entreprises.

Les données quantitatives sur le profit des entreprises durant le XIXᵉ siècle sont malheureusement parcellaires et de mauvaise qualité. Néanmoins un certain nombre d'études par branches permettent de se faire une idée du mouvement des profits dans le secteur des charbonnages, de la sidérurgie, de la mécanique ou dans le secteur bancaire.

■ Des résultats décevants

Elles font apparaître que d'une façon générale les profits évoluent dans le même sens que les prix, et que par conséquent la rentabilité du capital productif industriel est médiocre durant l'ensemble du siècle.

Cela peut s'expliquer de la façon suivante : pour lutter contre la concurrence, les entreprises cherchent à se moderniser et à réduire leurs coûts : cela permet des baisses de prix, mais qui sont telles que la rentabilité par unité produite est faible ; on cherche alors à produire davantage pour maintenir la masse des profits ; mais cela tend à accroître l'offre globale plus vite que la demande : l'industrie subit aussi la baisse des prix tout en l'accélérant contre son gré. De plus, les phases de croissance provoquent une demande accrue de matières premières et de capitaux entraînant une tension sur les prix et par conséquent une augmentation des coûts de production.

Dans ces conditions, la rentabilité du capital est sans cesse compromise, tout au moins aux yeux des entrepreneurs. C'est ainsi qu'en 1867 le Comité des Forges se plaint de la situation médiocre de la métallurgie française en raison de « l'avilissement des prix » ; grâce à des efforts énergiques, observe-t-il, « l'industrie se développe », mais « les industriels ne prospèrent pas ».

Les profits industriels sont donc incertains

au XIXᵉ siècle, et cela explique le peu d'attrait des milieux bancaires et du grand public pour les actifs industriels, et leur préférence pour les titres publics ou étrangers. Néanmoins, la rentabilité n'est pas nulle, loin de là, et, si elle l'était, on ne comprendrait pas qu'il subsiste des entrepreneurs capitalistes à l'aube du XXᵉ siècle !

Ainsi, les dividendes distribués par les Houillères du Pas-de-Calais passent de 3,5 millions de francs par an, de 1871 à 1880, à 13,3 millions de 1881 à 1890 et à 21,5 millions de 1891 à 1900 ; l'autofinancement en est environ le double chaque année.

Dans le secteur sidérurgique, les profits des Forges de Châtillon-Commentry (fondées en 1863) sont de l'ordre de 1,5 million par an de 1863 à 1870, s'élèvent à 6,3 en 1873, puis sont inférieurs à 1 million de 1876 à 1878 ; ils fluctueront ensuite entre 1 et 2 millions de 1879 à 1892, puis entre 4 et 15 millions de 1898 à 1913.

Dans le secteur bancaire, les profits sont généralement plus élevés que dans l'industrie. Ainsi, à la Société Générale, le profit fluctue entre 5 et 12 millions de 1865 à 1875, baissera de 1876 à 1898 (entre 3 et 5 millions), avant de progresser pour atteindre 25 millions en 1913. Au Comptoir d'Escompte de Paris, le profit, de l'ordre de 1,2 million en 1853, dépasse les 5 millions de 1871 à 1888 et atteint 18 millions en 1912 et 1913.

Les profits se redressent donc d'une manière spectaculaire quand s'achève la tendance séculaire à la baisse des prix, dans les toutes dernières années du XIXᵉ siècle. Ces deux phénomènes peuvent s'expliquer par la concentration de l'appareil de production réduisant la concurrence, et par la rigidification des coûts salariaux qui stabilisent en même temps la demande intérieure.

Le travail salarié

La croissance économique au XIXe siècle s'est accompagnée d'une élévation du niveau de vie des salariés mais à travers des disparités souvent dramatiques.

■ Salaires nominaux et salaires réels

D'une façon générale, les salaires nominaux dans l'industrie ont augmenté presque sans discontinuer en France des années 1820 à la veille de la Première Guerre mondiale. La progression d'ensemble de 1821 à 1906-07, est du même ordre de grandeur qu'en Grande-Bretagne : il sont multipliés par 2,6 dans ce dernier pays, et de près de 2,3 en France.

Cette augmentation séculaire se traduit en France par une élévation parallèle du pouvoir d'achat en longue période, puisque les prix industriels ont diminué d'environ 50% de 1820 au début du XXe siècle, et que les prix agricoles n'ont augmenté que d'environ 25% durant la même période.

En définitive, le XIXe siècle est bien celui de l'élévation du niveau de vie moyen, attesté par la croissance du produit national par habitant (plus de 1% par an en moyenne entre 1840 et 1910, soit un doublement en 70 ans) et par la diversification de la consommation ouvrière.

Cela ne doit cependant faire oublier ni la misère du début du siècle (stagnation des salaires et très dures conditions de travail), ni la grande diversité des situations individuelles, ni les difficultés dues aux crises et aux modifications des conditions de vie (déracinement, insalubrité de l'habitat urbain...).

La limitation de la durée du travail

En 1840, la durée quotidienne du travail, y compris celle des enfants, est, en France, d'environ 15 heures.

L'année suivante, la durée maximale du travail des enfants est fixée à 8 heures pour ceux de moins de 12 ans, et à 12 heures pour ceux de 12 à 16 ans. En 1848 cette dernière disposition est étendue à tous les travailleurs.

Il faudra attendre 1892 pour que le travail des enfants entre 12 et 16 ans soit limité à 10 heures et celui des femmes de 16 à 18 ans, à 11 heures.

Puis le repos dominical est imposé en 1906, et la journée de 8 heures est généralisée dans les mines durant les années 1910.

■ La diversité des situations

Cette vue d'ensemble de l'évolution des salaires au XIXe siècle mérite en effet d'être nuancée pour les raisons suivantes :
— Le niveau des salaires et leurs variations

Indice des salaires (1824-1909)
(base 100 en 1908-1912)

	1824	1847	1853	1861	1882	1896	1909
Salaire nominal	50.1	42.6	45.6	55.6	82.1	87.3	96.8
Coût de la vie	66.0	81.7	85.2	94.4	105.8	93.4	94.0
Salaire réel	75.9	51.1	52.1	58.8	77.6	93.4	102.9

Source : M. Lévy-Leboyer, F. Bourguignon, *op. cit.*, p. 19.

sont très différents entre les régions, les industries, les corps de métier, les villes et les campagnes, les hommes et les femmes, ce qui réduit la pertinence du concept de salaire moyen ; si cette dispersion tend à se réduire au fil des décennies, elle est encore forte au début du XXᵉ siècle.

— Les rémunérations salariales nominales sont très sensibles aux fluctuations de l'activité : quand la production se ralentit, la précarité des contrats salariaux permet le licenciement massif et la baisse des salaires.

— Les montées périodiques du chômage affectent les ressources disponibles des familles quand l'un de ses membres se trouve privé — même temporairement — de revenu ; de même, le fait de devoir se déplacer pour trouver du travail, et plus généralement de quitter la campagne pour la ville, se traduit par des coûts supplémentaires : logement, chauffage, produits alimentaires qui ne sont plus fournis en partie par le jardin familial... Notons en particulier que la part des produits alimentaires, qui représente jusque vers 1880 entre 55 et 65% de la consommation populaire en milieu urbain, est encore supérieure à 45% à la veille de la guerre.

— L'évolution des salaires réels — ou si l'on préfère du pouvoir d'achat des salaires — n'est pas corrélée à celle des salaires nominaux, si l'on se place en courte période : quand les salaires nominaux augmentent, lors d'une phase de croissance de la production et de l'emploi, la hausse des prix tend à dépasser celle des salaires et à réduire le pouvoir d'achat des salariés ; cela constitue de plus un facteur de blocage de la croissance, puis-que le marché intérieur des biens à la consommation se contracte. En revanche, dans la phase décroissante du cycle, la surproduction entraîne une baisse des prix plus rapide que celle des salaires, et permet ainsi une amélioration des rémunérations réelles.

■ **La « régulation concurrentielle »**

Ces traits spécifiques permettent de parler de « régulation concurrentielle » du capitalisme à l'œuvre durant le XIXᵉ siècle. Elle rend les salaires (comme les autres prix) sensibles aux déséquilibres des marchés ; mais par la baisse tendancielle des prix industriels, elle permet l'amélioration du pouvoir d'achat des salariés. Ce n'est que tout à la fin du siècle (après la reconnaissance du droit de grève en 1864, de coalition en 1884, la création de la C.G.T. en 1895...) que le développement de l'organisation ouvrière conduit à l'amorce d'une indexation des salaires sur le coût de la vie : au XXᵉ siècle, les gains de productivité permettent des hausses de salaires plus fortes que celle des prix, alors qu'au XIXᵉ ils se traduisent presque exclusivement par des baisses de prix.

Les effets conjugués des nouvelles procédures de détermination des salaires et de la concentration industrielle sont en définitive d'altérer la « régulation concurrentielle » pour lui substituer progressivement une « régulation monopoliste » qui s'affirme durant l'entre-deux-guerres et surtout après la Seconde Guerre mondiale.

Croissance du produit national par tête
(moyennes annuelles en pourcentage)

	France	G.B.	Allemagne	Etats-Unis
1840-1860	1.1	1.7	1.4	1.5
1860-1875	1.1	1.5	2.1	1.0 (1859-79)
1875-1890	0.5	0.8	0.8	2.4
1890-1910	1.2	0.9	1.6	1.9

Source : M. Lévy-Leboyer, F. Bourguignon, *op. cit.*, p. 4.

La mutation de l'économie française : un dynamisme prudent

L'économie française connaît de 1789 à 1914 des transformations comparables à celles des autres grands pays industrialisés, tout en restant plus qu'ailleurs prisonnière de son passé.

■ La France capitaliste

Au total, l'économie française connaît, des années révolutionnaires à 1914, un mutation profonde qui est à bien des égards comparable à celle de la Grande-Bretagne, fer de lance du capitalisme industriel en développement : essor des nouvelles techniques industrielles gagnant progressivement l'ensemble de l'appareil productif ; généralisation des rapports de production capitalistes au détriment de l'artisanat traditionnel ; déplacement significatif de la population vers les villes et les bassins industriels (Nord - Pas-de-Calais, Lorraine, Massif Central, région parisienne...) ; formation d'un système bancaire modifiant la structure de la masse monétaire, collectant l'épargne nationale, mais s'orientant souvent vers l'étranger ; esprit d'initiative d'hommes d'affaires dynamiques, comme les frères Péreire ou Gustave Eiffel ; rôle important des échanges internationaux exerçant un effet entraînant (ou au contraire dépressif) sur l'économie nationale en fonction de la conjoncture mondiale ; formation d'un Empire colonial.

De plus, la France connaît une « révolution » dans le secteur de la distribution avec la création des grands magasins : à Paris, le « Bon Marché » est fondé en 1852, le « Louvre » en 1855, le « Bazar de l'Hôtel de Ville » en 1856, le « Printemps » en 1865, la « Samaritaine » en 1869. Cela n'est pas seulement une manifestation de la concentration des capitaux dans le secteur commercial ; c'est aussi le résultat de la diversification des biens de consommation, un moyen d'attirer la clientèle et de faire connaître les nouveaux produits.

Par ailleurs, la France traverse, comme les autres pays, une série de crises, à dominante agricole ou industrielle, d'inégale ampleur et durée, qui rythment l'évolution cyclique de l'activité. Ces crises ne touchent pas nécessairement tous les pays au même moment, en raison principalement des décalages dans le développement et des spécificités structurelles de chacun d'eux. En France, où des difficultés importantes apparaissent de 1830 à 1834, la crise est profonde comme ailleurs de 1847 à 1850, puis en 1857, 1866-67, 1871, puis à partir de 1873 et jusqu'en 1896. Elle est toutefois, comme l'Angleterre touchée plus tardivement par la dépression mondiale de ce dernier quart de siècle : les difficultés y sont surtout marquées en 1877-78 et 1890-92. La France va de plus souffrir du phylloxera (à partir de 1867), qui détruit en plusieurs décennies environ 1 million d'hectares de vigne (soit 40% du vignoble national). Puis, au début du XXᵉ siècle, dans le contexte d'ensemble d'une reprise vigoureuse de l'activité mondiale, des crises sporadiques réapparaissent (en 1904, 1907 et 1908, 1913), en France comme aux Etats-Unis, en Angleterre ou en Allemagne.

■ La France rurale

Au-delà de ces traits communs avec les autres pays, la France se caractérise aussi par des traits spécifiques : l'intégration des nouvelles techniques et la croissance du produit

« **Le Palais de l'Électricité** » au Champ-de-Mars, lors de l'Exposition Universelle de Paris en 1900, section française : dynamos et moteurs. (Bibliothèque nationale, Paris.)

Kiosque SIGNAL aux croisements pour faciliter la circulation, Paris 1912. Les grands axes de la capitale présentent une image à la fois moderne et traditionnelle, où l'automobile côtoie l'attelage à cheval. (Bibliothèque nationale, Paris).

physique y sont plus lentes qu'ailleurs, ce qui a pu faire dire que la France n'a pas connu de véritable « révolution industrielle », si on compare son évolution aux bouleversements rapides de l'Angleterre au début du XIXᵉ siècle, ou des Etats-Unis, de l'Allemagne ou du Japon après 1870.

Cela tient sans doute principalement au fait que la France est demeurée longtemps un pays à dominante agricole, à tel point que J. Marczewski situe vers 1885 le moment où la production industrielle y dépasse celle de l'agriculture, alors que cela s'était produit vers 1820 en Grande-Bretagne.

De plus, l'agriculture française est restée en grande partie une agriculture de subsistance (où domine la petite ou moyenne propriété foncière), maintenue en vie par les protections douanières (sauf de 1860 à 1880 environ). Si cela n'empêche pas tout mouvement de population, l'offre de main d'œuvre à destination de l'industrie est insuffisante pour provoquer une chute brutale des coûts salariaux, d'autant plus que les prix des denrées alimentaires restent relativement élevés ; cela n'augmente pourtant pas substantiellement le revenu des agriculteurs, puisque ces prix ne font que refléter la médiocre productivité agricole. Cela ne permet pas non plus de créer dans ce secteur des débouchés nouveaux pour les produits industriels, et si d'aventure le revenu paysan augmente, une part est thésaurisée ou utilisée à acheter des bons d'Etat, nationaux ou étrangers.

Ainsi, l'industrialisation est freinée, les entrepreneurs étant peu incités à développer l'emploi, et n'ayant pas non plus les moyens financiers pour investir massivement dans des techniques économisant du travail (la substitution du capital fixe au travail ne sera d'ailleurs possible techniquement que bien tardivement).

■ Vers un nouveau dynamisme

Handicapée face à la concurrence étrangère, d'abord anglaise, puis américaine et allemande, l'économie française connaît donc des

transformations moins brutales. Cependant à la veille de la Première Guerre mondiale, son niveau de développement est tout à fait comparable à celui des autres grands pays industrialisés.

Certaines branches fabriquant des produits nouveaux connaissent même au début du siècle un essor remarquable : c'est le cas de l'automobile, domaine où la France joue un rôle de pionnier, de l'industrie de l'aluminium et de l'acier, des mines de fer, des textiles synthétiques, de la chimie industrielle, des industries d'armement, du cinéma, et à un degré moindre de l'aviation qui débute.

L'électrification, qui révolutionne la vie quotidienne au XXᵉ siècle, débute véritablement en France en 1898, avec la création de la Compagnie Générale d'Electricité (C.G.E.). Elle produit en effet le matériel permettant la production et la distribution du courant électrique et participe à la fondation de multiples compagnies régionales installant et exploitant le nouveau réseau électrique. La C.G.E. compte environ 2 000 abonnés en 1900 (et 1 200 000 en 1938).

L'utilisation du courant électrique permet le développement du métropolitain : le chemin de fer souterrain à vapeur, créé à Londres en 1863, est électrifié en 1890, et à Paris la première ligne de métro Porte de Vincennes-Porte Maillot est mise en chantier en 1898 par Bienvenüe, et est inaugurée en 1900.

Mais ces entreprises ne représentent qu'une part réduite de la production nationale et les grands secteurs traditionnels stagnent (textile, habillement, industries alimentaires, transformation des métaux, matériaux de construction...).

Ces dernières années ne sont peut-être que le reflet de la société française d'avant 1914 : il y existe des forces dynamiques orientant la France vers le développement industriel, mais elles ne sont que trop parcellaires pour provoquer des mutations brutales au sein d'une société encore largement conservatrice sur le plan économique, social, comme sur celui des comportements et des mentalités.

La liberté guidant le peuple, par Eugène Delacroix (Musée du Louvre, Paris).

Bibliographie

Pierre Bezbakh, *La société féodo-marchande,* Anthropos.
Marc Bloch, *La société féodale,* Évolution de l'humanité, Albin Michel.
Fernand Braudel, Ernest Labrousse, *Histoire économique et sociale de la France (1450-1914)* (tome I à IV) PUF.
Renée Doehaerd, *Le Haut-Moyen-Age occidental,* Nouvelle Clio, PUF.
Georges Duby, *Guerriers et paysans* (VIIᵉ-XIIᵉ siècle), Tel, Gallimard.
Georges Duby, *Histoire de la France,* 3 v. Larousse.
Jean Gimpel, *La révolution industrielle du Moyen-Age,* Points Histoire, Le Seuil.
Pierre Goubert, *Initiation à l'Histoire de France,* Pluriel, Hachette.
Jacques Heers, *L'Occident au XIVᵉ et XVᵉ siècles,* Nouvelle Clio, PUF.
Maurice Levy-Leboyer, François Bourguignon, *L'économie française au XIXᵉ siècle,* Economica.
Ferdinand Lot, *La fin du monde antique et le début du Moyen-Age,* Évolution de l'humanité, Albin Michel.
Robert Mandrou, *La France aux XVIIᵉ et XVIIIᵉ siècles,* Nouvelle Clio, PUF.
Jean Marczewski, T.J. Markovitch, *Histoire quantitative de l'économie française,* cahiers de l'I.S.E.A., n° 163, juillet 1965.
Pierre Miquel, *Histoire de la France,* Fayard.
Régine Pernoud, **Pour en finir avec le Moyen-Age,** Points Histoire, Le Seuil.
Régine Pernoud, Jean Gimpel, Raymond Delatouche, *Le Moyen-Age pourquoi faire ?,* Stock.

Madeleine Reberioux, *La république radicale* (1899-1914), volume 11 de *Nouvelle Histoire de la France contemporaine,* Points Histoire, Le Seuil.
Michel Vovelle, *La chute de la monarchie* (1787-1792), volume 1 de *Nouvelle histoire de la France contemporaine,* Points Histoire, Le Seuil.

Ont été également utilisés :
La collection d'histoire *Louis Girard* (Bordas), la collection littéraire *Lagarde et Michard* (Bordas).

Index

Crédits photographiques